FINANÇAS E ESTRATÉGIAS DE NEGÓCIOS PARA EMPREENDEDORES

R729f   Rogers, Steven.
         Finanças e estratégias de negócios para
      empreendedores / Steven Rogers, Roza Makonnen ;
      tradução: Beth Honorato ; revisão técnica: Claudia
      Emiko Yoshinaga. – 2. ed. – Porto Alegre : Bookman,
      2011.
         335 p. : il. ; 25 cm.

         ISBN 978-85-7780-873-1

         1. Administração financeira. 2. Estratégias em
      Administração. I. Makonnen, Roza. II. Título.

                                      CDU 658.15:005.21

Catalogação na publicação: Ana Paula M. Magnus – CRB 10/2052

STEVEN ROGERS
Professor da Kellogg School of Management,
da Northwestern University

e

ROZA MAKONNEN

FINANÇAS E ESTRATÉGIAS DE NEGÓCIOS PARA EMPREENDEDORES

SEGUNDA EDIÇÃO

Tradução:
Beth Honorato

Consultoria, supervisão e revisão técnica desta edição:
Claudia Emiko Yoshinaga
Doutora em Administração pela FEA-USP
Professora do Departamento de Contabilidade,
Finanças e Controle da EAESP-FGV

2011

Obra originalmente publicada sob o título
Entrepreneurial Finance: Finance and Business Strategies for the Serious Entrepreneur, 2nd Edition
ISBN 0071591265 / 9780071591263

Copyright © 2009, The McGraw-Hill Companies, Inc., New York, New York 10020.
Todos os direitos reservados.

Capa: *VS Digital*, arte sobre capa original

Imagem da capa: ©Justin Lightley/Getty Images

Editora Sênior: *Arysinha Jacques Affonso*

Editoração eletrônica: *Techbooks*

Reservados todos os direitos de publicação, em língua portuguesa, à
ARTMED® EDITORA S.A.
(BOOKMAN® COMPANHIA EDITORA é uma divisão da ARTMED® EDITORA S. A.)
Av. Jerônimo de Ornelas, 670 – Santana
90040-340 – Porto Alegre – RS
Fone: (51) 3027-7000   Fax: (51) 3027-7070

É proibida a duplicação ou reprodução deste volume, no todo ou em parte, sob quaisquer formas ou por quaisquer meios (eletrônico, mecânico, gravação, fotocópia, distribuição na Web e outros), sem permissão expressa da Editora.

Unidade São Paulo
Av. Embaixador Macedo Soares, 10.735 – Pavilhão 5 – Cond. Espace Center
Vila Anastácio – 05095-035 – São Paulo – SP
Fone: (11) 3665-1100   Fax: (11) 3667-1333

SAC 0800 703-3444

IMPRESSO NO BRASIL
PRINTED IN BRAZIL

Apresentação à Edição Brasileira

Estatísticas apontam que a quantidade e a representatividade das pequenas e médias empresas na economia brasileira são crescentes, e que, cada vez mais, os novos empreendimentos são uma categoria a ser analisada à parte quando o assunto é gestão de empresas.

Quando se fala em empreendedorismo no Brasil, deve-se destacar que mesmo as grandes corporações tiveram, em sua maioria, início como uma pequena empresa, baseada em um sociofundador. Seja por competência, persistência ou sorte (muitos exemplos atestam a importância deste último item no processo), diversos empreendedores foram capazes de erguer um império a partir de um pequeno negócio. Assim, é fundamental que os administradores atentem sobre como administrar estes empreendimentos, principalmente quando lembramos que muitas vezes não há muita afinidade com finanças por parte deles, e sim com o negócio que construíram!

Dentro de tal contexto, este obra apresenta reflexões sobre um assunto extremamente importante: finanças, desde a rotina diária de administração financeira da empresa até os assuntos estratégicos, como a captação de um empréstimo ou mesmo a venda de participação, com a leveza necessária para atingir os variados públicos de empreendedores que há no mercado.

Há, sem dúvida, características de nosso mercado que nos distinguem da realidade norte-americana descrita pelo autor. Como você perceberá ao longo do livro, o crédito para empreendedores norte-americanos é mais acessível, e a análise realizada para a concessão do crédito considera de maneira diferente eventos como falência. No Brasil, um empreendedor falido é mal avaliado na análise de concessão de crédito, enquanto nos Estados Unidos, o empreendedor que passou um processo de falência é mais bem avaliado do que o empreendedor sem histórico. Por quê? Porque na visão dos provedores de recursos norte-americanos, ter uma experiência ruim no passado permite a você ter maiores chances de êxito no futuro, ou no mínimo, menores chances de fracasso.

Nos Capítulos 1 e 2, o autor apresenta o conceito de empreendedorismo, destacando dois tipos de empreendedores: (i) o que busca um "estilo de vida" e (ii) o que "pensa grande". No Brasil, comumente associamos empreendedor ao primeiro caso, em que a pessoa busca um ritmo de vida diferente do assalariado, cuja preocupação é a de encontrar uma atividade que o remunere economicamente, mas sem muitas ambições em termos de crescimento. Contudo, não podemos deixar de destacar a importância do segundo tipo de empreendedor, o que "pensa grande", o que quer o seu pequeno negócio como uma grande empresa. Cada vez mais ouvimos falar neste tipo de empreendedor, e exemplos como os do Google, do Facebook, ou mesmo de empresas mais antigas como a Microsoft ou a HP, demonstram que é possível começar pequeno e chegar longe. O autor foca justamente no pensamento que faz estes empreendedores alcançarem grandes metas e nas preocupações que devemos ter para seguir os passos destes exemplos.

No Capítulo 3, vemos que outras diferenças se dão pelo tratamento tributário, que não é exatamente o mesmo entre as empresas norte-americanas e as brasileiras. Empresas brasileiras, especialmente as micro e pequenas, podem e devem observar como se registrar juridicamente, e analisar qual o regime tributário em que podem enquadrar-se: simples, lucro presumido ou lucro real. A regra geral é baseada no faturamento anual das empresas, mas existem condições específicas, quanto ao ramo da atividade, que podem restringir a elegibilidade da empresa a um determinado regime tributário.

Nos Capítulos 4 e 5, são apresentados demonstrativos financeiros relevantes para a administração da empresa e como o departamento financeiro gere suas contas. Algumas diferenças quanto à lei brasileira para contabilização das contas, em relação ao padrão norte-americano, foram destacadas no texto com notas de rodapé. O Capítulo 6 discorre sobre a importância do fluxo de caixa para a empresa, e mostra como a gestão deste recurso é fundamental para sua sobrevivência.

O Capítulo 7 discorre sobre a avaliação do empreendimento, com que métodos ela pode ser feita, discutindo as vantagens e desvantagens de cada alternativa. Isto é fundamental para o processo de levantamento de recursos para o crescimento, ou mesmo para a saída do empreendedor, pela venda de parte ou mesmo da totalidade da empresa, o que é discutido nos Capítulos 8, 9 e 10. O empreendedor deve saber como buscar recursos, seja por dívidas seja pela venda de participação societária, devendo saber escolher qual a melhor alternativa para sua empresa.

O Capítulo 11 apresenta fontes específicas de recursos para empreendedores de nichos específicos, classificados por gênero (empreendimentos gerenciados por mulheres) ou por etnia (empreendimentos de pessoas negras, amarelas ou latinas). No Brasil, ainda não temos entidades consideradas focadas para investimentos em nichos, como no mercado norte-americano. Entidades como o BNDES, o Banco do Brasil e a Caixa Econômica Federal têm oferecido linhas de empréstimo específicas para novos empreendimentos. Para busca de recursos pela venda de participação societária, pode-se procurar ABVCAP (Associação Brasileira de Private Equity & Venture Capital), que tem uma lista de membros associados e pode ser um acesso aos investidores de *private equity*.

Um exemplo de nova iniciativa para a captação de recursos para novos investimentos é a Kickstarter (http://www.kickstarter.com). O *site* é dedicado a criadores de novos produtos que necessitam de recursos, no qual os empreendedores colocam a ideia de seu projeto, fotos de maquetes, protótipos, filmes, ou mesmo depoimentos sobre o produto. Internautas acessam o Kickstarter e visualizam o projeto. Caso gostem do trabalho, os usuários podem contribuir com uma quantia (que varia de acordo com o projeto, mas, geralmente, é a partir de cinco dólares), que é intermediada pelo sistema de pagamentos da Amazon. O criador do projeto tem um prazo para juntar a quantia necessária para colocar em prática o seu produto. Caso não consiga, o valor que os internautas pagaram não é debitado do cartão. Caso a quantia seja suficiente, os internautas recebem os primeiros produtos desenvolvidos e alguns outros benefícios (dependendo da quantia doada). Não há limite quanto ao segmento da criação; no *site* é possível ver ideias de produtos de cozinha, eletroeletrônicos, documentários, arte, *design*, carro, energia sustentável, entre vários outros produtos.

O Capítulo 12 demonstra como é a análise de uma pessoa que avalia a oportunidade de trabalhar em um novo empreendimento, apresentando as vantagens e as desvantagens de um emprego em uma empresa já estabelecida *versus* a possibilidade de trabalhar em um empreendimento de alto risco. Por fim, no último capítulo, o autor discute sobre as novas formas de empreendedorismo que vêm sendo gerenciadas dentro de empresas, uma iniciativa que ficou conhecida como intrapreendedorismo.

Esperamos que esta leitura seja de grande utilidade para os empreendedores que estão considerando a possibilidade de montar um negócio próprio ou mesmo para aqueles que já possuem um. No Brasil, a discussão sobre empreendedorismo é incipiente e quase não há troca de informações sobre as experiências, sejam bem ou mal sucedidas (especialmente estas últimas) entre os empreendedores. Considerando as projeções otimistas para a economia brasileira nos próximos anos, esta discussão torna-se fundamental para estimular os futuros empreendedores brasileiros a crescerem e a incentivarem o setor a se profissionalizar cada vez mais, oferecer maior acesso a recursos, sejam governamentais ou privados.

Este livro é indicado também para cursos de graduação e especialização na área de empreendedorismo. Ele é especialmente voltado para discussões específicas dos aspectos financeiros de novos negócios, o que torna esta publicação distinta das outras existentes em língua portuguesa.

Claudia Yoshinaga

Prefácio

É de manhã em Opryland, Nashville, Tennessee, onde jovens *crooners* (vocalistas), de Charlie Pride a Johnny Cash, de Garth Brooks a Dixie Chicks, concretizaram seus sonhos. Não muito longe dali se encontra o Grand Ole Opry – o equivalente dos *shows* da Broadway na música *country* –, e um dia cheio de trabalho está por iniciar. Porém, nessa manhã específica, os visitantes estão pensando em negócios, não em música. É uma conferência para futuros empreendedores de todos os cantos do país. Suas agendas estão lotadas de seminários sobre finanças, *marketing* e operações empresariais. Veja um exemplo: "Fundamentos Empresariais para *Start-Ups*", "Como Encontrar Ideias Lucrativas" e "Desenvolvendo Novos Produtos".

Claro, nada disso seria particularmente digno de nota se não considerássemos que os frequentadores dessa convenção têm entre 7 e 10 anos de idade – e eles não são o grupo mais jovem no local. Há também uma série de seminários sobre empreendedorismo para crianças entre 4 e 6 anos, denominado "Kidpreneurs Konference" (Conferência para Crianças Empreendedoras), patrocinado pela revista *Black Enterprise* e pela Wendy's, e esse sexto evento anual é um sucesso de bilheteria. Ao lado, os pais dessas crianças, todos empreendedores ou futuros empreendedores, estão apinhados em seus próprios seminários. Se algum dia houve alguma dúvida de que esta é a era de glória do empreendedor, alguns dias na companhia desses "titãs do futuro" pode fazer essa ideia evaporar.

Estou escrevendo este livro, esta história sobre oportunidades, porque fui abençoado por várias oportunidades que eu mesmo cavei. Dizem que um bom empreendedor sempre vê sol onde há nuvens e um copo metade cheio. Minha mulher, Michele, e minhas filhas, Akilah e Ariel, riem de mim quando digo que vivi a vida sempre acreditando que, quando passo por uma porta, a luz irradia-se sobre mim, não importa quem mais esteja no recinto. Como todo bom empreendedor, acredito em mim mesmo, mas também tenho humildade suficiente para saber que uma pessoa não sai da lista de desempregados amparados pelo Estado de bem-estar social na Zona Sul de Chicago para ter três empresas bem-sucedidas, integrar a diretoria de várias empresas listadas na *Fortune 500* [S. C. Johnson & Son (antes S. C. Johnson Wax), SuperValu, AMCORE Financial e Harris Associates, uma empresa de fundos mútuos de US$ 60 bilhões] e dar aulas na mais eminente escola de negócios dos Estados Unidos sem ter uma grande dose de sorte – e um punhado de pessoas generosas.

O primeiro empreendedor que conheci foi uma mulher, Ollie Mae Rogers – a filha mais velha de uma família de dez filhos e a única entre eles a não completar o segundo grau, muito menos a faculdade. Com sua feroz independência, saiu de casa aos 17 anos de idade e casou-se. O casamento, assim acredito, não passou de uma desculpa para ela sair de casa. Sair de casa significava que havia conquistado sua independência. E se Ollie Mae, minha mãe, não foi nada mais, no mínimo foi uma bola de fogo em matéria de independência. Quando meu irmão mais velho, minhas duas irmãs e eu a enterramos há alguns anos, o discurso fúnebre coube a mim. Eu descrevi minha mãe como uma mulher da Renascença, cheia de paradoxos. Ela era uma mulher irredutível e de coragem, dona de um vasto vocabulário que fluía com eloquência, embora mal tivesse concluído o primeiro ano do segundo grau.

Costumo pensar em minha mãe como uma excêntrica pequena empresária. Quando mais crescidos, éramos como a família da *Sanford and Son*, antiga série cômica de televisão – vendendo móveis usados nas feiras de quinquilharias nos finais de semana na Zona Sul de Chicago. Praticamente em todas as manhãs de sábado e domingo, eu e meu irmão mais velho, John, levantávamos às 4 da madrugada para carregar as "mercadorias" na lata velha da minha mãe, uma caminhonete caindo aos pedaços, até quando já não cabia mais nada nos bancos, no porta-malas e na capota. Quando me dirijo a futuros empreendedores, sugiro que tentem vender alguma coisa em uma feira de quinquilharias. Precisamos de fato vivenciar, respirar e sentir a experiência de recusa que é acotovelar-se para conseguir realizar uma "venda".

Agora, quando me lembro dessa época, percebo que minha mãe simplesmente adorava a arte de negociar, e isso, dentre outras coisas, tornou-se parte de mim. Era comum minha mãe sair da área em que ficávamos na feira para ir fazer compras, deixando as negociações a cargo do meu irmão e de mim – o garoto de 5 anos de idade sabido, esclarecido e com atitude independente nos negócios. Foi assim que aprendi a vender, negociar e tentar agradar os clientes. Comecei meu primeiro pequeno empreendimento comercial nessa mesma feira: um ponto de engraxate. As pessoas costumavam passar por ali, e eu tentava fisgá-las com aquela tão inesquecível abordagem de vendas: "*Shine your shoes, comb your hair, and make you feel like a millionaire*".*

Até onde me lembro, sempre tive algum emprego. Quando não estávamos trabalhando na feira de quinquilharias, meu irmão e eu encontrávamos outros trabalhos; fosse ajudando o leiteiro do bairro a fazer as entregas ou trabalhando como estoquista na mercearia da vizinhança, fazíamos o que precisássemos fazer. Na época em que estava para entrar no segundo grau, fui arrancado das escolas públicas de Chicago por uma organização sem fins lucrativos chamada A Better Chance, um programa privado nacional que identifica crianças academicamente bem-dotadas de grupos minoritários e comunidades de baixa renda e as encaminha para alguma escola em que possam realizar seu potencial. (Hoje integro a diretoria dessa organização.) Fui encaminhado para o Colégio Radnor, em Wayne, Pensilvânia. Eu jogava no time de futebol americano. Quando a temporada chegou ao fim, trabalhei como assistente do zelador para ajudar a mandar algum dinheiro para minha mãe.

---

* N. de T.: Engraxe os sapatos, penteie o cabelo e sinta-se como um milionário.

Minha mãe havia começado a tocar uma pequena loja de móveis, e quando voltava para lá nos recessos de verão ela parava de trabalhar e deixava a administração por minha conta. Portanto, mais ou menos aos 15 anos, tive de gerenciar alguns funcionários, abrir e fechar a loja, negociar com nossos clientes e tocar as atividades diárias. Minha mãe, sem saber, estava nutrindo um empreendedor embrionário. Ela sem dúvida é o motivo que levou eu, meu irmão e minhas irmãs a nos sentirmos atraídos por cargos de liderança na vida profissional. Meu irmão é supervisor dos encarregados da vigilância dos réus em liberdade condicional, minha irmã mais velha, Deniece, tem uma empresa de serviços de entrega e minha irmã mais nova, Laura, é gerente de uma loja McDonald's.

Depois disso, trabalhei na Williams College (fui membro do conselho diretor), onde, pela primeira vez, o dinheiro que ganhei era todo meu. Foi lá que conheci minha futura esposa, Michelle. E cá entre nós, acho que chegamos a ocupar todas as funções naquele *campus* amaldiçoado. A Williams é uma escola de ciências humanas e, na época, não havia cursos de finanças nem nenhum curso de negócios no *campus*. Eu me formei em história. Durante o último ano, fiz um curso de contabilidade próximo dali, na North Adams State College. Depois de me formar na Williams, fui para a Cummins Engine Company, onde trabalhei como agente de compras com uma *start-up* em Rocky Mount, na Carolina do Norte, chamada Consolidated Diesel Company (CDC). Na CDC, minha responsabilidade era desenvolver uma nova organização de suprimentos, e foi lá que tomei o gosto pela primeira vez pela área financeira. Foi um cargo que me colocou bem diante da linha de "custo das mercadorias vendidas" do demonstrativo de resultado do exercício (DRE), porque, em última análise, eu era o responsável por comprar todos os componentes para os motores. A melhor recompensa dessa experiência foi ter continuado a desenvolver minhas habilidades de negociação.

Quatro anos depois, saí da CDC e fui aceito na Escola de Negócios de Harvard (fui membro do conselho diretor), onde recebi minha primeira formação formal em finanças. Foi esse o principal motivo que me levou a cursar uma escola de negócios: eu sabia que queria ser um empreendedor e sabia que, se quisesse ter sucesso, precisava conhecer a área financeira. A aula inaugural de finanças foi dada pelo professor Bill Sahlman. Quando lhe falei do meu escasso conhecimento no assunto, ele me disse para relaxar, que qualquer novato conseguiria compreender o tema com um pouco de bom senso. Embora ele não tenha me dito, logo percebi que o assunto ficou mais fácil por ter um professor exemplar, como Sahlman, que conseguia dar um curso de finanças fácil de compreender e que associava teoria e práticas reais em uma aula concludente.

Pelo tempo que fiquei na Escola de Harvard, percebi o que muitos empreendedores acham difícil: ser um empreendedor bem-sucedido não é fácil. Eu tinha consciência do índice de insucessos, e nunca na verdade havia me desejado começar uma empresa do zero. Queria comprar uma empresa existente. É engraçado quando me lembro de todos os trabalhos que tive quando criança. Meu irmão mais velho sempre tinha o mesmo trabalho, só que primeiro que eu. Portanto, mesmo lá trás, eu estava assumindo um empreendimento que já existia. Concluí que pegar a rota das franquias era a coisa mais inteligente a fazer, e me inscrevi no programa de franquias do McDonald's. Meu plano era em algum momento comprar um grande número de lojas e tornar-me o magnata da *fast-food*. Dos 30.000 inscritos no programa de franquias naquele ano, o McDonald's aceitou 50, e eu fui um deles.

O programa exigia que os futuros franqueados trabalhassem de 15 a 20 horas semanais (de graça, naturalmente), por um período de dois anos. Na verdade, cumpri meu tempo de serviço de *fast-food* no McDonald's bem próximo de Harvard. Por isso, durante meu segundo ano na Escola de Negócios, meus colegas de classe costumavam ir até lá para ver este homem grandalhão, aluno do segundo ano de MBA, vestido com a calça e camiseta oficial do McDonald's, colocando as batatas no óleo e limpando as cabines do banheiro. É claro que eles ficavam imaginando o que cargas d'água eu estava fazendo ali. Mas aprendi uma lição valiosa ao longo dos anos: você está investindo em você mesmo, então por que se preocupar com o que os outros estão pensando? Acho essa lição importante para todo mundo. Todos os empreendedores devem ter certo grau de humildade. Você quer falar sobre riscos? Assumir riscos não se resume a assumir riscos apenas com seu próprio dinheiro; tem a ver com arriscar a própria reputação estando disposto a ser o zelador. Se você não tiver essa mentalidade e não conseguir lidar com isso, esse espírito empreendedor provavelmente não lhe cai bem.

Depois de me formar na Escola de Harvard, ainda tinha um ano pela frente no programa de franquia do McDonald's. Para ganhar dinheiro, aceitei um trabalho de consultoria na Bain & Company. Durante a semana, costumava viajar de avião de um canto a outro dos Estados Unidos para cumprir minhas atribuições enquanto consultor e, nos fins de semana, voltava para o McDonald's na Soldiers Field Avenue, em Boston, para cumprir o número de horas necessário. Assim que concluí o programa e chegou o momento de comprar minha própria loja McDonald's, não consegui entrar em um acordo com a empresa em relação ao preço pelo qual ela queria vender a loja. Ficamos girando em círculos, mas por fim concluí que talvez a franquia, apesar de tudo, não me fosse adequada. Tal como minha mãe, não sou muito bom para aceitar ordens, viver minha vida de acordo com um modelo concebido por outra pessoa qualquer e fazer o que outra pessoa acha que eu deva fazer. Minha experiência com o McDonald's foi fenomenal, e não tenho nada, a não ser respeito pela empresa, mas para mim havia chegado o momento de adquirir meu próprio negócio.

Com o tempo, depois de trabalhar com um corretor de negócios, decidi adquirir uma empresa industrial. Antes de vender essa empresa e deixá-la para lecionar na Kellogg, o trabalho dos meus sonhos, comprei outra empresa industrial e uma empresa varejista. Ser seu próprio chefe e tocar seu próprio negócio é uma possibilidade estimulante e assustadora para a maioria das pessoas. Esse clube é para aqueles que trabalham duro. Se você deseja um trabalho de oito horas por dia e cinco dias por semana, não entre nesse clube. Os membros desse clube florescem no caos, na incerteza e na ambiguidade. São pessoas que galgam sucesso solucionando problemas.

Ao escolher este livro, você demonstrou que é uma pessoa que deseja aprender. Este livro foi concebido para empreendedores atuais e futuros que não são gerentes financeiros, mas querem um método simples e prático para compreender a área de finanças empresariais. Este livro não é um manual convencional, entediante e "abrangente", porque não é isso que grande parte dos empreendedores atuais e futuros necessita, tampouco é meu estilo de ensinar. A maioria dos acadêmicos nunca trabalhou em uma empresa, e o ingrediente "vivência no mundo real" com certeza não contempla o arsenal de ensino desses profissionais. Minha postura é associar teorias acadêmicas legítimas e importantes com experiências do mundo real. Nas minhas aulas, costumo dizer que vamos "colocar carne na carcaça".

Porém, este livro não se resume a uma "história de guerra". Do mesmo modo que nas minhas aulas, fiz todo esforço possível para que o leitor obtenha ferramentas tangíveis, que possam ser empregadas para melhorar seu potencial de sucesso enquanto empreendedor. O empreendedor precisa conhecer fórmulas financeiras e saber usá-las para identificar problemas ou aproveitar oportunidades.

Tal como o professor Sahlman, eu apoio a abordagem de que as finanças não devem ser encaradas como uma cirurgia cerebral, e ressalto o fato de que todos podem e – mais importante do que isso – devem aprender finanças. Acredito que os jogadores de beisebol sempre encontram um defensor mais fraco, o *outfielder*, e este mesmo princípio aplica-se aos empreendedores: se a área de finanças for um ponto fraco, o empreendedor será perseguido por ela. Este livro destina-se a indivíduos que têm pouco conhecimento de administração financeira, pessoas que frequentaram cursos de empreendedorismo e aqueles que já têm experiência prática nesse ramo. Esses grupos abrangem alunos de MBA, futuros empreendedores e indivíduos que já são empreendedores. Meu êxito em me comunicar com esse público ao longo deste livro melhorou em grande medida por causa da ajuda que recebi de inúmeras pessoas, como minha secretária, Brenda McDaniel, que transcreveu o original. Também devo muita gratidão aos seguintes ex-alunos da Kellogg: Thane Gauthier, 2005; Roza Makonnen, 1997; Paul Smith, 2007; Scott Whitaker, 1997; e David Wildermuth, 2001.

Um ano depois de adquirir minha primeira empresa, lembro-me como se fosse hoje do momento em que estava voltando de um compromisso que havia tido pela manhã e passei de carro ao lado do Lago Michigan pela via expressa Lake Shore Drive. Era um dia lindo, quente e ensolarado. Parei no acostamento e saí do carro. Eu não precisava ligar para nenhum chefe e tampouco encontrar um motivo para justificar por que não retornaria ao trabalho. Não havia nenhum gerente para me pedir para esticar um pouco a hora do almoço. Tirei os sapatos e as meias, pus os pés na areia e fiquei lá na praia pelo resto da tarde. Ser um empreendedor nunca havia sido tão bom.

O empreendedorismo exige que você suje as mãos *e* coloque os pés na terra. O objetivo deste livro é ajudá-lo a chegar lá. Como Irving Berlin uma vez aconselhou um jovem compositor chamado George Gershwin, "por que cargas d'água você quer trabalhar para outra pessoa? Trabalhe para você mesmo!".

Sumário

CAPÍTULO 1

O Espectro do Empreendedorismo   21

Introdução   21
Finanças para empreendedores   22
Tipos de empreendedor   22
O espectro do empreendedorismo   24

CAPÍTULO 2

O Empreendedor   33

Introdução   33
Índices de sucesso dos empreendedores   33
Por que se tornar um empreendedor?   38
Traços de um empreendedor   47
Impacto na economia   55
Impacto sobre gênero e raça   58

CAPÍTULO 3

O Plano de Negócios   63

Introdução   63
Um documento que serve a um duplo propósito   63
Elaboração do plano de negócios e recomendações   64
O plano de negócios   65
Elaboração de demonstrações *pro forma*   76
Checklist das informações financeiras   78
Seções mais importantes do plano de negócios   79
Fontes de referência para elaboração do plano de negócios   81
Após a redação do plano de negócios   81

CAPÍTULO 4

Demonstrações Financeiras   85

Introdução   85
A demonstração de resultado do exercício (DRE)   85
O balanço patrimonial   94
A demonstração do fluxo de caixa (DFC)   98

CAPÍTULO 5

Análise de Demonstrações Financeiras   103

Introdução   103
Análise proativa   103
Análise da demonstração de resultado do exercício (DRE)   106
Análise de índices   106
Análise do ponto de equilíbrio   114
Avaliando o crescimento   114
Estudo de caso: clark company   118
Margens brutas   126
Margens líquidas   133
Outras questões que devem ser consideradas   136

CAPÍTULO 6

Administração do Fluxo de Caixa 141

Introdução 141
Tipos de fluxo de caixa 141
Previsões de fluxo de caixa 144
Administração do fluxo de caixa 146
Contas a receber 148
Contas a pagar 156
Ciclo de caixa 157
Capital de giro 160
Levantando recursos 162

CAPÍTULO 7

Avaliação de Empresas 165

Introdução 165
Avaliando a clark company 167
Avaliações pré-investimento e pós-investimento 169
Por que avaliar sua empresa? 170
Principais fatores que influem na avaliação 172
Métodos de avaliação 185
Múltiplos 185
Múltiplo de margem bruta 191
Setores diferentes utilizam múltiplos de referência diferentes 191
Avaliação de ativos 194
Capitalização do fluxo de caixa 194
Avaliação de empresas de tecnologia e *internet* **199**

CAPÍTULO 8

Levantando Recursos 207

Introdução 207
Investidores que agregam valor 208
Fontes de capital 209
Os financiadores investem no empreendedor 210

CAPÍTULO 9

Financiamento por Meio de Empréstimos   213

Introdução   213
Tipos de dívida   213
Fontes de financiamento por meio de empréstimos/dívida   215
Formas criativas de estruturar uma dívida de longo prazo   233
Regras de empréstimo que devem ser seguidas   234
Empréstimo para capital de giro   234

CAPÍTULO 10

Financiamento por Emissão de Ações   243

Introdução   243
Fontes de capital social   244
Colocação de títulos privados   248
Capital de risco corporativo   251
Empresas de *private equity*   252
Private equity internacional   257
Recomendações sobre captação de *private equity*   258
Especialização crescente das empresas de *private equity*   258
Identificando as empresas de *private equity*   259
Companhias de investimento em pequenas empresas   259
Ofertas públicas iniciais (IPO)   261
Mercados de *public equity*   264
O processo de ipo   267
Espectro de financiamento   272
Ofertas públicas diretas   272

CAPÍTULO 11

Financiamento para Mulheres e Minorias   277

Introdução   277
Minorias: empréstimos   279
Minorias: financiamento de capital próprio   280
Mulheres: empréstimos   282
Mulheres: financiamento de capital próprio   283

CAPÍTULO 12

Assumindo um Cargo em uma Empresa Empreendedora   287

Introdução   287
Estudo de caso: avaliando uma oferta de trabalho em uma empresa em fase inicial de desenvolvimento   288
Análise do estudo de caso   297

CAPÍTULO 13

Intraempreendedorismo   305

O espectro do intraempreendedorismo   306
Modelos de intraempreendedorismo   307
Traços do intraempreendedor de alto crescimento   308
Atos de intraempreendorismo   309
Sinais de sucesso no intraempreendedorismo   311
Procedimentos operacionais convencionais   311
Erro crasso no intraempreendedorismo   312

Conclusão   313

Apêndice A   315

Apêndice B   323

Índice   329

CAPÍTULO 1

O Espectro do Empreendedorismo

INTRODUÇÃO

A década de 1990 poderia ser chamada de "a primeira geração do empreendedorismo".[1] Nunca antes o espírito empreendedor foi tão forte, nos Estados Unidos e no exterior, quanto durante esse decênio. Mais de 600.000 novos negócios foram criados no início da década de 1990. E cada novo ano subsequente quebrava o recorde de *start-ups* do ano anterior.[2] Por volta de 1997, os empreendedores estavam batendo um novo recorde: 885.000 novos negócios eram abertos anualmente — isso significa mais de 2.400 por dia. Esse aumento vertiginoso de novas empresas era quatro vezes superior ao número de firmas criadas na década de 1960 e mais de dezesseis vezes maior que ao longo da década de 1950, quando foram criados, respectivamente 200.000 e 50.000 ao ano.[3] Esse crescimento inédito na atividade empresarial evidenciou-se em todos os setores, como de fabricação, varejo, imobiliário e outros setores tecnológicos diversos. Essa década foi também uma era de "oportunidades equitativas", visto que a euforia com o empreendedorismo da década de 1990 era vivenciada por ambos os sexos e entre todas as etnias e raças. Sempre acreditei que a vantagem do espírito empreendedor é o fato de não ver cor nem sexo.

Novas evidências indicam que essa geração de empreendedores da década de 1990 pode na verdade ser suplantada nos próximos anos pela "Geração Y", isto é, aqueles que nasceram entre 1977 e 1994. Isso não é tanto uma surpresa quando se considera que esse grupo cresceu durante a era dourada do empreendedorismo e posteriormente viu seus pais serem despedidos ou cortados de cargos corporativos "vitalícios". A Geração Y também passou a maior parte de sua vida e praticamente todos os anos após a conclusão do segundo grau na era digital, em que a tecnologia diminuiu de forma significativa as barreiras de entrada para as *start-ups*. Os membros da Geração Y, que provavelmente viram as fitas VHS e os discos de vinil somente nas vendas de garagem do bairro ou em algum museu, hoje estão se matriculando em cursos universitários de empreendedorismo, em uma proporção quase seis vezes maior ao que era há apenas seis anos. Jeff Cornwall, cátedra de empreendedorismo da Universidade Belmont, em Nashville, caracteriza bem o maior interesse da Geração Y pelo empreendedorismo: "Quarenta por cento ou mais dos alunos que entram em nosso programa de graduação em empreendedorismo como calouros já têm uma empresa. É um mundo totalmente novo".[4]

FINANÇAS PARA EMPREENDEDORES

Em uma pesquisa recente com empresários, a área funcional apontada como a que eles têm menos competência foi a de administração financeira — contabilidade, elaboração de demonstrativos financeiros, levantamento de recursos e administração diária de fluxo de caixa. Curiosamente, esses empresários também indicaram que eles gastam mais tempo em atividades relacionadas à área financeira. Infelizmente, as constatações dessa pesquisa são um retrato preciso da maioria dos empreendedores — eles se sentem tranquilos em relação às operações cotidianas e com o *marketing* e a venda de seus produtos ou serviços, mas não se sentem nada confortáveis com a administração financeira da empresa. Eles precisam perceber que a administração financeira não é tão difícil como parece ser. Precisam habituar-se a ela e abraçá-la porque essa área é um dos principais fatores que contribuem para o sucesso empresarial.

Este livro dirige-se aos empreendedores atuais e futuros de "alto crescimento" que não são gerentes financeiros. Seu objetivo é ser um livro de fácil compreensão que ofereça aos empreendedores uma visão dos fundamentos da administração e análise financeira. Com isso, eles poderão administrar melhor os recursos financeiros da empresa e criar valor agregado. De certa forma, as finanças empresariais são mais integrativas. Elas incluem a análise de questões qualitativas, como *marketing*, vendas, administração de recursos humanos e planejamento estratégico. Dentre as perguntas que procuraremos responder aqui se destacam as seguintes: Quais ferramentas financeiras podem ser utilizadas para gerenciar eficazmente o fluxo de caixa da empresa? Por que a avaliação da empresa é importante? Qual é o valor da empresa? Por último, como, onde e quando os recursos financeiros podem ser adquiridos para financiar os negócios da empresa?

Antes de adentrarmos nos aspectos financeiros do empreendedorismo, primeiro precisamos passar em revista o tema do empreendedorismo em seu aspecto mais amplo.

TIPOS DE EMPREENDEDOR

Existem basicamente dois tipos de empreendedor: o pequeno empresário, também conhecido como empreendedor que privilegia seu "estilo de vida", e o empreendedor de "que pensa grande".[5]

Empreendedor que privilegia seu estilo de vida

São os empreendedores que em essência buscam por meio dos negócios um padrão de vida decente. Sua principal preocupação não é o crescimento; ao contrário, eles administram a empresa de uma maneira quase arbitrária, utilizando pouquíssimos ou nenhum método para isso. Eles não têm necessariamente planos estratégicos para lidar com o crescimento ou com o futuro da empresa e aceitam de bom grado o que quer que a empresa produza. Seu objetivo é administrá-la de tal forma que ela permaneça pequena e lhes ofereça renda suficiente para manter um determinado estilo de vida típico de classe média. Por exemplo, Sue Yellin, consultora de pequenas empresas, diz que tem convicção de seu desejo de se manter "solo", ganhando dinheiro suficiente para viver confortavelmente e "alimentar seu gatinho Fancy Feasts".[6]

Embora tenham começado como empreendedores que privilegiam seu estilo de vida, alguns empresários com o tempo se tornam, voluntariamente ou não, empreendedores de alto crescimento porque sua empresa cresce não obstante sua intenção inicial. Por exemplo, a revista *Inc.* 500 congrega os 500 empreendedores de alto crescimento mais bem-sucedidos. Em uma pesquisa realizada com esses empreendedores, ao serem solicitados a completar a frase "Minha meta inicial quando abri minha empresa...", eles deram as seguintes respostas, que indicam que quase 20% eram a princípio empreendedores do tipo "estilo de vida":

- Fazer a empresa crescer o mais rápido possível: 50,9%.
- Deixar a empresa crescer devagar: 29,4%.
- Começar pequena e mantê-la pequena: 5,8%.
- Absolutamente nenhum plano: 13,8%.[7]

Em conclusão, uma das histórias mais proeminentes de um empreendedor de estilo de vida que se tornou um empreendedor de alto crescimento é a de Ewing Marion Kauffman, que abriu sua empresa farmacêutica em 1957, a Marion Laboratories, com o objetivo de "apenas de ganhar a vida" e sustentar sua família. No final das contas, acabou erguendo uma empresa cuja receita anual em 1986 já culminava em mais de US$ 5 bilhões, criando uma fortuna para si mesmo (ele a vendeu em 1989 por mais de US$ 5 bilhões) e para seus 300 funcionários, que se tornaram milionários.[8]

Empreendedores quem pensam grande

O empreendedor de alto crescimento, por sua vez, assumindo uma postura proativa, procura fazer suas receitas e lucros anuais crescerem exponencialmente. Esse tipo de empreendedor tem um plano, que é revisto de maneira regular, e a empresa é administrada de acordo com esse plano. Diferentemente do empreendedor que privilegia seu estilo de vida, o de alto crescimento toca sua empresa com a expectativa de que ela cresça de forma exponencial, gerando riquezas para si mesmo, para seus investidores e possivelmente para seus funcionários por meio de produtos derivados. Uma das melhores histórias sobre empreendedores desse tipo é a Google, que será analisada com riqueza de detalhes mais adiante. O empreendedor de alto crescimento tem consciência de que a empresa bem-sucedida é aquela que emprega métodos empresariais básicos — administração financeira, planejamento de fluxo de caixa, planejamento estratégico, *marketing* e assim por diante. Em levantamento realizado pela revista *Inc.* com um grupo de empreendedores, identificou-se que eles estão "mudando a face dos negócios nos Estados Unidos". Constatou-se também que eles são de alto crescimento, o que se demonstrou não apenas pelo fato de serem milionários, mas por terem erguido sua empresa de um patamar de vendas médias anuais de US$ 146.000 e 4,5 funcionários para um patamar de vendas médias de US$ 11 milhões e 219 funcionários. Esses dados mostram de igual modo a eficácia com que esses empreendedores ergueram sua empresa, visto que as vendas por funcionário aumentaram de US$ 32.444 para US$ 50.228, uma melhoria de 55%.

Wilson Harrell, ex-empreendedor e atual colunista da revista *Inc.*, realizou um trabalho fantástico ao descrever a diferença entre esses dois tipos de empreendedor. A primeira descrição fala sobre o empreendedor de estilo de vida:

> Digamos que um indivíduo compre uma lavanderia de lavagem a seco. Ele sai para trabalhar às 7h00. Às 19h00, ele volta para casa, beija sua mulher, apanha as crianças e sai para assistir a uma apresentação dos filhos na escola. Em seu escritório, podemos ver placas espalhadas pelas paredes: Câmara do Comércio, Rotary Club, associação republicana ou democrática local. Ele é um dos pilares da comunidade e todos o adoram, mesmo os banqueiros.
>
> Mude a situação. Depois que esse indivíduo compra a lavanderia, volta para casa e diz à sua mulher: "Querida, hipotecaremos nossa casa, pegaremos dinheiro emprestado seja lá de quem for, da sua mãe ou quem sabe de seu irmão, e penhoraremos tudo o que tivermos, porque estou para comprar outra lavanderia. Portanto, vou penhorar a primeira para comprar a outra, porque teremos a maior lavanderia da cidade, do estado, da nação!".[9]

A segunda situação descreve, obviamente, a vida de um empreendedor de alto crescimento cuja intenção a longo prazo é dominar o setor nacional de lavanderias adquirindo as de seus concorrentes, primeiro em nível local, depois em nível nacional. Seu plano financeiro é alavancar os ativos dos proprietários de lavanderia para obter dívida comercial de fontes tradicionais como os bancos, bem como "financiamento-anjo" dos parentes.

Lamentavelmente, nem todos os empreendedores que tentam crescer o máximo possível conseguem fazê-lo. Algumas vezes, determinadas circunstâncias que fogem ao seu controle podem obstruir seus planos de crescimento. Por exemplo, um empreendedor do Maine reclamou que não conseguia erguer sua empresa em virtude da falta de mão de obra na região. "Estou indignado com a situação da mão de obra por aqui. As pessoas não querem ir para a frente. Por isso, as empresas mantêm-se pequenas", disse ele.[10]

O ESPECTRO DO EMPREENDEDORISMO

Quando a maioria das pessoas pensa na palavra *empreendedor*, elas imaginam alguém que tenha criado uma empresa do zero. Essa é uma concepção errônea de grande peso. Como podemos ver pela Figura 1.1, o espectro do empreendedorismo é mais amplo e mais abrangente. Ele inclui não apenas os indivíduos que criam uma empresa do zero (isto é, os empreendedores das *start-ups*), mas também as pessoas que adquiriram uma empresa estabelecida por herança ou aquisição (isto é, adquirentes). Esse espectro abrange também franqueadores, bem como franqueados. Em suma, abrange de igual modo os *intraempreendedores* ou empreendedores corporativos, isto é, os assalariados com cargo em alguma empresa listada pela *Fortune 500* que estão envolvidos proativamente com atividades empreendedoras nesse cenário. O Capítulo 13 é dedicado ao tópico do intraempreendedorismo. Porém, seja por aquisição ou *start-up*, os processos empreendedores envolvem diferentes níveis de risco comercial, como ressalta a Figura 1.1.

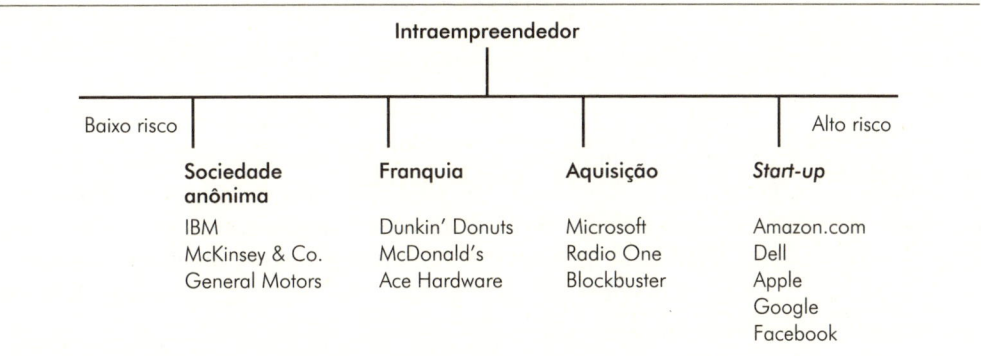

Figura 1.1 O espectro do empreendedorismo.

Sociedade anônima

Embora as sociedades anônimas (*corporations*) listadas na *Fortune 500*, como a IBM, não sejam empreendimentos empresariais, a IBM e outras estão incluídas nesse espectro simplesmente como uma empresa de ponto de referência. A IBM foi símbolo da "América corporativa" até o início da década de 1980: uma empresa multibilionária imensa, burocrática e conservadora em que os funcionários tinham que uma garantia de emprego vitalício. Embora a IBM tenha se tornado menos conservadora sob a liderança de Louis Gerstner, o primeiro diretor executivo da empresa não capacitado pela IBM, ela sempre representou a antítese do empreendedorismo, com seu hino corporativo "Hail to IBM" [reverências à IBM], camisas brancas, ternos escuros e políticas que proibiam que os funcionários fumassem e bebessem no trabalho e que os desencorajavam vigorosamente fora do trabalho.[11]

Além do perfil da IBM, outro excelente exemplo da antítese do empreendedorismo foi uma declaração feita por um grande amigo, Lyle Logan, executivo da Northern Trust Corporation, empresa listada na *Fortune 500*, que orgulhosamente me disse: "Steve, nunca tentei me fazer passar por um empreendedor. Nenhum sangue de empreendedor corre pelas minhas veias. Sou extremamente feliz como executivo corporativo". Como se pode ver, o risco empresarial associado a uma empresa estabelecida como a IBM é baixo. Essas empresas têm uma longa história de rentabilidade. Mais importante do que isso, elas têm uma reserva de caixa imensamente grande à disposição.

Franquia

As franquias respondem por 40% de todas as vendas a varejo nos Estados Unidos, empregam mais de 18 milhões de pessoas e são responsáveis por aproximadamente US$ 1,5 trilhão do desempenho econômico.[12] Tal como uma árvore grande e resistente que continua gerando novos ramos, uma franquia bem administrada pode gerar centenas de empreendedores. O fundador de uma franquia — o franqueador — é o empreendedor *start-up*, como Bill Rosenberg, que fundou a Dunkin' Donuts na década de 1950 e hoje tem aproximadamente 7.400 lojas em 30 países.[13] Esses caras vendem em um ano uma quantidade de *donuts* suficiente para dar volta na Terra... duas vezes! Os franqueados de Rosenberg (mais de 5.500 só nos Estados Unidos[14]), que possuem e administram franquias particulares, são também empreendedores. Eles assumem riscos, administram suas empresas com a esperança de obter lucros e, como outros empreendedores, podem enfrentar problemas de fluxo de caixa. Os primeiros franqueados do país eram uma rede de vendedores que, na década de 1850, pagaram a Singer Sewing Machine Company pelo direito de vender máquinas recém-patenteadas em diferentes regiões dos Estados Unidos. O sistema de franquia acabou se tornando popular quando os franqueados começaram atuar nos setores de automóveis, petrolífero e de alimentos. Hoje, de acordo com as estimativas, a cada oito minutos um novo ponto de franquia é aberto nos Estados Unidos.[15]

Os franqueados são empresários que colocam seu capital em risco e podem fechar as portas se não gerarem lucros suficientes para se manterem solventes.[16] Segundo uma estimativa, existem mais de 750.000 unidades de franquia particulares nos Estados Unidos,[17] das quais 10.000 têm base domiciliar. O investimento médio inicial em uma franquia, sem incluir o imóvel, é de cerca de US$ 250.000.[18] Alguns exemplos são Mel Farr, proprietário de cinco revendedoras de automóveis. O grupo de automóveis de Farr é apenas um dentre as quinze subsidiárias em seu império empresarial — avaliado em mais de US$ 573 milhões. Outra empreendedora do mesmo calibre é Valerie Daniels-Carter, fundadora de uma *holding* que administra 70 restaurantes Pizza Hut e 36 Buger King que geram ao todo mais de US$ 85 milhões de receitas anuais.[19] Outros dados da Associação Internacional de Franchising e do Departamento de Comércio dos Estados Unidos, apresentados na Tabela 1.1, mostram que o número de estabelecimentos franqueados não para de crescer, a toque de caixa, e mais do que duplicou desde 1970.

Visto que normalmente a franquia é uma operação que pode ser iniciada de imediato, o risco comercial fica entre 80% e 97%, de acordo com uma pesquisa da Arthur Andersen and Co., que constatou que somente 3% das franquias fecharam as portas cinco anos depois começar a operar. Outro estudo realizado pela Arthur Andersen descobriu que, de todas as franquias abertas entre 1987 e 1997, 85% ainda continuam sendo operadas

Tabela 1.1 Crescimento de franquias nos Estados Unidos (anos selecionados)

Ano	Número de franquias	Receitas anuais das franquias (em bilhões de dólares)
1970	396.000	120
1980	442.000	336
1990	533.000	716
1992	558.000	803
2001	767.483	
2005	909.253	

Fonte: Departamento de Comércio dos Estados Unidos; Associação Internacional de Franchising.

por seu proprietário original, 11% têm novos proprietários e 4% fecharam. A Associação Internacional de Franchising relata que 70% dos franqueadores cobram uma taxa inicial de US$ 30.000 ou menos.[20]

Max Cooper é um dos maiores franqueados do McDonald's na América do Norte, com 45 restaurantes no Alabama. Ele expôs seu raciocínio sobre o que é se tornar um empreendedor franqueado da seguinte forma:

> Você compra uma franquia porque é um negócio promissor. Os fundamentos já foram erguidos e você está comprando reputação. Como com qualquer empresa, para ter sucesso em uma franquia, você precisa ter aquele desejo ardente. Se não tiver, não entre nisso. Não é fácil.[21]

Aquisição

O adquirente é um empreendedor que herda ou compra uma empresa existente. Essa lista inclui Howard Schultz, que adquiriu a Starbucks Coffee em 1987 por cerca de US$ 4 milhões, quando havia apenas seis lojas. Hoje, mais de 40 milhões de clientes por semana pegam a fila para tomar café *mocha*, *cappuccino* e *caramel macchiato* em 12.400 pontos Starbucks em 37 países. As receitas anuais chegam a US$ 7,8 bilhões e, de acordo com os documentos apresentados à Comissão de Valores Mobiliários (Securities Exchange Comission — SEC) dos Estados Unidos, a equipe proprietária abriu 2.199 novos pontos Starbucks só em 2006![22]

A lista de adquirentes bem-sucedidos também inclui pessoas como Jim McCann, que em 1983 comprou a 1-800-Flowers, praticamente falida, deu uma reviravolta e elevou as receitas anuais para US$ 782 milhões em 2006.[23] Outra empreendedora de sucesso que se encaixa nessa categoria é Cathy Hughes, que ao longo dos últimos 27 anos comprou 71 estações de rádio que no momento geram US$ 371 milhões em receitas anuais, transformando sua empresa de radiotransmissão, a Radio One (listada na Bolsa de Valores de Nova York), na sétima maior do país. As 51 estações estão avaliadas ao todo em US$ 2 bilhões.[24]

Um dos empreendedores mais proeminentes que se enquadra nessa categoria é Wayne Huizenga, Empreendedor do Ano em 1996 pela revista *Inc.* e Empreendedor do Ano Mundial em 2005 pela Ernst & Young. Sua reputação de grande empreendedor provém em parte do fato de ele ser uma das poucas pessoas nos Estados Unidos a possuir negócios no valor de vários bilhões de dólares. Tal como o personagem de Richard Dreyfuss no filme *Um Vagabundo da Alta Roda*, um milionário que possui uma fábrica de cabides de roupas, Wayne Huizenga é uma prova viva de que um empreendedor não precisa estar um setor glamouroso para ser bem-sucedido. Ele alcançou o sucesso comprando empresas em setores sem *glamour* de baixa tecnologia ou não tecnológicos de recolhimento de lixo, alarmes de arrombamento, vídeos, esportes, hotéis e carros usados.

Ele nunca começou uma empresa do zero. Sua estratégia tem sido dominar um setor comprando o máximo de empresas naquele setor o mais rápido possível e consolidá-las. Essa estratégia é conhecida como estratégia de "consolidação" [*rollup*, "plataforma" ou "puff" (*poof*)] — iniciar e erguer uma empresa por meio da consolidação do setor. (Embora o termo *consolidação* seja autoexplicativo, os dois outros talvez precisem de uma breve explanação. O termo *plataforma* provém do ato de comprar uma grande empresa em um setor para funcionar como plataforma para acrescentar outras empresas. O termo associado ao *desaparecimento* provém da ideia de que, no papel de adquirente, em um dia o empreendedor não tem mais nenhuma empresa e, no seguinte, *puff!* — como mágica —, ele compra uma empresa e está em operação. Em seguida, há outro "*puff!*", e a empresa cresce exponencialmente por meio de outras aquisições.) Como observou Jim Blosser, um dos executivos de Huizenga, "Wayne não gosta de *start-ups*. Deixe que outra pessoa qualquer faça a P&D. Ele prefere pagar um pouco mais por um conceito que tenha demonstrado algum sucesso e talvez só precise de um socorro de capital e administração".[25]

A carreira de Huizenga no empreendedorismo começou em 1961, quando comprou sua primeira empresa, a Southern Sanitation Company, na Flórida. Os ativos da empresa eram um caminhão de lixo e uma rota de caminhão de US$ 500 ao mês, que ele mesmo fazia, levantando-se às 2h30 da madrugada todos os dias. Essa empresa acabou se tornando a multibilionária Waste Management Inc., transformada por Huizenga em uma empresa de nível nacional por meio de agressivas aquisições. Em um período de nove meses, a Waste Management comprou 100 empresas menores ao redor do país. Em dez anos, a empresa saltou de US$ 5 milhões ao ano para lucros anuais de US$ 106,5 milhões sobre uma receita de quase US$ 1 bilhão. Em mais quatro anos, a receita novamente dobrou.[26]

Huizenga em seguida abandonou essa atividade e entrou no mercado de locação de vídeos comprando em 1984 toda a franquia da Blockbuster Video por US$ 32 milhões, depois de se ver impossibilitado de comprar a franquia da Blockbuster do Estado da Flórida porque os direitos territoriais do estado já haviam sido vendidos para outros empreendedores antes de Huizenga fazer sua oferta. Quando ele adquiriu a Blockbuster Video, havia no país 8 lojas da empresa e 11 franquias. O franqueador estava gerando US$ 7 milhões anualmente em locações diretas nas oito lojas, mais as taxas de franquia e os *royalties* das 11 lojas franqueadas.[27] Sob o comando de Huizenga, que na época nem sequer tinha um videocassete, a Blockbuster floresceu. Nos sete anos subsequentes, por meio de crescimento interno e aquisições, a Blockbuster abria em média uma nova loja a cada 17 horas, o que a fez se tornar maior do que seus 550 principais concorrentes juntos. Ao longo desse período, o preço de suas ações aumentou 4.100%. Alguém que tivesse investido US$ 25.000 nas ações da Blockbuster em 1984, sete anos depois descobriria que esse investimento havia se transformado em US$ 1,1 milhão, e um investimento de US$ 1,1 milhão em 1984 se transformaria em US$ 41 milhões ao longo do mesmo período. Em janeiro de 1994, Huizenga vendeu a Blockbuster Video, que já contava com 4.300 lojas em 23 países, para a Viacom, por US$ 8,5 bilhões.

Huizenga utilizou essa mesma estratégia de agregação no setor de automóveis comprando rapidamente o máximo de revendedoras que pudesse e agrupando-as sob a marca AutoNation. Por volta de 2001, a AutoNation era a maior varejista de automóveis nos Estados Unidos, título que até 2008 ainda detinha. A propósito, se algum dia você alugar um carro da National ou Alamo, esse carro também pertence a Wayne — ambas estão entre suas *holdings*. O que Huizenga espera obter com o tempo é o ciclo de vida completo de um carro. Em outras palavras, ele compra carros do fabricante, vende alguns como novos, loca ou arrenda o restante e posteriormente vende os alugados como carros usados.

Huizenga também tem ou teve praticamente todas as franquias de esportes profissionais na Flórida, como a Miami Dolphins da National Football League, a Florida Panthers da National Hockey League e a Florida Marlins da National Baseball League. Ele nunca foi dono da Miami Heat, da National Basketball League. Seu primo sim.

Agora, uma pergunta com pontos a mais para você — uma que eu sempre faço aos meus alunos na Kellogg. Qual é o elemento comum entre todas as variadas empresas de Huizenga — vídeos, lixo, esportes e automóveis? Todas envolvem o aluguel de produtos, que geram receitas significativas, previsíveis e, talvez mais importante, *recorrentes*. A empresa de locação de vídeos aluga um vídeo repetidas vezes e o de locação de automóveis aluga o mesmo carro um sem-número de vezes. No gerenciamento de refugos, ele alugava os contêineres de lixo. Mas o que está sendo alugado no segmento de esportes? Ele aluga os assentos nos estádios e nas arenas que ele possui. Outras empresas que estão nesse mesmo segmento são companhias aéreas, os cinemas, os transportes públicos e as universidades!

Outro exemplo de adquirente é Bill Gates, fundador da Microsoft. O sucesso inicial da empresa veio de um sistema operacional chamado MS-DOS, que originalmente pertencia a uma empresa denominada Seattle Computer Products. Em 1980, a IBM estava procurando um sistema operacional. Depois de ouvir falar em Bill Gates, que havia desistido de Harvard para iniciar a Microsoft em 1975 com seu amigo Paul Allen, os representantes da IBM foram até Albuquerque, Novo México, onde Gates e Allen estavam, para ver se Gates poderia lhes fornecer o sistema operacional que precisavam. À época, o produto da Microsoft era uma versão da linguagem de programação BASIC para o Altair 8800, comprovadamente o primeiro computador pessoal do mundo. Essa linguagem havia sido criada em 1964, por John Kenney e Thomaz Kurtz.[28] Como Gates na verdade não tinha um sistema operacional, recomendou que a IBM entrasse em contato com outra empresa, a Digital Research. Gary Kindall, proprietário da Digital Research, não estava quando os representantes da IBM foram à empresa, e sua equipe recusou-se a assinar um acordo de sigilo com a IBM sem seu consentimento. Portanto, os representantes voltaram a procurar Gates para ver se ele poderia indicar outra pessoa. Sendo o empreendedor oportunista que é, Gates lhes disse que poderia oferecer um sistema operacional e concluiu a negociação com a IBM. Assim que ele fechou o negócio, saiu e comprou o sistema operacional, o Q-DOS, da Seattle Computer Products, por US$ 50.000, e o personalizou para o primeiro PC da IBM, que foi lançado em agosto de 1981. Desse modo, Bill Gates, uma das pessoas mais ricas do mundo, com um valor patrimonial de mais de US$ 50 bilhões, obteve seu primeiro sucesso empresarial como adquirente e continuou nesse caminho desde então. Não obstante os combates que enfrenta nos tribunais, a Microsoft continua em ascensão, investindo centenas de milhões de dólares ao ano para adquirir tecnologias e empresas. Ao longo dos últimos três anos, a Microsoft gastou mais de US$ 3 bilhões em aquisições.[29] Mas não se preocupe — ainda existem alguns trocados embaixo do colchão da Microsoft. Em junho de 2007, a empresa tinha US$ 23,4 bilhões em caixa de acordo com seus livros contábeis.[30] Em outubro de 2007, pagou US$ 240 milhões por 1,6% da rede social *on-line* Facebook, que havia sido criada três anos antes.

Start-up

Criar uma empresa sem nada além do que uma ideia de um produto ou serviço é a forma mais difícil e arriscada de se tornar um empreendedor de sucesso. Dois ótimos exemplos de empreendedores *start-up* são Steve Wozniak, que abandonou a faculdade, e Steve Jobs, da Apple Computer. Como engenheiro na Hewlett-Packard, Wozniak apresentou à empresa uma ideia para um pequeno computador pessoal. A empresa não o levou a sério e recusou sua ideia; essa decisão revelou-se a maior asneira da história no intraempreendedorismo. Com US$ 1.300 do próprio bolso, Wozniak e seu amigo Steve Jobs iniciaram a Apple Computer na garagem de seus pais.

A Apple Computer é um excelente exemplo de *start-up* que teve sucesso em decorrência da revolucionária inovação tecnológica criada por Wozniak, um gênio da tecnologia. Outros empreendimentos que tiveram sucesso por suas inovações tecnológicas são a Amazon.com, fundada por Jeff Bezos; Google, com Harry Page e Sergey Brin; e Facebook, com Mark Zuckerberg.

Mas as oportunidades para *start-ups* empreendedoras no setor tecnológico não precisam se restringir àquelas que criam novas tecnologias. Por exemplo, a Dell Computer, uma das maiores empresas de sistemas de computador do mundo, com US$ 61 bilhões em receitas anuais em 2008,[31] hoje é, como nunca foi, uma empresa que se concentra em pesquisa e desenvolvimento, diferentemente daquelas mencionadas antes. Michael Dell, o fundador, obteve essa oportunidade de empreendimento com a implementação de uma ideia simples de que ele podia "jogar melhor" que seus concorrentes. Ele sempre fabricou computadores sob encomenda dos clientes e os vendeu diretamente aos consumidores a preços abaixo dos preços de seus concorrentes. Como ele mesmo explicou: "Eu vi que as pessoas comprariam um PC por cerca de US$ 3.000 e que dentro desse PC havia peças no valor de US$ 600. A IBM costumava comprar a maioria dessas peças de outras empresas, montá-las e vender o computador para um revendedor por US$ 2.000. Daí, o revendedor, que conhecia pouco sobre venda e assistência técnica de computadores, costumava vendê-lo por US$ 3.000, o que era ainda mais ultrajante".[32]

Michael Dell, que desistiu da Universidade do Texas e fundou sua empresa em 1984 com um empréstimo de US$ 1.000 de seus pais, tornou-se em 1992, aos 27 anos, o mais jovem diretor executivo de uma empresa listada na *Fortune 500*. Em menos de dez anos depois, as receitas da Dell saltaram para mais de US$ 15 bilhões apenas nos primeiros seis meses de 2001, e seu fundador culminou na lista dos "40 mais ricos abaixo dos 40" da *Forbes*. Hoje, Michael Dell está no 43º lugar na lista da Forbes de bilionários do mundo, com um valor patrimonial de US$ 16 bilhões.[33]

As *start-ups* empreendedoras não se restringiram a empresas de tecnologia. Em 1993, Kate Spade largou o emprego de editora de acessórios da *Mademoiselle* e, com seu marido, Andy, criou uma empresa de bolsas femininas, a Kate Spade, Inc. Suas bolsas, que são ao mesmo tempo excêntricas e funcionais, obtiveram retornos significativos sobre o investimento inicial de US$ 35.000 obtidos com o plano de poupança 401(k)* de Andy.

---

* N. de R. T.: 401(k) é o nome de um tipo de plano de aposentadoria patrocinado pelo empregador, adotado nos Estados Unidos e em outros países, e recebe esse nome em razão da seção do Código Fiscal americano na qual está previsto.

Em 1999, as vendas dobraram para US$ 50 milhões. Em fevereiro de 1999, Neiman Marcus comprou uma participação de 56% por US$ 33,6 milhões.[34] E, em 2006, as receitas atingiram US$ 84 milhões. Em suma, existem inúmeras *start-ups* de sucesso que começaram com uma ideia que não era originalmente do empreendedor. Por exemplo, Mario e Cheryl Tricoci são os proprietários da empresa internacional de *day spa*, avaliada em US$ 40 milhões, com sede em Chicago, de nome Mario Tricoci's. Em 1986, ao voltar de suas férias em um *spa* de luxo fora dos Estados Unidos, eles perceberam que praticamente não havia *day spas* no país, apenas aqueles que exigiam estada semanal. Diante disso, criaram sua empresa de acordo com as ideias e os requintes que haviam visto em suas viagens ao exterior.[35]

NOTAS

1. Michie P. Slaughter, "Entrepreneurship: Economic Impact and Public Policy Implications", Center for Entrepreneurial Leadership Inc., Fundação Ewing Marion Kauffman, março de 1996; Mike Hermann, Fundação Kauffman, 1997.
2. Wendy M. Beech, "Business Profiles: And the Winners Are...", *Black Enterprise*; Carolyn M. Brown e Tonia L. Shakespeare, "A Call to Arms for Black Business", *Black Enterprise*, novembro de 1996, pp. 79-80.
3. Escritório de Pesquisa Econômica, Administração de Pequenas Empresas.
4. Donna Fena, "The Making of an Entrepreneurial Generation", *Inc.*, julho de 2007.
5. Raymond W. Smilor, "Vital Speeches and Articles of Interest, Entrepreneurship and Philanthropy", preparado para o Quinto Seminário Anual Kellogg-Kauffman no Instituto Aspen sobre Filantropia, setembro de 1996.
6. *New York Times*, 23 de setembro de 1998.
7. "1995 Inc. 500 Almanac", *Inc.*, 1995.
8. Anne Morgan, *Prescription for Success: The Life and Values of Ewing Marion Kauffman*, 1995.
9. Wilson Harrell, *Inc.*
10. David H. Freedman, "The Money Trill", *Inc.*, dezembro de 1998.
11. John Greenwald, "Master of the Mainframe: Thomas Watson Jr.", *Time*, 7 de dezembro de 1998.
12. Kerry Pipes, "History of Franchising: This Business Model Is an Original — and a Winner", *site* Franchising.com, postado em 25 de março de 2007.
13. *Site* de franquia da Dunkin' Donuts, http://www.dunkinfranchising.com/aboutus/franchise/franchise-overview.html.
14. *Ibid.*
15. Pipes, "History of Franchising".
16. "Answers to the 21 Most Commonly Asked Questions about Franchising", página inicial do *site* da Associação Internacional de Franchising, 22 de outubro de 2001, http://www.franchise.org/resourcectr/faq/faq.asp.
17. Pipes, "History of Franchising".

18. Gerda D. Gallop, "15 Franchises You Can Run from Home", *Black Enterprise*, 9 de setembro de 1998.
19. *QSR Magazine*, junho de 2006.
20. "The Profile of Franchising", Educational Foundation Inc. da Associação Internacional de Franchising, 2001.
21. Kristen Dunlop Godsey, "Market Like Mad: How One Man Built a McDonald's Franchise Empire", *Success*, fevereiro de 1997.
22. Starbucks, Relatório Anual de 2006, página inicial da Starbucks, www.starbucks.com.
23. 1-800-Flowers.com Inc., Relatório Anual de 2006, página inicial da 1-800-Flowers.com Inc., www.1800flowers.com.
24. Radio One, Inc., Relatório Anual de 2005, página inicial da Radio One, www.radio-one.com.
25. Duncan Maxwell Andersen e Michael Warshaw, com Mari-Alyssa Mulvihill, "The Entrepreneur in America: Blockbuster Video's Wayne Huizenga", *Success*, março de 1995, p. 36.
26. *Ibid*.
27. "Wayne Huizenga", vídeo, Universidade do Sul da Califórnia.
28. David Gelernter, "Software Strongman: Bill Gates", *Time*, 7 de dezembro de 1998, p. 131.
29. *Business Week*, janeiro de 1997.
30. Microsoft, Inc., Relatório Anual de 2007, página inicial da Microsoft, www.microsoft.com.
31. Dell Inc., Relatório Anual de 2008, página inicial da Dell, www.dell.com.
32. Richard Murphy, "Michael Dell", *Success*, janeiro de 1999.
33. "World's Billionaires List", *Forbes*, março de 2008.
34. "Top Entrepreneurs of 1999", *Business Week*, janeiro de 2000, http://www.businessweek.co/smallbiz/content/jan2000/eo3663075.htm.
35. Terri Roberson, "The Partners behind the Day Spa Explosion", *Today's Chicago Woman*, dezembro de 1998.

CAPÍTULO 2

O Empreendedor

INTRODUÇÃO

De cara com o perigo, cheio de tensão e ansiedade na missão *Apolo 13*, Gene Kranz, o lendário diretor de voo da Nasa, arregimentou sua tripulação com o hoje famoso e comovente brado de guerra "fracassar não é uma opção". Lamentavelmente, alguns milhões de empreendedores discordam.

ÍNDICES DE SUCESSO DOS EMPREENDEDORES

É necessário certo grau de atrevimento, coragem, audácia – seja lá o nome que se queira dar – para ter segurança e dar o primeiro passo, por conta própria, para começar um negócio. Pessoa alguma, e nisso eu também me incluo, tem como meta final liquidar as economias guardadas ao longo de uma vida, fracassar vergonhosamente e morrer sozinho, sem nenhum tostão! Na realidade, as cartas estão marcadas contra os empreendedores. O índice de insucesso das empresas, particularmente das *start-ups*, é descomunal. Um estudo realizado pela Administração de Pequenas Empresas (Small Business Administration – SBA) apresentou os índices de insucesso dessas empresas:

- 34% no espaço de dois anos depois de iniciar.
- 56% depois de quatro anos.[1]

Outro estudo, feito pela Dun & Bradstreet, demonstra que 63% das empresas com menos de 20 funcionários fracassam no espaço de quatro anos e 91%, um valor colossal, fracassam em dez anos.[2] Os índices de insucesso das *start-ups* são também altos nos mercados externos. Por exemplo, na Nova Zelândia, uma pesquisa demonstrou que 53% das pequenas e médias empresas fracassam em três anos.[3] A Statistics Canada indicou que 145.000 novos negócios são iniciados ao ano no Canadá e 137.000 abrem falência.[4] Todos os anos, 470.000 novas empresas são abertas no Brasil, mas 43% delas fecham as portas antes do terceiro aniversário.[4a]

A Tabela 2.1 apresenta dados sobre o total de negócios encerrados (fracassados) nos Estados Unidos, entre 1990 e 2006. Embora esses dados mostrem que o número de negócios fracassados diminuiu de maneira significativa em 2006, partindo de um pico de mais de 586.000 empresas em 2002, ainda assim ele é superior à média de 534.000 empresas falidas por ano ao longo do período.

Os índices de insucesso subiram expressivamente em 2001 e 2002, quando a era das empresas "ponto-bomba" levou a milhares de baixas, deixou os favoritos da Nasdaq* em frangalhos e prenunciou um arrefecimento de grandes proporções na economia. Entretanto, os verdadeiros empreendedores têm uma elasticidade notável, e as estatísticas indicam que eles precisam tê-la. O empreendedor médio fracassa 3,8 vezes antes de ser bem-sucedido.[4a] Um deles é Steve Perlman, cofundador da Web TV Networks, que ele vendeu para a Microsoft em 1997 por US$ 425 milhões. Antes de seu sucesso com a Web TV, envolveu-se com três *start-ups* malsucedidas no período de dez anos.

Tabela 2.1 Negócios fracassados nos Estados Unidos

Ano	Negócios encerrados	Variação em relação ao período anterior
2006	564.900	3,90
2005	543.700	0,49
2004	541.047	0,07
2003	540.658	− 7,88
2002	586.890	6,07
2001	553.291	1,93
2000	542.831	− 0,30
1999	544.487	0,72
1998	540.601	2,00
1997	530.003	3,43
1996	512.402	3,05
1995	497.246	− 1,25
1994	503.563	2,21
1993	492.651	− 5,55
1992	521.606	− 4,56
1991	546.518	2,84
1990	531.400	N/D

Fonte: Administração de Pequenas Empresas, dezembro de 2007.

---

* N. de R. T.: National Association of Securities Dealers Automated Quotation System (Sistema Eletrônico de Cotação da Associação Nacional de Intermediários de Valores.

Não obstante essas adversidades, as pessoas continuam perseguindo o sonho de empreendedorismo. E isso está ocorrendo não apenas nos Estados Unidos, mas também no exterior. Por exemplo, em Taiwan, 1.373 empresas de eletrônicos foram criadas em 1997. Ao final do ano, 1.147 delas, ou 84%, fecharam as portas.[5] Apesar desse alto índice de insucesso, o espírito empreendedor à época manteve-se vivo e saudável em Taiwan. Isso se comprova pelo fato de o setor de capital de risco (da expressão em inglês *venture capital*) de Taiwan, que teve uma taxa composta de crescimento anual (TCAC ou CAGR – *compound annual growth rate*) de menos de 16% de 1990 a 1995 e nunca ultrapassou o total de investimentos de US$ 600 milhões durante esse período, ter crescido mais de 67% entre 1996 e 1977 e mais de 36% entre 1997 e 1998, culminando em um total de investimentos de US$ 2,2 bilhões em 1998.[6] Em 2005, o setor de capital de risco de Taiwan investiu mais de US$ 5,7 bilhões.[6a]

Um dos motivos óbvios do alto índice de insucesso entre os empreendedores é que é difícil ter um produto de sucesso, muito menos uma empresa promissora de um modo geral. Um estudo recente da Nielsen BASES e Ernst & Young constatou que cerca de 95% dos novos produtos de consumo nos Estados Unidos fracassam.[7] Kevin Clancy e Peter Krieg, da Copernicus Marketing Consulting, avaliaram que não mais de 10% de todos os novos produtos ou serviços prosperam.[8] A vice-presidente da Google, da área de pesquisa de produtos e experiência do usuário, estima que de 60% a 80% dos produtos da Google com o tempo podem acabar fracassando de forma retumbante.[9]

Outro motivo desse insucesso é que as pessoas primeiramente criam a empresa e só depois começam a obter informações sobre administração de fluxo de caixa, *marketing*, desenvolvimento de recursos humanos e outras áreas relacionadas ao trabalho. Um número demasiado grande de pessoas só fica sabendo o que devem fazer para lidar com problemas de fluxo de caixa quando de fato os enfrentam. Elas não aprendem isso na sala de aula ou fazendo estágio em uma empresa empreendedora. Esse tipo de treinamento é precioso, porque os erros cometidos afetam a sustentabilidade da empresa. Segundo um estudo sobre empreendedores de sucesso, a maioria deles atribuiu o insucesso à falta de um treinamento adequado.[10] A área em que eles mais precisavam de treinamento era administração de fluxo de caixa.[11]

Vejamos agora a Tabela 2.2, que mostra o número de empresas falidas entre 1990 e 2006. Embora os dados mostrem que o número de empresas falidas diminuiu de maneira sensível em 2006, de um nível de 71.000 empresas por ano em 1991, é bem provável que os dados de 2006 tenham se distorcido porque houve mudanças significativas nas leis de falência no mercado de consumo em 2005, o que também dificultou a abertura de falência para algumas empresas. Em média, mais de 47.000 empresas foram à bancarrota e abriram falência anualmente durante esse período. Reforçando, isso com frequência está associado a empreendedores que não têm qualificação para administrar estoques e fluxo de caixa.

O que podemos ver com base nessas tabelas é que a tendência de falência das empresas na Tabela 2.2 e a tendência de uma empresa começar um negócio e fracassar, citada na Tabela 2.1, podem estar associadas a situações específicas ocorridas no cenário macroeconômico dos Estados Unidos. Mais especificamente, vemos que o número de fa-

Tabela 2.2 Empresas falidas nos Estados Unidos

Ano	Número de falências	Porcentagem de alteração
2006*	19.695	– 49,8
2005	39.201	14,2
2004	34.317	– 2,1
2003	35.037	– 9,1
2002	38.540	– 3,9
2001	40.099	13,0
2000	35,472	– 6,4
1999	37.884	– 14,6
1998	44.367	– 17,9
1997	54.027	0,9
1996	53.549	3,1
1995	51.959	– 0,8
1994	52.374	– 15,9
1993	62.304	– 11,8
1992	70.643	1,3
1991	71.549	10,3
1990	64.853	N/D

Fonte: Administração de Pequenas Empresas, dezembro de 2007.
* Em 2005, houve uma mudança na lei de falências americana.

lências culminou em 1991, quando o país estava atolado em uma recessão, e o número de empresas malsucedidas culminou em 2002 após o período ponto-bomba mencionado anteriormente. Portanto, em épocas econômicas adversas, o número de empresas malsucedidas aumenta porque os proprietários não conseguem pagar suas contas. Ao mesmo tempo, o número de *start-ups* empreendedoras em geral também aumenta durante esses períodos porque há corte de funcionários nas empresas.

Há um ensinamento importante nessa questão. Todos os empreendedores, futuros e atuais, devem ser capazes de responder fácil e prontamente à pergunta: o que ocorre com minha empresa durante uma recessão? As empresas reagem às recessões de maneira distinta. Por exemplo, um setor que se dá bem em tempos de recessão é o de peças e serviços para automóveis porque as pessoas tendem a consertar o carro que já possui em vez de comprar um novo. O setor de bebidas alcoólicas também se sai bem nas recessões porque as pessoas tendem a beber mais quando estão deprimidas ou insatisfeitas. As empresas que não se saem tão bem são os restaurantes (mais pessoas passam a comer em casa), o setor de viagens de férias e qualquer negócio que venda artigos luxuosos. Por exemplo, barcos.

Mas o fato de uma empresa não se sair bem em períodos de recessão não significa que não se deva iniciar um negócio no início ou durante esse período. Significa apenas que o empreendedor deve planejar com sabedoria, manter os custos sob controle e ter um capital de giro adequado por meio de linhas de crédito e agilizar a cobrança das contas a receber. Citando um exemplo, a revista *BusinessWeek* foi criada seis semanas após o início da Grande Depressão. Eu, por exemplo, cerca de um ano depois que comprei minha primeira empresa, uma fábrica de abajures, o país entrou em recessão. A Guerra do Golfo foi deflagrada. As pessoas então pararam de comprar e passaram a ficar em casa em frente à televisão vendo os acontecimentos se desdobrarem. Eu queria que elas estivessem nas lojas de departamentos comprando meus abajures! Eu me lembro de estar sentado à mesa de trabalho, com as mãos apoiando a cabeça, quando minha secretária, Angela, interrompeu o silêncio batendo gentilmente à porta. "Você está chorando?", perguntou ela. "Não", respondi. "Mas deveria estar! Estou nesse negócio há menos de um ano, fiz todas essas dívidas e preciso descobrir uma forma de liquidá-las". Antes de comprar essa empresa, eu havia traçado um plano específico para lidar com uma possível retração econômica e de fato consegui atravessá-la. Mas, para ser sincero, eu tenho de admitir que subestimei o quanto os negócios ficariam difíceis. A coisa estava feia.

Há alguns anos, o ex-campeão de peso pesado Mike Tyson estava se preparando para lutar com Michael Spinks. Um jornalista, ao entrevistar Tyson antes da luta, lhe disse que Spinks havia traçado um plano cuidadoso para nocautear o campeão. Tyson respondeu: "Todo o mundo tem um plano até o momento em que leva um soco na boca". Eu não conseguiria me expressar melhor. Faça a você mesmo um grande favor: seja brutalmente honesto consigo mesmo e com qualquer investidor e pinte o quadro mais feio que puder imaginar. Imagine como a economia, os concorrentes ou outras situações poderiam "lhe dar um soco na boca". Agora, diga a todo o mundo como sua empresa vai sobreviver, prosperar e manter-se viva para fazer a caixa registradora soar e ter lucro no outro dia.

Em suma, antes de criar uma empresa e de se preparar para uma recessão, o futuro empreendedor deve ser capaz de responder estas perguntas: Onde se encontra a recessão? Ela ainda virá, já passou ou está em processo? Embora a conjuntura econômica de 2008 fosse ruim, o país não estava em recessão. Oficialmente, recessão significa "dois trimestres consecutivos sem nenhum crescimento no PIB". Nos Estados Unidos, a última recessão começou em março de 2001 e acabou em novembro de 2001. A economia do país normalmente passa por recessão a cada cinco ou sete anos. Durante a administração Reagan, o país só entrou em recessão depois de 92 meses consecutivos ou 7,7 anos. O segundo maior período sem recessão no país foi ao longo da Guerra do Vietnã, de 106 meses consecutivos (8,8 anos).[12] E a década do empreendedorismo, a de 1990, detém o recorde do período mais longo sem recessão no país. Antes de março de 2001, o país havia ficado 133 meses consecutivos sem recessão.

Porém, como mencionado antes, o fracasso não impede que ninguém se torne um empreendedor. Existem vários exemplos notáveis de empreendedores que se saíram bem embora tenham fracassado no início. Por exemplo, Fred Smith, antes de ter sucesso na Federal Express, teve uma empresa que fracassou. Berry Gordy, fundador da Motown Records, abriu uma loja de discos de *jazz* que foi à falência. Subsequentemente, ele foi trabalhar na linha de montagem da Ford Motor Company, para pôr a vida financeira em ordem. Depois, largou esse emprego para abrir a Motown Records. Henry Ford foi à falência duas vezes antes de a Ford Motor Company prosperar. E como o próprio Henry Ford expressou, "o fracasso é a oportunidade de começar novamente de uma maneira mais inteligente. É apenas um lugar de descanso".[13]

Portanto, todos os futuros empreendedores devem ter em conta o fato de que o sucesso no mundo do empreendedorismo é mais a exceção do que a regra. É quase certo que alguém fracasse. Mas essa pessoa deve simplesmente perceber que o fracasso não passa de um rito de passagem no empreendedorismo. Ele ocorre a quase todas as pessoas, e os financistas normalmente dão outra oportunidade ao empreendedor desde que o fracasso não seja consequência de mentiras, trapaças, roubo ou indolência. Eles preferem investir em uma pessoa que tenha fracassado e aprendido com a experiência a investir em uma pessoa inexperiente. Os capitalistas de risco do Vale do Silício consideram o fracasso não apenas inevitável, mas também valioso. Michael Moritz, um dos sócios na Sequoia Capital, que investiu US$ 500.000 na Apple Computer em 1978 e transformou esse investimento em US$ 120 milhões três anos depois, quando a empresa abriu seu capital, observou que os empreendedores que haviam enfrentado contratempos talvez fosse uma aposta melhor do que aqueles só haviam experimentado sucesso.[14]

Warren Packard, diretor gerente da empresa de capital de risco Draper Fisher Jurvetson, no Vale do Silício, é citado como tendo dito:

> O fracasso na verdade é sinônimo de oportunidade de aprendizagem. Quando nos encontramos com um empreendedor malsucedido no passado, nos perguntamos: "Ele aprendeu com os erros do passado ou ele é simplesmente um louco?". Desde que o empreendedor seja honesto em relação às suas competências, seu passado não importa. Ele aprendeu alguns ensinamentos extremamente importantes usando o dinheiro de outra pessoa.[15]

O renomado capitalista de risco John Doerr, da Kleiner Perkins Caufield & Byers (KPCB), fundo do Vale do Silício que investiu promissoramente em dezenas de empresas relacionadas à *Internet*, dentre elas a Netscape e Amazon.com, disse o seguinte:

> É tão difícil encontrar pessoas talentosas que mesmo quando uma *start-up* específica fracassa, você não fica marcado para o resto da vida.[16]

E, para concluir, Thomas G. Stemberg, fundador e diretor executivo da Staples, Inc., fez a seguinte observação:

> A forma como você se recupera é mais importante do que os erros que você comete.[17]

POR QUE SE TORNAR UM EMPREENDEDOR?

Uma pesquisa da Harris Interactive constatou que 47% dos americanos que não possuem algum negócio próprio atualmente sonha em criar um.[18] Mas por que as pessoas querem se tornar empreendedoras? Por que o empreendedorismo tornou-se tão popular? Todos têm um motivo diferente para querer montar o próprio negócio.

A revista *Inc.* fez um levantamento entre os empresários listados na *Inc.* 500 e descobriu que o principal motivo citado pelos empreendedores com relação a montar o próprio negócio foi ganhar independência e poder controlar seus horários e sua carga de trabalho. Na verdade, 40% dos entrevistados indicaram que elas criaram uma empresa para "ser seu próprio chefe".[19]

Muitas pessoas tornam-se empreendedoras porque detestam trabalhar para outras pessoas. Como disse um determinado indivíduo, ele se tornou empreendedor porque ter um emprego era pior do que estar na prisão:

Na prisão:	Você passa a maior parte do tempo em uma cela 2,5 m × 3 m.
No trabalho:	Você passa a maior parte do tempo em um cubículo de 1,8 m × 2,5 m.
Na prisão:	Você recebe três refeições gratuitas por dia.
No trabalho:	Você só tem intervalo para uma única refeição e tem de pagar por ela.
Na prisão:	Você pode ver televisão e jogar.
No trabalho:	Você é despedido se assistir à televisão e jogar.
Na prisão:	Você tem uma privada só sua.
No trabalho:	Você tem de compartilhá-la.
Na prisão:	Você passa a maior parte da vida dentro da cela olhando através das grades,* não vendo o dia de sair.
No trabalho:	Você passa a maior parte do tempo querendo sair e entrar em algum bar!
Na prisão:	Alguns diretores muitas vezes são sádicos.
No trabalho:	Eles se chamam GERENTES![20]

O segundo motivo mais citado para se tornar um empreendedor é a sensação de realização que as pessoas passam a ter quando comprovam que conseguem montar ou ter uma empresa de sucesso. Seth Godin, que fundou a Yoyodyne, empresa de *marketing* direto interativo comprada pela Yahoo! no final de 1998, e hoje diretor executivo de um empreendimento *on-line* chamado Squidoo, uma ferramenta que possibilita que os usuários construam páginas *Web*, explica o motivo desse desejo: "A maioria das pessoas não consegue compreender por que alguém que ergueu uma fortuna de US$ 10 milhões quer continuar fazendo isso. É porque a maioria não gosta de trabalhar e acham irracional continuar trabalhando".[21] Joseph Schumpeter, que criou o famoso apelido "destruição criativa" para o capitalismo, descreve bem isso. "Os empreendedores", sustentou ele, "têm vontade de vencer: o impulso de lutar, de demonstrar que são superiores aos outros, de ter sucesso, não pelos frutos do sucesso, mas por amor ao sucesso [...]. Existe a empolgação de criar, de concretizar as coisas ou simplesmente de exercitar sua força e criatividade".[22]

Curiosamente, as pessoas em geral, jovem ou mais velhas, não se tornam empreendedoras para ficarem ricas. Esse foi o caso de Ping Fu, Empreendedora do Ano em 2005 pela *Inc*. Fu foi deportada em 1981 pelo governo chinês depois de divulgar um relatório de pesquisa sobre infanticídio. Ela foi para os Estados Unidos e, assim que aprendeu inglês, tornou-se exímia em programação de computadores. O proprietário da empresa em que ela trabalhava lhe ofereceu uma participação de 5% nos negócios da empresa e a oportunidade de ficar milionária. Fu recusou a oferta. Por quê? Porque, para ela, isso tinha a ver com criar alguma coisa de valor, não ficar rica. Hoje ela é diretora executiva da Geomagic,

---

* N. de R. T.: Fazendo uma brincadeira com as palavras, ele utiliza nessa passagem o termo *bars* (grades) para em seguida contrapor com a palavra *bar* (em referência aos *pubs*).

empresa de modelagem e processamento digital, com receitas de US$ 30 milhões ao ano.[23] Em outro exemplo, um levantamento entre adolescentes no segundo grau, realizada pela Gallup Organization, 71% dos respondentes disseram que estavam interessados em montar seu próprio negócio. Entretanto, somente 26% citaram "ganhar muito dinheiro" como principal motivo para montar um negócio.[24] No levantamento da *Inc.* mencionado antes, "ganhar muito dinheiro" era apenas o terceiro motivo mais popular por que os empreendedores haviam montado um negócio próprio. Por fim, um levantamento de 2006, conduzido pela Universidade de Nebraska, indicou que somente 6% dos empresários acreditam que o principal motivo de começar um negócio seja "ganhar muito dinheiro".[25]

O que fica evidente é que, para a maioria das pessoas, ganhar muito dinheiro não é necessariamente o incentivo para se tornarem empreendedoras. Entretanto, apesar desse fato, a maior parte dos indivíduos ricos nos Estados Unidos enriqueceu porque se tornaram empreendedores. Nos Estados Unidos, existem cerca de 371 bilionários, 1 milhão de decamilionários e mais de 9 milhões de milionários.[26] No livro *O Milionário Mora ao Lado*, os autores descobriram que 80% dessas pessoas ganharam sua fortuna ao se tornar empreendedoras ou pelo fato de participarem de algum empreendimento. Por exemplo, uma das pessoas mais ricas dos Estados Unidos, Bill Gates, conseguiu sua fortuna por fundar a Microsoft. Além de Gates, a Microsoft criou mais 10.000 milionários.[27] Muitas dessas pessoas endinheiradas são homens e mulheres jovens que eram extremamente ambiciosos, inteligentes e talentosos.

Para respaldar ainda mais a relação entre criação de riqueza e empreendedorismo, a *Forbes* divulgou que três dentre os cinco americanos mais ricos listados na *Forbes* 400 eram empreendedores da primeira geração.[28] Mas essa relação não é nova. John D. Rockefeller é cofundador da Standard Oil, a primeira grande sociedade anônima multinacional, criada em 1870. Em 1913, o valor do patrimônio pessoal de Rockefeller era de US$ 900 milhões, o que equivalia a mais de 2% do produto nacional bruto (PNB) do país. Hoje, 2% do PNB dos Estados Unidos equivaleria a cerca de US$ 273 bilhões, mais de cinco vezes superior ao valor do patrimônio pessoal de Bill Gates.

Como mencionado antes, para alguns indivíduos, tornar-se empreendedor não era uma opção; ao contrário, eles tomaram essa direção quando foram despedidos. Outros montaram seu próprio negócio com o objetivo de criar emprego para outras pessoas. Um empreendedor que segundo a *Inc.* está "mudando a face dos negócios nos Estados Unidos" teria dito o seguinte: "Tenho uma empresa cuja integridade é a mais alta da cidade [...]. As pessoas me respeitam e eu apoio 72 famílias".[29] Para alguns empreendedores, a empresa serve como um ponto para exercitarem sua habilidade criativa. Outros sentem necessidade de deixar um legado que incorpore valores. Outros têm preocupações comunitárias ou sociais que eles sentem que podem ser enfrentadas por meio de sua empresa.[30]

Para alguns indivíduos, tornar-se empreendedor é inerente. Ou eles são filhos de algum empreendedor ou desenvolveram o interesse por se tornar empreendedor porque tiveram contato com o mundo dos negócios bem cedo na vida. Dentre os empreendedores de alto crescimento bem-sucedidos que eram filhos de empreendedores destacam-se Berry Gordy, da Motown Records; Wayne Huizenga, da Waste Management, Blockbuster Video e AutoNation; Josephine Mentzer, da Estée Lauder; Ted Turner, das emissoras de televisão TBS e CNN; e Akio Morita, que deixou a fábrica de saquê que sua família deteve por 14 gerações para criar a Sony. Donald Trump também está incluído nesse grupo; paradoxalmente, ao contrário de Donald e seus clientes de alta renda no setor imobiliário, seu pai alugava imóveis a famílias de baixa renda do proletariado em Nova York.

Outro empreendedor de alto crescimento que se encaixa nessa categoria é John Rogers, Jr., fundador da Ariel Capital – empresa de administração financeira que gerencia bilhões dólares. A administração financeira está no sangue de Rogers. Para estimular o interesse do filho pelos negócios, na data de aniversário e no Natal, Rogers dava de presente a seu jovem filho John ações da empresa. Os pais, avós e bisavós de John sempre tiveram seus próprios negócios. Na verdade, seu bisavô, C. J. Stafford, era advogado prático, mas também tinha um hotel na Flórida. Esse hotel pegou fogo no início da década de 1900, quando então ele foi falsamente acusado de iniciar uma revolta racial. Em vez de desistir, Stafford escapou da Flórida e foi para Chicago, onde montou seu escritório de advocacia.

Outros empreendedores montaram empresas para desenvolver uma nova ideia ou invenção. Por exemplo, como examinado antes, Steve Wosniak, cofundador da Apple Computer, tornou-se empreendedor espontaneamente. Se a Hewlett-Packard não tivesse rejeitado sua ideia de criar um computador pessoal pequeno e fácil de utilizar, provavelmente ele não teria se demitido da empresa para começar seu próprio negócio e sido o precursor de uma mudança drástica no setor de hardware para computadores.

Outro motivo que leva as pessoas a querer entrar no mundo do empreendedorismo são os ídolos empresariais. Quinze anos atrás, os principais ícones empresariais eram executivos corporativos como Robert Goizueta, o lendário diretor executivo da Coca-Cola Corporation que morreu de câncer em 1997, e Jack Welch, da General Electric. No decênio de 1990, a década do empreendedorismo, os empreendedores tornaram-se os principais ícones no meio empresarial, os quais todo o mundo queria imitar. Por exemplo, a Christian and Timbers, empresa de consultoria, identificou os principais diretores executivos que foram mencionados com maior frequência em 1997 nas publicações de negócios mais proeminentes. Com mostra a Figura 2.1, três dos diretores executivos que receberam menções haviam fundado sua própria empresa [os nomes que estão com asterisco (*)].[31]

Em um discurso intitulado "Entrepreneurship, American Style" ("Empreendedorismo, Estilo Americano"), o embaixador americano na Dinamarca ressaltou a reverência que os americanos têm pelos empreendedores. "Nos Estados Unidos, Bill Gates, da Microsoft, Steve Jobs, da Apple, Fred Smith, da Federal Express, e o milionário da esquina que venceu por esforço próprio, são todos considerados heróis. Praticamente em todas as comunidades existe algum empreendedor 'ali na esquina' que venceu na vida. Na verdade, é o milionário 'comum' dali da esquina que é muitas vezes o mais aclamado, porque as pessoas pensam 'é, ele não tem metade da minha inteligência; se ele consegue vencer, eu também consigo'", observou ele. E assim o embaixador continuou, contando uma história de Kjeld Kirk Kristiansen, o lendário empreendedor dinamarquês e ex-diretor executivo do Lego Group, para demonstrar aonde ele queria chegar: "Ele disse que com o passar dos anos os fãs e clientes dos produtos Lego criaram conferências e demonstrações de produtos em que os adultos, usando os blocos de montar da Lego, exibiam as maravilhas que haviam acabado de criar. Ele citou dois eventos recentes desse tipo. Um em Berlim e outro em Washington, DC. Em Berlim, contou ele, ao chegar à conferência, foi trata-

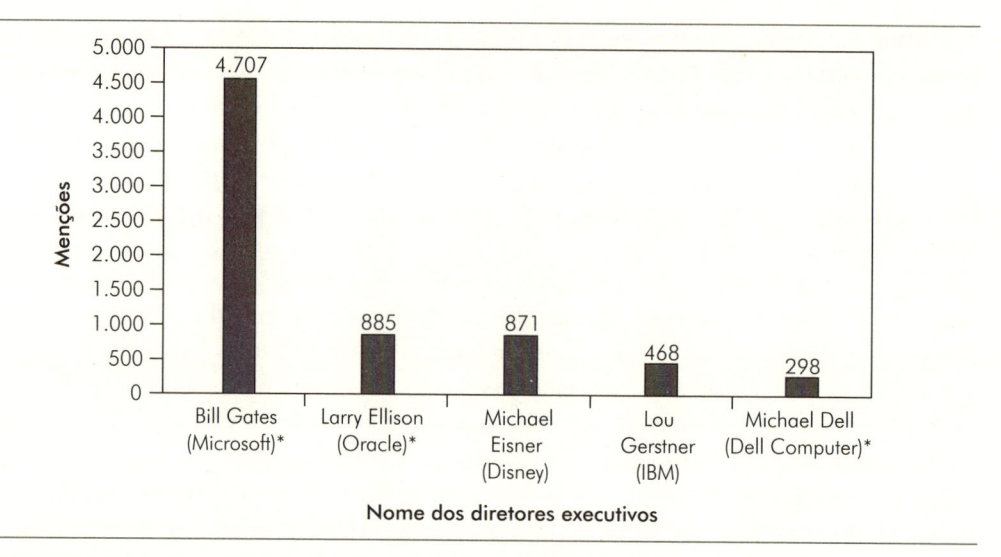

Figura 2.1 Os diretores executivos mais mencionados.

do como qualquer outro visitante que estava ali. Nada especial, nada excepcional. Ele comparou essa experiência com a de Washington, onde, à sua chegada, os 2.000 clientes adultos que estavam ali reunidos o trataram como uma estrela do rock, como uma celebridade, como um herói; eles ficavam em volta, tiravam fotos, pediam autógrafo. Quando ele tem de ir aos Estados Unidos para uma exibição desse tipo, ele diz que consegue perceber como Elvis Presley provavelmente se sentia".[32]

Em 1997, a revista *Inc.* conduziu um estudo com o objetivo de avaliar o impacto dos empreendedores e suas empresas sobre os empreendimentos americanos. Utilizando um mesmo conjunto de perguntas, a revista entrevistou quinhentos empreendedores que haviam montado sua empresa entre 1982 e 1996 e duzentos executivos de nível alto e médio listados na *Fortune 500* (vice-presidentes, diretores e gerentes). Quando perguntados sobre se concordavam com a afirmação de que "Os empreendedores são os heróis do segmento empresarial americano", 95% dos empreendedores e 68% dos executivos corporativos concordaram. Esses resultados foram completamente diferentes das respostas dadas por esses dois grupos dez anos antes, quando 74% dos empreendedores e 49% dos executivos concordaram com essa afirmação. Curiosamente, 37% dos executivos corporativos observaram que, se pudessem viver novamente, optariam por administrar seu próprio negócio.[33]

Embora os investimentos anuais de US$ 1,3 bilhão em capital de risco corporativo em 2005 sejam inferiores ao valor estratosférico de US$ 17 bilhões investido em 2000, muitas das empresas rentáveis dos Estados Unidos continuam devotando recursos para estimular a atividade empresarial.[34] Na verdade, várias empresas exibiram esse apoio ao criar programas de estímulo e assistência aos funcionários que querem se tornar empreendedores. O Chairman's Innovation Initiative da Boeing, um fundo de *venture capital* (capital de risco) de US$ 200 milhões, oferece aos funcionários a oportunidade de desenvolver novas ideias de empreendimento com base nas ideias desenvolvidas pela empresa.

A Procter & Gamble promove uma mentalidade de "inovação aberta", incentivando os gerentes a buscar novas ideias de empreendimento externamente, bem como dentro da empresa.[35] Outras empresas, como a Intel, têm divisões de capital de risco internas que ficam à cata nas mais recentes inovações tecnológicas. A Intel investiu mais de US$ 4 bilhões em cerca de 1.000 empresas desde o início da década de 1990, mantendo um ritmo de investimento regular em duas grandes recessões. A Adobe funciona como parceiro limitado exclusivo em um fundo de *venture capital* que ela terceiriza para a Granite Ventures, a fim de manter um relacionamento com a comunidade de *start-ups*.[36]

Em suma, como mostrado na Figura 2.2, a comunicação da Coca-Cola Company a todos os seus funcionários oferece um exemplo de empresa que apoia o empreendedorismo.

Redimensionamento corporativo

Embora a década de 1990 venha a ser conhecida como a década do empreendedorismo, os últimos 15 anos também se destacam pelo contínuo redimensionamento (*downsizing*) do mundo corporativo nos Estados Unidos. O redimensionamento corporativo foi tão predominante, que se tornou parte intrínseca da trama do seriado cômico televisivo *Cosby*, de Bill Cosby, que estreou em 1996. Esse programa, em que Hilton Lucas, representa-

---

Para: Todos os nossos funcionários ao redor mundo

Assunto: Frizzion, L.L.C. (companhia de responsabilidade limitada)

Recentemente renovamos o compromisso de nossa empresa de beneficiar e revigorar todos aqueles que se sentem tocados por nossos negócios. Hoje, tenho o orgulho de comunicar um novo empreendimento que pretende ajudar a Coca-Cola Company a ganhar acesso a inovações que incentivarão nosso crescimento à medida que adentrarmos um novo século. Para espelhar essa nova atividade criativa que será gerada, chamamos essa nova iniciativa de "Fizzion", uma subsidiária integral da Coca-Cola Company em que novas ideias e tecnologias poderão se transformar em empreendimentos promissores. Localizada em frente ao nosso principal complexo no Centro de Aprendizagem, a Fizzion oferecerá inúmeros benefícios importantes aos empreendedores ao redor do mundo. Os empreendedores que se tornarem membros e frequentarem a Fizzion terão acesso a conhecimentos de primeira qualidade sobre vendas e marketing, experiência em administração de empresas, espaço para escritório e outras infraestruturas básicas. Em troca, as empresas membros da Fizzion serão escolhidas com base em sua capacidade de provocar um impacto positivo no volume de negócios, nas receitas ou nos lucros da empresa, quando suas aplicações forem utilizadas em nossos empreendimentos.

A Fizzion é apenas um dos projetos que estamos implementando para impulsionar a inovação em nossos empreendimentos. Essa subsidiária ampliará nossas demais parcerias com a Ideas.com, Ideashare e nosso Catalisador de Ideias (Think Tank), que já estão a caminho. Ao disponibilizar esses serviços aos empreendedores da Fizzion, os funcionários terão oportunidade de trabalhar com *start-ups* em várias áreas funcionais. Incentivo todos a avaliar essas oportunidades à medida que elas surgirem no futuro.

Fonte: Coca-Cola Corporation.

Figura 2.2 Comunicação da Coca-Cola Corporation sobre a Fizzion.

do por Cosby, lida com as tribulações decorrentes de sua demissão de uma importante companhia aérea, caracteriza com precisão os apuros de várias pessoas que perderam o emprego. Quando ele foi despedido, Lucas esperava ser chamado de volta, mas três anos depois ele ainda esperava receber algum chamado da empresa em que trabalhava.[37] Paradoxalmente, a CBS acabou redimensionando o próprio programa, cancelando-o.

De janeiro de 1995 a outubro de 2001, 68% de todas as companhias de seguros, 66% das empresas industriais e 69% das instituições bancárias e financeiras cortaram funcionários. As demissões tornaram-se uma realidade na vida dos trabalhadores americanos. Em 2001, a carnificina corporativa marcou novos recordes. Os números eram tão significativos, que a revista *Forbes* começou a postar uma contagem diária de baixas em seu *site*. Dentre as principais sociedades anônimas que realizaram cortes em seu escalão hierárquico destacaram-se a Lucent (40.000 operários), Ford (5.000 funcionários administrativos), Agilent (4.000 operários) e Gateway (5.000 operários). Por volta de setembro de 2001, mais de 1,1 milhão de funcionários haviam sido demitidos – um salto de 83% em relação aos registros do ano anterior e bem superior a qualquer soma anual nos últimos 12 anos.[38] O ataque terrorista de World Trade Center em setembro de 2001 aumentou ainda mais o número de baixas. Praticamente todas as companhias aéreas anunciaram demissões expressivas, mais de 100.000 funcionários, nas semanas subsequentes. Outras empresas, no setor de viagens, seguiram o exemplo. A Starwood Hotels and Resorts demitiu 10.000 funcionários. Os trabalhadores americanos não foram os únicos: mais de 2 milhões de trabalhadores no Japão e no Sudeste da Ásia perderam o emprego em 2001.[39]

Em 2008, o ritmo das demissões corporativas começou a aumentar novamente. O Departamento de Trabalho dos Estados Unidos divulgou que de janeiro a maio de 2008, houve nos Estados Unidos 7.615 diferentes ações de demissão em massa – quando a empresa demite 50 ou mais pessoas de uma só vez —, o que gerou cerca de 748.000 novas solicitações de auxílio-desemprego. Esse número é consideravelmente superior ao do ano anterior, com 6.325 ações de demissão e 650.000 novos solicitantes.[40] Algumas das demissões anunciadas pelas empresas durante esse período incluem a AOL (2.000), Morgan Stanley (5.000), Merrill Lynch (4.000) e Yahoo! (2.000).[41]

Embora muitos trabalhadores que recebem licença com o tempo voltem a ocupar outros cargos corporativos, é provável que outros sigam o passo daqueles que receberam aviso prévio antes. Muitos trabalhadores que perderam o emprego durante os cortes corporativos das décadas de 1980 e 1990 ou escolheram ou foram forçados a perseguir a rota do empreendedorismo, em vez de um emprego no âmbito corporativo. Um levantamento de 1996 da *Inc.* 500 – lista das 500 pequenas empresas de mais rápido crescimento – constatou que 40% dos fundadores haviam criado suas empresas depois de um remanejamento na empresa em que trabalhavam.[42]

O Conselho de Competitividade, organização que procura impulsionar a competitividade dos Estados Unidos em mercados mundiais, explica: "O crescimento econômico não é um processo ordenado de melhorias incrementais – ele ocorre porque novas empresas são criadas e empresas mais antigas são destruídas [...]. E os empreendedores são a força propulsora por trás desse movimento que sustenta o dinamismo da economia americana". O economista Joseph Schumpeter chama esse processo de "destruição criativa". Uma das consequências dessa destruição criativa é que os funcionários são demitidos quando as empresas são redimensionadas ou fecham as portas. Esse desemprego gera novos empreendimentos empresariais.[43]

Um exemplo de empreendedor que optou por criar seu próprio negócio depois de ser cortado é Patrick Kelly, que abriu a empresa Physicians Sales and Services, que hoje tem uma receita acima de US$ 1,6 bilhão e é a maior fornecedora do país de suprimentos médicos para consultórios. Quando perguntado sobre o motivo que o levou a se tornar um empreendedor, ele respondeu: "Eu não escolhi me tornar um empreendedor. Fui despedido e criei uma empresa para ganhar a vida. Tive de aprender a ser diretor executivo. Vou lhe dizer sem rodeios, roubei todas as ideias que tenho. Não existe nenhuma ideia original na minha cabeça. Roubei tudo e você deveria fazer o mesmo". Outra história feliz relacionada a funcionários que foram cortados é a de Bill Rasmussen, que foi despedido do cargo de relações públicas em 1979. Ele prosseguiu, criando a Entertainment Sports Programming Network (ESPN) em Connecticut, que hoje pertence à Disney e à família Hearst e obtém receitas anuais de mais de US$ 4 bilhões com quatro redes a cabo domésticas, a maior rede de rádio esportiva do país e o *site* esportivo mais visitado na *Internet*.[44]

Formação acadêmica

Em 1970, somente 16 universidades americanas ofereciam formação em empreendedorismo. Hoje, mais de 2.000 universidades ao redor dos Estados Unidos (cerca de dois terços de todas as instituições) têm pelo menos uma disciplina, e muitas outras estão sendo ministradas em todas as partes do mundo. Em 1980, havia 18 cadeiras titulares de empreendedorismo nas escolas de negócios; atualmente, existem mais de 270.[45, 46] Na verdade, o empreendedorismo tornou-se uma disciplina acadêmica em praticamente todas as melhores escolas de negócios espalhadas pelo país. Outra indicação do compromisso do meio acadêmico com esse campo é o fato de as escolas de negócios oferecerem não apenas cursos, mas matérias eletivas secundárias e de especialização na área de empreendedorismo. O número de matérias de especialização em empreendedorismo em programas de graduação e MBA aumentou de somente 175 em 1990 para mais de 500 hoje.[47] Um dos principais fatores que contribui para o crescimento do empreendedorismo nas universidades é a Kauffman Campus Initiative, que destina US$ 100 milhões à criação de programas de formação em empreendedorismo.

A formação em empreendedorismo funciona? Embora seja difícil reunir pesquisas concretas e considerando que empreendedores como Steve Jobs, da Apple, e Bill Gates, da Microsoft, com certeza tiveram sucesso sem essa formação, um estudo de 2002, realizado pela Universidade do Arizona, demonstrou que cinco anos após a colação de grau, a renda média anual daqueles que se formaram em empreendedorismo ou nos MBAs que se concentraram nessa área de estudos na escola era 27% superior à dos indivíduos com outras formações e dos indivíduos com MBA convencional.[48] Além disso, de acordo com um estudo da Fundação Kauffman, 32% dos empreendedores bem-sucedidos frequentaram pelo menos cinco cursos de negócios, ao passo que somente 18% dos malsucedidos fizeram cursos desse tipo.

Existem muitos indícios casuais. Mark Cuban, que vendeu sua *start-up*, a Broadcast.com, para a Yahoo! por US$ 6 bilhões em 1999 e hoje é o atual dono da Dallas Mavericks e HDNet, tem total confiança em sua formação em empreendedorismo. "Um dos melhores cursos que já fiz foi o de empreendedorismo, no meu primeiro ano na Universidade de Indiana. Isso de fato me motivou. Para montarmos um negócio, temos de compreender muitas outras coisas além de administração financeira, contabilidade e *marketing*. Ensinar às crianças o que funcionou com as *start-ups* e conhecer a experiência que outras pessoas tiveram poderia realmente fazer diferença. Eu tenho certeza de que isso funcionou para mim",[49] ressaltou Cuban.

Para imigrante russa Tatiana Saribekian, o programa de MBA da Universidade Estadual de San Diego a ajudou a dominar a arte da negociação. Após o fracasso de seu primeiro negócio com madeira de construção nos Estados Unidos, ela decidiu tirar o MBA, concentrando-se na área de empreendedorismo. Refletindo sobre seu MBA em empreendedorismo, Saribekian, que recentemente voltou a trabalhar como construtora, disse o seguinte: "As aulas me abriram os olhos em relação à maneira como os negócios funcionam nos Estados Unidos. É completamente diferente da Rússia. Acho que desta vez terei mais chance de me sair bem".[50]

Em suma, o crescimento do empreendedorismo será para sempre associado à revolução tecnológica nos Estados Unidos, que começou no início da década de 1980. Empresas como a Microsoft, Apple, Lotus e Dell, para citar apenas algumas, deram a luz ao atual setor tecnológico, avaliado em US$ 600 bilhões. Os avanços tecnológicos são responsáveis pela proliferação de novos produtos e serviços, estimulando a criação de negócios em novas áreas, como as empresas estabelecidas na *Internet*. Por exemplo, em 1999, a cada 7 segundos desenvolvia-se um novo produto para computador e a cada 48 horas criava-se uma nova empresa relacionada à *Internet*.[51] Os anos de 1995 e 1996 foram épocas sensacionais para os pioneiros da *Internet*. A Tabela 2.3 mostra o crescimento das empresas de serviços de *Internet* durante a década de 1990 no momento em que o crescimento desse novo setor começou a explodir.

Esse impulso na atividade empreendedora criou um número de empregos e riquezas sem precedentes. Em 1997, por exemplo, no Vale do Silício (que tem 80 quilômetros de extensão e abrange 30 cidades diferentes), 11 novas empresas eram criadas por semana e, consequen-

Tabela 2.3 Negócios de mais rápido crescimento, 1995-1996

Negócio	Número de empresas em 1995	Número de empresas em 1996	Crescimento
Serviços de *Internet*	24	2.298	9.475%
Serviços de rede para PC	4.539	6.573	45%
Serviços de *pager*	1.636	2.148	31%
Lojas de *bagel*	2.522	3.291	31%
Serviços de telefonia celular	4.037	5.252	30%
Salões de tatuagem	2.156	2.569	19%

Fonte: *USA Today*, 26 de março de 1997.

temente, 62 novos milionários por dia.⁵² A bolha da *Internet* atingiu seu pico em 19 de março de 2000, quando o índice Nasdaq Composite atingiu 5.048, ou seja, um valor duas vezes superior ao de apenas um ano antes. Obviamente, muitos desses milionários viram seus "títulos da sorte" desaparecer nos anos subsequentes. Mais de sete anos depois, no verão de 2007, o índice Nasdaq ainda estava 40% abaixo de seu pico em março de 2000. Embora muitas lições tenham sido tiradas dos prejuízos provocados pela era ponto-bomba, o empreendedorismo tecnológico voltou com tudo. Os fundos de *venture capital* saltaram de US$ 3,8 bilhões em 2002 para mais de US$ 27 e US$ 30 bilhões em 2005 e 2006, respectivamente. Em 2005, o setor de *software* e telecomunicações gerou uma receita de mais de US$ 14 bilhões.⁵³

Uma das empresas de tecnologia empreendedora mais proeminentes da década de 1990 foi a Yahoo!. Ela foi criada em 1995 e abriu se capital em 1996 com uma avaliação extraordinária de US$ 850 milhões, não obstante o fato de seus lucros em 1996 terem sido apenas US$ 81.000, de um total de receitas de US$ 400.000. Em 2001, a Yahoo! perdeu 90% de sua capitalização de mercado, despediu seu diretor executivo, anunciou duas séries de demissões e estava lutando para reaver sua posição de segurança. Entretanto, tal como o próprio setor tecnológico, a Yahoo! recuperou-se. Entre 2 de abril de 2001 e 2 de abril de 2007, o preço das ações da Yahoo! subiu de US$ 7 por ação para mais de US$ 31 por ação. Isso representa um rendimento de mais de 440%.

A tecnologia ainda hoje continua sendo um tremendo impulsionador do empreendedorismo. Na verdade, por volta de 2005, as *start-ups* na *Internet* começaram a ressurgir, em parte por causa do desenvolvimento de uma nova onda de aplicativos de *Internet*, comumente chamada de "Web 2.0" e mais popularmente conhecida como Facebook.com. Embora nesse período da Web 2.0 tenha havido um aumento no número de empresas criadas, nas avaliações e na quantidade de aquisições importantes, felizmente parece que um pouco da loucura vista na década de 1990 ficou mais controlada. Bill Burnham, ex-sócio da Mobius Venture Capital, descreve bem essa nova mentalidade: "A geração da bolha está bem mais afinada com a possibilidade concreta de as coisas realmente fugirem do controle. Hoje, já incorporamos certo nível de precaução".⁵⁴

TRAÇOS DE UM EMPREENDEDOR

Montar um negócio promissor e sustentável exige coragem, paciência e resistência. Requer um nível de comprometimento que poucas pessoas são capazes de ter. A afiliação ao "clube de empreendedores", embora não seja restrita, parece atrair determinados tipos de indivíduo. Quais são, se é que existe algum, os atributos comuns entre os empreendedores de alto crescimento?

Embora seja impossível identificar todos os traços comuns a todos os empreendedores, é possível descrever determinadas características que são apresentadas pelos empreendedores de maior sucesso. Um levantamento com 400 empreendedores, realizado por um consultor em desenvolvimento executivo, Richard Hagberg, identificou as dez principais características que definem os empreendedores. São elas:

- Direcionamento, firmeza e obstinação
- Mentalidade otimista

- Presunção e rapidez nos julgamentos
- Impaciência
- Preferência por soluções simples
- Autonomia e independência
- Contundência/agressividade
- Disposição para correr riscos
- Indiferença emocional[55]

Embora a lista seja extensa, alguns outros traços a tornariam mais completa ainda:
- Oportunismo
- Disposição para se sacrificar
- Visionariedade
- Facilidade para encontrar solução para os problemas
- Tranquilidade em relação à ambiguidade ou à incerteza

Vale a pena examinar mais detalhadamente alguns desses traços.

Direcionamento, firmeza e obstinação

Os empreendedores de sucesso direcionados à missão e ao compromisso de fazer a coisa acontecer não obstante os enormes contratempos que venham a enfrentar. Eles são obstinados por natureza – eles persistem. Não são molengas. Se você deseja entrar para o clube do empreendedorismo e nunca tiver ido até o fim em algum empreendimento em sua vida, é provável que esse clube não sirva para você, porque esse é um clube em que você será obrigado a ser resoluto mesmo quando os tempos ficarem difíceis. E é quase certo, em especial nos primeiros três anos em um novo negócio, que haja mais tempos ruins do que bons, independentemente do grau de sucesso do seu empreendimento.

Um exemplo de empreendedora que era obstinada por suas metas é Josephine Esther Mentzer, fundadora da Estée Lauder Cosmetic Company, descrita como uma pessoa que "simplesmente sobrepujou o desempenho de qualquer outra pessoa no setor de cosméticos". "Ela perseguiu todos os donos de lojas de departamentos em Nova York até o momento em que conseguiu algum espaço nos balcões da Saks da Quinta Avenida em 1948."[56] Sua empresa, que no presente controla 8% do mercado de cosméticos nas lojas de departamentos americanas e obteve uma receita total de US$ 6,4 bilhões em 2006 em 130 países ao redor do mundo, instituiu o costume hoje comum de oferecer brindes aos clientes que compram algum de seus produtos.

Mentalidade otimista

Os empreendedores são otimistas convictos, em especial em relação às suas ideias e à sua capacidade de atingir promissoramente suas metas. São indivíduos que veem o futuro de forma positiva, encarando os obstáculos não como impedimentos, mas como desafios que precisam ser superados. Imaginam-se como empresários, empregadores e agentes de mudança. A luta de foice do mundo do empreendedorismo não é adequada às pessoas que não são otimistas.

Bryant Gumbel, ex-apresentador do programa *Today* e ex-âncora do noticiário matutino da CBS, uma vez contou uma história que ilustra bem essa afirmação:

> Numa manhã de Natal, dois meninos – um deles pessimista, o outro otimista – abrem seus presentes. O pessimista ganha uma bicicleta novinha em folha, com detalhes e acessórios do último modelo. "É linda", diz ele, "mas provavelmente logo logo vai quebrar". O segundo garoto, um otimista e futuro empreendedor, ao abrir um imenso pacote cheio de estrume de cavalo, dá um pulo de alegria, dizendo: "Deve haver um pônei em algum lugar aqui dentro!"[57]

Preferência por soluções simples

Ross Perot, fundador da EDS, e Ted Turner, fundador da CNN, são empreendedores bem-sucedidos que têm um dom natural de sempre descrever a simplicidade de suas iniciativas empreendedoras. Uma de suas citações favoritas, dita com seu agradável sotaque sulino, é: "É realmente muito simples". Pode-se facilmente imaginar um deles como o empreendedor retratado na história a seguir, de uma química, um físico, uma engenheira e um empreendedor. Todos foram indagados sobre como mediriam a altura de uma torre de iluminação com um barômetro. A química explicou que ela mediria a pressão atmosférica na base e no topo da torre. Pelo fato de a pressão atmosférica estar relacionada à altitude, ela poderia determinar a altura da torre tendo por base a diferença entre as pressões. O físico disse que ele deixaria o barômetro cair do cume da torre e cronometraria o tempo que ele levaria para cair no chão. Com esse tempo e a lei da gravidade, ele poderia determinar a altura da torre. A engenheira disse que, prendendo o barômetro em uma corda, o desceria desde o topo da torre até o chão e depois mediria o comprimento da corda. Por fim, o empreendedor disse que procuraria o administrador da torre, que provavelmente conhece todos os detalhes da torre, e diria: "Veja, se você me informar a altura da torre, eu lhe darei este novo e lustroso barômetro".[58]

Autonomia e independência

Sabe-se que os empreendedores são movidos principalmente por seu desejo de ter independência em relação a chefes e regras burocráticas. Em essência, eles marcham de acordo com seu próprio compasso. Como assinalou um observador com experiência na formação de empreendedores, "os empreendedores não marcham à esquerda, direita, esquerda. Eles marcham à esquerda, esquerda, direita, direita, esquerda, saltam e pulam".[59]

Disposição para correr riscos

Uma pesquisa realizada por Wayne Stewart, professor de administração na Universidade Clemson, investigou traços comuns entre empreendedores seriais, os quais ele define como pessoas que possuem e administram três ou mais empresas ao longo da vida. Ele descobriu que 12% de todos os empreendedores que se encaixam no perfil do "empreendedor serial" tinham maior propensão ao risco, à inovação e ao êxito do que seus equivalentes. Em essência, eles tinham menos medo do fracasso.[60]

A concepção errônea mais comum das pessoas acerca dos empreendedores é que eles se arriscam cegamente. A maioria das pessoas pensa que os empreendedores não passam de um apostador ousado que inicia um negócio com a mesma postura e prontidão que teriam se estivessem indo a Las Vegas arriscar a sorte, na esperança de que algo positivo acontecesse. Essa percepção não poderia estar mais longe da verdade. Os empreendedores bem-sucedidos são, sem dúvida, atrevidos, têm disposição para correr riscos – eles têm de ser assim se quiserem aproveitar novas oportunidades e agir decididamente em situações ambíguas —, mas na maior parte do tempo eles são corredores de riscos "disciplinados". Eles ponderam sobre a oportunidade e os riscos envolvidos antes de tomar uma atitude. Pesquisam o mercado ou a oportunidade de negócios, preparam um sólido plano de negócios antes de agir e depois "executam" diligentemente esse plano. Eles também reconhecem que assumir riscos nem sempre – não obstante o fato de ser um risco calculado – significa é uma garantia de sucesso. Entretanto, com frequência existem exceções a essa regra. Fred Smith, fundador e diretor executivo da Federal Express, de fato arriscou a sorte, por assim dizer, 20 anos atrás, quando sua *start-up* tinha pouquíssimo capital. Desanimado, depois da tentativa malsucedida de levantar capital durante uma viagem a Chicago, ele pegou um avião para Las Vegas, no Aeroporto O'Hare, em vez de ir para sua casa em Memphis, e arriscou a sorte no vinte-e-um, ganhando US$ 30.000, que ele usou para salvar sua empresa.

Os empreendedores correm riscos porque o fracasso não os amedronta. Como disse John Henry Peterman, fundador da empresa de vendas por catálogo J. Peterman, situada em Kentucky, comumente conhecida como a empresa que empregou Elaine Benis no seriado de televisão de grande sucesso *Seinfeld*, "a maioria das pessoas sente um medo enorme de fracassar. Eu nunca tive esse medo. Se fracassar em alguma coisa lhe der uma nova percepção, novos conhecimentos, você não fracassou. Se não cometer nenhum erro, não está agindo corretamente".[61]

Oportunismo

Os empreendedores são proativos por natureza. A diferença entre um empreendedor e um não empreendedor é que o primeiro não hesita em aproveitar as oportunidades. Quando os empreendedores veem uma oportunidade, eles elaboram um plano para aproveitá-la. Essa tendência contrasta totalmente com a dos não empreendedores, que podem enxergar algo brilhante no fundo de um córrego e dizer: "Não seria ouro?". Entretanto, em vez de parar e garimpar o ouro, eles simplesmente não param de remar o barco.[62] Um exemplo desse tipo de oportunismo pode ser visto na história de Henry Kwahar, que tinha uma barraca de cachorro-quente ao sul de Chicago no início da década de 1970. Em um dos dias mais quentes de agosto de 1973, uma camionete refrigerada lotada de peixes congelados quebrou em frente à barraca de Henry. Em vez de deixar o peixe estragar, Henry, que nunca havia vendido peixe antes, ofereceu-se para comprar todo o estoque, mas com um desconto extremamente elevado. O motorista do caminhão concordou, e foi assim que o Dock's Great Fish Fast Food Restaurant começou. Henry deu aos restaurantes o nome de seu pai, Dock. Hoje, existem ao todo 27 restaurantes Dock's em Chicago e Cleveland.

Disposição para se sacrificar

Todo empreendedor bem-sucedido reconhecerá que o sucesso não ocorre sem sacrifícios. O sacrifício mais comum que o empreendedor faz está relacionado à sua renda pessoal, particularmente nas fases iniciais da empresa. Quase todos eles têm de estar dispostos a abrir mão de uma determinada quantidade da renda pessoal para que a empresa comece a andar, alocando recursos próprios ou diminuindo sua remuneração. Um dos primeiros investidores de Jeff Bezos disse que o fator mais convincente foi a atitude de Bezos de desistir de um emprego na D. E. Shaw com um salário anual milionário para iniciar a Amazon.com. Esse investidor relatou o seguinte: "O fato de Bezos ter abandonado esse tipo de cargo me deixou estupefato. Isso foi um tremendo de um incentivo para que eu me envolvesse com esse cara".[63] Na verdade, os fornecedores de capital, como os banqueiros e os capitalistas de risco, querem ver o empreendedor ganhar um salário suficiente para ele viver confortavelmente, mas não muito confortavelmente, na fase de fortalecimento da empresa. Mais especificamente, o empreendedor espera que seu salário seja suficiente para cobrir suas contas pessoais (por exemplo, hipoteca da casa, pagamento do carro e assim por diante), mas não tão suficiente, a ponto de permitir que ele tenha uma poupança pessoal de qualquer magnitude. Isso indica a esse possível financiador tanto o grau de comprometimento do empreendedor para com o negócio e sua visão realista sobre os desafios que estão por vir.

Um bom exemplo: em 1996, um capitalista de risco recebeu um plano de negócios de uma equipe de três futuros empreendedores que queriam montar um jornal diário nacional dirigido às minorias da classe média. A ideia parecia sensata – não existia nenhum jornal desse tipo para atender à demanda de um segmento da população americana em rápida ascensão. Entretanto, o capital inicial solicitado foi recusado, porque havia ficado evidente para o capitalista de risco, depois de ler o plano de negócios, que a equipe não compreendia a ideia fundamental de sacrificar a renda pessoal. Na projeção dos salários iniciais, os três apresentaram um valor de cerca de US$ 400.000 anuais para cada, comparável ao salário corporativo que estavam ganhando na época! Esses salários os inseriam no primeiro lugar da lista de 1% das pessoas mais bem pagas no país. O capitalista de risco considerou essa postura um claro sinal de que esses três executivos não eram empreendedores em sua verdadeira acepção. Os empresários em geral ganham bem menos do que esses três futuros empreendedores pretendiam. Mesmo dez anos depois que esses empreendedores propuseram uma remuneração de US$ 1,2 milhão ao todo, de acordo com um levantamento de 2006 da Salary.com sobre pequenas empresas, os diretores executivos de pequenas empresas tinham um piso salarial médio de U$S 258.000 (consulte a Tabela 2.4).[64] Em relação aos empreendedores da área de tecnologia da informação e ciências da saúde, setores em que o capital de risco é notório, os diretores executivos-fundadores e os diretores executivos não fundadores recebem uma remuneração média anual de US$ 238.000 e US$ 290.000, respectivamente.[65] De acordo com a Comissão de Valores Mobiliários dos Estados Unidos (SEC), o salário anual de Bill Gates em 2001, excluindo as bonificações, era apenas US$ 616.677.

Tabela 2.4 Remuneração salarial média anual total dos diretores executivos de empresas com menos de 500 funcionários nos Estados Unidos

Região	Salário médio
Nordeste	US$ 545.000
Sul	US$ 411.000
Costa Oeste	US$ 430.000
Meio-Oeste	US$ 243.000
Mountain States (Estados Montanhosos)	US$ 109.000

Fonte: Salary.com, 2006.

Outro difícil sacrifício que algumas vezes os empreendedores bem-sucedidos fazem é passar menos tempo com a família. Por exemplo, o empreendedor Alan Robbins, proprietário de uma empresa com 50 funcionários, a Plastic Lumber Company, uma vez disse que ele lastimava não despender mais tempo com seus filhos na fase inicial de sua empresa, mas para ele era uma troca que ele se via obrigado a fazer. "Quando você inicia um negócio como esse [...], se vê obrigado a negar à sua família um determinado grau de atenção",[66] afirmou ele. Ter ou montar um negócio impõe exigências que tomam consideravelmente o tempo de um empreendedor.

Contudo, isso não significa que o empreendedor deva negligenciar *completamente* sua família ou seus amigos para tocar seu negócio de forma promissora. O nome que se dá à postura que se assume em nome do empreendedorismo é "empreendedorismo"! Quando tive minhas empresas, eu jantava todas as noites com a família. Não perdia as festas de aniversários nem os jogos de beisebol das minhas filhas – eu arrumava um jeito de estar presente. Hoje, minhas duas filhas já estão crescidas – uma na pós-graduação da Escola de Negócios de Harvard e outra recém-formada na Princeton —, mas quando iniciei minhas empresas, uma estava com 8 anos e a outra com 4. Treinei a equipe de beisebol da Liga Infantil da minha filha menor e sua equipe de flagbol (*flag football*). Eu poderia ter treinado minha filha mais velha também, mas ela decidiu que seria melhor eu apenas torcer nas arquibancadas. Eu frequentei mais os jogos e eventos das minhas filhas do que todos os outros pais que conheço.

Obviamente, você vai trabalhar longas horas nos primeiros anos para começar a tocar sua empresa. Mas uma das coisas mais bacanas de ser seu próprio chefe é que, de modo geral, você é o único que estabelece *em quais* horas deve trabalhar. Além de integrar o conselho de administração de muitas empresas bilionárias, também dirijo várias *start-ups*. Eu costumo dizer a esses empreendedores: "Vá para casa, jante com a família e leia alguma história para seus filhos antes de colocá-los para dormir. Depois, volte a trabalhar". Quando a Staples fez uma pesquisa entre os proprietários de pequenas empresas (aquelas com menos de 20 funcionários), 33% revelaram que trabalham durante o jantar, 73% disseram que haviam trabalhado nas últimas férias e mais de 75% revelaram que trabalham mais de 40 horas ao longo da semana.[67] O Levantamento Global sobre Empresas, feito pela MasterCard com 4.000 proprietários de pequenas empresas, constatou que o gerente de negócios médio nos Estados Unidos trabalha 52 horas semanais. Esse número na realidade chega a 54 horas por semana, se incluirmos todos os outros países investigados.[68] Quando a revista *Inc.* fez um levantamento entre os diretores executivos das 500 empresas de mais rápido crescimento, 66% recordaram-se de ter trabalhado pelo menos 70 horas semanais quando montaram suas empresas e 40% revelaram ter trabalhado mais de 80 horas semanais.[69] "Houve momentos em que dormi no chão ao lado do telefone para não perder nenhum telefonema", disse Ken Ryan à *Inc.*, diretor executivo da Airmax. A boa notícia é que apenas 13% dizem trabalhar mais de 70 horas *no momento*. Acredite em mim, isso tudo melhora. Você *consegue* arranjar tempo para levar seus filhos ao parque, mas ninguém disse que iniciar um negócio era uma caminhada solitária.

Visionariedade

O *Webster's Collegiate Dictionary* define visionário como o indivíduo "notadamente com a habilidade de enxergar o futuro". Essa caracterização é apropriada para a maioria dos empreendedores. Eles têm competência para prever as futuras tendências, identificar oportunidades e visualizar as medidas necessárias para concretizar o objetivo desejado. Em seguida, eles precisam vender essa visão aos prováveis clientes, financiadores e funcionários. Alguns dos empreendedores que foram grandes visionários e provocaram um impacto no cotidiano de praticamente todas as pessoas são:

Ray Kroc, fundador – McDonald's Corporation

Ray Kroc foi um adquirente. Ele comprou os restaurantes McDonald's em 1961 por US$ 2,7 milhões de dois irmãos que haviam criado essa cadeia, Dick e Mac McDonald. Depois de concluir que os americanos estavam adquirindo uma tendência cada vez maior de "comer e zarpar", em vez de tradicionalmente jantar em um restaurante ou comer em casa, ele teve a visão de criar restaurantes que oferecessem um serviço rápido e cardápios com poucas opções em todos os cantos do país. Com operações em 118 países, o McDonald's hoje é maior cadeia de restaurantes do mundo. A propósito, para os sonhadores já grisalhos que estão lendo este livro, Kroc era um vendedor de 52 anos de idade quando comprou o McDonald's.

Akio Morita, cofundador – Sony Corporation

Akio Morita é o cofundador da Sony – empresa classificada por um levantamento da Harris em 2006 como a primeira marca de produtos de consumo nos Estados Unidos pelo sétimo ano consecutivo. Iniciada em 1942, com o nome de Tokyo Telecommunications Engineering Inc., e a primeira empresa japonesa a ser listada da Bolsa de Valores de Nova York (New York Stock Exchange – NYSE) em 1970, a Sony prosperou utilizando a visão de Akio de promover a empresa no mundo inteiro para que seu nome transmitisse imediatamente a ideia de produto de alta qualidade. Embora esse conceito de marketing seja comumente empregado nos dias de hoje, não era 40 anos atrás, em especial no Japão. Na verdade, a maioria dos fabricantes japoneses produz fabricava produtos utilizando outro nome, como Pentax (para Honeywell), Ricoh (para Savin) e Sanyo (para Sears). Em 1957, a Sony lançou promissoramente um pequeno transistor de rádio que dava para levar no bolso. Seis anos depois, em 1963, com a visão de tornar a Sony uma empresa internacional, Morita mudou-se com toda a família para Nova York para que pudesse conhecer pessoalmente os interesses, as necessidades e a cultura dos americanos, bem como o mercado do país.[70]

Todos os empreendedores bem-sucedidos são visionários em um ou outro momento. Eles têm de sempre reinventar sua estratégia, buscar novas oportunidades e procurar novos produtos e novas ideias, se quiserem sobreviver. No entanto, isso não significa que eles têm essa habilidade o tempo todo. Os visionários podem se tornar não visionários. Na verdade, como ressalta a Cognetics Consulting, algumas vezes "os mestres mais astutos do presente não raro são os menos hábeis para ver o futuro".[71] Exemplos de alguns não visionários famosos incluem:

Aeroplanos mais pesados do que o ar são impossíveis.

— *Lorde Kelvin*
Presidente da Sociedade Real Britânica, em 1895[72]

Tudo o que podia ser inventado já foi inventado.

— *Charles H. Duell*
Comissário do Escritório de Patentes dos Estados Unidos, em 1899[73]

Acho que no mercado mundial há lugar talvez para cinco computadores.

— *Thomas Watson*
Presidente, IBM, em 1943[74]

Não gostamos da música deles, não gostamos do som que eles fazem e a música de guitarra está com seus dias contados.

— *Decca Recording Company*,
rejeitando os Beatles, em 1962[75]

Não há motivo para alguém querer um computador em casa.

— *Ken Olsen*
Fundador e presidente, Digital Equipment Corp., em 1977[76]

Facilidade para encontrar solução para os problemas

Qualquer pessoa que atue no ambiente de negócios do mundo contemporâneo, competitivo e em constante mudança, sabe que a sobrevivência de uma empresa, seja ela grande ou pequena, depende de sua habilidade para identificar e encontrar rapidamente soluções para os problemas. Os empreendedores bem-sucedidos sentem-se à vontade e têm competência para identificar e solucionar os problemas que suas empresas enfrentam. Com disposição natural para assumir riscos, eles são propensos a tentar novas formas para solucionar os problemas enfrentados pelas empresas e são capazes de aprender com os erros e fracassos próprios e de outras pessoas. O empreendedor de sucesso é aquele que diz: "Fracassei neste ponto, mas foi isso o que aprendi". Os empreendedores bem-sucedidos são sempre capazes de extrair algum ensinamento positivo de qualquer experiência.

Um exemplo de pessoa que exibe essa característica é Norm Brodsky, ex-proprietário de seis empresas e hoje redator na revista *Inc.*. Em um de seus artigos, ele diz: "Prefiro o caos. No fundo, gosto de ter problemas. É difícil admitir isso, sinto prazer com a agitação de trabalhar em uma atmosfera de crise. Esse é um dos motivos pelos quais sinto tanta satisfação em iniciar uma empresa. No início, você não tem outra coisa senão problemas".[77]

Tranquilidade em relação à ambiguidade ou à incerteza

A habilidade para atuar em um ambiente de incerteza constante é um traço comum entre os empreendedores de sucesso. Com frequência, eles precisarão tomar decisões, como determinar a demanda do mercado por um produto ou serviço recém-desenvolvido, sem ter informações adequadas nem completas. Os empreendedores bem-sucedidos têm em comum outros traços fundamentais. São pessoas esforçadas que têm inúmeras habilidades, visto que são obrigados a desempenhar uma multiplicidade de funções enquanto empresários. São verdadeiros líderes. Têm talento para vender, seja um produto, uma ideia ou uma visão. Um dos argumentos de venda mais infames de um empreendedor foi o utilizado por Steven Jobs, cofundador da Apple Computer, ao concluir seu discurso para recrutar John Sculley, da PepsiCo., como diretor executivo da Apple. Para convencê-lo da oportunidade, Jobs lhe perguntou: "Você quer passar o resto da vida vendendo água açucarada ou deseja ter uma oportunidade de mudar o mundo?".[78]

IMPACTO NA ECONOMIA

Os empreendedores que possuem empresas de pequeno e médio crescimento estão desempenhando um papel cada vez mais decisivo no sucesso da economia americana.[79] Eles estão oferecendo não apenas oportunidades para um segmento variado da população, mas também emprego para um segmento crescente da população americana. As empresas listadas na *Fortune 500* não são mais a principal fonte de emprego; de certa forma, os empreendedores estão criando empregos e, portanto, estão fazendo "bem para a sociedade por se saírem bem". Como disse um indivíduo de uma empresa de 40 funcionários, referindo-se à proprietária, "Para todas as outras pessoas ela é uma empreendedora. Mas para mim ela é uma dádiva de Deus".[80]

Na década de 1960, uma em cada quatro pessoas nos Estados Unidos trabalhava para uma empresa da *Fortune 500*. Hoje, apenas uma em cada 14 pessoas trabalha para uma dessas empresas. Aquelas com menos de 50 trabalhadores empregam 51% de todos os funcionários. Cerca de 42 milhões de pessoas trabalham em empresas com 20 a 49 funcionários, uma força de trabalho inferior somente à das empresas com no mínimo 5.000 funcionários.[81]

As pequenas empresas há muito tempo foram reconhecidas como o principal motor tanto do crescimento quanto da inovação. Segundo a SBA, as novas empresas criam entre 60% e 80% de todos os novos empregos anualmente. Em 2003, depois que os Estados Unidos saíram da recessão, as empresas com menos de 500 funcionários criaram quase 1 milhão dos empregos líquidos. Dados recentes, mesmo nos segmentos de pequenas empresas, demonstram que, quanto menor a empresa, mais ela cria empregos. Entre 2002 e 2003, as empresas com menos de 20 funcionários geraram quatro vezes mais empregos (1,6 milhão) que aquelas com 20 a 499 funcionários. As pequenas empresas geram de 13 a 14 vezes mais patentes que as grandes.[82]

Em suma, as empresas empreendedoras são também participantes importantes do comércio internacional nos Estados Unidos. Dados do Departamento de Comércio demonstram que, em 2002, as empresas com menos de 500 funcionários representavam 97% de todos os exportadores do país e contribuíram para cerca de 26% dos US$ 599,8 bilhões em exportações nesse mesmo ano.[83]

Como mostram os dados da Tabela 2.5, as empresas empreendedoras criaram quase todos os novos empregos líquidos de 1998 a 2003.

Tabela 2.5 Criação de empregos por setor e porte da empresa, 1998–2003

Setor	Porte da empresa (por número de funcionários)								Total
	1–19	%	20–99	%	100–499	%	+500	%	
Todos os setores	6.494.443	122,95	451.455	8,55	14.510	0,27	– 1.678.180	– 31,77	5.282.228
Fabril	156.738		– 386.461		– 532.122		– 2.136.555		–2.898.400
Comércio varejista	440.504		– 56.808		– 20.381		528.099		891.414
Serviços	857.132		332.601		234.302		204.635		1.628.670
Outros	5.040.069		562.123		332.711		– 274.359		5.660.544

Fonte: Administração de Pequenas Empresas.

As constatações de um estudo realizado pela Cognetics Consulting, empresa especializada em pequenas empresas, respaldam os dados fornecidos na Tabela 2.5. Como você pode ver na Tabela 2.6, de 2000 a 2005, o emprego cresceu principalmente nas pequenas empresas, diminuindo nas maiores.

Ao contrário da crença popular, as pequenas empresas não são a exceção na economia americana; elas são a regra. Esse fato foi assinalado quando o jornal de negócios semanal *Crain's Chicago Business* anunciou sua nova publicação sobre pequenas empresas tomando uma página inteira de propaganda, em que se lia:

HOUVE UM TEMPO EM QUE

90% DA ÁREA DE NEGÓCIOS

DE CHICAGO

GERAVA RECEITAS

ABAIXO DE US$ 5 MILHÕES.

(ONTEM).[84]

Tabela 2.6 Crescimento do emprego em relação ao porte da empresa, 2000–2005

Número de funcionários	Crescimento do emprego, 2000–2005
1–19	3,4%
20–499	2,2%
Acima de 500	1,3%

Fonte: Associação de Pequenas Empresas.

5,8 milhões de empresas empregadoras não agrícolas

9,9 milhões de autônomos

17,9 milhões de empresários individuais

2 milhões de *partnerships**

5,5 milhões de *corporations***

Fonte: Órgão de Defesa da SBA, agosto de 2001.

Figura 2.3 Tipo de propriedade da empresa, 2000.

Isso se confirma também em nível nacional. Dos 23 milhões de empresas, aproximadamente, apenas 5,2% têm receitas superiores a US$ 1 milhão e cerca de 15.000 empresas geram vendas de US$ 100 milhões ou mais.[85] A Figura 2.3 oferece dados sobre o tipo de propriedade de todas as empresas em 2000.

Com relação ao porte da empresa, Chicago novamente é um excelente exemplo da conjuntura nacional. Dados do Departamento do Censo dos Estados Unidos demonstram que 95,3% das empresas em Chicago têm menos de 100 funcionários.[86] Como mencionado antes, a situação nacional é a mesma: somente 103.585 empresas têm mais de 100 funcionários e apenas 17.047 empregam mais de 500 funcionários. Na verdade, dos 5,88 milhões de empresas com no mínimo um funcionário, mais de 60% empregam menos de cinco pessoas, ao passo que 89% empregam menos de 20.[87] Evidentemente, as grandes empresas são a exceção.

A predominância das pequenas empresas entre as principais empregadoras também se confirma em nível internacional, em particular na Ásia. No Japão, por exemplo, 70% dos trabalhadores estão empregados em empresas com 300 ou menos funcionários;[88] na Coreia do Sul, 87% dos trabalhadores estão empregados em empresas com menos de 200 funcionários.[89] Em Taiwan, 78% da força de trabalho é empregada por empresas com menos de 200 funcionários.[90] As pequenas empresas são também muito dominantes no Reino Unido, onde 99,3% de todas as empresas tinham menos de 49 funcionários e 58,5% de todos os empregos provinham de empresas com menos de 250 funcionários.[91]

Portanto, os proprietários de pequenas empresas não devem se envergonhar nem se perturbar com o porte; ao contrário, devem se orgulhar do fato de serem os principais colaboradores no sucesso da economia americana e global. Eles são, na verdade, os "heróis e heroínas" da economia.

---

* N. de R. T.: Semelhantes à estrutura de empresas limitadas no Brasil, com a diferença de que mesmo nestas empresas, dependendo do estado norte-americano, pode haver limites de responsabilidade diferentes para os sócios, ou seja, nem sempre sua responsabilidade será limitada ao capital investido na empresa.

** N. de R. T.: Semelhantes às sociedades anônimas no Brasil, com algumas variantes como a C Corporation e a S Corporation, em função do regime tributário aplicável à empresa.

IMPACTO SOBRE GÊNERO E RAÇA

O fenômeno do empreendedorismo está cada vez mais difundido e abrangente e afeta ambos os gêneros e todas as raças e nacionalidades nos Estados Unidos. Um grupo beneficiário são as mulheres empreendedoras. Na década de 1960, menos de 1 milhão de empresas pertencentes a mulheres empregavam menos de 1 milhão de pessoas. Na década de 1970, as mulheres possuíam menos de 5% de todas as empresas nos Estados Unidos. Na década de 1980, possuíam em torno de 3 milhões de empresas, cerca de 20% do total, gerando US$ 40 bilhões em receitas anuais.

As coisas mudaram tremendamente. Estatísticas recentes do Centro de Pesquisa de Negócios de Mulheres demonstraram que, em 2006, as empresas de mulheres de capital fechado nos Estados Unidos totalizaram 7,7 milhões, empregaram 7,1 milhões de pessoas e geraram US$ 1,1 trilhão em receitas. Esse relatório define a empresa de propriedade feminina como uma empresa de capital fechado em que a mulher detém 51% ou mais da empresa. Quando se consideram as empresas em que as mulheres detêm 50% da propriedade, mais 2,7 milhões de empresas entram no jogo, elevando o número total para 41% em relação a todas as empresas de capital fechado no país. Entre 1997 e 2006, o número de empresas com participação majoritária das mulheres aumentou 42,3% – quase duas vezes a porcentagem de todas outras (excluindo as empresas de capital aberto). Além disso, com um índice de 4,4% de crescimento, as receitas dessas empresas aumentaram mais rápido que a da média nacional, que na verdade havia sofrido um declínio de 1,2% no mesmo período.[92] Em conclusão, não surpreendentemente, ao contrário de grande parte do que é dito na imprensa popular, as mulheres não estão montando negócios sem necessidade. Uma pesquisa da Fundação Forte informa que as mulheres montam negócios pelos mesmos motivos que os homens: porque são movidas por seu desejo de ter sucesso na vida e poder ter controle sobre suas realizações.[93]

A revolução do empreendedorismo abrangeu igualmente quase todos os grupos minoritários do país. As empresas de propriedade de minorias aumentaram três vezes mais rápido que a média nacional entre 1997 e 2002, saltando de 3,1 milhões para cerca de 4,1 milhões. O número de empresas pertencentes a afro-americanos aumentou 45% (isto é, para 1,2 milhão) no decorrer desse mesmo período de cinco anos, e o número de empresas pertencentes a asiáticos aumentou 24%, ou seja, para 1,1 milhão. As empresas pertencentes a hispânicos também apresentaram um crescimento significativo de 31% (para 1,6 milhão).[94] Por fim, em relação às mulheres pertencentes a minorias, os dados são igualmente importantes. As empresas pertencentes a mulheres não brancas tiveram um crescimento seis vezes superior ao das empresas de capital fechado nos Estados Unidos e geraram US$ 147 bilhões em vendas anuais.

NOTAS

1. Administração de Pequenas Empresas, Órgão de Defesa, "Frequently Asked Questions", junho de 2006.
2. "Some of the Reasons Why Businesses Fail e How to Avoid Them", *Entrepreneur Weekly*, n. 36, 10 de março de 1996.
3. Escritório de Estatísticas da Nova Zelândia, 2003.
4. Serviço Brasileiro de Apoio às Micro e Pequenas Empresas (Sebrae), agosto de 2004.
4a. *Black Enterprise*, dezembro de 1997.
5. Jonathan Moore, Pete Engardio e Moon Ihlwan, "The Taiwan Touch", *Business Week*, 25 de maio de 1998.
6. AnnaLee Saxenian, "Taiwan's Hsinchu Region: Imitator and Partner for Silicon Valley", Instituto de Pesquisa de Política Econômica de Stanford, 16 de junho de 2001.
6a. Associação de Participação Privada e Capital de Risco de Taiwan, 2008.
7. "Failure Rate of New Products Is 65%", *International Manufacturing Review*, 1° de julho de 1999.
8. Kevin J. Clancey e Peter C. Krieg, "Surviving Innovation", *Marketing Management*, março-abril de 2003.
9. "So Much Fanfare, So Few Hits", *Business Week*, 10 de julho de 2006.
10. Estudo de Hisrish e Brush, 1988.
11. Dun & Bradstreet, *Crain's Small Business*, fevereiro de 1997.
12. Del Jones, "Optimism about Economy Astounds Experts", *USA Today*, 24 de março de 1998.
13. Steve Mariotti, *The Young Entrepreneur's Guide to Starting and Running a Business* (Nova York: Times Books, 2000).
14. Otis Port, "Starting Up Again – and Again and Again", *Business Week*, 25 de agosto de 1997.
15. *New York Times*, 23 de setembro de 1998.
16. *Fast Company*, fevereiro-março de 1998.
17. *Success*, 27 de maio de 1998.
18. Estudo de Harris, 2002.
19. Robert A. Mamis, *Inc.*, março de 1997, p. 73.
20. Jack Bishop, Jr., Ph.D.
21. "The Secrets of Serial Success", *Wall Street Journal*, 20 de agosto de 2007, p. R1.
22. "Mapping the Entrepreneurial Psyche", *Inc.*, agosto de 2007, p. 73.
23. "Entrepreneur of the Year: The Dimensions of Ping Yu", *Inc.*, 19 julho de 2007.
24. Sondagem da Junior Achievement sobre Adolescentes e Empreendedorismo, agosto de 2006.
25. William Walsted, "Entrepreneurship in Nebraska: Findings from a Gallup Survey", Universidade de Nebraska-Lincoln, 2006.
26. Spectrem Group, 2006.
27. "The Microsoft Millionaires Come of Age", *New York Times*, 29 de maio de 2005.
28. Paul Maidment, *Forbes*, 27 de setembro de 2005.

29. Roper Starch Worldwide, "Risk and Reward: A Study of the Company Builders Who Are Changing the Face of American Business", *Inc.*, 1997, p. 5.
30. *Harvard Business Review*, novembro-dezembro de 1996, p. 122.
31. Anne R. Carey e Dave Merrill, "CEOs Who Are Household Names", *USA Today*, 22 de julho de 1998.
32. James P. Cain, embaixador da Dinamarca nos Estados Unidos, Discurso para o Børsen Executive Club, 28 de setembro de 2006.
33. Roper Starch Worldwide, "Risk and Reward".
34. Associação Americana de Capital de Risco, "Venture Capital, Without Risk", 28 de março de 2005.
35. Conselho de Competitividade, "Where Americans Stands: Entrpreneurship", fevereiro de 2007.
36. Associação Americana de Capital de Risco, "Venture Capital, Without Risk".
37. *USA Today*, 7 de dezembro de 1998.
38. Gene Koretz, "Downsized in a Down Economy", *Business Week*, 17 de setembro de 2001.
39. "Layoff Tracker", Forbes.com, 25 de setembro de 2001.
40. Agência de Estatísticas do Trabalho, maio de 2008.
41. "The Language of Loss for the Jobless", *New York Times*, 18 de maio de 2008.
42. *Inc.*, março de 1997.
43. Conselho de Competitividade, "Where Americans Stands".
44. Walt Disney Company, Relatório Anual de 2006.
45. Ethan Bronner, "Students at B-Schools Flock to the E-Courses", *New York Times*, 23 de setembro de 1998, p. 6.
46. Donald Kuratko, "The Emergence of Entrepreneurship Education", setembro de 2005.
47. *USA Today*, 18 de julho de 2007.
48. "Can Entrepreneurship Be Taught?", *Fortune Small Business*, 10 de março de 2006.
49. *Ibid.*
50. *Ibid.*
51. Cynthia Hanson, "Working Smart", *Chicago Tribune*, 8 de outubro de 1995.
52. *Forbes*, 15 de novembro de 1998.
53. Associação Americana de Capital de Risco, "2005-2006 Year in Review".
54. "It Feels Like 1998 All Over Again", *Business Week*, 22 de maio de 2006.
55. I. Jeanne Dugan (ed.), "Portrait of an Entrepreneur", *Business Week/Enterprise*.
56. Grace Mirabella, "Beauty Queen: Estee Lauder", *Time*, 7 de dezembro de 1998.
57. Tom Stemberg, *Staples for Success*.
58. Morton I. Kamien, "Entrepreneurship: What Is It?", Executive Briefing Service da *Business Week*, 1994.
59. Paul Verrochi, "The Quotable Entrepreneur", *Inc.*, dezembro de 1998.
60. "The Secrets of Serial Success", *Wall Street Journal*, 20 de agosto de 2007.
61. *USA Today*, 23 de abril de 1997.
62. *Inc.*, dezembro de 1998.
63. *Business 2.0*, abril de 2000, p. 261.
64. Salary.com, "2006 Small Business Executive Compensation Survey".

65. WilmerHale, "2006 Compensation and Entrepreneurship Report in Life Sciences".
66. Timothy Aeppel, "Losing Faith: Personnel Disorders Sap a Factory Owner of His Early Idealism", *Wall Street Journal*, 27 de setembro de 1996, p. A13.
67. Pesquisa da Staples.
68. KRC Research, Levantamento Global de Pequenas Empresas da MasterCard, dezembro de 2006.
69. Anne Murphy, "Analysis of the 2000 *Inc.* 500", Inc.com.
70. Kenichi Ottmae, "Guru of Gadgets: Akio Morita", *Time*, 7 de dezembro de 1998.
71. Cognetics Consulting, 17 de outubro de 1997.
72. *Ibid.*
73. *Ibid.*
74. *Ibid.*
75. *Ibid.*
76. *Ibid.*
77. Norm Brodsky com Bo Burningham, "Necessary Losses", *Inc.*, dezembro de 1997, p. 120.
78. Philip Elmer DeWitt, "Steve Jobs: Apple's Anti-Gates", *Time*, 7 de dezembro de 1998, p. 133.
79. A menos que se diga ao contrário, as pequenas empresas são definidas como empresas com menos de 500 funcionários.
80. "Owning the Airwaves", *Essence*, outubro de 1998.
81. Departamento do Censo dos Estados Unidos, 2002.
82. Administração de Pequenas Empresas, junho de 2006.
83. *Ibid.*
84. *Crain's Chicago Business*, 24 de janeiro de 1994.
85. Administração de Pequenas Empresas, junho de 2006.
86. Departamento do Censo dos Estados Unidos, 2002.
87. Administração de Pequenas Empresas, junho de 2006.
88. Agência de Pequenas e Médias Empresas do Japão.
89. Administração de Pequenas e Médias Empresas da Coreia, 2004.
90. Administração de Pequenas e Médias Empresas de Taiwan, 2004.
91. Serviço de Pequenas Empresas do Reino Unido, 2004.
92. Centro de Pesquisa de Negócios de Mulheres, "Women-Owned Businesses in the United States, 2006".
93. Nan Langowitz, "The Myths and Realities about Women Entrepreneurs", *Babson Alumni Magazine*, inverno de 2004; *LA Times*, 2 de junho de 2001.
94. Departamento do Censo dos Estados Unidos, 2002.

CAPÍTULO 3

O Plano de Negócios

INTRODUÇÃO

Iniciar um novo negócio ou promover o desenvolvimento de um já estabelecido exige planejamento cuidadoso. Os empreendedores enfrentam o desafio de tomar decisões em um ambiente de negócios em constante mudança, influenciado por diversos fatores, muitos dos quais além de seu controle direto. Surgimento de novos concorrentes, avanços tecnológicos, mudanças na macroeconomia e no ambiente regulamentar são apenas alguns dos fatores com os quais o empreendedor precisa lidar.

Para erguer uma empresa promissora e sustentável, os empreendedores devem ser prospectivos e determinar o que sua empresa está destinada a enfrentar, quais são os objetivos e estratégias futuros e como eles planejam concretizar suas metas e lidar com os respectivos riscos. Isso é feito por meio de um plano de negócios, que, infelizmente, muitos empreendedores nunca elaboram. Como disse Thomas Doherty, vice-presidente sênior de um banco comercial, "a maioria dos proprietários de pequenas empresas tem de planejar tudo de cabeça, mas gostaríamos que um número maior deles de fato colocasse esse plano no papel e refletisse sobre alguns pormenores – financiamento, concorrência, pontos fortes e fracos, ou seja, no planejamento estratégico como um todo".[1] Basicamente, o plano de negócios é uma evidência de que o empreendedor respeita os "sete Ps dos negócios": *proper prior preparation prevents piss-poor performance* (um planejamento prévio perfeito previne uma performance péssima e patética).[2]

UM DOCUMENTO QUE SERVE A UM DUPLO PROPÓSITO

Para o empreendedor, o plano de negócios serve a um duplo propósito. Primeiro, ele deve ser utilizado como um documento interno para ajudar a definir as estratégias e os objetivos da empresa e oferecer um planejamento de seu futuro crescimento. Em essência, ele é o "roteiro" ou "mapa" da empresa, pois traça o trajeto planificado do empreendimento. Esse plano não deve ser redigido e depois arquivado. Esse documento deve ter vida e respirar. Para ter êxito e experimentar um alto nível de crescimento, o empreendedor deve "moldar esse plano e fazê-lo funcionar" utilizando-o como um instrumento proativo. O plano de negócios não é um documento imutável; ele evolui. O empreendedor deve atualizá-lo e revisá-lo pelo menos uma vez por ano, preferivelmente ao final do ano, preparando-se para as atividades do ano seguinte.

Além disso, o empreendedor sempre deve apresentar o plano de negócios a um ou mais possíveis investidores quando estiver levantando recursos. Vale notar que os planos de negócios nem sempre são documentos para obtenção de recursos. Alguns empreendedores acreditam erroneamente que ter um plano de negócios significa conseguir recursos financeiros. Existem infindáveis histórias de planos de negócios que são enviados a investidores em potencial que nunca fornecem informações relevantes, como o montante desejado pelo empreendedor, em que o capital será empregado e o que o investidor obterá em termos de retorno esperado. Se o plano de negócios for bem redigido – isto é, se descrever claramente a visão, as estratégias, as necessidades de financiamento e as metas da empresa –, ajudará o empreendedor não apenas a manter sua empresa nos trilhos, mas a conseguir recursos financeiros com maior facilidade.

Os investidores recebem uma profusão de planos de negócios, mas estão dispostos a financiar somente alguns. O velho ditado "só se tem uma oportunidade de causar uma boa impressão à primeira vista" é especialmente verdadeiro quando se está buscando levantar capital para a sua empresa. Normalmente, essa oportunidade se apresenta por meio do plano de negócios. Por exemplo, veja o que John Doerr, da empresa de capital de risco Kleiner Perkins Caufield & Byers (KPCB), disse a esse respeito: "Recebemos 2.500 planos por ano. Destes, nos reunimos com pelo menos 100 e investimos em cerca de 25".[3] Para o investidor, o plano de negócios na maioria dos casos é o primeiro, e não raro o único, retrato do empreendedor. Portanto, é fundamental ter um plano de negócios bem escrito, original e meticuloso. Um plano bem escrito é aquele que não contém erros gramaticais, é conciso e simples de compreender; ele descreve claramente o produto ou serviço da empresa e informa ao leitor a quantia que o empreendedor está tentando levantar e a forma como ele será reembolsado. Se o plano tiver todos esses elementos, será bem acolhido pelos potenciais investidores.

ELABORAÇÃO DO PLANO DE NEGÓCIOS E RECOMENDAÇÕES

De acordo com a sugestão de um capitalista de risco, o plano de negócios deve ser redigido ou revisado pelo membro da equipe empreendedora que escreva melhor e seja mais articulado.[4] O resultado é um documento que pode ser compreendido por uma pessoa comum de 14 anos de idade. Na verdade, depois de redigi-lo, o empreendedor deve solicitar que um adolescente o leia e explique oralmente qual é o produto ou serviço proposto, como ele será oferecido no mercado, a quantia que está sendo solicitada e se a equipe executiva é experiente ou inexperiente, velha ou jovem. Não há nada mais frustrante para um investidor em potencial do que despender um tempo valioso lendo um plano difícil de compreender, em virtude de descrições complicadas e/ou vagas, péssima redação, erros ortográficos e erros gramaticais. Reagindo a críticas de que seu plano de negócios é incompreensível, muitos empreendedores costumam dizer: "Eu sei. Vamos nos encontrar para que eu possa explicá-lo a você". Não! O plano de negócios deve ser, por si só, um instrumento de comunicação viável e adequado, sem a presença do empreendedor.

Outra opção ao alcance do empreendedor com relação à redação do plano de negócios é procurar uma escola de pós-graduação em negócios. Muitas dessas escolas permitem que seus alunos obtenham crédito acadêmico trabalhando em alguns projetos de negócios. Por exemplo, na redação de planos para empreendedores locais, sob a supervisão de um professor de empreendedorismo. Dentre essas escolas de pós-graduação estão a Escola de Negócios Stern, da Universidade de Nova York, e a Escola de Administração Kellogg, da Universidade Northwestern. Existem também inúmeros *sites* (por exemplo, Garage.com) e livros (por exemplo, *Business Plans for Dummies*) que podem ajudá-lo com modelos básicos. Outras fontes de referência são listadas ao final deste capítulo, na Figura 3.1.

Os investidores estão principalmente interessados em saber o que eles obterão em retorno por arriscar seu capital e se o empreendedor tem habilidade para executar promissoramente o plano que gerará esses retornos. Um plano bem escrito oferece todas as informações necessárias sobre a empresa e a oportunidade de negócios, para que os investidores possam avaliar se vale a pena financiar o empreendimento. Qual a extensão apropriada de um plano de negócios? Embora não haja uma extensão "exata", os planos mais breves tendem a ser mais bem acolhidos. Quando muito, o plano não deve ultrapassar 30 páginas.

As informações contidas no plano variam de acordo com o investidor ou os investidores para os quais o financiamento está sendo solicitado e o tipo de empresa que está procurando o financiamento. Trata-se de um financiamento para uma aquisição ou para uma *start-up*? Por exemplo, uma *start-up* com um novo produto ou serviço deve fornecer dados comprobatórios de que existe demanda de mercado por esse produto ou serviço. Além disso, a principal prioridade é garantir que os investidores fiquem convencidos de que a equipe executiva tem a experiência e as habilidades necessárias para iniciar e gerenciar um novo empreendimento comercial. Bill Sutter, ex-sócio majoritário da Mesirow Capital, diz que as três coisas mais importantes que ele tenta identificar em um plano de negócios são: (1) administração, (2) administração e (3) fluxo de caixa.[5]

Com relação ao público-alvo, se o objetivo é apresentar o plano de negócios para alguém que esteja familiarizado com o setor, a empresa ou a equipe executiva, talvez não seja necessário oferecer tantas informações pormenorizadas quanto o seria caso o plano precisasse ser apresentado para investidores em potencial que não tivesse tal conhecimento.

Os exemplos que mais comprovam esse fato são os planos enviados pela Intel e pela Sun Microsystems para a KPCB. O plano da Intel tinha uma única página e o da Sun Microsystems tinha três páginas. A KPCB financiou ambas as empresas.

O PLANO DE NEGÓCIOS

O processo de elaboração de um plano de negócios pode ser difícil e moroso, mas é inevitável. Embora o formato geral de um plano seja padrão, ele deve ser redigido de uma maneira que ressalte a qualidade exclusiva da empresa. O plano de negócios deve:

- Relatar toda a história da empresa: sua equipe executiva, produto ou serviço, necessidades financeiras e estratégias e as metas financeiras e não financeiras que a empresa espera concretizar.
- Ser um documento ponderado e ressaltar tantos os aspectos positivos quanto negativos da oportunidade de negócios.
- Ser um documento prospectivo que apresente um cronograma de pelo menos três anos.
- Ser claro, conciso e organizado.
- Ser de fácil compreensão.
- Oferecer dados realistas para comprovar suas afirmações.
- Propor uma oferta aos investidores – quais são os retornos esperados sobre o investimento e quais são as opções de saída e liquidação disponíveis aos investidores.
- Oferecer demonstrações financeiras históricas e projetadas.

O conteúdo do plano de negócios poderá variar, dependendo do tipo de empreendimento. Por exemplo, deve-se incluir uma seção de pesquisa e desenvolvimento (P&D), se o produto da empresa estiver na fase de P&D ou se a empresa tiver realizado muito investimento em pesquisa e desenvolvimento para conseguir introduzir o produto ao mercado. Por exemplo, um novo medicamento ou uma nova tecnologia. Entretanto, essa seção não seria necessária em um plano para um restaurante, por exemplo. A seção de P&D deve conter um resumo das principais descobertas, ao passo que os detalhes devem ser incluídos nos apêndices. Em geral, um plano de negócios contém as seções descritas a seguir.

Sumário executivo

Na maioria dos casos, tendo em vista a grande quantidade de planos de negócios que eles recebem, a única seção que os investidores em potencial lerão de cabo a rabo é o sumário executivo. Essa seção talvez seja a única oportunidade de o empreendedor causar uma boa impressão à primeira vista em um possível financiador. Portanto, o sumário é *a* seção mais importante do plano. Deve resumir todas as principais questões que constam do plano de negócios detalhado. Deve ser conciso (isto é, não ultrapassar duas páginas), ser claro e simples de compreender e apresentar um bom resumo das informações mais importantes de que os investidores precisam.

Respaldando o que acabo de afirmar, Barbara Kamm, quando executiva do Silicon Valley Bank, disse: "Quando os banqueiros analisam um plano de negócios, eles querem ver um sumário executivo bem escrito. O sumário executivo é o segredo – é onde você condensa a essência de seu empreendimento".[6] Além de um resumo das principais questões do plano, um bom sumário executivo deve incluir os seguintes elementos, que em geral ficam faltando nos sumários (e às vezes até nos planos pormenorizados) escritos por novatos:

- Retorno sobre o investimento (ROI, de *return on investment*). É a quantia ganha sobre o capital de um investidor, expressa em porcentagem. Por exemplo, em um investimento de US$ 1 milhão com retorno de US$ 5 milhões, o ROI será de 400%.

- Taxa interna de retorno (TIR). Representa o retorno sobre o investimento levando em consideração a duração do investimento. Utilizando o exemplo anterior, se a duração do investimento for cinco anos, a TIR será 38% ao ano.
- Riscos atuais e potenciais.

A empresa

O objetivo dessa seção é oferecer informações sobre o histórico da empresa. As perguntas a seguir devem ser respondidas:

- Quando a empresa foi estabelecida e por quem?
- É uma *start-up* ou uma empresa ativa?
- Em que tipo de setor ela está? Serviços, varejo ou indústria?
- A que área ou áreas do mercado ela atende ou pretende atender?
- Qual a estrutura jurídica da empresa – propriedade exclusiva, sociedade anônima ou sociedade limitada?
- Quem são os dirigentes da empresa e qual é a participação acionária de cada um? Que experiências e habilidades eles têm a oferecer e qual o envolvimento deles nas atividades diárias da empresa?
- Qual o número total de funcionários?
- Qual a magnitude da receita da empresa?
- Qual o índice de crescimento histórico da empresa?

Devem ser fornecidas igualmente informações relacionadas à estrutura jurídica da empresa. Existem vantagens e desvantagens nas diferentes estruturas jurídicas, como detalhado a seguir.*

Empresário individual

Vantagens

- Para estabelecer uma estrutura formal, não existem despesas jurídicas.**
- É fácil instituir a empresa. Portanto, essa é forma mais comum que as pequenas empresas escolhem para começar.
- Todas as rendas são declaradas no Schedule C do imposto de renda pessoal do proprietário.***
- Todas as despesas legítimas são deduzidas da renda da empresa ou da renda ganha em outro trabalho.

---

* N. de R. T.: Nas descrições a seguir, foram traduzidas as formas jurídicas existentes nos Estados Unidos, país da edição original do livro. Nem todas as formas apresentam um equivalente na legislação brasileira. Dessa forma, em alguns casos, mantivemos a nomenclatura original em língua inglesa.

** N. de R. T.: No Brasil, existem despesas para iniciar mesmo uma firma individual, com a vantagem de os custos serem menores.

*** N. de R. T.: Nos Estados Unidos, os empresários individuais declaram os seus rendimentos no formulário do imposto de renda da pessoa física, não sendo necessária a declaração de um imposto da pessoa jurídica.

Desvantagens

- Existe uma responsabilidade pessoal ilimitada em relação aos débitos.*
- A empresa não pode ter funcionários, exceto se você obtiver um número de identificação de empregador para deduzir os impostos de uma folha de pagamento.
- Não é possível obter determinados tipos de dedução de despesas da empresa.

Sociedades limitada e ilimitada (general and limited partnerships)

Vantagens

- Você economiza dinheiro em contabilidade e honorários legais.
- A renda ou os prejuízos da empresa ficam por conta dos sócios, que os declaram no imposto de renda pessoal.
- As despesas da empresa e outras deduções são responsabilidade dos sócios.
- Os sócios comanditários (de uma empresa limitada) não são pessoalmente responsáveis pelas dívidas da empresa e apenas em alguns casos eles são responsáveis pelo total integral de seu investimento inicial.
- Independentemente das porcentagens de participação acionária, todas as decisões operacionais são tomadas apenas por sócios.

Desvantagens

- Os sócios de empresas de responsabilidade ilimitada são pessoalmente responsáveis pelas obrigações da empresa e podem ser processados na pessoa física.
- Os sócios comanditários (de sociedades limitadas) não podem participar de nenhuma decisão. Do contrário, comprometeriam seu nível de responsabilidade.

C Corporation**

Vantagens

- Você obtém proteção com respeito à responsabilidade pessoal pelas dívidas da empresa.
- Não há nenhum limite para o número de acionistas ou para classes de ações ou acordos de acionistas.
- É possível oferecer como incentivo aos funcionários a opção qualificada de compra de ações e planos de opção de compra de ações.
- Não há necessidade de reestruturação societária antes do lançamento de ações.

Desvantagens

- Os custos de constituição da empresa podem significativos.
- A empresa é tributada como uma entidade separada.

---

* N. de R. T.: Como não há separação entre rendas da empresa e renda pessoal, o empresário responde com os bens pessoais.

** N. de R. T.: Forma de organização de uma sociedade limitada na qual a alíquota de tributação é progressiva de acordo com o nível de lucros. A sua tributação segue o Código Interno da Receita, Subtítulo A, Capítulo 1, Seção C – daí o nome da forma jurídica.

- A distribuição de dividendos é tributada tanto na empresa como para o acionista (bitributação).
- A alíquota de imposto da empresa pode ser superior à alíquota de imposto na pessoa física.

S Corporation*

Vantagens

- Tem a mesma responsabilidade limitada das C Corporations.
- Os lucros são repassados aos acionistas e tributados no imposto de renda da pessoa física do acionista apenas, semelhante a uma *partnership*.
- A dedução de prejuízos no imposto de renda da pessoa física é permitida até o valor máximo do custo da ação da empresa para o indivíduo, adicionado o valor de empréstimos feitos à empresa.

Desvantagens

- A empresa não pode ter mais de 35 acionistas.
- A empresa só pode ter uma classe de ação, o que diminui a flexibilidade de acrescentar futuros investidores e de restringir sua participação nos lucros.
- Os acionistas da empresa podem ser estrangeiros, fiduciários ou mesmo outras sociedades.
- A empresa não pode oferecer determinados benefícios que a C Corporation oferece, como planos de reembolso de despesas médicas.

Sociedade de responsabilidade limitada (LLC, de *Limited Liability Corporation*)**

Vantagens

- Tem a mesma flexibilidade de participação da C Corporation.
- Não há limite para o número de acionistas.
- É possível criar várias classes de acionistas (os fundadores podem ter direito a uma participação maior nos lucros ou no valor futuro das ações se elas forem vendidas ao público).
- Não há bitributação porque a tributação dos lucros ocorre apenas no imposto de renda da pessoa física dos acionistas.
- Não há limite de dedutibilidade dos prejuízos para os acionistas.

Desvantagens

- Se você transformar uma *corporation* em sociedade de responsabilidade limitada, provavelmente você precisará primeiro liquidá-la e pagar um valor alto em impostos.

---

* N. de R. T.: A origem do nome é a mesma da C Corporation, com a alteração da Seção do Código à qual estas empresas estão sujeitas, que é a Seção S.

** N. de R. T.: Vale mencionar que este tipo de forma jurídica não é exatamente igual à nossa sociedade limitada.

- Não é possível transferir os negócios de sua antiga empresa (*corporation*) para uma nova sociedade limitada.

Cada estado americano tem leis próprias para regulamentar a estruturação e o funcionamento das empresas. Lembre-se de conferir as leis do estado em questão ou converse com um advogado, se necessário, visto que muitos estados aplicam multas quando uma empresa não é registrada de maneira apropriada e muitos exigem que entidades externas que negociam dentro do estado paguem impostos ou outros tributos, particularmente se essas entidades tiverem funcionários ou alguma propriedade naquele estado. Em geral é uma ótima ideia constituir a empresa no estado em que realizará seus negócios, mas várias empresas também optam por constituir a empresa em um estado como Delaware, que tem um conjunto de leis corporativas bem desenvolvido e normalmente é considerado mais acolhedor que alguns outros estados.[7] Há inúmeros recursos *on-line*, como www.legalzoom.com e www.incorporate.com, que podem ajudá-lo a escolher o tipo de pessoa jurídica de sua empresa, oferecer exemplos de documentação para constituição da empresa e de fato gerenciar o processo de constituição para você em qualquer estado que escolher – por um preço, é claro.*

O setor

É necessário apresentar o contexto no qual a empresa funcionará. Você deve oferecer dados macroeconômicos e específicos do setor para uma melhor compreensão do ambiente global em que a empresa atuará. Essas informações devem abranger:

- Dados macroeconômicos, como índice de desemprego, índices inflacionários, taxas de juros e assim por diante, que influenciam ou influenciarão o setor e, mais especificamente, as atividades da empresa.
- Dados sobre mudanças regulamentares que possam afetar o setor ou a empresa.
- Descrição sobre o setor – por exemplo, principais participantes, concorrentes etc.
- Dimensão do setor – por exemplo, tendências históricas, atuais e futuras.
- Características do setor – por exemplo, sazonal, cíclico ou contracíclico?
- Tendências em andamento no setor que afetam a empresa – por exemplo, consolidação ou desregulamentação.
- Principais impulsionadores do setor – por exemplo, P&D, *marketing*, preço, entrega rápida ou relacionamentos.
- Índice de crescimento do setor – passado e futuro.
- Hábitos de pagamento dos clientes – por exemplo, eles são morosos, como o governo ou as companhias de seguro?

---

* N. de R. T.: No Brasil, as formas jurídicas de empresas aceitas são: firma individual, sociedade comercial (limitada ou por ações) ou sociedade civil. As formas de tributação podem variar: tributação pelo Simples, lucro presumido ou lucro real.

O mercado

Essa seção deve oferecer uma descrição dos mercados-alvo – primário e secundário. É fundamental ser específico quando identificar os mercados visados. Se o produto ou serviço for novo, você deve incluir dados de pesquisa de mercado para oferecer informações sobre os mercados inicial e futuro. Para realizar essa pesquisa, você pode contratar uma empresa de consultoria ou então obter as informações gratuitamente ou a um custo consideravelmente menor indo a uma escola de negócios local e pedindo para que o departamento de *marketing* indique alunos que possam assumi-la como projeto para obtenção de crédito acadêmico. As questões que devem ser respondidas abrangem as seguintes:

- Quais são os principais segmentos de mercado por tipo de cliente? Qual a magnitude desses segmentos?
- Onde estão localizados esses segmentos de mercado? São regionais, nacionais ou internacionais?
- Quais são os índices históricos de crescimento no mercado e as tendências previstas?
- Quais são as características do mercado – sazonal, cíclico e assim por diante?
- Há alguma mudança prevista no mercado primário?
- Como cada segmento de mercado por tipo de cliente será atingido?
- Como são tomadas as decisões de compra? Por quem? Quais os fatores que influem na decisão de compra?
- Como os clientes compram os produtos – por licitações entre concorrentes, contratos e compras unitárias ou por algum outro meio?
- Existe a possibilidade de criar novas bases de clientes? Se sim, como?

Descrição do produto ou serviço

Os investidores precisam saber que tipo de produto ou serviço a empresa oferecerá aos clientes. Eles necessitarão das seguintes informações:

- Descrição detalhada do produto ou serviço a ser desenvolvido e comercializado, como:
  - os benefícios do produto ou serviço;
  - em que estágio encontra-se o produto ou serviço – é uma ideia, um protótipo ou está em alguma outra fase?
- Principais características do produto – desempenho, qualidade, durabilidade, preço, serviço e assim por diante.
- Qual é sua estratégia de diferenciação?
- Qual é sua estratégia de posicionamento?
- Qual é sua estratégia de formação de preços? Por quê?
- Qual a probabilidade de obsolescência do produto?

- Há alguma questão jurídica relacionada ao produto ou serviço que ofereça proteção legal? Por exemplo, patentes obtidas ou pendentes, direitos autorais, marcas registradas, direitos de patente etc.?
- Outras questões jurídicas ou regulamentares relacionadas ao produto ou serviço.

Concorrência

A concorrência é uma realidade para toda e qualquer empresa. Você não deve subestimar as competências do concorrente nem superestimar sua capacidade para lidar com eles. Os investidores preferem estar ao lado dos empreendedores que têm uma avaliação realista de seus concorrentes e, consequentemente, um plano realista para lidar com a concorrência. Nessa seção, devem ser identificados os principais concorrentes – diretos e indiretos – e deve ser oferecida uma explicação sobre como a empresa concorrerá promissoramente. Dentre as perguntas que devem ser respondidas encontram-se:

- Quem são os principais concorrentes, tanto diretos quanto indiretos? São empreendedores pequenos ou de alto crescimento? Quais são seus pontos fortes e fracos?
- Onde eles atuam? São locais ou nacionais?
- Qual é a participação de mercado de cada um?
- Quais são os principais fatores competitivos – preço, qualidade, desempenho ou algum outro? Como sua empresa se sai nesse aspecto?
- Qual a participação de mercado atual dos concorrentes? Qual a participação de mercado prevista desses concorrentes? Como sua empresa ganhará participação de mercado?
- Existem obstáculos para entrar no mercado – por exemplo, esse setor é de capital intensivo?
- O que você planeja fazer para abrandar essa concorrência?

Marketing e vendas

A principal pergunta a ser respondida nessa seção é como o produto ou serviço será disponibilizado no mercado.

- Qual sua estratégia de *marketing*?
- Como seu produto ou serviço será anunciado e promovido?
- Qual a importância do *marketing* nesse setor?
- Qual o retorno esperado sobre os recursos gastos em *marketing*?
- Qual o índice de crescimento das vendas – histórico, atual e esperado daqui a três anos?
- Qual a estratégia de vendas adequada para conseguir esses índices de vendas? Em nível regional ou nacional?
- Qual a estratégia de distribuição do produto? Haverá uma equipe de vendas interna ou representantes externos dos produtores? Qual o plano de comissão de vendas?

- Qual o índice de vendas por funcionário – histórico, atual, futuro e do setor como um todo?

Instalações

As informações oferecidas nessa seção devem incluir:

- descrição sobre as fábricas e suas atividades – tamanho, localização (por exemplo, rural ou urbana), tempo de vida e condição das fábricas;
- propriedade particular ou locada;
- estimativa de custo de funcionamento das instalações;
- bens de capital necessários;
- condição dos equipamentos e do imóvel;
- vendas por metro quadrado;
- seguros – cobertura e nome do(s) provedor(es);
- acesso ao transporte público;
- utilidades públicas: energia, saneamento, telefonia;
- disponibilidade de estacionamento para clientes e funcionários.

Plano operacional

Devem ser fornecidas informações que expliquem as atividades diárias da empresa, dentre as quais:

Operações comerciais

- dias e horas de operação;
- períodos de inatividade;
- número de turnos.

Produção

- planos de produção;
- principais problemas de controle de qualidade;
- capacidade instalada;
- utilização e capacidade ociosa;
- gargalos;
- automação: tecnologia *versus* trabalho manual;
- fabricação sob encomenda *versus* disponibilidade em estoque.

Compra

- planos de compra;
- sistemas de gestão de estoques;
- planejamento de estoque;

- fornecedores – locais ou nacionais, proximidade, dependência de um só ou de vários;
- entrega do produto;
- escritório: faturamento, contas a pagar, contas a receber;
- recebimento e despacho.

Mão de obra

- número de funcionários;
- capacitação técnica;
- sexo;
- faixa etária;
- pertencente ou não pertencente a sindicatos de forte presença;
- tempo de serviço;
- remuneração e planos de salário;
- funcionários horistas *versus* isentos;*
- folha de pagamento – semanal *versus* mensal;
- benefícios;
- questões de segurança;
- seguro;
- fonte de fornecimento de mão de obra;
- produtividade por funcionário;
- projeção de futuras mudanças na mão de obra.

Equipe executiva

Um dos elementos mais importantes que os investidores observam ao avaliar a viabilidade de um empreendimento comercial é competência da equipe executiva. Nessa seção, é fundamental oferecer informações básicas sobre as pessoas que estarão envolvidas com as atividades diárias da empresa. Com base nessas informações, o investidor tentará determinar se a equipe executiva consegue implementar o plano promissoramente. A equipe executiva ideal tem habilidades complementares e qualificação. Essas informações devem incluir:

- nomes e cargos dos principais membros da equipe;
- experiência, nível de habilidade e responsabilidades funcionais dos principais membros da equipe;
- mudanças previstas na equipe executiva;
- nome dos proprietários principais;
- nome dos membros da diretoria;
- nome e afiliação dos conselheiros – tanto externos quanto internos;

---

* N. de R. T.: Nos Estados Unidos, para alguns estados, existem contratos de trabalho que não estão sujeitos à maior parte das leis trabalhistas.

- plano de remuneração dos principais membros da equipe executiva;
- apólice de seguro de vida do diretor executivo ou do presidente da empresa;
- plano de sucessão;
- investimentos.

Apêndices e tabelas

Essa seção abrange as seguintes informações:

- currículos e biografias;
- acordos sindicais;
- locações;
- contratos com clientes;
- resultados de pesquisa.

Referências

Essa seção deve incluir referências financeiras (isto é, das pessoas e da empresa) e referências pessoais. A ideia é deixar o investidor o mais tranquilo possível e informado sobre a empresa e a equipe empreendedora. Por exemplo, ao procurar financiamento bancário, Tom e Cherry Householder, fundadores da Staffing Resources, proeminente empresa regional de alocação de empregados temporários em Illinois, enviou mais de 15 cartas de referência ao todo, do chefe de polícia local, de políticos e até de concorrentes de seu banco. Funcionou. Eles conseguiram a linha de crédito de US$ 135.000 que precisavam para iniciar a empresa.[8]

Possíveis riscos

É necessário apresentar uma avaliação dos riscos que a empresa enfrenta no momento, bem como dos riscos futuros, e a estratégia que a empresa pretende usar para atenuar esses riscos. Alguns riscos, como "eventos de força maior" (por exemplo, fenômenos meteorológicos, calamidades, morte inesperada e assim por diante), talvez não sejam exclusivos à empresa e, portanto, não podem ser tratados pela empresa. O objetivo é garantir ao investidor que o empreendedor (1) tem uma visão realista das oportunidades de negócios e dos riscos envolvidos na busca dessas oportunidades e (2) refletiu proativamente para encontrar uma maneira de gerenciar e atenuar esses riscos que empresa talvez tenha de enfrentar. Alguns dos riscos que devem ser considerados são:

- Advento de uma recessão.
- Falecimento ou demissão inesperados do diretor executivo.
- Mudanças imprevistas nos principais membros da equipe executiva.
- Adequabilidade da cobertura de seguro e quantia necessária.
- Perda de um cliente ou de clientes importantes. Esse problema é particularmente relevante se as receitas da empresa dependerem de um ou de poucos clientes importantes.

- Problemas com os fornecedores.
- Uma possível greve ou paralisação dos funcionários.
- Déficit de capital ou defasagem de financiamento.

Demonstrações financeiras e *pro forma**

Projetar o futuro é um desafio, mas é indispensável. Os credores e os investidores de risco sabem que as projeções financeiras que cobrem um período de três a cinco anos futuros são estimativas aproximadas – elas têm de ser, na medida em que ninguém consegue prever o futuro (a menos que, é claro, tenham sido firmados contratos de futuro garantido). Os investidores em potencial esperam projeções que estejam fundamentadas em uma lógica sustentável. Quando perguntaram a um capitalista de risco de que modo os financiadores sabem quando uma demonstração *pro forma* está correta, ele respondeu: "Não sabemos. É quase certo que no final eles estejam errados. ßßEm uma *start-up*, é raro as demonstrações *pro forma* corresponderem à realidade em algum momento. Procuramos um raciocínio lógico e sustentável por trás dos números comparativamente a projeções não realistas que simplesmente foram extraídas do vazio".

ELABORAÇÃO DE DEMONSTRAÇÕES *PRO FORMA*

Os empreendedores devem elaborar demonstrações financeiras *pro forma* para todas as oportunidades de empreendimento, tanto para uma *start-up* quanto para uma empresa ativa que esteja sendo adquirida. Todas as demonstrações *pro forma* devem apresentar estimativas para no mínimo três anos e três situações. Se for oferecida uma única situação, supõe-se automaticamente que essa seja a melhor circunstância porque a maior parte das pessoas sempre faz o melhor que podem, e não o pior. O desempenho histórico de uma empresa orienta as projeções financeiras do futuro da empresa, exceto se houver outras informações que demonstrem que o desempenho passado não é um bom indicador da performance futura.

Por exemplo, se for firmando um novo contrato com um novo cliente, isso poderia ser usado para ajustar as projeções financeiras. Do contrário, é necessário usar os números históricos.

Por exemplo, a Livent Inc. criou musicais importantes, como o *Joseph and the Amazing Technicolor Dreamcoat* e *Ragtime*. Em 1998, a empresa acrescentou o Teatro Oriental de Chicago aos três outros teatros de sua propriedade em Nova York, Toronto e Vancouver. As demonstrações *pro forma* da Livent para o Teatro Oriental reformado baseavam-se supostamente no sucesso que havia obtido com *Joseph*, montado dois anos antes no teatro de Chicago e em espaços semelhantes por todo o país. As projeções da Livent foram as seguintes:

---

* N. de R. T.: Um demonstrativo *pro forma* é uma projeção do futuro, que normalmente leva em consideração o desempenho histórico e mudanças previsíveis, sendo utilizado para determinar o volume de caixa necessário ou projetar a situação financeira da empresa.

Teatro Oriental
- 80% de lotação
- 52 semanas por ano
- US$ 40 milhões de receitas brutas anuais

Quase no final de 1998, a Livent passou por dificuldades financeiras importantes e declarou falência, sob proteção do Capítulo 11.* No tribunal de falências, um procurador da cidade de Chicago, que moveu um processo de condenação, contestou a legitimidade das demonstrações *pro forma*. Ele argumentou que as receitas brutas anuais projetadas, no valor de US$ 40 milhões, não correspondiam à realidade e eram intencionalmente fraudulentas, tendo em vista o fato de, "em um ano recente, um teatro semelhante, localizado no centro de Chicago, de tamanho similar, ter declarado um faturamento anual bruto de apenas US$ 20.455.000!".[9]

Na ausência de dados históricos, as projeções financeiras de uma *start-up* podem ser determinadas de uma das seguintes maneiras:

- Faça uma análise do setor e selecione uma empresa nesse mesmo setor que possa ser usada como parâmetro de referência. Quando possível, analise os níveis de vendas dessa empresa para descobrir seu histórico de vendas desde o Ano 1, bem como o crescimento das vendas nos últimos anos. Faça uma estimativa com base nesses números e utilize os dados para calcular o crescimento das vendas de sua empresa. Os custos podem ser determinados com base nos dados obtidos por meio de uma pesquisa sobre, por exemplo, uma empresa de capital aberto nesse mesmo setor.
- Se já houver compromissos de vendas garantidos, use-os para calcular o pior cenário possível. Utilize quantias maiores para calcular o melhor cenário e o cenário mais provável.
- Se o produto ou serviço for completamente novo, você pode realizar uma pesquisa de mercado para determinar a demanda de mercado global por esse novo produto ou serviço. Identifique o tamanho do mercado e suponha que a empresa obterá uma porcentagem específica do mercado total, dependendo do número total de concorrentes. Além disso, identifique os possíveis clientes e avalie a quantidade de unidades que podem ser vendidas a cada um. É fundamental que essa pesquisa de mercado, sempre que possível, baseie-se em pesquisas secundárias (relatórios sobre mercado de terceiros e/ou artigos de fontes confiáveis) e também em pesquisas primárias (conversas e/ou sondagens com clientes em potencial no segmento-alvo). Com isso, você terá certeza de que suas projeções estão fundamentadas em fontes de informação confiáveis e sustentáveis e que não são meros cálculos aproximados.

---

* N. de R. T.: Chapter 11 é o Capítulo do Código de Falências dos Estados Unidos que permite uma reestruturação da empresa sob as leis de falência americanas.

- Alternativamente, você pode usar números específicos em suas projeções, com base em suposições ou expectativas próprias. É importante expor quais são essas suposições e justificar por que você acredita que elas são realistas.

Uma questão fundamental da qual uma *start-up* não deve se esquecer é a inclusão das necessidades financeiras para a compra de todos os equipamentos necessários.

Antes de finalizar essa seção sobre a elaboração de demonstrações *pro forma*, vale fazer uma advertência essencial. É importante que as demonstrações *pro forma* do pior cenário demonstrem que o fluxo de caixa consegue saldar as dívidas da empresa. Do contrário, a obtenção de financiamento, em particular para dívidas, pode se mostrar praticamente impossível. Isso não significa que na elaboração das demonstrações *pro forma* você deva projetá-los de trás para frente e "manipulá-los". Por exemplo, se o pagamento do principal nas obrigações de dívida fosse US$ 7.000 por mês, seria incorreto prever a grandeza da receita mensal, as margens brutas etc. para que fossem gerados pelo menos US$ 7.000 no fluxo de caixa após os impostos para saldar essa dívida.

Não, as demonstrações *pro forma* devem ser elaboradas de cima para baixo; prevendo as receitas defensáveis e os custos variáveis legítimos, como mão de obra e materiais, e os custos fixos com taxa de juros de mercado – por exemplo, aluguéis. Se, depois de elaborar as demonstrações *pro forma* dessa maneira, ficar confirmado que não é possível saldar a dívida, a medida a ser tomada não é "manipular os números", mas

- Diminuir o montante da dívida.
- Reduzir as taxas de juros sobre a dívida.
- Estender os períodos de seu empréstimo.

O objetivo de todas essas medidas é liberar o fluxo de caixa para saldar a dívida a curto prazo.

Mesmo se o empreendedor conseguir levantar capital utilizando demonstrações *pro forma* com números manipulados, no final enfrentará dificuldades quando o desempenho da empresa provar-se inferior às projeções e o fluxo de caixa não for suficiente para saldar as obrigações da dívida. Em suma, investidores experientes, como os banqueiros e os capitalistas de risco, conseguem identificar facilmente as demonstrações *pro forma* em que há números manipulados porque em geral as projeções são apresentadas de uma forma que dá a entender que todas as dívidas da empresa podem ser saldadas, deixando talvez pouco caixa de sobra. Portanto, não manipule os números. Um estudo de caso sobre a elaboração de demonstrações *pro forma* para a Clark Company encontra-se ao final do Capítulo 5.

CHECKLIST DAS INFORMAÇÕES FINANCEIRAS

Para que os investidores compreendam melhor as informações apresentadas nessa seção, é melhor oferecer um resumo dos dados financeiros e depois apresentar as tabelas financeiras detalhadas. Esses dados devem abranger:

- Demonstrações financeiras históricas (isto é, de um período de três a cinco anos):
  - Demonstração de fluxo de caixa (DFC)

- Demonstração de resultado do exercício (DRE)
- Balanço patrimonial (BP)
- Demonstrações *pro forma* (isto é, de um período de três a cinco anos). Forneça projeções financeiras (de acordo com o que foi descrito anteriormente) para três cenários – melhor, pior e mais provável. Cada cenário deve estar fundamentado em um conjunto distinto de suposições. Por exemplo, no pior cenário pode-se admitir um crescimento de 0% do Ano 1 ao Ano 2; no melhor cenário, um crescimento de 5%; e no cenário mais provável, um índice de crescimento de 2%. Você deve fornecer também um resumo dessas suposições.
- Descrição detalhada dos relacionamentos bancários referentes à conta da empresa e à folha de pagamento.
- Os prazos e as taxas de contratos de empréstimo, bem como o período de amortização do principal da dívida.
- O plano financeiro proposto, que inclui:
  - A quantia que está sendo solicitada.
  - As fontes de recursos financeiros e sua destinação. [*Observação*: Essas informações são importantes por vários motivos. Primeiro, os financiadores precisam saber como os recursos serão empregados. Segundo, identificar outros investidores que estão dispostos a lhe oferecer recursos (fontes) incentivará os investidores em potencial a assumir um compromisso semelhante – os investidores acham mais fácil investir quando sabem que outros já o fizeram. Terceiro, os investidores estratégicos talvez possam ajudá-lo a encontrar outras formas de obter recursos.
  - Prazo de retorno do investimento (*payback*) e colateral.
  - Estratégia proposta para a liquidação da participação dos investidores, ou seja, oferecer uma estratégia de saída para os investidores.
- Plano financeiro imediato, a curto prazo e a longo prazo.
- Necessidade de capital de giro.
- Linha de crédito.
- Fluxo de caixa operacional – investidores externos, emissão de dívidas ou lançamento de ações.

SEÇÕES MAIS IMPORTANTES DO PLANO DE NEGÓCIOS

A esta altura, você já consegue perceber que é melhor seu plano de negócios ser convincente se quiser obter financiamento para o seu empreendimento. Veja a seguir uma avaliação adicional dos elementos imprescindíveis de qualquer bom plano de negócios.

Sumário executivo

Como mencionado antes, o sumário executivo provavelmente é a seção mais importante do plano de negócios. A maioria dos investidores em potencial não têm tempo para ler do princípio ao fim um plano de negócios detalhado. Portanto, eles leem rapidamente todo o sumário executivo para avaliar se vale a pena ou não apostar no empreendimento. É muito importante verificar se esse sumário está claro e se ele ressalta de maneira explícita os fatores diferenciadores da empresa que está tentando levantar recursos, em relação a seus concorrentes. Por exemplo, a página 20 do plano de negócios da Amazon.com foi bastante feliz ao realçar o fato de que no setor de vendas de livros no varejo realizavam-se em média 2,7 giros de estoque ao ano, enquanto a Amazom.com planejava realizar 70 giros de estoque anuais.

A equipe executiva

"Não investimos na Amazon.com. Investimos em Jeff",[10] afirmaram os primeiros investidores de Jeff Bezos. Isso confirma perfeitamente aquele velho ditado: "Investimos no jóquei, não no cavalo". Em outras palavras, investe-se na equipe, não necessariamente na ideia, no produto ou no serviço. A experiência comprova que ter uma equipe executiva adequada normalmente é um fator decisivo para o sucesso ou o fracasso de um empreendimento comercial. Lembre-se, o capitalista de risco Bill Sutter citou a administração duas vezes em referência às três coisas mais importantes que ele procura observar. O recurso mais raro hoje para os capitalistas de risco é uma boa equipe executiva, que pode pegar uma ideia medíocre e transformá-la em um sucesso. Em contraposição, uma equipe executiva incompetente pode pegar uma ideia incrível e arruiná-la. "No mundo atual, há muita tecnologia, muito dinheiro, muito capital de risco. O que está em falta são excelentes equipes", disse um capitalista de risco.

Os investidores tomam o cuidado de observar quem são os membros da equipe executiva, particularmente se o empreendimento for uma *start-up*. Eles têm habilidades que se complementam ou são um grupo homogêneo? Eles têm experiência apropriada para lidar com o setor, o mercado ou o produto? Como o líder da equipe foi escolhido? Os membros da equipe já tiveram oportunidade de trabalhar uns com os outros? Eles têm contatos no setor que possam ser aproveitados? Eles têm algum histórico em administração, liderança e execução?

Equipes competentes são compostas por pessoas inteligentes e com habilidades e estilos que se complementam – nem todas as pessoas conseguem lidar com gestores ostensivamente agressivos – e compartilham a mesma paixão pela empresa, o compromisso de fazê-la crescer rápida e exponencialmente e a experiência e motivação para agir depressa e não desistir.

Projeções financeiras

Os investidores têm consciência de que é difícil fazer a projeção das receitas e dos lucros futuros. Eles não alimentam a expectativa de que essas projeções financeiras estejam "corretas"; ao contrário, eles querem ver se o empreendedor fez suposições realistas ao elaborar essas projeções. Eles procuram ver se essa análise é lógica e sustentável, tendo em vista as realidades do mercado. Eles procuram observar não apenas se o fluxo de caixa projetado consegue saldar a dívida, mas também se a projeção de fluxo de caixa justifica o valor adicionado na empresa hoje e amanhã e se a empresa tem o porte que lhes interessa. Por exemplo, alguns financiadores querem negociar apenas com empresas que tenham uma receita de no mínimo US$ 200 milhões no Ano 3. É importante lembrar-se de fornecer todas as informações relevantes nessa seção e evidenciar todas as suposições levantadas.

FONTES DE REFERÊNCIA PARA ELABORAÇÃO DO PLANO DE NEGÓCIOS

Existem inúmeros livros no mercado que oferecem informações detalhadas sobre como elaborar um plano de negócios; você pode encontrá-los na seção de livros sobre pequenas empresas na maioria das livrarias. Além disso, inúmeras empresas oferecem aos empreendedores serviços de consultoria sobre a elaboração do plano de negócios, embora, algumas vezes, a um custo considerável. Os centros de desenvolvimento locais de pequenas empresas são também uma excelente fonte de informações e assessoria. Adicionalmente, como mencionado antes, as escolas de negócios podem ser uma ótima e competente fonte de assistência, na maioria dos casos gratuita. Como alternativa, a Figura 3.1 apresenta várias fontes *on-line* que oferecem gratuitamente informações detalhadas sobre a elaboração do plano de negócios.

APÓS A REDAÇÃO DO PLANO DE NEGÓCIOS

É muito importante escolher cuidadosamente os investidores em potencial – você está para estabelecer um relacionamento importante e duradouro com eles. Antes de enviar seu plano de negócios, faça uma pesquisa sobre possíveis investidores, para ter uma melhor probabilidade de aceitação. Tente descobrir que tipo de negócio os investidores estão procurando. Qual a estratégia de investimento dessa firma e quais são seus critérios de seleção? Qual o índice de financiamentos aceitos por essa empresa? Como os investidores reagem em situações difíceis – por exemplo, em uma crise financeira? Uma boa fonte de informações nesse sentido são as outras empresas que já foram financiadas por esse investidor específico. Os investidores são do tipo "valor agregado" (tema discutido mais detalhadamente no Capítulo 8), isto é, oferecem conselhos e contatos úteis ou pretendem oferecer apenas recursos financeiros (capitalistas)?

É extremamente importante conhecer seu público, para que possa limitar sua busca àqueles que têm afinidade para realizar negócios com você. Se sua empresa for uma *start-up*, você deve enviar o plano àqueles que fornecem "capital semente"* ou inicial, e não financiamentos para empresas que já se encontram em um estágio avançado. Por exemplo, seria perda de tempo enviar um plano de negócios para a aquisição de uma mercearia a um financiador cujos empréstimos estão concentrados no setor tecnológico, como o Silicon Valley Bank. Essa questão será discutida mais detalhadamente no Capítulo 8, "Levantando Recursos".

---

* N. de R. T.: A expressão em língua inglesa utilizada para esse caso é *seed money*, como o capital necessário para fazer a empresa "brotar".

Small Business British Columbia (Canadá)
www.sb.gov.bc.ca
Esse *site* oferece seminários *on-line* para pequenas empresas, além de outras informações sobre a preparação do plano de negócios.

Revista *Entrepreneur* on-line
www.entrepreneur.com
A seção "Starting a Business" ("Iniciando um Negócio") oferece inúmeras dicas sobre plano de negócios e modelos para vários tipos de negócio.

Kauffman eVenturing Entrepreneur's Resource Center
eventuring.kauffman.org
A seção "Business Models and Plans" ("Modelos e Planos de Negócios") oferece artigos originais e uma compilação dos melhores artigos sobre planos de negócios.

Administração de Pequenas Empresas (Small Business Administration – SBA)
www.sba.gov
A seção "Small Business Planner" ("Planejador de Pequenas Empresas"), além de fornecer um modelo de plano de negócios, oferece outras informações importantes, como dicas de financiamento e administração de pequenas empresas.

Software Business Plan e Exemplos Gratuitos de Planos de Negócios
www.bplans.com
Esse *site* oferece modelos de planos de negócios e *softwares* gratuitos e pagos.

Venture Capital Resource Library
www.vfinance.com
Essa biblioteca *on-line* oferece modelos e avaliações de planos de negócios.

Figura 3.1 Fontes de referência para a elaboração do plano de negócios.

Antes de enviar seu plano de negócios, é sempre aconselhável obter o que Bill Sutter chama de "uma recomendação endossada", de preferência de alguém que já tenha negociado com esse investidor. "Não me lembro de alguma vez ter investido em uma empresa com base em um plano de negócios que eu não tenha solicitado",[11] afirmou John Doerr, da KPCB. Esse endosso garantirá que seu plano de negócios será avaliado com cautela e seriamente. Se não for possível obter uma recomendação, é bom ser apresentado por alguém que conheça o investidor. Na maioria dos casos, os planos de negócios não solicitados enviados a empresas de capital de risco sem nenhuma recomendação têm menor probabilidade de obter financiamento que aqueles enviados com um endosso. Se for enviar um plano não solicitado, é fundamental redigi-lo de acordo com a estratégia de investimento do investidor.

Um bom exemplo é Mitch Kapor, fundador da Lotus Development Corporation, que agiu corretamente em 1981 ao enviar seu plano de negócios a uma única empresa de capital de risco. Reconhecendo que seu plano de negócios era de certa forma diferente – continha uma declaração de que ele não estava motivado pelo lucro —, Kapor conhecia a si mesmo e sua empresa o suficiente para saber que nem todos os capitalistas de risco o levariam a sério. Ele selecionou cuidadosamente uma empresa – a Sevin and Rosen. Por quê? Porque essa empresa costumava fazer negócios com pessoas do seu "tipo", isto é, programadores de computação. Eles o conheciam pessoalmente e também conheciam o setor. Foi uma excelente decisão. Ele obteve o financiamento que procurava, embora tivesse um plano mal organizado e não tradicional. O método para encontrar credores e acionistas com propensão para determinados tipos de negócio será analisado no Capítulo 8.

NOTAS

1. Martha Russis, "Loans Will Flow, but Less Freely than during 1998", *Crain's Chicago Business/Small Business Report*, 14 de dezembro de 1998, p. SB4.
2. *Black Enterprise*.
3. *Fast Company*, fevereiro-março de 1998.
4. *Ibid.*
5. Bill Sutter, exposição em sala de aula na Escola de Administração Kellogg, 10 de março de 1999.
6. *Chicago Sun-Times*, 4 de abril de 1996.
7. Constance Bagley e Craig Dauchy, *The Entrepreuneur's Guide to Business Law*, 2ª ed. (1993), pp. 76-77.
8. *Inc.*, dezembro de 1998.
9. Laurie Cohen e Andrew Martin, "Theater Plan Not Living Up to Billing", *Chicago Tribune*, 15 de janeiro de 1999.
10. *Business 2.0*, abril de 2000, p. 259.
11. *The New Yorker*, 11 de agosto de 1997.

CAPÍTULO 4

Demonstrações Financeiras

INTRODUÇÃO

Como mencionado antes, uma das seções mais importantes do plano de negócios é aquela que detalha as demonstrações financeiras. Portanto, o objetivo deste capítulo é apresentar uma visão geral das questões primordiais pertinentes às principais demonstrações financeiras. A intenção é mostrar o propósito das diferentes demonstrações, seus elementos e seu significado para os empreendedores que não são gestores financeiros. Este é o último passo em direção à etapa de análise das demonstrações financeiras, que será enfatizada no capítulo seguinte, de uma maneira simples e fácil de compreender.

As demonstrações financeiras são importantes porque oferecem informações valiosas, as quais normalmente são utilizadas pelos gerentes de negócios e investidores. Entretanto, o empreendedor não precisa ter habilidade para elaborar pessoalmente suas demonstrações financeiras.

Neste capítulo, vamos nos concentrar em três tipos de demonstração financeira: a demonstração de resultado do exercício (DRE), o balanço patrimonial (BP) e a demonstração do fluxo de caixa (DFC). Todas elas, de uma forma ou de outra, descrevem a saúde financeira da empresa. Por exemplo, a DRE descreve a rentabilidade da empresa. É um indicador do desempenho da empresa ao longo do tempo. A empresa está ganhando ou perdendo dinheiro? O balanço patrimonial, por sua vez, descreve a situação financeira da empresa em um determinado momento. O patrimônio da empresa é maior do que sua dívida? Ela consegue se manter no mercado?

A DEMONSTRAÇÃO DE RESULTADO DO EXERCÍCIO (DRE)

A DRE, também conhecida como P&L (da expressão em inglês *profit and loss statement* – demonstração de lucros e perdas), é um tipo de placar para a empresa normalmente elaborada de acordo com os princípios contábeis geralmente aceitos (PCGAs, a sigla em inglês é GAAP, de *generally accepted accounting principles*). Ela registra o fluxo de recursos ao longo do tempo demonstrando a situação financeira da empresa durante um período, em geral mensal, trimestral ou anual. Apresenta as receitas (isto é, as vendas) obtidas por uma empresa no decorrer desse período específico e as despesas (isto é, os custos) associadas com a geração dessas receitas. É por isso que a DRE, além de ser conhecida como demonstração P&L, é também chamada de demonstração de receitas e despesas.

A diferença entre as receitas totais e as despesas totais de uma empresa é o seu lucro líquido. Quando as receitas são superiores aos custos, significa que a empresa teve lucro. Quando os custos são superiores às receitas ganhas, significa que a empresa teve prejuízo.

A DRE é utilizada para calcular o fluxo de caixa da empresa, conhecido como LAJIDA* ou EBITDA (*earnings before interest, taxes, depreciation, and amortization*): lucro (isto é, renda ou lucro líquido) antes dos juros (isto é, o custo da dívida), impostos (isto é, pagamentos ao governo de acordo com o lucro da empresa), depreciações (isto é, dispêndios não monetários em decorrência da perda de valor dos ativos tangíveis) e amortizações (isto é, dispêndios não monetários em virtude da perda de valor dos ativos intangíveis, como patentes ou fundo de comércio). Para determinar o EBITDA de um período específico – isto é, o caixa gerado pela empresa depois de pagar todas as despesas diretamente relacionadas com suas atividades e, portanto, o caixa disponível para pagar despesas não operacionais, como impostos e pagamentos do principal e dos juros de uma dívida —, deve-se utilizar a DRE. A Figura 4.1 apresenta um exemplo de DRE.

A DRE é dividida em duas seções: "Receitas", um indicador dos recursos gerados pela venda dos produtos e serviços, e "Despesas", um indicador dos custos associados com a venda desses produtos ou serviços. A equação contábil que você deve memorizar é a Equação 4.1.

Utilizando as informações da Figura 4.1, no final do ano podemos calcular o EBITDA da Bruce Company, como mostra a Figura 4.2. Como você pode ver, somamos as despesas "não monetárias", isto é, aquelas para as quais não se desembolsa nenhum valor monetário, como a depreciação e a amortização, para determinar a verdadeira situação do caixa da empresa – EBITDA.

Agora, vamos definir e analisar cada item de receita e despesa em uma DRE típica:

Receitas

- Recebimentos provenientes da venda de produtos e serviços
- Retornos sobre o investimento, como juros ganhos sobre os títulos e valores mobiliários em posse da empresa – por exemplo, ações e debêntures

Equação 4.1 Lucro líquido

Receitas − despesas = lucro líquido

---

* N. de R. T.: Embora o termo LAJIDA seja também empregado no Brasil, o EBITDA é mais comum entre os profissionais, motivo pelo qual optamos por utilizá-lo neste livro.

Receitas	US$ 8.000
Despesas	
Custo das mercadorias vendidas	US$ 2.000
Lucro bruto	**US$ 6.000**
Despesas operacionais	
Salários	US$ 1.000
Aluguel	300
Despesas de vendas	400
Depreciação	500
Amortização	300
Total de despesas operacionais	US$ 2.500
Lucro operacional ou lucro antes dos juros e impostos (LAJIR)	**US$ 3.500**
Despesas de juros	200
Lucro antes dos impostos (LAIR)	**US$ 3.300**
Despesa com imposto de renda	US$ 1.320
Lucro líquido	**US$ 1.980**

Figura 4.1 Demonstração de resultado do exercício da Bruce Company encerrado em 31/12/2007.

- Taxas de franquia pagas pelos franqueados
- Renda proveniente de aluguel de imóveis

Despesas

- Custo das mercadorias vendidas
- Despesas operacionais
- Despesas financeiras
- Despesas de impostos

Lucro líquido	US$ 1.980
+ Despesas de juros	200
+ Impostos	1.320
+ Depreciação	500
+ Amortização	300
EBITDA	**US$ 4.300**

Figura 4.2 Exemplo de cálculo do EBITDA.

Custo das mercadorias vendidas

O custo das mercadorias vendidas (conhecido como CMV) ou o custo dos serviços prestados é o custo da matéria-prima e da mão de obra direta necessárias para produzir o produto ou serviço que gera a receita. O CMV *não* inclui despesas gerais indiretas, como serviços de utilidade pública ou custos administrativos. A diferença entre as receitas e o CMV é o lucro bruto, também conhecido como margem bruta. O método adequado para calcular o lucro bruto resume-se a subtrair o CMV, tal como definido antes, das receitas geradas pela venda das mercadorias ou dos serviços da empresa.* Outros lucros, como os juros obtidos de um investimento, não devem ser incluídos.

Isso se justifica porque, no mundo financeiro, as comparações internas do desempenho de uma empresa entre um ano e outro e também as comparações externas do desempenho de uma empresa com o de outra empresa ou com o setor como um todo são bastante comuns. Esse tipo de comparação é chamado de *comparação entre indicadores de desempenho (benchmarking) internos e externos*. Portanto, para fazer comparações utilizando parâmetros semelhantes ("maçãs com maçãs"), que não sejam distorcidas, por exemplo, pelo fato de as receitas da Empresa A serem superiores às da Empresa B porque a primeira está obtendo pagamentos de juros mais altos sobre os investimentos, apenas as receitas operacionais são empregadas. Determinar o lucro bruto das receitas totais, independentemente da fonte, seria o mesmo que ignorar a definição óbvia de CMV, que é o custo *apenas* das mercadorias vendidas para gerar receitas.

Despesas operacionais

As despesas operacionais, também conhecidas como despesas de vendas, gerais e administrativas, são todas as demais despesas tangíveis e intangíveis (por exemplo, depreciação e amortização) necessárias para realizar as atividades diárias de uma empresa. Estão incluídos nessa categoria os custos fixos (isto é, os custos que não variam de acordo com o volume de negócios), como seguro, aluguel e salários administrativos, os custos variáveis (isto é, os custos que variam de acordo com o volume de negócios), como utilidade pública (por exemplo, eletricidade e água) e custos com emissão de documentos de faturamento. Por exemplo, na DRE da Bruce, na Figura 4.1, o aluguel é US$ 300 por ano – valor que permanece o mesmo independentemente de a empresa produzir 200 ou 2.000 unidades de um produto.

Outra maneira simples de pensar sobre os custos fixos em contraposição aos variáveis é determinar as despesas que seriam afetadas, por exemplo, pelo fechamento da empresa por um mês. Você continua devendo o aluguel ao proprietário do imóvel e o pagamento dos empréstimos bancários ao banco. Esses custos são fixos. Entretanto, visto que a empresa está fechada e não produzirá nem fará remessa de produtos por um mês, não haverá necessidade de gastar recursos com a emissão de documentos de faturamento (notas fiscais, notas de remessa, registros de exportação, entre outros) e as contas de serviços públicos diminuirão sensivelmente, porque não a empresa não usará nem eletricidade nem água.

---

* N. de R. T.: Já líquidas dos impostos sobre o faturamento, como ICMS, ISS, IPI, PIS e Cofins e outras deduções da receita bruta.

As despesas de juros estão excluídas dessa categoria, porque não são despesas operacionais, mas sim despesas financeiras. Portanto, receitas menos o total de CMV e despesas operacionais é igual ao lucro operacional ou LAJIR (lucros antes dos juros e imposto de renda), conhecido também por EBIT (*earnings before interest and taxes*). O lucro operacional é então empregado para fazer todos os pagamentos de juros sobre a dívida. O saldo é chamado de lucros antes do imposto de renda (LAIR). Esses recursos financeiros são utilizados para pagar impostos sobre o EBT (*earnings before taxes*) da empresa.

Como mencionado antes, as despesas "intangíveis, não monetárias" – que não exigem desembolsos reais de dinheiro, como depreciação e amortização – também estão incluídos na categoria de despesa operacional. Toda empresa, de acordo com os PCGAs, tem direito de "amortizar" (isto é, lançar como despesa) uma parte de seus ativos tangíveis todo ano, ao longo do tempo de vida desses ativos. A teoria por trás dessa prática é que o valor de todos os ativos normalmente deprecia com o passar do tempo em decorrência do desgaste natural e uso regular. Por isso, a depreciação de um ativo representa um custo para a empresa porque o valor desse ativo diminui com o tempo. Como ainda veremos neste capítulo, na análise do balanço patrimonial, o valor depreciado de um ativo é identificado no balanço e o valor de depreciação anual é apresentado na DRE.

O valor a ser depreciado anualmente é determinado pelo método contábil escolhido pela empresa para identificar a depreciação. Os métodos mais comuns são o de depreciação linear (isto é, uma porcentagem igual do custo de aquisição do ativo é lançada a cada ano para um número predeterminado de anos de vida útil) e de depreciação acelerada (isto é, a depreciação por declínio em dobro* ou pelo método da soma dos dígitos do ano,** que identifica uma porcentagem maior da depreciação nos anos iniciais).

O método empregado para calcular a depreciação pode ter um impacto significativo sobre o histórico de lucros reportados. Se você usar o método de depreciação linear, em vez de um dos dois métodos acelerados – depreciação por declínio em dobro ou soma dos dígitos do ano —, produzirá um lucro líquido superior nos períodos iniciais e um lucro líquido inferior nos últimos anos em relação à vida útil prevista de um ativo. Além disso, a mudança do lucro líquido de um período para outro é maior com o método de depreciação por declínio em dobro do que com o método de soma dos dígitos do ano. Isso torna o primeiro método é a forma mais extrema de depreciação. Em conclusão, os dois métodos acelerados produzem níveis baixos de lucro líquido nos períodos iniciais que aumentam rapidamente ao longo da vida útil do ativo.[1]

Enquanto a depreciação está relacionada à perda de valor dos ativos tangíveis, a amortização é a descapitalização dos ativos intangíveis. Os ativos intangíveis abrangem,

---

* N. de R. T.: *Double-declining-balance method*, no qual é utilizada uma taxa de depreciação que é o dobro da depreciação linear, aplicada sobre o valor contábil líquido do bem no início do ano.

** N. de R. T.: Neste método, a depreciação é num ritmo mais acelerado que a linear, mas menor que o do declínio em dobro. A taxa de depreciação é regressiva ao longo do tempo. Esse método consiste em estipular taxas variáveis, durante o tempo de vida útil do bem, adotando-se o seguinte critério: somam-se os algarismos que formam o tempo de vida útil do bem, obtendo-se, assim, o denominador da fração que determinará o valor da depreciação em cada período.

por exemplo, fundo de comércio (isto é, o superávit ou ágio pago sobre o valor contábil de um ativo), direitos de franquia, patentes, marcas registradas, direitos de exploração, direitos autorais e acordos de não concorrência. Esses elementos devem ser amortizados, geralmente utilizando valores anuais iguais, por um período de 15 anos.*

Outras despesas

Com base na DRE, as despesas financeiras são em essência os juros pagos sobre os empréstimos feitos pela empresa. E, finalmente, as despesas de impostos são os impostos devidos sobre o lucro da empresa. A empresa incorre em outros impostos também, como o seguro-desemprego e o imposto imobiliário (IPTU), mas eles entram na categoria de despesas operacionais.

Se uma empresa tiver lucro negativo antes dos impostos – em outras palavras, prejuízo —, não deverá impostos corporativos ao governo. Na verdade, além de não dever impostos, poderá também usar as perdas para reduzir suas obrigações sobre futuros lucros positivos. Essa prática é chamada de *prejuízo fiscal a compensar*. Ou seja, os prejuízos anteriores da empresa podem ser compensados com lucros de exercícios futuros. Curiosamente, uma empresa com um histórico de prejuízos anuais pode ser mais valiosa para um possível comprador que uma empresa que tenha um ponto de equilíbrio ou um histórico financeiro lucrativo. Como os prejuízos fiscais a compensar podem ser transferidos do vendedor para o comprador, eles são interessantes para um comprador em potencial porque são ativos para as empresas que estejam tentando proteger futuros lucros.

Ao final do ano, se o lucro líquido de uma empresa depois dos impostos for positivo, ele é mantido como lucros retidos, repercutindo no balanço patrimonial do início do ano seguinte, ou repartido entre os investidores como dividendos, de acordo com a Equação 4.2.

Antes de finalizar esta análise sobre a DRE, é indispensável esclarecer alguns termos comumente empregados de forma intercambiável:

- Receitas, vendas e faturamento
- Margens, lucros, ganhos e renda

Os três diferentes tipos de margem, lucro, ganho e renda – na ordem em que aparecem na DRE – são os seguintes:

- *Bruto*. A diferença entre as receitas e o CMV.
- *Operacional*. Receitas – (CMV + despesas operacionais).
- *Líquido*. A diferença entre as receitas e *todos* os custos da empresa.

Equação 4.2 Lucros retidos e dividendos dos acionistas

Receitas – despesas = lucro líquido
→ Lucros retidos e dividendos dos acionistas

---

* N. de R. T.: No Brasil, o prazo para a amortização de ágio é de dez anos.

Contabilização em regime de caixa *versus* regime de competência

Uma última afirmação a ser feita sobre a DRE é que ela pode ser afetada pelo método contábil escolhido pelo empreendedor. As opções que o empreendedor tem são contabilização por regime de caixa ou de competência. Normalmente, a empresa selecionará o método contábil que ofereça o melhor benefício imediato de impostos.* É necessário observar também que a empresa pode, ao longo de sua existência, mudar de um método para outro uma única vez, e essa mudança deve ser aprovada pela Receita Federal, que em geral aprova a mudança solicitada de contabilização em regime de caixa para contabilização por competência e normalmente recusa a solicitação de mudança de contabilização por competência para contabilização por regime de caixa. Qual a principal diferença entre esses dois tipos de contabilização? *Grosso modo*, é o momento em que a empresa identifica suas receitas e despesas. A Tabela 4.1 mostra claramente essa diferença.

O método de contabilização por competência oferece a quem está lendo a DRE uma descrição mais pormenorizada e completa da situação financeira da empresa, visto que todas as receitas geradas por ela e todas as despesas incorridas estão ali incluídas, independentemente de ter recebido ou desembolsado um valor real. Pelo fato de esse método identificar imediatamente esses elementos, muitos empresários tentam se beneficiar dele. Por exemplo, antes do final do ano, muitos empresários aumentam seus estoques de maneira considerável. Consequentemente, as despesas aumentam e, portanto, os lucros e impostos diminuem.

No caso das empresas de capital aberto, em que os mercados recompensam o aumento das receitas e dos lucros com uma elevação no preço das ações, muitos empresários preferem usar o método de competência porque ele os ajuda a obter os aumentos anteriormente mencionados. Diferentemente de várias empresas de capital fechado, que procuram minimizar os impostos reduzindo o LAIR divulgado, as empresas públicas procuram mostrar o maior LAIR possível, bem como o crescimento das receitas. Tendo em vista esse objetivo, não é incomum o empresário tornar-se extremamente agressivo e às vezes agir de maneira antiética com respeito ao crescimento da empresa.

Por exemplo, a Premiere Laser Systems Inc., uma *spin-off* (cisão) da Pfizer, obteve aprovação da Agência de Controle de Alimentos e Medicamentos dos Estados Unidos

Tabela 4.1 Contabilização em regime de caixa *versus* por competência

Método contábil	Receitas identificadas	Despesas identificadas
Regime de Caixa	Quando um valor real é recebido do cliente.	Quando um valor real é pago ao fornecedor.
Regime de Competência	Quando o produto é expedido e a fatura é enviada.	Quando a fatura é recebida do fornecedor.

---

* N. de R. T.: No Brasil, essa escolha não é permitida para as empresas tributadas com base no lucro real, que devem utilizar o regime de competência.

(Food and Drug Administration – FDA) para um novo dispositivo a laser que prometia tornar o tratamento de cáries indolor. Essa empresa de capital aberto, com ações negociadas na Nasdaq, em dezembro de 1997 expediu o produto à Henry Schein, Inc., um potente distribuidor no setor odontológico, e lançou em sua contabilidade uma receita de US$ 2,5 milhões. O único problema foi que a Henry Schein afirmou que nunca havia pedido os produtos, recusou-se a pagar e alegou que os produtos lhe haviam sido enviados para que a Premiere pudesse demonstrar aos acionistas atuais e futuros um crescimento nas receitas. Obviamente, o fornecedor utilizou o regime de competência, que lhe permitiu reconhecer aquelas receitas assim que expediu os produtos. Se ela tivesse utilizado o método de contabilização por regime de caixa, essas receitas nunca teriam sido reconhecidas porque a empresa que recebeu os produtos havia se recusado a pagar.[2] A Premiere resolveu amigavelmente inúmeros processos de ação popular; além disso, cooperou com a investigação conduzida pela SEC (CVM americana) e substituiu seu diretor executivo. Essa empresa acabou declarando falência, sob o Capítulo 11, em março de 2000.[3]

Outro caso de "números duvidosos" envolveu a Sunbeam Corporation, que admitiu que durante a gestão de Al Dunlap, também conhecido como "Chainsaw Al" (Al, o Serra Elétrica), suas "demonstrações financeiras de 1997, auditadas pela Arthur Andersen LLP, talvez não fossem precisas e não devessem ser consideradas confiáveis".[4] A Sunbeam também procurou proteção contra falência no Capítulo 11 depois de tentar por três anos dar volta por cima para mudar seu destino, sobrecarregada com uma dívida de US$ 2,6 bilhões.[5]

Os médicos particulares normalmente estão à frente das pequenas empresas mais lucrativas do país. Em geral, eles utilizam o método de contabilização por regime de caixa, que apresenta à pessoa que lê a DRE uma visão mais restrita da situação financeira da empresa. Os médicos e outros profissionais que utilizam esse método fazem essa opção em essência porque suas receitas provêm de pagadores notoriamente morosos, como as companhias de seguro e do governo, também conhecidos como pagadores terceirizados. Portanto, em vez de reconhecer essa receita não paga e pagar imediatamente os impostos sobre os lucros que ela ajuda a gerar, os usuários do método de contabilização por regime de caixa preferem adiar o reconhecimento da receita até de fato receberem o dinheiro, reduzindo, desse modo, o lucro antes dos impostos da empresa e, consequentemente, os impostos pagos. Entretanto, o emprego esse método não evita os impostos nem os eliminam; apenas retarda o pagamento de impostos que incidirão em anos subsequentes.

Nem todas as empresas estão autorizadas a utilizar o método de contabilização por regime de caixa, dentre as quais:

- As empresas com receitas médias anuais de US$ 5 milhões ou mais.
- As empresas nas quais os estoques constituem grande parte do negócio, como as revendedoras de automóveis e atacadistas de alimentos.

Examinemos a Figura 4.3, que mostra uma DRE de final de ano que emprega ambos os métodos. A empresa vendeu mercadorias e emitiu faturas no valor de US$ 1 mi-

	Por regime de caixa	Por regime de competência
Receitas	US$ 600.000	US$ 1.000.000
Custo	US$ 400.000	US$ 500.000
Lucro antes dos impostos	US$ 200.000	US$ 500.000
Impostos (alíquota de 50%)	US$ 100.000	US$ 250.000
Lucro após impostos	US$ 100.000	US$ 250.000

Figura 4.3 Exemplo de contabilização por regime de caixa *versus* de competência.

lhão e recebeu pagamentos no valor de US$ 600.000. As mercadorias custaram ao todo US$ 500.000, quantia essa faturada em nome da empresa, que pagou US$ 400.000 aos fornecedores.

Como fica óbvio nesse exemplo simples, o método de contabilização utilizado por uma empresa pode afetar não apenas os impostos devidos, mas também as três categorias de lucros mencionadas anteriormente (bruto, operacional e líquido). Enquanto porcentagem das receitas, todas as três seriam menores sob o método de contabilização por regime de caixa, comparativamente ao de competência. Portanto, ao comparar os elementos da DRE com os de outras empresas, é indispensável que se faça essa comparação com aquelas que utilizam o mesmo método contábil.

Como mencionado antes, a empresa pode mudar seu método contábil com a aprovação da Receita Federal. Para observar o impacto dessas mudanças, examine a Figura 4.4.

Por que alguém com um negócio com recebíveis desejaria mudar do método de contabilização por regime de caixa para o método de contabilização por competência quando na verdade essa mudança aumenta os impostos? Pode haver vários motivos comerciais legítimos, como os seguintes:

- Para melhorar suas comparações, a empresa pode querer usar o mesmo método contábil empregado por seus concorrentes.

	Negócios com caixa sem recebíveis	Negócios com recebíveis
Mudança de regime de caixa para competência	• As receitas permanecem as mesmas. • As despesas aumentam. • LAIR diminui. • Os impostos diminuem. • O lucro líquido diminui.	• As receitas aumentam. • As despesas aumentam. • LAIR aumenta. • Os impostos aumentam. • O lucro líquido aumenta.
De competência para caixa	• As receitas permanecem as mesmas. • As despesas diminuem. • LAIR aumenta. • Os impostos aumentam. • O lucro líquido aumenta.	• As receitas diminuem. • As despesas diminuem. • LAIR diminui. • Os impostos diminuem. • O lucro líquido diminui.

Figura 4.4 DRE da Bruce Company.

- O empreendedor pode estar preparando a empresa para abrir seu capital ou ser vendida. Com o método de contabilização por competência, a empresa pareceria maior e mais rentável do que com o de contabilização por regime de caixa.

Antes de finalizar esta análise sobre os métodos contábeis, é necessário salientar que, em dezembro de 1999, a Receita Federal dos Estados Unidos (Internal Revenue Service – IRS) divulgou novas regras sobre esse tópico. O IRS afirmou, especificamente, que as empresas que não trabalhassem com nenhum estoque e tivessem receitas anuais entre US$ 1 milhão e US$ 5 milhões não poderiam mais escolher o método de contabilização por regime de caixa. Elas devem usar o de contabilização por competência. O resultado dessa mudança foi bastante significativo para o fluxo de caixa das empresas nessa faixa de receitas. Hoje, elas pagam mais impostos e em um prazo menor. O beneficiário foi o Tesouro dos Estados Unidos, que esperava recolher um valor adicional de US$ 1,8 bilhão em 2005 em virtude dessa antecipação no pagamento dos impostos.[6]

O BALANÇO PATRIMONIAL

A Figura 4.5 apresenta um exemplo de balanço patrimonial.

As informações contidas no balanço patrimonial com frequência são apresentadas também no formato mostrado na Figura 4.6. O balanço patrimonial é uma foto financeira instantânea dos ativos e passivos da empresa e do patrimônio dos acionistas em um determinado momento. Os banqueiros tradicionalmente recorriam à análise de índices financeiros calculados com base nos ativos e passivos presentes no balanço patrimonial para determinar a capacidade creditícia e a situação de solvência de uma empresa.

No balanço patrimonial, os ativos de uma empresa estão divididos entre as categorias de ativos circulantes e não circulantes. Os ativos circulantes são aquele que podem ser convertidos em dinheiro no período de um ano, como o saldo de caixa da empresa, a quantia devida à empresa pelos clientes (isto é, contas a receber), o estoque, os títulos e valores mobiliários e as despesas pagas antecipadamente, como aluguéis e seguros antecipados.

Os ativos não circulantes, tangíveis e intangíveis, são os ativos remanescentes. Eles são registrados de acordo com seu custo de aquisição, não com seu atual valor de mercado, menos a depreciação acumulada (soma das despesas de depreciação de cada ano), que se encontra na DRE. Os ativos que se enquadram nessa categoria são os edifícios, os terrenos, os equipamentos, fornalhas, automóveis, caminhões e acessórios de iluminação, entre outros.

Como mencionado antes neste capítulo, todos os ativos não circulantes, exceto os terrenos, podem ser depreciados com o passar do tempo. Isso é permitido pelos PCGAs, não obstante o fato de que alguns ativos, na verdade, valorizam-se ao longo do tempo. Um exemplo são os imóveis, que normalmente tendem a valorizar com o passar do tempo, mas o balanço patrimonial não reflete essa realidade. Portanto, é amplamente conhecido que o balanço patrimonial com frequência subvaloriza os ativos da empresa, em especial quando se possui imóveis. Esse fato foi evidenciado em meados da década de 1980 durante a febre das aquisições alavancadas e as tomadas agressivas

Ativos

Ativos circulantes	
Caixa	US$ 300
Contas a receber	300
Menos: provisão para créditos de liquidação duvidosa*	(10)
Estoques	600
Total de ativos circulantes	**US$ 1.190**
Ativos não circulantes	
Propriedades	US$ 5.000
Edifícios	4.000
Menos: depreciação acumulada	(1.000)
Equipamentos	3.000
Menos: depreciação acumulada	(1.000)
Total de ativo imobilizado	**US$ 10.000**
Outros ativos	
Automóveis	US$ 4.500
Patentes	1.000
Total de outros ativos	**US$ 5.500**
Total de ativos	**US$ 16.690**
Passivos e patrimônio líquido dos acionistas	
Passivos circulantes	
Contas a pagar	US$ 500
Salários a pagar	700
Dívida de curto prazo	900
Total de passivos circulantes	**US$ 2.100**
Passivos não circulantes	
Empréstimos bancários	US$ 4.000
Hipotecas	5.000
Total de passivos a longo prazo	**US$ 7.000**
Patrimônio líquido dos acionistas	
Capital social	US$ 5.000
Lucros retidos	2.590
Total do patrimônio líquido dos acionistas	**US$ 7.590**
Total de passivos e de patrimônio líquido	**US$ 16.690**

Figura 4.5 Balanço patrimonial da Bruce Company, exercício fiscal encerrado em 31/12/2007.

---

* N. de R. T.: Antigamente, era utilizada a expressão provisão para devedores duvidosos (PDD), que vem sendo substituída pela expressão semanticamente mais correta, uma vez que o devedor não é desconhecido (duvidoso), mas sim a liquidação de seu pagamento.

Ativos	Passivos
• Circulantes • A longo prazo • Tangíveis • Intangíveis	• Circulantes • A longo prazo **Patrimônio líquido** • Ações: ordinárias, preferenciais etc. • Lucros acumulados*

Figura 4.6 Informações presentes no balanço patrimonial.

de controle acionário, conhecidas como aquisições hostis. Os caçadores de empresas (*corporate raiders*), forma pela qual os artistas das aquisições hostis ficaram conhecidos, costumavam comprar uma empresa à força, a um preço exorbitante, porque acreditavam que ela tinha um "valor oculto" superior ao mostrado nas demonstrações financeiras. O que mais lhes interessava era a propriedade imobiliária da empresa, que estava registrada no balanço patrimonial a um custo que deduzia a depreciação acumulada. Esses caçadores costumavam tomar o controle acionário da empresa, financiando a compra principalmente com a dívida. Em seguida, vendiam o imóvel a preço de mercado, usavam os recursos obtidos para reduzir a dívida e tornavam-se locatários desses novos proprietários.

Os demais componentes do balanço patrimonial enquadram-se nas seções de passivos e patrimônio dos acionistas. Os passivos são as quantias devidas pela empresa aos credores, com ou sem garantia. A seção de passivos do balanço patrimonial, tal como a seção de ativos, está dividida em passivos circulantes e não circulantes. Os passivos circulantes são aqueles que devem ser pagos no período de 12 meses. Estão incluídas nessa categoria a parcela atual de qualquer pagamento devido do principal dos empréstimos pelos quais a empresa é responsável – lembre-se, os pagamentos dos juros atuais do empréstimo estão na DRE – e as contas a pagar, que nada mais são que o dinheiro devido aos fornecedores. Os passivos não circulantes são todas as outras obrigações da empresa. Por exemplo, se a empresa for dona do imóvel e tiver uma hipoteca, o saldo total devido nessa hipoteca menos a parcela do exercício incidiria nessa categoria de passivo.

O patrimônio dos acionistas é a diferença entre o total de ativos e o total de passivos. É o valor patrimonial da empresa, incluindo as ações lançadas pela empresa e os lucros acumulados e retidos pela empresa anualmente. Lembre-se, os lucros retidos são a acumulação de rendimentos da DRE. Observe que o valor patrimonial da empresa não representa necessariamente o valor da empresa ou o preço pelo qual seria vendida. A empresa que tem um valor patrimonial negativo, em que o total de passivos é superior ao total de ativos, pode ser vendida pode ser vendida por um valor considerável sem nenhum problema. Como veremos no Capítulo 7, o valor patrimonial de uma empresa normalmente não tem nenhuma relação com sua avaliação (valor de mercado). Algumas equações importantes a serem memorizadas são mostradas na Equação 4.3.

---

* N. de R. T.: Com a lei 11.638/07, essa conta foi extinta dos BPs das S/As no Brasil, devendo ser destinada a reservas de lucros.

Equação 4.3 Patrimônio líquido dos acionistas

> Ativo total − passivo total = patrimônio líquido dos acionistas
> Valor patrimonial = total de ativos − total de passivos
>
> Portanto   Valor patrimonial = patrimônio líquido dos acionistas

Em conclusão, os elementos do balanço patrimonial são também utilizados para calcular o capital de giro e as necessidades de capital de giro da empresa. O capital de giro líquido é apenas um indicador da capacidade da empresa de pagar suas contas – em outras palavras, é sua solidez financeira no curto prazo. O capital de giro líquido de uma empresa é calculado de acordo com a Equação 4.4.

Equação 4.4 Capital de giro líquido

> Capital de giro líquido = ativos circulantes − passivos circulantes

O fato de duas empresas terem exatamente o mesmo nível de capital de giro não significa que elas tenham a mesma solidez financeira no curto prazo. Examine, por exemplo, a Figura 4.7. Embora ambas as empresas tenham a mesma quantia de capital de giro, um banco preferiria conceder empréstimo à Cheers Company porque sua solidez financeira é maior. Para ser mais específico, para cada dólar que a Cheers deve, ela tem US$ 6 em ativos possivelmente líquidos, ao passo que a Hill Company tem apenas US$ 2 em ativos para cada dólar devido.

Agora examine a Figura 4.8, que mostra uma vez mais que uma empresa com mais capital de giro que outra não é necessariamente mais sólida. Com uma relação de ativos-passivos de 10 para 1, a Jardine é sem dúvida mais sólida financeiramente do que a Webb, com uma relação de 2 para 1, não obstante o fato de a Webb ter mais capital de giro.

O empreendedor precisa perceber que os investidores em potencial analisam a situação do capital de giro da empresa para decidir se oferecerão ou não o financiamento. Além disso, os contratos de empréstimo podem estabelecer em suas cláusulas um nível mínimo de capital de giro que a empresa sempre deve manter para não descumprir tecnicamente o contrato de empréstimo, caso em que o valor total do empréstimo deve ser pago imediatamente.

	Hill Company	Cheers Company
Ativos circulantes	US$ 1.000.000	US$ 600.000
Passivos circulantes	500.000	100.000
Capital de giro	US$ 500.000	US$ 500.000

Figura 4.7 Comparação de capital de giro.

	Jardine Company	Webb Company
Ativos circulantes	US$ 10.000.000	US$ 20.000.000
Passivos circulantes	1.000.000	10.000.000
Capital de giro	US$ 9.000.000	US$ 10.000.000

Figura 4.8 Comparação de capital de giro.

O balanço patrimonial é mais importante para as empresas industriais que para as empresas de serviços, particularmente porque as primeiras tendem a ter ativos tangíveis, como maquinário e imóveis, ao passo que o principal ativo das empresas de serviços são as pessoas.

A DEMONSTRAÇÃO DO FLUXO DE CAIXA (DFC)

A demonstração do fluxo de caixa utiliza informações das duas outras demonstrações financeiras, o balanço patrimonial (BP) e a demonstração de resultado do exercício (DRE), para compor uma demonstração que explique as mudanças no fluxo de caixa decorrentes das atividades operacionais, de investimento e de financiamento. A Figura 4.9 oferece um exemplo de demonstração de fluxo de caixa.

A relação entre as fontes e os usos de caixa é mostrada na Equação 4.5.

Livro-caixa e projeção do fluxo de caixa

O livro-caixa, independentemente de outras questões contábeis, como o método de contabilização escolhido – de caixa ou de competência – ou de dispêndios não monetários como a depreciação, apresenta um resumo dos acréscimos (entradas) e decréscimos (saídas) efetivamente ocorridos no caixa durante um período. Ele fornece informações importantes em especial para o empreendedor, mas provavelmente para os investidores e credores também (como os bancos), sobre o saldo da conta corrente, o que lhes permite avaliar a capacidade da empresa de cumprir os pagamentos da dívida na data devida. Um economista famoso (mas anônimo) uma vez disse o seguinte: "O fluxo de caixa é mais importante que sua mãe" – bem, talvez não *mais* importante, mas é essencial porque é a linha da vida de qualquer empresa. O fluxo de caixa é diferente e mais importante que o lucro, como você verá posteriormente neste capítulo.

O fluxo de caixa ao final de um período (por exemplo, de um mês) é calculado de acordo com a Figura 4.10. E a Figura 4.11 apresenta um exemplo de livro-caixa mensal.

Equação 4.5 Fluxo de caixa

Fontes de caixa – aplicações de caixa = fluxo de caixa líquido
→ Fundos operacionais e retorno aos investidores

Fluxo de caixa operacional	
Lucro líquido	US$ 400.000
Despesas que não representam saídas de caixa	
Depreciação	110.000
Amortização	95.000
Capital de giro líquido	10.000
Caixa disponível para atividades de investimento e financiamento	**US$ 615.000**
Fluxo de caixa de atividades de investimento	
Compra de equipamentos	(US$ 140.000)
Compra de automóveis	(50.000)
Venda de equipamento antigo	70.000
Caixa disponível para atividades de investimento	**US$ 495.000**
Fluxo de caixa de atividades de financiamento	
Dividendos pagos	(US$ 30.000)
Pagamentos hipotecários	(100.000)
Amortizações de empréstimo	(200.000)
Recompra de ações da empresa	(65.000)
Fluxo de caixa líquido	**US$ 100.000**

Figura 4.9 Demonstração de fluxo de caixa da Richardson Company, exercício encerrado em 31/12/2007.

Ele indica, para cada transação, todos os valores recebidos e desembolsados durante o mês. Como mostrado, o saldo de caixa ao final do mês é igual ao total recebido menos o total desembolsado naquele mês.

Os empreendedores bem-sucedidos sabem qual é a real situação do caixa de sua empresa não importa o dia. Portanto, ao contrário da DRE e do balanço patrimonial, que devem ser relidos um número de vezes comparativamente menor, é recomendável que os empreendedores, em especial os inexperientes e os que estão na fase inicial do empreendimento, examinem o livro-caixa pelo menos uma vez por semana.

	Caixa disponível no início do mês
Mais	Caixa recebido mensalmente de pagamentos de clientes etc.
Igual	Total em caixa
Menos	Desembolsos de caixa mensais referentes a custos fixos e variáveis
Igual	**Caixa disponível no final do mês**

Figura 4.10 Exemplo de cálculo de fluxo de caixa.

Data	Explicação	Para/De	Recebido	Desembolsado	Saldo
30/6/05					US$ 1.000
1°/7/05	Material para início de atividades de *silkscreen*	Ace Arts		US$ 250	750
2/7/05	Compra de quatro dúzias de camisetas	Joe		240	510
6/7/05	Taxa de registro mensal	Feira de quinquilharias		100	410
6/7/05	Cartões de visita	Gráfica		20	390
6/7/05	*Flyers*	Gráfica		10	380
7/7/05	Venda de quatro dúzias a US$ 12	Feira de quinquilharias	US$ 576		956
10/7/05	Compra de cinco dúzias de camisetas	Joe		300	656
14/7/05	Venda de três dúzias de camisetas a US$ 12, 1 dúzia a US$ 10	Feira de quinquilharias	696		1.352
16/7/05	Compra de cinco dúzias de camisetas	Joe		300	1.052
16/7/05	Tinta para *silkscreen*	Gráfica		50	1.002
16/7/05	*Flyers*	Gráfica		10	992
21/7/05	Venda de três dúzias a US$12 (estava chovendo)	Feira de quinquilharias	432		1.424
25/7/05	Compra de duas dúzias de camisetas	Joe		120	1.304
26/7/05	Venda de quatro dúzias a US$ 12	Feira de quinquilharias	576		1.880
Total			**US$ 2.280**	**US$ 1.400**	**US$ 1.880**

* Adaptado de Steve Mariotti, *The Young Entrepreneur's Guide to Starting and Running a Business.*

Figura 4.11 Livro-caixa da empresa de Oscar*.

A Figura 4.12 apresenta um resumo de projeção de fluxo de caixa semanal, que todo e qualquer empreendedor novato e inexperiente deve preparar assim que abrir sua empresa e depois uma vez por mês. Ele indica as entradas de caixa previstas durante o mês e os pagamentos em dinheiro a serem feitos. Nessa figura, a entrada de caixa prevista – 59 – é inferior à saída de caixa prevista – 60 – naquele mês; portanto, o saldo de caixa relativo ao mês será –1.

Semana de	1º de outubro	8 de outubro	15 de outubro	22 de outubro	29 de outubro	Total de caixa recebido em outubro
(Entrada de caixa)						
1. Caixa inicial	10					10
2. Contas a receber						
Cliente 1					5	5
Cliente 2		3	3	3		9
Cliente 3		8				8
Cliente 4			12			12
3. Pagamentos em dinheiro	5	3	1	1	5	15
	15	14	16	4	10	59
(Saída de caixa)						
1. Folha de pagamento	3	3	3	3	3	15
2. Pagamentos de empréstimo			6			6
3. Aluguel	5					5
4. Seguro						
Imobiliário	2					2
Saúde	3					3
5. Pagamentos a fornecedores						
Fornecedor 1	1	2	3	4	4	14
Fornecedor 2	1		3			4
Fornecedor 3		2	6			8
Fornecedor 4	1		2			3
	16	7	23	7	7	60

Fonte: Teri Lammers, *"The Weekly Cash-Flow Planner", Inc.*, junho de 1992, p. 99.

Figura 4.12 Exemplo de projeção de fluxo de caixa semanal.

A projeção exibida na Figura 4.12 foi preparada no final de setembro para o mês seguinte, prevendo as entradas de caixa ao longo do mês e os pagamentos em dinheiro. A seção "Entrada de caixa" inclui os pagamentos previstos por parte de clientes específicos, de acordo com o prazo indicado nas faturas e o vencimento das contas a receber correspondentes. O prazo era de 30 dias líquidos, o que significa que o pagamento deveria ser feito 30 dias após a data de faturamento. Mas o empreendedor responsável por essa projeção não indicou a projeção de 29 de outubro simplesmente porque se tratava do 30º dia após a data de faturamento. Fazê-lo seria uma atitude extremamente especulativa e com toda a franqueza ingênua da parte do empreendedor. Em vez disso, ele usou o bom senso e contou os sete dias extras que o Cliente 1 normalmente leva para pagar as contas. Desse modo, o produto foi faturado em 22 de setembro e na previsão do empreendedor a data de recebimento real seria 29 de outubro. Essa seção também inclui os pagamentos em dinheiro previstos para cada semana ao longo do mês. A expectativa é de que sejam pagamentos efetivos em dinheiro, feitos pelos clientes quando eles pegam a mercadoria. Nesses casos, o empreendedor não está oferecendo nenhum crédito ao cliente.

Ao fazer esse tipo de projeção mensal, o empreendedor pode programar os pagamentos devidos aos fornecedores de modo que correspondam às entradas de caixa. Esse planejamento permite que o empreendedor seja proativo, tal como todos os empreendedores devem ser, com respeito ao dinheiro devido aos fornecedores e possibilita que ele notifique com antecedência determinados fornecedores de que provavelmente lhe pagará com atraso. O livro-caixa e a projeção de fluxo de caixa são ferramentas simples e extremamente úteis que o empreendedor deve usar para gerenciar com êxito o fluxo de caixa.

NOTAS

1. Jamie Pratt, *Financial Accounting*, 2ª ed. (Cincinnati, Ohio: South-Western Publishing Co., 1994), pp. 396-397.
2. Kathleen Morris, "No Laughing Gas Metter: A Dental-Tech Startup May Have Hyped Its Numbers", *Business Week*, 9 de junho de 1998, p. 44.
3. Escola de Direito de Stanford, Securities Class Action Clearinghouse, http://securities.stanford.edu/1012/PLSIA98/.
4. Martha Brannigan, "Sunbeam Concedes 1997 Statements May Be Off", *Wall Street Journal*, 1º de julho de 1998, p. A4.
5. *U. S. Business Journal*, fevereiro de 2001.
6. *Crain's Chicago Business*, 10 de julho de 2000.

CAPÍTULO 5

Análise de Demonstrações Financeiras

INTRODUÇÃO

Lamentavelmente, é comum ouvir os empreendedores dizerem: "Não sei nada a respeito de finanças, porque nunca fui muito bom com números. Por isso, me concentro no meu produto e deixo que outra pessoa se preocupe com os números". Uma pessoa com essa atitude jamais atingirá o sucesso do empreendedorismo de alto crescimento. A análise das demonstrações financeiras não é uma neurocirurgia! Qualquer pessoa pode compreendê-la. Na realidade, não importa o quanto isso possa ser desagradável e incômodo para o empreendedor de alto crescimento, ele precisa conhecer e usar a análise das demonstrações financeiras. A área financeira é como a medicina. Ninguém gosta porque normalmente é uma experiência terrível, mas todos sabem que isso lhes faz bem.

ANÁLISE PROATIVA

Os empreendedores precisam participar da análise proativa das demonstrações financeiras de sua empresa para que possam administrá-la e ter influência nas decisões empresariais de seus gerentes e atrair o capital de investidores e credores.[1]

As demonstrações financeiras devem ser usadas como uma ferramenta administrativa palpável, não apenas como um relatório. Embora o empreendedor não seja obrigado a elaborar essas demonstrações – esse trabalho pode ser feito pelo diretor financeiro —, deve ter habilidade para compreender todos os elementos que as compõem. Do contrário, sua dificuldade para fazer a empresa crescer e levantar recursos será bem maior.

Por exemplo, um dos princípios financeiros estabelece que a taxa anual de crescimento das contas a receber (C/R) e do estoque não deve ser mais alta que a do crescimento das receitas. Se isso ocorrer, é um sinal de que o capital de giro da empresa está sendo consumido porque as C/R e o estoque podem ser um estorvo para o caixa da empresa.

Um bom exemplo: a equipe executiva da Lucent Technologies não analisou proativamente essa relação. A consequência? O preço das ações teve uma queda de 30% logo depois que a empresa divulgou seus resultados financeiros em 1999. Esses resultados demonstravam que, em comparação com o ano anterior, a taxa de crescimento das receitas, de 20%, era impressionante. Infelizmente, as contas a receber e o estoque haviam aumentado 41% e 54%, respectivamente!

Outro problema enfrentado pelos empreendedores que não analisam as demonstrações financeiras proativamente é o risco que eles correm de serem passados para trás e explorados. O furto de produtos e dinheiro por parte de funcionários é um exemplo. Há inúmeros relatos de empresas que perderam dinheiro por isso. Em muitos casos, o furto não foi identificado imediatamente porque o proprietário da empresa não analisava nenhuma demonstração financeira. Não surpreendentemente, esses ladrões costumam ser os próprios encarregados da escrituração contábil, os contadores, os auxiliares de contas a receber e a pagar e os diretores executivos. Todas essas funções estão intimamente relacionadas com as finanças da empresa. Há uma lição a se tirar disso: os ladrões nem sempre têm cara de canalha! Caramba, se tivessem, para início de conversa você não contrataria *esse* tipo de pessoa.

A Automated Equipment Inc. é uma empresa industrial dirigida pela família em Niles, Illinois. A pessoa responsável pela escrituração contábil era uma simpática mulher de 35 anos de idade. Ela aumentava os valores pagos aos fornecedores e depois alterava o nome nos cheques e os depositava em contas que ela gerenciava. A empresa levou quatro anos para descobrir esse desfalque, e a essa altura ela já havia passado a mão em quase US$ 610.000, deixando a empresa à beira da ruína. Essa mulher comprou, dentre outras coisas, um utilitário esportivo Cadillac, roupas caras e carnes finas. Ah, ela também investiu US$ 30.000 em sua casa. Esse furto forçou a empresa despedir quatro de seus onze funcionários, inclusive a mulher do proprietário e um funcionário com 27 anos de trabalho na empresa. A propósito, ela já havia sofrido uma condenação em seu emprego *anterior* relacionada a um empréstimo estudantil do governo federal.

Bette Wildermuth, corretora de negócios de longa data em Richmond, Virgínia, tem uma compilação de 25 anos de histórias valiosas sobre empresários que foram surpreendidos por pessoas nas quais eles confiavam. Em muitos casos, ao analisar a situação financeira de uma empresa no momento de uma venda, é ela quem identifica as trapaças. "Fui chamada pelo dono de uma empresa industrial para conversarmos sobre a possibilidade de ele a vender. Ele me pediu especificamente para ir visitá-lo numa quarta-feira à tarde porque a encarregada da escrituração contábil de sua empresa não estaria lá. Veja que ele de forma alguma queria afligi-la com a possibilidade de perder o emprego. Afinal de contas, ela trabalhava em sua empresa há 15 anos." Wildermuth foi deixada sozinha com os livros e registros contábeis para analisar e avaliar a empresa. Mais ou menos de duas horas depois, disse ela, o proprietário voltou e perguntou, com orgulho, "Percebeu que as vendas estão ascendentes e que continuamos obtendo lucro?". Wildermuth havia percebido isso e o parabenizou. Disse-lhe também que um comprador astuto perceberia isso e muito mais e que tanto eu quanto esse possível comprador teríamos uma mesma dúvida. 'Bob, por que o senhor está pagando a hipoteca de sua casa pela conta da empresa?', perguntei-lhe. Ele me disse que isso era impossível porque a hipoteca de sua casa já havia sido paga anos atrás." Ao que se constatou, Norman Rockwellesque, uma mulher afável, que há 15 anos administrava as finanças da empresa, o estava roubando impiedosamente. Ela também estava pagando seu cartão Visa com recursos da empresa. Quando lhe contei o que estava se passando", lembra-se Wildermuth, "ele parecia ter levado um soco no estômago."

Outro ótimo exemplo que evidencia essa questão é a história de Rae Puccini, que, aos 55 anos de idade, já havia sido condenada oito vezes ao longo de duas décadas por ter roubado dinheiro de seus empregadores. Em julho de 2000, ao enfrentar outra condenação pelo mesmo crime, ela se suicidou. Seu último crime foi ter usado seu cargo de administradora para roubar US$ 800.000 de seu empregador, Edelman, Combs & Latturner (ECL), uma proeminente firma de advocacia que a contratou em 1996. O processo judicial contra ela declarava:

> Ela falsificava assinaturas, emitia para si mesma cheques de "bonificação" e transferia dinheiro da conta bancária de seus chefes. Ela usou o cartão de crédito da American Express da empresa para pagar um cruzeiro para o Caribe e suas férias no Grand Hotel, na Ilha de Mackinac, Michigan. Ela também usou o cartão de crédito para pagar suas férias no México com seu namorado, bem como para comprar mantimentos, flores, móveis e bebidas alcoólicas. Seu Buick LeSabre ano 2000 foi pago com uma bonificação de US$ 35.000 que ela destinou a si mesma. O presente mais caro que ela deu a si mesma foi a casa de US$ 200.000 que ela comprou num bairro residencial afastado, emitindo um cheque da empresa no valor de US$ 42.000.[2]

Como ela conseguiu levar a cabo esse crime inacreditável? Primeiro, ela elaborou um currículo falso para ocultar sua ficha criminal. Segundo, ela ganhou facilmente a confiança de seus empregadores. Terceiro, ela trabalhou longas horas para criar uma impressão de ela era dedicada à empresa. Como disse um advogado de outra firma de advocacia em que ela trabalhou e também roubou dinheiro, "Ela era aparentemente muito leal e confiável. Chegava cedo e saía tarde".[3] Um terceiro e último motivo foi que ninguém na empresa preocupava-se em supervisionar e analisar sua contabilidade financeira. Praticamente, ela tinha carta branca, sem freios e contrapesos. Ela por fim foi pega quando os sócios da ECL lhe pediram para mostrar os documentos que explicavam de que forma o dinheiro da empresa estava sendo gasto. Ao se mostrar evasiva, os sócios examinaram sua sala e encontraram provas incriminadoras.[4]

Mais ou menos um mês antes de sua morte, Puccini foi a uma funerária, escolheu flores e pagou para que fosse cremada. Doou várias de suas roupas para a instituição de caridade Goodwill e deixou organizado um jantar a ser servido após o enterro em um restaurante grego. Seu último ato foi digitar uma carta de confissão em que dizia: "Ninguém sabia nada sobre o que eu estava fazendo com as finanças da ECL".[5] Era a pura verdade.

Quando o empreendedor se envolve com as finanças da empresa, histórias sórdidas como essa, de prejuízos financeiros decorrentes de furto, podem ser praticamente eliminadas porque o fato de o empreendedor ter conhecimento e envolver-se com as finanças é um fator restritivo para tais ações fraudulentas.

Para utilizar as demonstrações financeiras como uma ferramenta administrativa, elas devem ser preparadas mais de uma vez por ano. Contratar empresas de contabilidade terceirizadas para elaborar mensalmente suas demonstrações financeiras pode ter um custo alto. Além disso, o período coberto pelas demonstrações mensais, por definição, é curto, e ao analisá-las o empreendedor corre o risco de ficar controlando os mínimos detalhes e reagir exageradamente. O ideal é elaborar demonstrações trimestrais. Nesse caso, elas devem ser minuciosas e estar nas mãos no empreendedor no máximo 30 dias após o fechamento do trimestre para que ele possa analisá-la.

Neste capítulo, você verá que a análise dos dados que compõem as demonstrações financeiras pode lhe oferecer um histórico interessante e convincente da situação financeira de uma empresa. Em nossa discussão sobre a análise das demonstrações financeiras apresentaremos um estudo de caso. Examinaremos a demonstração de resultado do exercício (DRE) da Clark Company para avaliar o que está ocorrendo em suas atividades operacionais, não obstante o fato de não sabermos nada sobre o setor ou os produtos e serviços da empresa. Utilizando as informações fornecidas nessa demonstração, faremos as projeções financeiras (isto é, as demonstrações *pro forma*) para o ano seguinte.

ANÁLISE DA DEMONSTRAÇÃO DE RESULTADO DO EXERCÍCIO (DRE)

Com relação à análise financeira, todos os elementos, incluindo as despesas e as três margens – bruta, operacional e líquida – mencionadas no Capítulo 4, são analisados em termos de porcentagem de receitas. Como mostra a Figura 5.1, a *soma* da porcentagem do custo das mercadorias vendidas (CMV) e da porcentagem do lucro bruto deve ser igual a 100%. A *soma* da porcentagem do CMV, da porcentagem do total de despesas operacionais e da porcentagem das despesas de juros deve ser igual a 100%.

ANÁLISE DE ÍNDICES

A análise de índices, por meio de dois ou mais números da demonstração financeira, deve ser realizada por vários motivos. Os empreendedores, bem como os banqueiros, credores e acionistas, normalmente usam a análise de índices para avaliar de maneira objetiva a situação financeira de uma empresa e para identificar vulnerabilidades e pontos fortes. Como veremos mais adiante, a análise de índices provavelmente é a ferramenta financeira mais importante que o empreendedor pode empregar para administrar uma empresa de forma proativa. Portanto, ele deve analisar os vários índices que examinamos nesta seção pelo menos trimestralmente, além dos três principais relatórios financeiros: demonstração de resultado do exercício, balanço patrimonial e demonstração de fluxo de caixa. Há seis categorias primordiais de índice:

- Índices de lucratividade ou rentabilidade
- Índices de liquidez
- Índices de alavancagem (estrutura de capital)
- Índices operacionais

Total de receitas*	US$ 8.000	100,00%
CMV	2.000	25,00%
Margem bruta	**US$ 6.000**	**75,00%**
Despesas operacionais		
Salários	US$ 1.000	12,50%
Aluguel	300	3,75%
Despesas de vendas	400	5,00%
Depreciação	500	6,25%
Amortização	300	3,75%
Total de despesas operacionais	US$ 2.500	31,25%
Lucro operacional	**US$ 3.500**	**43,75%**
Despesas de juros	200	2,50%
Lucro antes dos impostos	**US$ 3.300**	**41,25%**
Despesas de imposto de renda	1.320	16,50%
Lucro líquido	**US$ 1.980**	**24,75%**

Figura 5.1 Análise da DRE.

- Índices de fluxo de caixa
- Índices de valor da empresa

A Tabela 5.1 apresenta a descrição de determinados índices financeiros e das fórmulas usadas para calculá-los.

Os índices da empresa não podem ser examinados no escuro, isto é, analisando-se um único ano para uma única empresa. Se você tentar fazê-lo, os índices praticamente não terão sentido algum. A principal vantagem dos índices históricos e atuais obtidos de dois indicadores analíticos – interno e externo – é a possibilidade de realizar comparações internas anuais. Esse tipo de análise demonstrará se existe alguma tendência em uma empresa ao longo do tempo. Por exemplo, é possível fazer uma comparação de determinados elementos da DRE em relação a um período de dois anos, cinco anos ou dez anos. Esse tipo de análise ajuda a avaliar a solidez das atividades da empresa e também a identificar tendências importantes. Basicamente, ela permite que o empreendedor responda se o desempenho interno da empresa hoje é melhor do que há um ano, cinco anos ou dez anos. Se a resposta for sim, então a pergunta seguinte seria como ele melhorou. Se a resposta for não, a pergunta seguinte seria por que ele não melhorou. Deve-se realizar uma análise mais aprofundada para determinar não apenas por que as coisas estão piorando, mas também o que está melhorando esse quadro. Se o empreendedor souber e compreender os motivos circunstanciados pelos quais os índices da empresa melhoraram com o passar

---

* N de R.T.: Vale mencionar que a receita aqui relacionada é a receita operacional líquida, já deduzidos os impostos sobre faturamento e outras deduções sobre a receita bruta.

Tabela 5.1 Índices de contabilidade financeira

Índice	Descrição	Fórmula
Índices de rentabilidade	**Avaliam o potencial de lucro.**	
Porcentagem de margem bruta	Avalia a margem de lucro bruto que a empresa está obtendo nas vendas – isto é, o lucro depois que o CMV é deduzido das receitas.	(Vendas – CMV)/vendas
Retorno sobre o patrimônio líquido	Avalia o retorno sobre o capital investido. Demonstra até que ponto a administração está conseguindo produzir o patrimônio líquido no dia a dia da empresa.	Lucro líquido/patrimônio líquido
Margem de lucro operacional	Avalia o lucro gerado pelas operações sem se preocupar com a estrutura ou os custos financeiros da empresa.	Lucro operacional/vendas
Margem de lucro líquido	Avalia a margem de lucro líquido que a empresa está obtendo sobre as vendas.	Lucro líquido/vendas
Índices de liquidez	**Avaliam a capacidade de uma empresa de cumprir os pagamentos no curto prazo.**	
Índice de liquidez corrente	Avalia se as faturas atuais podem ser pagas. O índice mínimo desejável é de 2 para 1.	Ativos circulantes/passivos circulantes
Índice de liquidez imediata (ou seca)	Avalia a liquidez e se as faturas atuais podem ser pagas sem depender da venda do estoque ou outros ativos circulantes ilíquidos. O índice mínimo ideal é de 1 para 1.	(Ativos circulantes – estoques e outros ativos ilíquidos)/passivos circulantes
Índices de alavancagem	**Avaliam a estrutura de capital e o potencial de solvência a longo prazo da empresa.**	
Índice dívida/patrimônio	Avalia até que ponto a empresa conseguiu se alavancar. De preferência, esse índice deve ser o mais baixo possível, para aumentar a flexibilidade de empréstimo.	Total de passivos/ patrimônio líquidos
Índices operacionais	**Concentram-se no uso dos ativos e no desempenho da administração.**	

Análise de Demonstrações Financeiras

Tabela 5.1 Índices de contabilidade financeira (*continuação*)

Índice	Descrição	Fórmula
Prazo médio de pagamento	Avalia a rapidez com que a empresa está pagando suas faturas. De preferência, deve-se esperar o máximo possível para pagar uma fatura, sem afetar negativamente o fornecimento ou as remessas de produto pelos fornecedores.	Contas a pagar/ (CMV/365)
Prazo Médio de Recebimento	Avalia a qualidade das contas a receber. Mostra o prazo médio de dias das contas a receber. A situação ideal é receber o mais rápido possível.	Contas a receber/ (receitas/365)
Giro de estoque	Avalia o número de vezes que o estoque é vendido e restituído durante um período, bem como a velocidade com que o estoque é convertido em vendas.	CMV/estoque médio em circulação
Prazo médio de estoques	Avalia a quantidade média do estoque diário que está sendo mantido.	Estoque/(CMV/365)
Índices de fluxo de caixa	**Avalia a situação do caixa da empresa.**	
Ciclo do fluxo de caixa	Avalia o número de dias necessários para transformar o estoque e as contas a receber em caixa.	(Contas a receber + estoque)/CMV
Índice de cobertura de dívidas	Avalia se a empresa consegue cumprir suas obrigações de serviço da dívida. Deve-se procurar um índice mínimo de 1,25.	EBITDA/(juros + principal da dívida)
Índices de valor da empresa	**Avalia os retornos para os investidores.**	
Índice preço-lucro (P/L)	Avalia o preço que os investidores estão dispostos a pagar por uma ação da empresa em relação a cada dólar dos lucros da empresa. Por exemplo, um índice P/L de 8 significa que os investidores estão dispostos a pagar US$ 8 por cada dólar dos lucros da empresa.	Preço da ação/lucro por ação

do tempo, ele pode usar essas informações para os elementos prescritivos dos futuros planos estratégicos.

O empreendedor deve fazer também uma comparação externa entre os índices da empresa e os do setor. Deve-se realizar essa comparação com as médias do setor e os melhores e piores desempenhos no setor. Isso lhe permitirá avaliar as operações da empresa, sua situação financeira e suas atividades com as de empresas comparáveis. (A Tabela 5.2 mostra uma comparação de índices de giro de estoque). O empreendedor bem-sucedido sabe que respeitar e ter conhecimento sobre a concorrência é uma exigência básica nos negócios, e o primeiro passo em direção a esse empreendimento é saber até que ponto você se compara à concorrência. A análise de índices é uma das formas mais objetivas de fazer essas avaliações.

Muitos bancos oferecem empréstimos comerciais com a condição de que a empresa mantenha determinados índices mínimos, como o índice de dívida sobre o patrimônio, de valor patrimonial e de liquidez imediata (ou seca). Essas condições normalmente estão estabelecidas na cláusula do contrato de empréstimo. Se a empresa não mantiver os índices mínimos, ela será considerada tecnicamente inadimplente em relação à dívida. Outros investidores, como os capitalistas de risco, podem usar a obtenção desses índices como "marcos" para determinar se e quando eles investirão mais capital. Por exemplo, eles podem dizer ao empreendedor que sua próxima rodada de financiamento ocorrerá quando a empresa atingir uma margem bruta de 50% por quatro trimestres consecutivos.

Além de realizar a análise dos índices históricos e atuais interna e externamente, o empreendedor deve usar índices para nortear o futuro da empresa. Por exemplo, seus planos estratégicos podem abranger receitas crescentes e estoques decrescentes. Portanto, é necessário diminuir os dias de estoque mantido e aumentar o índice de giro de estoque para algum valor-alvo. Não basta simplesmente estabelecer esses objetivos. Depois de determinar os respectivos valores-alvo, você deve incrementar o plano estratégico e implementá-lo para de fato diminuir a quantidade de estoque mantido e expedir rapidamente aos clientes os novos estoques recebidos.

Tabela 5.2 Índices de giro de estoque

Loja	Giro
Wal-Mart	8,0
Target	6,6
Kohl's	4,0
Sears	3,8
J. C. Penney	3,5
Macy's	3,0

Fonte: Demonstrações financeiras das empresas de 2007 (de acordo com compilação da Reuters).

Essa relação entre os dois índices seria semelhante à mostrada na Tabela 5.3.

Como você pode observar na Tabela 5.3, o prazo médio de estoques diminui de 43 dias para 28 dias em um período projetado de 5 anos. Agora, se o objetivo do empreendedor for também aumentar as receitas nesse mesmo período, ele deve girar com maior frequência o menor volume de estoque diário de todos os anos. E, tal como essa tabela demonstra, isso é de fato o que o empreendedor prevê: aumentar os giros de estoque de 8 vezes ao ano para 14. O modelo de estoque *just-in-time*, utilizado pela primeira vez e aperfeiçoado por empresas como a Toyota e a Dell, funciona somente se os fornecedores e parceiros da empresa estiverem extremamente sincronizados.

Acontecimentos que estão além do controle da empresa também podem provocar grandes problemas. Logo após os ataques terroristas de 11 de setembro em Nova York, a Cherry Automotive de Waukegan, Illinois, foi forçada a paralisar três linhas de produção enquanto aguardava uma remessa aérea de placas de circuito impresso que viria da Ásia. O atraso custou à empresa US$ 40.000. Para garantir que isso não voltasse a ocorrer, a Cherry passou a manter uma quantidade de estoque de componentes suficiente para três semanas. Antes dos ataques, ela mantinha uma quantidade suficiente para dois ou três dias. Os dirigentes da empresa descrevem essa medida como uma "mudança do *just-in-time* [na hora certa] para o *just-in-case* [por precaução]". Isso não quer dizer que os donos tomaram essa decisão despreocupadamente; segundo suas estimativas, essa mudança gerará um custo anual de US$ 250.000 para a empresa.[6] O Apêndice A oferece uma relação dos índices médios nacionais de giro de estoque e as quantidades de vendas no estoque final de determinadas atividades dos setores varejista e atacadista.

Outra forma proativa de os empreendedores usarem os índices é estabelecer os objetivos de curto, médio e longo prazos com respeito aos índices internos e externos. Por exemplo, o plano de curto prazo abrange os 12 meses subsequentes necessários para que o prazo médio de recebimento volte ao melhor nível no histórico de 10 anos da empresa. O plano de médio prazo (isto é, no horizonte de 24 meses) pode ser possibilitar que o prazo médio de recebimento da empresa atinja pelo menos a média do setor. Por fim, o plano de longo prazo (isto é, 36 meses) pode ser tornar o prazo médio de recebimento da empresa o menor do setor, transformando-a em líder do mercado. Portanto, os índices têm imenso valor para o empreendedor porque são ferramentas administrativas analíticas e proativas. E os empreendedores bem-sucedidos comparam regularmente o desempenho de sua empresa com desempenhos históricos altos e baixos, com tendências históricas e com o desempenho do setor.

Tabela 5.3 Exemplo de comparação de índices de estoque

	2003	2004	2005	2006	2007
Giro de estoque	8	11	11	12	14
Prazo médio de estoques	43	34	33	30	28

O que pode ser considerado um índice ruim ou bom? Bem, depende dos índices que estão sendo examinados e, mais importante do que isso, do setor específico. Com relação à primeira questão, um bom prazo médio de recebimento é determinado pelos prazos das faturas da empresa. Uma fatura padrão tem os seguintes prazos: "2/10, 30 dias líquidos". Isso significa que o pagador pode obter 2% de desconto se a fatura for paga em 10 dias. Após 10 dias, o valor bruto da fatura deve ser pago nos próximos 20 dias. Portanto, o cliente tem o prazo de 30 dias após a data da fatura para pagar sua conta. Se a empresa negociar conforme esses prazos, 45 dias ou mais é considerado ruim. O ideal é que as contas a receber não ultrapassem 10 dias do prazo da fatura.

O segundo fator que determina se um índice é bom ou ruim é o seu setor de atividade (consulte a Tabela 5.4, que apresenta índices bons e ruins para vários setores). Por exemplo, se analisarmos dois diferentes setores tecnológicos, veremos dois conceitos distintos sobre o que é considerado uma boa margem operacional. No setor de equipamentos para escritório, a empresa com a melhor margem operacional é a Pitney Bowes, com 16%.[7] É uma margem significativamente menor que a da GlaxoSmithKline, líder no setor farmacêutico, que teve uma margem operacional de 34%![8] Como mencionado antes, tudo é relativo. Ambas as empresas têm margens operacionais expressivamente maiores do que a Amazon.com, com uma margem operacional de 3,7% em 2007.[9]

Normalmente, os índices financeiros das empresas bem-sucedidas nunca são inferiores ao da média do setor. Por exemplo, as empresas do setor de fabricação de computadores mantêm um estoque para 75 dias em média, que contrasta consideravelmente com a Dell, que mantém um estoque para 4 dias em média.[10] Esse é um dos motivos pelos quais a Dell deu à época a seguinte explicação: "Nosso produto é único, porque é como peixe fresco. Quanto mais você o mantém, mais ele perde valor. No nosso setor, o produto chega a depreciar metade ou mesmo totalmente no prazo de uma semana. Você consegue literalmente ver o material deteriorar. Diminuir o estoque não é só bom; é também um imperativo financeiro".[11]

Há casos em que é perfeitamente aceitável que os índices de uma empresa sejam piores do que a média do setor. Isso ocorre quando os índices abaixo da média fazem parte do plano estratégico da empresa. Por exemplo, os giros de estoque e os dias de estoque mantido inferiores ou superiores, respectivamente, aos da média do setor talvez não sejam uma indicação de desempenho negativo. Pode ser que o plano estratégico da empresa exija que os níveis de estoque mantido sejam superiores ao da média do setor; em consequência disso, os giros seriam mais lentos. Por exemplo, se uma empresa promete fazer entregas em 24 horas, enquanto os concorrentes o fazem em 14 dias, o estoque mantido por essa empresa será maior e os giros mais lentos. Teoricamente, as margens brutas devem ser superiores às do setor porque a empresa precisa estar apta a cobrar um acréscimo pelas entregas mais rápidas. Em virtude desse fato, é essencial que o empreendedor faça uma comparação entre as médias do setor ao elaborar o plano de negócios, ao realizar suas projeções e, mais importante, antes de submeter o plano a possíveis investidores.

Um exemplo de empresa que opera com despesas mais altas do que as dos concorrentes é a Commonwealth Worldwide Chauffeured Transportation. Dawson Rutter, fundador e diretor executivo da empresa, largou três universidades antes de iniciá-la. No espaço

Tabela 5.4 Principais índices de variados setores

Setor	Índice	Melhor	Pior
Serviços de paisagismo	Liquidez corrente	2,0	1,0
	Giro de estoque	N/D	N/D
	Prazo médio de pagamento	8,0	55,0
Lojas de mantimentos	Liquidez corrente	2,3	0,9
	Giro de estoque	23,3	11,8
	Prazo médio de pagamento	0,0	3,0
Fabricação de componentes eletrônicos para computador	Liquidez corrente	2,9	1,2
	Giro de estoque	21,0	3,3
	Prazo médio de pagamento	30,0	60,0
Faculdades e universidades	Liquidez corrente	4,1	1,0
	Giro de estoque	N/D	N/D
	Prazo médio de pagamento	8,0	38,0
Companhias aéreas	Liquidez corrente	1,5	0,6
	Giro de estoque	N/D	N/D
	Prazo médio de pagamento	1,0	30,0
Fabricação de vestuário	Liquidez corrente	1,5	1,1
	Giro de estoque	7,2	2,8
	Prazo médio de pagamento	39,0	63,0
Fabricação de refrigerantes	Liquidez corrente	2,3	1,1
	Giro de estoque	19,3	7,3
	Prazo médio de pagamento	19,0	34,0

Fonte: *Annual Statement Studies: Financial Ratio Benchmarks, 2006-2007*, Associação de Gerenciamento de Risco.

de quatro anos, a Commonwealth aumentou sua base de clientes de 40 para 4.000 e suas receitas em mais de 248%. A filosofia de Rutter é "construir a igreja para o Domingo de Páscoa". "Criamos a infraestrutura da receita antecipadamente. Isso nos garante que as entregas sejam impecáveis 100% do tempo. Estamos sempre preparados para lidar com

105% do dia absolutamente mais movimentado. Essa é maneira mais cara de proceder? Pode apostar que sim. Mas o fato é que não perdemos clientes, e isso significa que podemos nos dar o luxo de pagar essa diferença", diz ele.[12]

Como os empreendedores descobrem as médias do setor correspondentes às empresas privadas? A Figura 5.2 relaciona os periódicos e outros recursos normalmente empregados para comparar o desempenho de uma empresa existente com o do setor, bem como para determinar se as demonstrações *pro forma* em um plano de negócios estão de acordo com o setor no qual a empresa está entrando. Como mencionado antes, você encontrará também no Apêndice A as médias nacionais dos índices de rotatividade.

Annual Statement Studies, Risk Management Association (antes Robert Morris Associates)
Almanac of Business and Industrial Financial Ratios, Prentice Hall
Bizstats.com
Industry Norms and Key Business Ratios, Dun & Bradstreet
Risk Management Association eCompare2, ferramenta *on-line* de análise de demonstrações financeiras
Value Line Investment Survey

Figura 5.2 Fontes de referência de índices setoriais.

ANÁLISE DO PONTO DE EQUILÍBRIO

A análise das demonstrações financeiras deve ser utilizada igualmente para determinar o ponto de equilíbrio (PE) da empresa. Os empreendedores bem-sucedidos sabem quantas unidades de produto, refeições ou horas de serviço eles precisam vender, servir ou suprir, respectivamente, para conseguir extrair algum caixa da empresa. A Equação 5.1 mostra a fórmula para calcular o PE da empresa.

Equação 5.1 Ponto de equilíbrio

Despesas fixas ÷ margem bruta = total de vendas no ponto de equilíbrio
Total de vendas no ponto de equilíbrio ÷ preço unitário = números de unidades a vender

---

Com as informações fornecidas na Figura 4.1 e 4.4, sobre a Bruce Company, é possível preparar um conjunto selecionado de índices financeiros e o PE da empresa. A Tabela 5.5 apresenta os índices financeiros, o PE e uma explicação sobre os números.

AVALIANDO O CRESCIMENTO

Ao avaliar o crescimento da empresa, o empreendedor deve tomar o cuidado de fazer essa avaliação integralmente. Muitas pessoas usam a análise da taxa de crescimento anual composta (TCAC ou *compounded annual growth rate* – CAGR) para avaliar e examinar o crescimento da empresa. Além da TCAC, há outra forma de avaliação, a taxa de crescimento simples. Antes de prosseguir, examinemos as duas. Na área financeira, ambos os

Tabela 5.5 Índices financeiros selecionados da Bruce Company

Índice	Valor	Explicação
Porcentagem de margem bruta	75%	75 centavos de cada dólar de vendas vão para o lucro bruto. Ou seja, a mão de obra e matéria-prima do produto custaram 25 centavos de dólar.
Retorno sobre o patrimônio	26%	A empresa está obtendo um retorno de 26% sobre capital investido na empresa.
Margem de lucro líquido	24,75%	Mais de 24 centavos de cada dólar das vendas vão para a linha de lucro.
Índice de liquidez corrente	0,57	Esse índice é inferior a 1, o que indica que a empresa não consegue cumprir suas obrigações financeiras de curto prazo.
Índice de liquidez seca	0,28	Esse índice é inferior a 1, o que significa que a empresa não consegue pagar sua dívida.
Índice dívida/patrimônio	1,2	A empresa tem US$ 1,20 de dívida para cada dólar do patrimônio.
Prazo médio de recebimento	13 dias	São necessários 13 dias para recolher as contas a receber.
Giro de estoque	3,33	O estoque gira 3,33 vezes.
Ciclo de caixa	0,45 dia	Levaria menos de um dia para converter o estoque em dinheiro.
Ponto de equilíbrio		PE = US$ 700 ÷ 0,75 = US$ 933

termos são empregados para examinar a taxa de crescimento do capital ao longo de um determinado período.

Juros simples é a taxa de crescimento que diz respeito apenas ao investimento inicial ou às receitas iniciais. Esse número-base é o valor presente (VP). O valor futuro (VF) é a soma do investimento inicial e da quantia obtida do cálculo de juros. Portanto, a taxa de juros simples ou a taxa de crescimento da empresa com receitas de US$ 3.885.000 no Ano 1 e US$ 4.584.300 no Ano 2 é 18%, porque US$ 699.300, a diferença entre as receitas nos Anos 1 e 2, corresponde a 18% das receitas do Ano 1. Usando a taxa de juros simples de 18%, as receitas do Ano 3 seriam US$ 5.283.600. Para determinar esse valor, basta adicionar US$ 699.300, ou 18% do número inicial, US$ 3.885.000, ao número da receita do Ano 2. Portanto, uma taxa de crescimento simples de 18% adicionaria US$ 699.300 à receita do ano anterior para determinar o nível de receitas do ano seguinte. Em conclusão, a fórmula para determinar a taxa de crescimento simples é a mostrada na Equação 5.2.

Utilizando a Equação 5.2, vamos inserir os números para responder a seguinte pergunta: a que taxa de juros simples o valor de US$ 3.885.000 deve aumentar em dois anos para ser igual a US$ 5.283.600? Outra maneira de abordar essa mesma pergunta seria: se você recebeu um empréstimo de dois anos de US$ 3.885.000, a uma taxa de juros

Equação 5.2 Taxa de crescimento simples

$$\text{Taxa de crescimento simples} = \frac{\text{montante de crescimento}}{\text{investimento inicial} \times \text{tempo}}$$

simples de 18%, quanto você deveria do total do principal e dos juros? A resposta seria US$ 5.283.600, de acordo com o cálculo da Figura 5.3.

O conceito de juros compostos normalmente é usado pelas instituições financeiras – por exemplo, os bancos – em relação tanto ao capital que emprestam quanto aos depósitos que recebem. A análise de TCAC – popular entre os profissionais pós-graduados em negócios, dentre os quais se incluem os consultores e banqueiros comerciais e de investimento – simplesmente mostra a taxa de juros, composta anualmente, que deve ser obtida para que uma empresa cresça do patamar de receitas no Ano 1 para o patamar de receitas em um ano futuro. Isso se assemelha ao que acabamos de afirmar sobre os juros simples. Entretanto, a palavra *composto*, que não se inclui na definição de juros simples, faz uma imensa diferença. O método composto significa que você ganha juros não apenas sobre o investimento inicial (isto é, o VP), como foi o caso com o crescimento simples, mas também sobre os juros ganhos anualmente ou o montante de crescimento real. Portanto, diferentemente do crescimento simples, a taxa de crescimento composta de cada ano representa o investimento inicial mais os lucros sobre os ganhos reinvestidos.

Podemos usar agora os mesmos números da análise sobre a taxa de crescimento simples para mostrar o conceito de TCAC. Uma empresa com TCAC de 18% e receitas de US$ 3.885.000 no Ano 1 terá as receitas futuras mostradas na Figura 5.4.

Ao comparar o crescimento anual simples com o crescimento anual composto, vemos claramente que na Tabela 5.6 que esse último é mais vantajoso aos investidores ou empreendedores que desejam crescimento rápido.

Ano 1 (valor presente – VP)	= US$ 3.885.000
Ano 3 (valor futuro – VF)	= US$ 5.283.600
Montante de crescimento (ou VF – VP)	= US$ 1.398.600
Tempo	= 2 anos

Figura 5.3 Componentes do cálculo do montante de crescimento.

Ano 2: US$ 4.584.300 (isto é, US$ 3.885.000 × 1,18)
Ano 3: US$ 5.409.474 (isto é, US$ 4.584.300 × 1,18)

Figura 5.4 Exemplo de TCAC.

Tabela 5.6 Comparação entre o crescimento simples e o crescimento anual composto

Receitas a uma taxa de 18%	Crescimento simples	Crescimento anual composto
Ano 1	US$ 3.885.000	US$ 3.885.000
Ano 2	US$ 4.584.300	US$ 4.584.300
Ano 3	US$ 5.283.600	US$ 5.409.474
Ano 4	US$ 5.982.900	US$ 6.383.179
Ano 5	US$ 6.682.200	US$ 7.532.151

Como você pode ver na Tabela 5.6, no primeiro ano, o crescimento composto é idêntico ao simples porque a base é a mesma. A falha da TCAC é que ela examina dois anos apenas, o ano inicial e o último ano, ignorando completamente os anos intermediários. Portanto, quando empregada sozinha, ela oferece um relato incompleto e possivelmente enganoso.

Por exemplo, duas empresas com receitas de US$ 3.885.000 no Ano 1 e receitas de US$ 7.532.151 no Ano 5, como mostra a Tabela 5.7, apresentarão a mesma TCAC de 18%, não obstante o fato de as receitas nos Anos 2, 3 e 4 parecerem extremamente diferentes.

Ambas as empresas têm a mesma TCAC porque ambas têm as mesmas receitas no Ano 1 e no Ano 5. A fórmula de TCAC considera apenas esses dois pontos de dados. Ela ignora o que ocorre no entremeio porque, teoricamente, a TCAC significa que, em qualquer ano de um período de cinco anos, o crescimento anual composto das receitas da empresa foi uniforme (18%), com base nas informações fornecidas sobre o Ano 1 e o Ano 5 e tendo em vista a forma como a TCAC foi calculada. Quer dizer, o crescimento teve uma progressão relativamente linear. Contudo, como mostra a Tabela 5.7, isso nem sempre ocorre. Desse modo, a maior falha da TCAC é que ela não considera as taxas de crescimento reais de um ano para outro ao longo de um período de cinco anos. Portanto, para realizar uma análise mais completa com a TCAC, é necessário incluir a análise das taxas de crescimento reais para verificar se existe alguma tendência.

Tabela 5.7 Comparação entre TCACs

	Empresa 1	Empresa 2
Ano 1	US$ 3.885.000	US$ 3.885.000
Ano 2	US$ 4.584.300	US$ 3.000.000
Ano 3	US$ 5.409.474	US$ 2.900.000
Ano 4	US$ 6.383.179	US$ 2.700.000
Ano 5	US$ 7.532.151	US$ 7.532.151

Em conclusão, se quiséssemos determinar as receitas reais no Ano 5 (isto é, o VF), de uma empresa que tinha receitas de US$ 3.885.000 no Ano 1 (isto é, VP) e estava crescendo a uma taxa anual composta de 18%, poderíamos empregar a fórmula mostrada na Figura 5.5.

Valor futuro = valor presente × (1 + taxa do Ano 1) × (1 + taxa do Ano 2) × (1 + taxa do Ano 3) × (1 + taxa do Ano 4)

Valor futuro = US$ 3.885.000 × (1,18) × (1,18) × (1,18) × (1,18)

Valor futuro = US$ 3.885.000 × (1,18)4

Valor futuro = US$ 7.532.151

Nota: Foi adicionado 1 à taxa de juros de cada ano para mostrar que, para cada dólar investido, será obtido um retorno de 18%.

Figura 5.5 Exemplo de cálculo de valor futuro.

ESTUDO DE CASO: CLARK COMPANY

A Figura 5.6 apresenta uma DRE da Clark Company que cobre um período de três anos. Não há nenhuma informação sobre o setor, os produtos ou serviços da empresa. Elas não são necessárias. Os números falam por si. E todo empreendedor deve se sentir à vontade para examinar as demonstrações financeiras, perceber o que se passa na empresa e reconhecer seus pontos positivos e negativos e seu valor potencial. Como mencionamos no Capítulo 1, o empreendedor bem-sucedido deve ter habilidade, disposição e tranquilidade para tomar decisões diante de informações ambíguas, imprecisas ou incompletas. Com a análise da Figura 5.6, você tem oportunidade de demonstrar esse aspecto. Como você verá, é uma questão de minúcias. No entanto, essa análise seria exatamente a mesma se cada um dos elementos fosse multiplicado por US$ 1 milhão. O que queremos dizer é que a análise das transações financeiras de uma pequena empresa é idêntica à de uma grande empresa. A única diferença é o número de zeros à esquerda dos pontos decimais. Uma boa analogia seria a natação. Se você consegue nadar em uma piscina com 1,20 metro de profundidade, você também consegue em uma profundidade de 3 metros ou mais.

Ao examinar essa DRE, podemos compreender melhor como a administração está lidando com as atividades gerais da empresa. Por meio a análise de índices, avaliaremos como os recursos da empresa estão sendo geridos. Uma boa análise permitirá que um comprador em potencial avalie, por exemplo, se vale a pena adquirir a empresa, com base em seus pontos positivos e negativos, e determine quanto deve pagar por ela.

Ao analisar esses números, é fundamental (1) examiná-los e compará-los com o desempenho histórico ou com um indicador de desempenho – por exemplo, média do setor – para avaliar qual é o desempenho da empresa nessa área específica, e (2) destacar quaisquer

	2005	2006	2007
Receitas	137.367	134.352	113.456
Descontos e devoluções			588
Custo da mercadoria vendida	42.925	38.032	40.858
Lucros brutos	**94.442**	**96.320**	**72.010**
Despesas operacionais			
Propaganda	3.685	3.405	2.904
Perdas com incobráveis	150	50	130
Despesas com automóvel	1.432	460	732
Depreciação	1.670	1.670	835
Programas de benefícios aos funcionários			
Seguro	2.470	2.914	1.915
Juros			
Hipoteca			
Outros	153		2.373
Serviços jurídicos e profissionais	1.821	1.493	
Despesas de escritório	10.424	8.218	8.965
Aluguel	14.900	20.720	13.360
Reparos e manutenção	1.293	2.025	
Suprimentos	305	180	195
Impostos e licenças	11.473	5.790	1.062
Viagens	730	1.125	
Alimentação e entretenimento	108	220	192
Serviços de utilidade pública	2.474	2.945	2.427
Salários	5.722	11.349	12.214
Outros			
Frete	1.216	1.645	874
Imposto sobre vendas			7.842
Total de despesas	**60.026**	**64.209**	**56.020**
Lucro ou prejuízo líquido	**34.416**	**32.111**	**15.990**

Figura 5.6 DRE da Clark Company (anos selecionados)*.
Nota: Em 2005 e 2006, foi utilizado o método de contabilização por regime de caixa. O método de contabilização por competência foi usado em 2007.

tendências. As tendências são importantes na análise de uma demonstração financeira porque são usadas para prever o futuro. Deve-se sempre perguntar: Há alguma tendência neste elemento? Trata-se de uma tendência ascendente ou decrescente? Qual ou quais os principais motivos dessa tendência? Que significado essa tendência tem para o futuro?

Na análise sobre a Clark Company, devemos fazer as seguintes suposições:

- Essa empresa opera com recebimentos à vista; não há contas a receber.
- Ela é administrada pelo dono.
- Os números fornecidos estão corretos.

É possível fazer uma análise de cada elemento, mas a nossa se concentrará nos itens mais importantes: receita, lucro bruto e lucro líquido.

Análise da receita

Na análise da receita anual histórica de uma empresa, deve-se procurar responder as seguintes perguntas: Quais são as taxas de crescimento das vendas nos últimos anos? Qual a tendência no crescimento das vendas? É ascendente ou decrescente? Por que as receitas estão aumentando ou diminuindo? Você não deve se ater a examinar se as receitas estão ou não crescendo. Deve também perguntar se esse aumento é coerente com o que está ocorrendo no setor. Um crescimento durante um curto período nas vendas talvez não seja bom o suficiente. Você precisa comparar o crescimento das vendas da empresa com a taxa segundo a qual você deseja que ela cresça. O valor mínimo absoluto que se deve almejar para o crescimento da empresa, relativamente à taxa anual, deve corresponder à taxa de inflação, que desde 1774 girou em torno da média de 4,1% ao ano.[13] Alguns setores com certeza tiveram um desempenho superior a esse marco de referência. Por exemplo, no setor de esportes profissionais, desde 2002, o aumento da porcentagem média anual no preço dos ingressos para as quatro principais ligas esportivas (isto é, NBA, NFL, NHL e MLB) foi 14,5%.[14, 15] A receita nas 17 maiores distribuidoras de títulos em 2006 tiveram um aumento descomunal de 44%.[16] Em 2006, as empresas listadas na *Fortune 500* aumentaram suas receitas em 9%,[17] ano em que foi registrada uma inflação de 3%.

As receitas da Clark Company apresentam uma queda. Entre 2005 e 2006, diminuíram 2% e entre 2006 e 2007 diminuíram 16%. Essa tendência decrescente é um motivo de preocupação. Algumas das causas possíveis desse declínio nas receitas seriam:

- Os preços aumentam em decorrência de custos mais altos.
- O proprietário está desanimado e não está gerenciando sua empresa apropriadamente ou simplesmente não está presente na empresa.
- Uma concorrência mais acirrada, devida a margens brutas altas, pode estar pressionando os preços. Uma maneira de manter os preços elevados é ter uma patente ou um produto, o que permite ao proprietário fixar um preço razoavelmente alto. Isso pressupõe, é claro, que exista demanda pelo produto ou serviço. Quando a patente expirar, a empresa inevitavelmente enfrentará concorrência.
- O produto pode estar ficando obsoleto.

- Um acontecimento imprevisto ou fortuito, conhecido na linguagem jurídica como "motivo de força maior", pode ser uma das razões do declínio da receita. Por exemplo, pode ter havido um furacão ou uma violenta tempestade e a área de armazenamento em que o estoque da empresa era mantido foi inundada, provocando danos no estoque e reduzindo o volume disponível para venda.
- Talvez alguma construção esteja dificultando o acesso dos clientes nas imediações da sede da empresa.

Desse modo, em alguns casos, existem motivos legítimos para um declínio das receitas, os quais nada têm a ver com a solidez da empresa ou de sua administração. Quando da análise financeira, é importante considerar todos os cenários plausíveis.

Embora um intenso crescimento das receitas normalmente seja visto como positivo, pode ser também um sinal de notícias ruins. Segundo os princípios financeiros, para que um crescimento nas receitas seja considerado excelente, deve haver ao menos aumentos correspondentes no lucro líquido da empresa. O exemplo que melhor justifica essa afirmação é o da Microsoft. De 1990, quando a Microsoft lançou o sistema operacional Windows 3.0, a 1999, suas receitas cresceram 17 vezes, de US$ 1,8 bilhão para US$ 19,8 bilhões. Durante esse mesmo período, seu lucro líquido aumentou surpreendentemente – 28 vezes —, isto é, de US$ 279 milhões para US$ 7,79 bilhões! Utilizando um escopo maior, a *Fortune 500* demonstrou esse conceito de uma maneira histórica entre 2000 e 2006. Auxiliadas por sólidos ganhos de produtividade e uma economia em ascensão, as maiores empresas americanas obtiveram um ganho extraordinário de 80%, com um crescimento de 38% nas receitas. Durante esse período, as margens de lucro após os impostos atingiram 7,9%, um aumento de 27% sobre a margem já impressionante de 6,2% em 2000.[18]

Mas se as receitas estão crescendo porque os preços baixaram, então isso significa que a empresa está crescendo à custa das margens. Portanto, talvez esse crescimento não seja de fato lucrativo. Por exemplo, durante o período de 1991 a 1997, a receita da Hewlett-Packard proveniente de computadores pessoais aumentou sensivelmente para cerca de US$ 9 bilhões anuais. Ainda nesse período, sua participação de mercado passou de 1% para 4%. Em 1998, favorecidas pelos cortes de preço, as vendas aumentaram 13%. Não obstante todas essas notícias otimistas, a área de computadores pessoais da HP experimentou um prejuízo de mais de US$ 100 milhões.[19]

Outra questão relativa ao crescimento das receitas da qual você deve ter conhecimento é que ele pode ocorrer porque os concorrentes estão cedendo mercado. Eles podem estar saindo do mercado porque o produto da empresa em breve ficará obsoleto; ou talvez porque o custo de comercialização sempre crescente – fatores como o seguro de responsabilidade empresarial – está empurrando essas empresas para fora do mercado. Por isso, para o empreendedor, saber por que ele está tendo um excelente crescimento é tão importante quanto saber por que o crescimento está baixo ou não está havendo nenhum crescimento. O empreendedor bem-sucedido sabe que as receitas devem crescer de uma maneira estratégica. É o crescimento bem administrado que no final das contas melhora a rentabilidade da empresa.

Às vezes, crescer muito rápido pode ser tão prejudicial quanto não crescer de forma alguma. Alguns problemas comuns do crescimento acelerado são baixa qualidade, entregas atrasadas, mão de obra sobrecarregada de trabalho, déficit de caixa e diluição da marca. O crescimento incontrolado em geral não é lucrativo. Por exemplo, Michael Dell, fundador da Dell Computers, que cresceu 87% ao ano nos primeiros oitos anos e 34% ao ano desde 1992, disse o seguinte: "Aprendi com a experiência que uma empresa pode crescer extremamente rápido. Você deve ter cuidado ao expandi-la muito rapidamente porque não terá a experiência ou a infraestrutura para se sair bem".[20] Ele fez esse comentário depois que viu o lucro da empresa ser descontado em US$ 94 milhões em 1993 em virtude, dentre outras coisas, do insucesso de uma linha de notebooks de baixa qualidade.

A história da 180s, empresa de vestuário esportivo, demonstra ainda mais os perigos de um crescimento muito rápido. Em um determinado momento, a empresa ocupava o 32º lugar na prestigiosa lista da *Inc.* 500 das empresas de mais rápido crescimento. As receitas da 180s cresceram de US$ 1 milhão em 1999 para US$ 50 milhões em 2004. Entretanto, por volta de 2005, a empresa estava sendo asfixiada pela grande quantidade de dívidas assumidas e seu controle estava sendo tomado por uma empresa de capital privado. Lamentando-se pela iminente venda da empresa, Bernie Tenenbaum, capitalista de risco que uma vez havia cogitado a possibilidade de investir na 180s, disse: "Eu diria que eles teriam sorte se conseguissem 10 centavos de dólar". Na verdade, Tenenbaum estava sendo otimista – no final, foram 8 centavos de dólar. Bill Besselman, antigo sócio dos coproprietários, explica o insucesso da empresa: "No final das contas, eles aumentaram o faturamento [*top line*], mas não gerenciaram o resultado líquido [*bottom line*]. Eles foram sugados por um redemoinho".[21]

Até a Starbucks, uma das maiores histórias de empreendedorismo de todos os tempos, experimentou um crescimento incontrolável que acabou diluindo sua marca e fazendo-a ficar atrás da Dunkin' Donuts no quesito de lealdade do cliente. O fundador e presidente da Starbucks, Howard Schultz, explica por que o crescimento muito rápido da empresa provocou esse problema: "Nos últimos dez anos, para conseguir o crescimento, o avanço e a dimensão que eram necessários para passar de menos de 1.000 lojas para mais de 13.000, fomos obrigados a tomar uma série de decisões que, em retrospectiva, diluíram a experiência da Starbucks e provocaram o que alguns chamariam de comoditização de nossa marca".[22] Em 2008, a Starbucks tomou medidas para corrigir esse problema ao anunciar o fechamento de 600 lojas com mau desempenho ao redor dos Estados Unidos.

O maior cliente

Inerente à questão do crescimento encontra-se uma pergunta fundamental: de que tamanho é o maior cliente da empresa? Teoricamente, o maior cliente do empreendedor deve responder por não mais de 10% a 15% do total de receitas da empresa. O raciocínio por trás disso é que a empresa deve estar preparada para perder seu maior cliente e manter-se no mercado. Claro, o ideal com frequência não condiz com a realidade. Um levantamento com 300 fabricantes nos setores de vestuário e bens domésticos mostrou que mais da metade dessas empresas realiza mais de 20% de suas vendas com seu maior cliente.[23]

Sua meta deveria ser diversificar sua base de clientes e manter ao mesmo tempo as vantagens das economias de escala. Um exemplo de empresa que padeceu por não diversificar apropriadamente é o Boston Communications Group, Inc. (BCGI). Em 2004, a Verizon Wireless, representando aproximadamente 20% das vendas do BCGI, decidiu encerrar o relacionamento entre ambos.[24] As ações da BCGI, que chegaram a ser comercializadas por US$ 22 em 2003, caíram 50% em único ano. O grupo não conseguiu se restabelecer. Por fim, foi comprado em 2007 pela Megasoft Ltd., estabelecida na Índia, por US$ 3,60 por ação, menos de 20% de seu valor em 2003.[25]

Curiosamente, muitas empresas acham que perder o cliente que gera a maior receita na verdade aumenta a rentabilidade da empresa, porque os clientes maiores raramente são os mais lucrativos. O motivo é que os clientes que compram grandes quantidades em geral são faturados a preços menores. Por exemplo, a Morse Industries, fabricante de luminárias de capital fechado, ficou em êxtase ao conseguir o Wal-Mart, o mais varejista do país, como cliente. A entrada do Wal-Mart em sua base de clientes aumentou suas receitas em mais de 50% em um único ano. Porém, após um ano, a empresa decidiu abrir mão do cliente Wal-Mart. Por quê? As receitas da Morse Industries haviam aumentado enormemente, mas as margens brutas, operacionais e líquidas na verdade diminuíram porque a empresa cobrava do Wal-Mart 25% menos em relação a seus outros clientes. Essa recusa também está fundamentada no fato de que os pedidos do Wal-Mart eram muito grandes e a mão de obra da Morse Industries mal conseguia dar conta da produção. Consequentemente, os pedidos dos outros clientes, que não estavam recebendo desconto e, portanto, estavam gerando margens mais altas, ficavam atrasados ou eram até cancelados. Vários desses clientes excelentes, leais e bons pagadores silenciosamente deixaram a Morse Industries, passando a comprar de outro fornecedor.

O fundador da Morse solucionou o problema da empresa depois de analisar o crescimento de sua empresa e descobrir que ela não era rentável. Nessa análise incluía-se a matriz mostrada na Figura 5.7 para definir cada um dos clientes e sua importância.

Ele definiu as categorias da seguinte forma:

- *Volume alto/margem baixa.* Clientes que respondiam por receitas superiores a US$ 1 milhão por ano, gerando uma margem bruta de no máximo 35%.
- *Volume baixo/margem baixa.* Clientes que respondiam por receitas inferiores a US$ 1 milhão por ano, gerando uma margem bruta de no máximo 35%.

Volume alto	Volume alto
Margem baixa	Margem alta
Volume baixo	Margem baixa
Margem baixa	Margem alta

Fonte: Susan Greco, "*Choose or Lose*", Inc., dezembro de 1998, p. 58.

Figura 5.7 Matriz de análise sobre os clientes.

- *Volume baixo/margem alta*. Clientes que respondiam por receitas inferiores a US$ 1 milhão por ano, gerando uma margem maior que 35%.
- *Volume alto/margem alta*. Clientes que respondiam por receitas superiores a US$ 1 milhão por ano, gerando uma margem bruta maior que 35%.

Sua resposta inicial imediata foi simplesmente abdicar apenas dos clientes da categoria volume baixo/margem baixa. Contudo, depois de pensar bem, decidiu analisar os dados mais a fundo para determinar o lucro gerado por cada cliente para a empresa. Para isso, analisou a margem de contribuição de cada um deles.

A Equação 5.3 mostra a fórmula da margem de contribuição.

Equação 5.3 Margem de contribuição

$$\text{Receitas} - \text{custos variáveis} = \text{margem de contribuição}$$
$$\rightarrow \text{Custos fixos e lucro}$$

A margem de contribuição é a diferença entre as receitas e todos os custos variáveis (isto é, os custos que não seriam incorridos se esse cliente fosse recusado) associados a uma unidade do produto. Portanto, é o lucro que pode ser obtido, após o ponto de equilíbrio, que contribui para os custos fixos e os lucros da empresa.

A análise da margem de contribuição é apresentada na Tabela 5.8. Sem dúvida, como você pode ver na tabela, o negócio menos lucrativo não era o da categoria margem baixa/volume baixo, mas na verdade o da categoria volume alto/margem baixa. Diante disso, a Morse tentou elevar seus preços para os clientes que se enquadravam nessas duas categorias. Vários deles recusaram-se a aceitar esse aumento nos preços, inclusive o Wal-Mart, motivo que o levou também a recusá-los. Sua estratégia de crescimento para reaver a rentabilidade da empresa buscou também aumentar o volume dos clientes remanescentes, que se enquadravam nas categorias volume alto/margem alta e volume baixo/margem alta, sem diminuir os preços. A segunda parte da estratégia foi a implementação de uma política que estabelecia que todos os novos negócios deveriam ter ao menos 40% de

Tabela 5.8 Cálculo da análise dos clientes

	Volume alto/ margem baixa	Volume baixo/ margem baixa	Volume baixo/ margem alta	Volume alto/ margem alta
Receitas anuais	US$ 12.000.000	US$ 800.000	US$ 900.000	US$ 3.000.000
Custos variáveis	10.000.000	600.000	500.000	1.500.000
Margem de contribuição	US$ 2.000.000	US$ 200.000	US$ 400.000	US$ 1.500.000
Porcentagem	17%	25%	44%	50%

margem de contribuição. Embora suas receitas tenham diminuído imediatamente, o lucro líquido e o fluxo de caixa aumentaram de modo sensível. Por fim, suas receitas acabaram aumentando, por sua capacidade de manter um padrão de alta qualidade e entrega pontual. Mais importante, os lucros monetários e as porcentagens também aumentaram.

Lição: Crescer por crescer, sem considerar a rentabilidade, é ao mesmo tempo insensato e prejudicial e inevitavelmente deixará a empresa insolvente. Foi isso o que ocorreu com as empresas ponto-com no final da década de 1990. Muitas se viram envolvidas nesse tipo de crescimento com o interesse de ganhar participação de mercado. Contudo, as evidências demonstram repetidas vezes que as empresas com maior participação de mercado, excluindo talvez a Microsoft, raramente são as mais lucrativas. Dois exemplos recentes mostram o perigo que a empresa corre ao se concentrar nas vendas. Em 2006, a Toyota vendeu cerca de 9,02 milhões de veículos no mundo inteiro. Durante esse mesmo período, a GM vendeu 9,18 milhões de veículos. Não obstante essa vantagem de 162.000 carros vendidos, a Toyota lucrou US$ 11,6 bilhões, ao passo que a GM perdeu US$ 2 bilhões.[26] Como isso pode ter ocorrido? Obviamente, a GM não estava focalizando os lucros. No mundo dos videogames, a importância da rentabilidade sobre a participação de mercado é demonstrada pela briga entre a Nintendo, Sony e Microsoft. Os consoles Playstation da Sony e Xbox da Microsoft dominaram o mercado por anos a fio. No início de 2006, entretanto, o Nintendo registrou um lucro de quase um bilhão de dólares com seu console Wii, ao passo que a divisão de jogos da Sony praticamente não teve lucro e a Microsoft perdeu dinheiro com Xbox.[27]

Outro respaldo ao argumento de que se deve examinar o resultado para a empresa é a evidência obtida por um levantamento realizado por J. Scott Armstrong e Kesten C. Green, que demonstrou que as empresas que adotam o que eles chamam de "objetivos direcionados ao concorrente" na verdade acabam prejudicando sua própria rentabilidade. Dizendo de outra forma, quanto mais a empresa tenta sobrepujar o concorrente, em vez de maximizar os resultados, mais ela se sairá mal. Um estudo levado a cabo em 2006 pela Escola de Negócios de Harvard, "Manage for Profit, Not for Market Share" ("Guiando-se pelos Lucros, Não pela Participação de Mercado"), avaliou que as empresas que deixam a participação de mercado ou o volume de vendas guiarem seus empreendimentos sacrificam de 1% a 3% de suas receitas. Em números concretos, o gerente de uma empresa de US$ 5 bilhões deixa entre US$ 50 e US$ 150 milhões no bolso de seus clientes e concorrentes todos os anos por se guiar pela participação de mercado, e não pelos lucros líquidos.

As desvantagens de uma alta participação de mercado e menor rentabilidade foram também confirmadas por um estudo com mais de 3.000 empresas públicas. Os resultados desse estudo demonstraram que em mais de 70% do tempo as empresas com maior participação de mercado não têm o maior nível de retorno, como mostram os exemplos da Figura 5.8. Esse estudo também revelou que o segredo do sucesso para os concorrentes menores e mais lucrativos era a postura de total vigilância para controlar os custos e eliminar os clientes que geravam margens baixas.

Categoria	Alta participação de mercado	Altos retornos
Lojas de desconto	Wal-Mart	Family Dollar
Móveis para escritório	Ricoh Company Ltd	Chyron Corp.
Produtos farmacêuticos	Johnson & Johnson	Alcon, Inc.

Figura 5.8 Alta participação de mercado *versus* altos retornos.

MARGENS BRUTAS

Um dos primeiros índices financeiros examinados pelos financiadores de empresas no momento de examinar a DRE é a margem bruta. O que se considera uma boa margem bruta? Bem, uma "boa" margem bruta, como todos os outros elementos que serão analisados, é relativa e depende do setor em que a empresa atua. Em geral, uma margem bruta de 35% ou superior é considerada extremamente boa. A Tabela 5.9 mostra margens brutas comparativas de diferentes empresas.[28] Consulte também o Apêndice A, que apresenta uma análise vertical dos valores da DRE de diferentes setores.

Geralmente, os supermercados têm uma margem bruta mínima, entre 10% e 15%. Os computadores, que praticamente se tornaram um produto comoditizado (primário), têm margens brutas também muito pequenas. É por isso que é tão difícil concorrer no setor de hardware para computador: porque o preço médio pelo qual um varejista

Tabela 5.9 Porcentagens comparativas de margem bruta

Empresa/setor	Margem bruta (%)
Amazon.com	22,6
Hewlett-Packard	47,1
Dell	16,6
Nike	43,8
Starbucks (2000)	56,0
Starbucks (2007)	23,3
Starbucks – expresso	90,0
Starbucks – café	70,0
Kroger	24,2
eBay	77,0
Yahoo!	59,3
Salesforce.com	76,1
Microsoft	79,1

Fonte: Demonstrações financeiras das empresas para o exercício encerrado em 2007, compiladas pela Reuters; USA Today, "Starbucks Cultivates Caffeine Rush", 30 de abril de 1996.

vende um computador é apenas de 10% a 15% mais alto do que o custo de produção. Entretanto, alguns fabricantes de computadores conseguiram obter margens brutas superiores à média do setor. Um exemplo foi a Compaq Computer, a segunda fabricante de computadores nos Estados Unidos antes de se fundir com a Hewlett-Packard em 2002. A Compaq até então sempre havia mantido margens brutas superiores a 20%. Após a fusão, a Hewlett-Packard obteve uma margem bruta corporativa de 47,1% em 2007, em grande medida por causa de seus empreendimentos em serviços e impressoras com margens mais altas.[28a]

Vários são os setores nos quais as empresas conseguem obter uma margem bruta respeitável. Por exemplo, a margem bruta média da Nike é de mais ou menos 44%, enquanto a Starbucks, como indicado na Tabela 5.9, obtém 70 centavos de lucro bruto de cada dólar que ganha vendendo café. Ou, analisando mais a fundo, como também demonstra a Tabela 5.9, uma xícara de café expresso da Starbucks, cuja margem bruta é 90%, tem um custo de somente 10% em relação a seu preço de venda![29] A margem bruta corporativa geral da Starbucks caiu para cerca de 23% em 2007, uma queda de mais de 50% em comparação às suas margens de apenas sete anos antes. Esse declínio pode ser atribuído, em grande medida, à maior porcentagem de alimentos e de outros produtos com margens menores vendidos em suas lojas. A Microsoft, entretanto, ainda desfruta de uma margem bruta de aproximadamente 80%.

Em outros negócios, alguns dos quais ilegais, as margens brutas são também altas. O economista Steven Levitt, da Universidade de Chicago, e o sociólogo Sudir Venkadish, da Universidade de Harvard, analisaram os livros contábeis de uma gangue de drogas – um conjunto de demonstrações financeiras muito raro para ser analisado. Não surpreendentemente, eles descobriram que a gangue conseguia obter margens brutas bastante altas – em torno de 80% – vendendo *crack*.[30]

Uma vez um capitalista de risco disse: "A margem bruta é a melhor amiga do empreendedor. Ela consegue absorver todos os tipos de adversidade, exceto dois: filantropia ou disparate nos preços. Na verdade, nesse caso, os dois são sinônimos".[31] A margem bruta oferece ao empreendedor ainda iniciante espaço para respirar, permitindo que ele cometa erros caros e ainda assim mantenha seu potencial de rentabilidade. Contudo, em atividades em que a margem bruta é baixa – as mercearias, por exemplo —, é necessário minimizar os erros de administração e desperdício, bem como os roubos e furtos, porque as margens são muito pequenas e, por isso, não conseguem absorver esses custos. Um empreendimento com margem bruta baixa deve ter também volume, embora uma margem bruta alta possa sacrificar a receita unitária de vendas porque seu lucro final provém de altas margens. A empresa ideal, tal como a Microsoft, domina seu setor em relação à quantidade de vendas, mantendo ao mesmo tempo margens brutas altas. Isso é uma raridade. Os setores com margens brutas altas inevitavelmente atraem concorrentes que concorrem em preço, reduzindo, portanto, as margens brutas em todo o setor.

Por exemplo, os distribuidores de livros independentes costumavam desfrutar de margens brutas maiores que 35%. Essas margens brutas atraentes foram o principal motivo que levou cadeias importantes como a Barnes & Noble e a Amazon.com a entrar no mercado e a dominá-lo atualmente. Vinte anos atrás, os distribuidores independentes vendiam 60% de todos os títulos de livros. Desde 1991, a participação desses distribuidores no mercado de livros diminuiu de 32% para 10%. O número de concorrentes grandes aumentou por causa da atratividade das margens brutas.[32]

Sempre digo aos meus alunos na Kellogg, "Quando sair daqui, comece seu próprio negócio e tomara que tenha sorte o suficiente para ter uma boa margem bruta, mas pelo amor de Deus não se vanglorie por isso". Se alguém lhe perguntar "Como vão os negócios?", sempre encolha os ombros e dê uma resposta educada, do tipo "Nada mal, mas há sempre possibilidade de melhorar". Na maioria das vezes é difícil manter margens brutas altas. Uma das formas de as empresas conseguirem isso é tendo patentes ou direitos sobre o produto, instituindo um monopólio legal durante um período. Esse foi o caso do produto Nutrasweet, adoçante artificial cuja patente expirou em 1999.

Paradoxalmente, nem todo empreendedor se interessa por empreendimentos com margens brutas altas. Um dos principais motivos, como mencionado antes, é a inevitabilidade de uma concorrência acirrada. Portanto, os empreendedores que se interessam por empreendimentos com margens brutas baixas são aqueles que enxergam a excelência na execução operacional como vantagem competitiva ou barreira à entrada dos concorrentes. Por exemplo, como já foi dito, o setor de fabricação de computadores é reconhecidamente um setor de margens brutas baixas. Não obstante esse fato, a Dell Computers consegue prosperar e ser a segunda fabricante mundial por sua excelência operacional – a empresa mantém um estoque de quatro dias, enquanto na Hewlett-Packard esse número sobe para dez. Isso significa que a Dell consegue girar seu estoque mais de 83 vezes ao ano, enquanto a média do setor é de 4,9 vezes. O melhor exemplo de empreendedor que conhece sua vantagem competitiva é Michael Dell, que afirmou que não estava satisfeito com o estoque de quatro dias da empresa – sua meta final é medir o estoque da Dell não em dias, mas em horas.[33]

A margem bruta é um fator que exige grande atenção do empreendedor tanto no plano de negócios quanto ao longo das atividades operacionais da empresa. No caso dos pequenos empreendedores, que tocam a empresa fortuitamente, a margem bruta talvez seja obtida por acaso. Visto que a estratégia é vender o que quer que possa ser vendido e a qualquer custo, os pequenos empreendimentos esperam absorver os custos e tudo quanto possa entrar no lucro líquido.

O empreendedor de alto crescimento, em contraposição, administra a empresa com um plano em mente. Ele espera que ela cresça a uma determinada taxa e planeja ter um determinado nível de margem bruta. Ele deseja ter uma empresa com o intuito de criar riqueza e, portanto, é absolutamente obstinado no tocante à administração das margens brutas. A pergunta que se segue logicamente é: como é possível aumentar a margem bruta?

Corte nos custos de mão de obra e/ou matéria-prima

Formas de diminuir os custos de mão de obra:

- Ofereça treinamento aos funcionários para que possam aumentar a produtividade.

- Diminua a força de trabalho. Tenha menos funcionários, porém que trabalhem mais eficientemente. A GE, uma das empresas mais rentáveis do mundo, fez exatamente isso. No período de oito anos, a empresa cortou 208.000 empregos no mundo inteiro. Em uma de suas divisões, cortou 108.000 empregos e aumentou seus lucros em 21%.[34]
- Reduza o absenteísmo dos funcionários, porque isso aumenta os custos de mão de obra em virtude da necessidade de pagar hora extra. Pesquisas no setor demonstraram que o absenteísmo de funcionários vem se mantendo em seu ponto máximo desde 1999 e pode custar às empresas até 15% de sua folha de pagamento.
- Utilize tecnologia para melhorar a produtividade dos funcionários. Por exemplo, as franquias do McDonald's utilizaram tecnologia para diminuir os custos de mão de obra. O processo de produção foi automatizado a ponto de uma única pessoa agora conseguir fazer o trabalho que costumava exigir quatro pessoas na preparação da comida.
- Aumentar o volume. O custo por item produzido ou o custo por serviço prestado deve diminuir à proporção que o volume aumenta. Os custos de mãos de obra devem diminuir à medida que os funcionários ganharem maior experiência. As pessoas aprendem mais e, portanto, devem se tornar mais eficientes, mesmo que isso não ocorra com a introdução de novas tecnologias.
- Tente encontrar mão de obra mais barata. As empresas podem transferir suas operações, por exemplo, para uma região diferente do país ou para o exterior em local onde a mão de obra é mais barata. Por exemplo, a Nike fabrica todos os seus produtos fora dos Estados Unidos, em países cujo custo de mão de obra é baixo, como a China e a Tailândia, onde a mão de obra não qualificada pode chegar a um custo mínimo de US$ 0,67 por hora ou 3% do custo de remuneração média por hora com trabalhadores de produção nos Estados Unidos no mesmo ano. Mesmo a mão de obra qualificada pode ser significativamente mais barata fora dos Estados Unidos. A Draft Dynamix, principal empresa de desenvolvimento de *software* de esportes, utilizou programadores de *software* na Índia para desenvolver seu primeiro produto. O trabalho desses programadores custou cerca de US$ 20 por hora, quando o mesmo trabalho nos Estados Unidos chega a custar US$ 60 por hora. Ao longo de um ano, a terceirização desse trabalho na Índia gerou uma economia de mais de US$ 90.000 para a Draft Dynamix. O diretor executivo da empresa, Ted Kasten, dá sua opinião sobre a contratação de mão de obra no exterior: "Devo advertir que não se trata de uma economia de toma lá dá cá. Trabalhar com consultores e programadores de *software* do exterior exige mais tempo por serviço que com um programador que more nos Estados Unidos, por causa das diferenças de horário e distância". "Contudo", explica ele, "não teríamos conseguido nos sair bem sem esses programadores. A economia de custo com essa mão de obra nos permitiu sobreviver por um tempo suficiente para começar a gerar receitas." Recentemente, a Draft Dynamix licenciou seu produto para a CBS Sportline e ESPN.com, dois dos principais *sites* de esportes virtuais na *Internet*, e garantiu para si uma nova rodada

de investidores-anjos.* Vale uma advertência: utilizar mão de obra do exterior às vezes tem seus riscos. Após os ataques terroristas em 11 de setembro de 2001 em Nova York, a Product Development Technologies Inc. (PDT), estabelecida em Illinois, esboçou alguns planos para terceirizar o trabalho de fabricação no Brasil para um determinado cliente. A empresa estava preocupada com a confiabilidade das remessas aéreas provenientes do exterior. A fabricação de peças no próprio país chegava a extorquir US$ 60.000 dos lucros porque os custos de mão de obra eram 30% mais altos. Porém, o proprietário da PDT ponderou: "Não podemos nos dar ao luxo de nem mesmo de uma só semana de atraso".[35]

- Ofereça aos funcionários opções de compra de ações, unidades de ações restritas ou outros programas de incentivo, em vez de salários mais altos.
- Diminua os custos de benefício dos funcionários. Os prêmios de seguro-saúde do empregador aumentaram 81% desde 2000. Na verdade, um levantamento feito entre as pequenas empresas, conduzido pela Federação Nacional de Negócios Independentes e pela Wells Fargo, demonstrou que o custo do seguro-saúde era a principal preocupação dos proprietários de pequenas empresas. O setor de seguro-saúde está sempre mudando, mas opções como as contas de poupança de saúde e os acordos de reembolso de despesas médicas oferecem mecanismos que possibilitam que os empregadores controlem os custos.[36]
- Para diminuir o número de funcionários não qualificados com salários mais altos, a rotatividade de pessoal deve ser contínua. Por exemplo, os restaurantes *fast-food* estabelecem e procuram realizar anualmente uma determinada quantidade de rotatividade de pessoal no quadro de funcionários não qualificados porque os novos custam menos.
- Procure adotar boas habilidades de gerenciamento. Uma das formas mais fáceis de diminuir os custos de mão de obra é o empreendedor gerenciar seus funcionários. Ele precisa gerenciar, recorrer à boa e velha maneira de gerenciar pessoas, o que significa estabelecer expectativas, oferecendo aos funcionários as ferramentas necessárias e responsabilizando-os por seu próprio desempenho.

Formas de diminuir os custos de matéria-prima:

- Tente obter propostas competitivas dos fornecedores, pois isso pode viabilizar a compra de matéria-prima a um custo menor.
- Compre quantidades maiores para obter descontos. O problema aqui é o custo de manutenção do estoque. Em teoria, ninguém deseja aumentar o estoque. Portanto, o empreendedor deve comprometer-se com seus fornecedores de comprar uma determinada quantidade ao longo de um período. Esse compromisso provavelmente gerará descontos de preço. O compromisso, em contraste com a estratégia de compra, permite que os empreendedores mantenham um baixo nível de estoque,

---

* N de R.T.: Expressão utilizada em referência aos investidores dos novos negócios, principalmente quando estes ainda estão em fase inicial.

diminuam os custos e tenham um caixa de reserva para outros investimentos e aplicações.
- Terceirize parte da produção. Alguém mais talvez tenha competência para produzir um produto ou serviço ou fornecer um componente específico por um custo inferior.
- Utilize alguma matéria-prima substituta no processo de produção, que possa ser comprada a um custo menor. Em teoria, você deseja manter a mesma qualidade do produto, mas de fato existe a possibilidade de obter uma matéria-prima substituta provavelmente menos cara.
- Administre o desperdício, os furtos e a obsolescência. Os materiais que são furtados, jogados fora ou destruídos, ou que estejam encostados por obsolescência, afetam negativamente os custos de matéria-prima.
- Controle a qualidade nos vários estágios do processo de fabricação antes de agregar valor, o que difere da tradicional forma de controlar a qualidade somente no final do processo. Os custos de desperdício e retrabalho são sempre maiores quando se utiliza o processo de controle de qualidade no final.
- Aloque as pessoas mais experientes e treinadas às atividades cujo nível de detalhe é maior ou que sejam mais trabalhosas – por exemplo, cortar todos os padrões —, porque elas certamente têm maior habilidade para cortar mais padrões por jarda quadrada do que um funcionário inexperiente. Por exemplo:

	Trabalhador 1	Trabalhador 2
Custo de material por jarda (0,8361 metro)	US$ 10	US$ 10
Unidades cortadas por jarda	4	2
Custo por unidade	US$ 2,50	US$ 5

Portanto, o custo por unidade do Trabalhador 1 é menor porque o desperdício de material é menor.

Elevação do preço

O empreendedor pode aumentar as margens brutas elevando o preço do produto ou serviço, supondo, é claro, que os custos não aumentem proporcionalmente. Embora muito se tenha feito em relação à compressão dos diversos fatores que podem dar poder de precificação à empresa, a melhor maneira de aumentar a rentabilidade elevando os preços é diferenciar e agregar valor ao produto ou serviço pelo qual o cliente pagará. A Linear Technology, fabricante de semicondutores avaliada em US$ 1,1 bilhão, é um excelente exemplo de empresa que conseguiu obter esse poder de precificação por meio da diferenciação. Diferentemente de pesos pesados do setor como a Intel, que se concentra em clientes maiores cuja demanda por *chips* do tipo comoditizado é imensa, a Linear optou por atuar à margem e vender para clientes menores com necessidades que a Linear pode atender melhor do que a concorrência. O resultado? O preço dos *chips* da Linear é três vezes superior aos de seus rivais e a empresa obteve uma margem de lucro líquido de 39% em 2006, passando na frente das potências mais conhecidas no setor tecnológico em matéria de geração de lucro, a Microsoft Corp. e Google Inc., que obtiveram uma margem de 26% e 24%, respectivamente.[37]

Curiosamente, por um curto período, algumas empresas conseguiram pôr em cheque a importância dos princípios empresariais com respeito à margem bruta. Isso ocorreu em grande medida no setor de comércio eletrônico, em que a maioria das empresas concentrava-se principalmente no crescimento das receitas mesmo que tivessem de sacrificar a margem bruta. Por exemplo, a buy.com antes vendia mercadorias, comos CDs, livros, vídeos, *software* e equipamentos para computadores, ao preço de custo e, surpreendentemente, às vezes abaixo do preço de custo. Essa empresa prometia as menores ofertas de preço na *Internet*. Consequentemente, sua margem bruta era zero e algumas vezes negativa! Não obstante esses fatos, a buy.com, fundada em 1996, registrou uma receita de US% 111 milhões em 1998 e uma valorização pública de mercado de mais de US$ 4000 milhões.[38]

Mas a realidade deu as caras e, por volta de setembro de 2001, os abutres estavam voando em círculos, com processos judiciais de ação coletiva por parte dos acionistas. Em apenas um ano, o preço da ação da buy.com despencou de um valor um pouco acima de US$ 30, preço este do dia de abertura, para cerca de US$ 0,08 por ação. As ações da buy.com saíram da lista da Nasdaq em 14 de agosto de 2001. Espero que nessa época o fundo de poupança da faculdade de seu filho não estivesse atrelado a essa ação. Brincadeiras à parte, esses casos infames – nos quais os dirigentes "deixam os princípios escapar" – ocorrem todos os dias de uma maneira bem mais sutil em todos os setores de negócios. Quando os empreendedores ignoram os princípios financeiros ou simplesmente confiam sua guarda a outra pessoa, eles estão pedindo para ter problemas.

Antes de encerrar esta seção sobre margem bruta, analisemos o caso da Clark Company. Quais são as margens brutas da Clark Company? São as seguintes:

- 2005: 70%
- 2006: 72%
- 2007: 64%

As margens brutas da empresa são excelentes – mais de 60% em todos os três anos. Entretanto, percebe-se um declínio de oito pontos percentuais em 2007 nessas margens, uma indicação de que algo mudou.

Quais são os possíveis motivos dessa queda na margem bruta?

- Pode ter havido uma mudança no *mix* de produtos que está sendo vendido. Deve ter sido vendida uma porcentagem mais alta de itens com margem menor.
- O custo dos suprimentos deve ter aumentado.
- A empresa talvez tenha mudado seu sistema contábil do método de regime de caixa para o de competência. Essa mudança não altera em nada o momento de recebimentos de caixa; como se trata de um negócio com recebimentos à vista e, por esse motivo, a empresa não tem contas a receber, a mudança no sistema contábil

não afetará o momento de reconhecimento das receitas. Contudo, essa mudança no sistema contábil, por forçar a empresa a reconhecer os custos mais cedo, diminui a margem bruta e, portanto, diminui igualmente o lucro líquido.
- A empresa talvez esteja comprando de diferentes fornecedores, a um custo maior, e/ou vendendo para diferentes clientes.

Uma análise da DRE mostra que 2006 foi o primeiro ano em que os produtos foram devolvidos. Além disso, e mais importante, como mostra a nota na parte inferior da demonstração, houve uma mudança no método contábil, de caixa para competência. E como acabamos de afirmar, essa mudança não afeta as receitas porque se trata de um negócio com recebimentos à vista. Entretanto, influi negativamente em todas as três margens porque mais despesas estão sendo reconhecidas. Portanto, em consequência dessa mudança, não estamos comparando "maçãs com maçãs" em relação ao ano anterior.

MARGENS LÍQUIDAS

O que se considera uma margem líquida aceitável? Concluímos que as margens brutas da Clark Company são excelentes. Mas até que ponto suas margens líquidas são comparáveis? Em geral, margens líquidas de 5% ou superiores são consideradas extremamente boas. De acordo com o Hussman Funds, desde 1955 as margens líquidas médias das 500 maiores empresas americanas giraram em torno de 5,5% e 7,5%. Na realidade, 2006 foi um ano excepcional para as grandes corporações americanas, visto que as maiores empresas americanas listadas na *Fortune 500* geraram uma margem de lucro de 7,9% após os impostos, o que equivale a US$ 785 bilhões. Isso representou um aumento de 25% em relação a 2005, obliterando o pico cíclico anterior de US$ 444 bilhões. As três empresas com melhor classificação em termos de lucro líquido, em nível mundial, estavam estabelecidas nos Estados Unidos. As margens líquidas dessas empresas são mostradas na Tabela 5.10.

Como as empresas de capital fechado querem minimizar os impostos, elas diminuem o lucro operacional, o que, por sua vez, diminui o lucro líquido. O que queremos dizer com isso é que o lucro líquido normalmente é um número manipulado que atenua o verdadeiro desempenho financeiro da empresa. Algumas exceções podem ser as empresas que estão se preparando para abrir seu capital ou para serem vendidas. Essas empresas querem passar uma imagem de solidez financeira, tanto quanto possível.

Em contraposição, a empresa de capital aberto busca agressivamente obter margem líquida positiva, a mais alta possível, porque ela afeta o preço das ações. Como comentou um administrador de investimentos, "Há uma tendência de as empresas fazerem de tudo para gerar o tipo de lucro positivo que Wall Street exige".[39] Por exemplo, alguns anos atrás, a America Online decidiu não reconhecer algumas despesas de *marketing* desmedidas em sua busca por lucros anuais positivos. A Comissão de Valores Mobiliários dos Estados Unidos (SEC) descobriu a verdade e forçou a AOL a descontar mais de US$ 385 milhões do lucro em 1996, eliminando todos os lucros que a empresa havia obtido até aquele momento.

Tabela 5.10 As dez maiores margens líquidas

Empresa	Margem líquida (%)
Ambac Financial Group	45,3
Prologics	42,7
Public Storage	41,2
MGIC Investment	41,1
Linear Technology	40,3
Gilead Sciences	40,1
QUALCOMM	37,4
Yahoo!	36,1
Burlington Resources	35,7
Apache	35,2

Fonte: *BusinessWeek*, abril de 2006.

O melhor exemplo desse tipo de tramoia foi o da Enron, a ex-queridinha de Wall Street. Por meio de transações não registráveis no balanço patrimonial, a Enron mascarou centenas de milhões de dólares em prejuízos em seu esforço para sobrepujar continuamente as estimativas dos analistas. O castelo de cartas por fim desmoronou. Um ano depois de ter ficado em sétimo lugar na lista da *Fortune 500*, a Enron pediu falência. O massacre foi sério. Mais de 5.600 funcionários perderam o emprego e, em muitos casos, o que haviam poupado ao longo da vida. Mais de 20.000 credores foram deixados com uma dívida de US$ 63 bilhões e vários bilhões de valor para o acionista foram perdidos.[40,41]

A regulamentação do governo passou a alvejar esse tipo de comportamento fraudulento, e isso teve um impacto. Um levantamento realizado em 2002 indicou que 59% dos diretores financeiros divulgam mais informações nas demonstrações financeiras do que costumavam divulgar antes e 57% disseram que planejavam divulgar mais informações nos 12 meses seguintes.[42] Além disso, a lei Sarbanes-Oxley dirigiu-se a esse tipo de irregularidade e mudou a forma de atuação das diretorias corporativas e das empresas de auditoria. Entretanto, esse problema nunca desaparecerá por completo. Portanto, ao analisar as demonstrações financeiras de uma empresa de capital fechado ou aberto, tome cuidado. As coisas – em especial o lucro líquido – podem ser significativamente diferentes daquilo que as demonstrações mostram.

O problema de examinar apenas o lucro líquido de uma empresa de capital aberto ou fechado é que o lucro não paga as contas. O fluxo de caixa sim. O lucro líquido normalmente abranda o fluxo de caixa da empresa porque não inclui despesas não monetárias como a depreciação e a amortização. Além disso, os dispêndios que não têm nada a ver com as atividades operacionais talvez também estejam incluídos, diminuindo o lucro líquido da empresa. É comum os proprietários de empresas de capital fechado lançar determinadas despesas pessoais na DRE porque acreditam que isso seja um dos privilégios de ser dono. Portanto, deve-se perceber que o lucro líquido pode ser, e normalmente é, um número manipulado. Por exemplo, em vida, Leona Hemsley, dona de vários hotéis sofisticados em Nova York, fez várias melhorias em sua casa e as deduziu do lucro da empresa, diminuindo desse modo os impostos devidos. Ela foi condenada por sonegação de impostos e cumpriu um tempo na prisão. Uma das evidências incontestáveis utilizadas para condená-la foi o depoimento de um funcionário, que disse que ela teria afirmado que "apenas as pessoas pobres pagam impostos".

O fato de o lucro líquido poder ser um número manipulado fica mais evidente na controvérsia sobre o filme *Forrest Gump*, que gerou uma receita bruta de mais de US$ 600 milhões no mundo inteiro, tornando-se um dos filmes de maior receita bruta da história. O camarada que havia concordado em pegar uma porcentagem do lucro líquido do filme como remuneração é quem havia escrito a história. Acredite ou não, esse filme nunca divulgou nenhum lucro líquido positivo. Portanto, nada era devido ao escritor. Essa questão ficou em discussão durante vários anos e recentemente foi resolvida, abrindo finalmente as portas para a sequência há tanto tempo esperada desse verdadeiro campeão de bilheteria. Qual é a moral da história do ponto de vista do empreendedorismo? Enquanto autor, criador ou inventor, nunca concorde em obter uma porcentagem do lucro líquido porque você não tem controle sobre as despesas, sejam elas reais ou simuladas.

Inversamente, se você for o empreendedor, sempre tente pagar os investidores com base no lucro líquido, nunca nas receitas. Muitos empreendedores enfrentaram problemas financeiros por pagar com base nas receitas, porque ao oferecer uma porcentagem das receitas a alguém ("sem pensar com cuidado") eles não levam em conta se o fluxo de caixa da empresa é positivo.

O último problema que deve ser evidenciado, com respeito a dar exagerada importância aos ganhos líquidos, é que o número correspondente ao lucro líquido não informa a origem desses ganhos. Eles provêm das operações da empresa ou de instrumentos financeiros? Uma empresa fundamentalmente sólida extrai a maior parte de seus lucros de suas operações, em especial da venda dos produtos ou dos serviços prestados, não dos juros ganhos sobre o capital investido. Se dependesse principalmente dos juros ganhos, isso forçaria a empresa a entrar para atividade de administração de investimentos. A Yahoo!, que sempre foi aclamada como uma das poucas empresas lucrativas na *Internet*, se viu justificadamente criticada em 1997 e 1998. Essa crítica veio da observação de que "em 1997 e 1998, a receita com juros da Yahoo! respondia por cerca de 40% de seu lucro líquido. Em comparação, a receita com juros da Cisco em 1998 equivalia a apenas 12,5% de seus ganhos e o da Microsoft a 15,5%".[43] Como mencionado no Capítulo 2, a Yahoo! começou a entrar em uma séria espiral descendente em 2001 e está lutando para se recuperar.

Antes de encerrar esta seção, analisemos o lucro líquido da Clark Company. As margens líquidas dessa empresa são 25%, 24% e 14% em 2005, 2006 e 2007, respectivamente. Isso poderia indicar que as margens líquidas da empresa são excelentes. Entretanto, a tendência é declinante, com a ressalva de que o último ano foi afetado de forma negativa pela mudança de método contábil analisada anteriormente.

OUTRAS QUESTÕES QUE DEVEM SER CONSIDERADAS

O proprietário está administrando a empresa em tempo integral?

Ao avaliar a DRE da Clark Company, é possível encontrar evidências de que o proprietário talvez não fique em tempo integral na empresa. Primeiro, há um aumento nos salários, o que pode indicar a contratação de um novo funcionário para administrar a empresa, considerando que o proprietário tem ficado livre por mais tempo. O exame das demonstrações financeiras da empresa requer uma análise minuciosa da seção de salários. É importante perguntar: Quem são os funcionários? Esses funcionários de fato existem? Em algumas cidades como Chicago, sabe-se que pessoas já falecidas votaram nas eleições e elas também aparecem nas folhas de pagamento do município. Se em uma auditoria legal e financeira lhe fornecerem o nome de um funcionário, você deve examinar se o sobrenome desse funcionário bate com o sobrenome do proprietário. Seria também sensato fazer esta pergunta em seguida: "Quantos funcionários são parentes e quais são sua incumbência e responsabilidades específicas?". Talvez os salários tenham aumentado porque um parente do proprietário foi adicionado à folha de pagamento e está recebendo um salário exorbitante para não fazer nada ou para fazer algo tão simples quanto abrir e fechar a empresa todos os dias.

A Figura 5.9 apresenta as projeções financeiras de 2008 da Clark Company, com base em suas informações históricas.

Como você pode ter certeza de que os números estão corretos? É bem provável que não estejam. É raro os números reais corresponderem às projeções. A demonstração *pro forma* é apenas uma conjectura.

Receitas

Historicamente, se examinarmos a DRE *pro forma* da Clark Company mostrada na Figura 5.9, o melhor caso é uma queda de 2% nas receitas; o pior caso é uma queda de 16%. E o caso mais provável é considerado uma média desses dois extremos – uma queda de 9%. Esse é um raciocínio sensato e lógico para projetar as receitas das vendas.

Margens brutas

Com respeito às margens brutas, não há tendências claras nos dados fornecidos, relativos aos três anos analisados. As margens brutas aumentaram entre 2005 e 2006 e depois diminuíram entre 2006 e 2007. A margem bruta do melhor caso seria 72%, do pior caso seria 64% e do caso mais provável seria uma média das duas – 68%. Novamente, o raciocínio por trás da elaboração dessas projeções é bastante lógico, e é isso o que os financiadores esperam encontrar.

	Melhor caso	Pior caso	Caso mais provável
Receitas			
Vendas brutas	111.187	95.303	103.245
Descontos e devoluções			
Custo das mercadorias vendidas	31.132	35.262	33.555
Lucros brutos	80.055	60.041	69.690
Despesas			
Propaganda	3.336	2.859	3.097
Perdas com incobráveis	111	95	103
Despesas com automóvel	1.112	953	1.032
Depreciação	835	835	835
Programas de benefícios aos funcionários	2.470	2.914	1.915
Seguro	2.224	1.906	2.065
Juros			
Hipoteca			
Outros			
Serviços profissionais			
Despesas de escritório	9.200	9.200	9.200
Outros gastos com imóveis da empresa	13.400	13.400	13.400
Reparos e manutenção			
Suprimentos	226	226	226
Impostos e licenças	1.112	953	1.032
Viagens			
Alimentação e entretenimento	173	173	173
Serviços de utilidade pública	2.600	2.600	2.600
Salários	12.200	12.200	12.200
Outros			
Frete	1.245	1.245	1.245
Imposto sobre vendas	7.783	6.671	7.227
Total de despesas	55.556	53.317	54.437
Lucros ou prejuízos líquidos	**24.499**	**6.724**	**15.253**

Figura 5.9 DRE *pro forma* de 2008 da Clark Company.

NOTAS

1. Jamie Pratt, *Financial Accounting*, 2ª ed. (Cincinnati, Ohio, South-Western Publishing Co., 1994), p. 709.
2. *Chicago Tribune*, 25 de julho de 2000, p. 12.
3. *Ibid.*
4. *Ibid.*
5. *Ibid.*
6. *Crain's Chicago Business*, 1º de outubro de 2001.
7. Classificação das empresas do setor de equipamentos de escritório da Reuters.com, acessado em julho de 2007.
8. Classificação da indústria farmacêutica segundo Reuters.com em julho de 2007.
9. Finanças da Amazon.com, de acordo com a compilação da Reuters.com, julho de 2007.
10. Dell, Relatório Anual de 2006.
11. "The Wal-Mart of High Tech?", *Fast Company*, novembro de 2004.
12. "What's Wrong with This Picture? Nothing!", *Inc.*, junho de 2007.
13. Lawrence H. Officer e Samuel H. Williamson, "Annual Inflation Rates in the United States, 1774-2006, and United Kingdom, 1265-2006", MeasuringWorth.com, 2007.
14. Team Marketing Report, www.teammarketing.com, 2007.
15. "NFL Ticket Prices Rise for Third Straight Year", *USA Today*, 6 de setembro de 2006.
16. Classificação *Fortune* de 2007 dos setores de mais rápido crescimento na *Fortune 500*.
17. *Ibid.*
18. "A Profit Gusher of Epic Proportions", *Fortune*, 15 de abril de 2007.
19. Eric Nee, "Defending the Desktop", *Forbes*, 28 de dezembro de 1998, pp. 53-54.
20. Richard Murphy, "Michael Dell", *Success*.
21. John Anderson, "The Company that Grew Too Fast", Inc.com, da revista *Inc.*, novembro de 2005.
22. Howard Schultz, *e-mail* para a alta administração da Starbucks, 14 de fevereiro de 2007.
23. CIT Commercial Services e *Home Furnishing News*, Pesquisa de 2002 sobre Concentração no Cliente.
24. *Boston Business Journal*, 18 de junho de 2004.
25. *Boston Herald*, 12 de junho de 2007.
26. "Toyota Tops GM in World Auto Sales", MSNBC.com, 24 de abril de 2007.
27. "In Praise of Third Place", *The New Yorker*, 4 de dezembro de 2006.
28. *Business Week*, 7 de setembro de 1998.
28a. Demonstrações financeiras corporativas de 2007 de acordo com a compilação da Reuters.
29. Bruce Horovitz, "Big Markups Drive Starbucks' Growth", *USA Today*, 30 de abril de 1998, p. 1B.
30. Scott Woolley, "Greedy Bosses", *Forbes*, 24 de agosto de 1998, p. 53.
31. Mid-Atlantic Venture Partners, 1997.
32. Shawn Rea, "Buy the Book", *Black Enterprise*, fevereiro de 1999, p. 176.
33. Dados financeiros da Dell de acordo com a Hoovers, julho de 1007.

34. Robert Sherrill, "Corporate Cannibalism at GE", *Chicago Sun-Times*, 22 de novembro de 1998, p. 20E.
35. James B. Arndorfer, "Attacks Show Risks of Exporting Jobs", *Crain's Chicago Business*, 1º de outubro de 2001.
36. Bruce Phillips, "Small Business Problems and Priorities", Federação Nacional de Negócios Independentes, junho de 2004.
37. "Pricing Power: In a Tech Backwater, a Profit Fortress Rises", Wall Street Journal, 10 de julho de 2007.
38. Alex Gove, "Margin of Error", Red Herring, fevereiro de 1999, p. 140.
39. Thor Valdmanis, "Cooking the Books, a Common Trick of the Trade", USA Today, 11 de agosto de 1998.
40. "The Fall of Enron", NPR.com.
41. "From Collapse to Convictions: A Timeline", CBS News Online, 23 de outubro de 2006.
42. "The Fear of All Sums", CFO Magazine, 1º de agosto de 2002.
43. Forbes ASAP, 22 de fevereiro de 1999, p. 24.

CAPÍTULO 6

Administração do Fluxo de Caixa

INTRODUÇÃO

Nada é tão importante para uma empresa quanto o fluxo de caixa positivo. Como sempre digo aos meus alunos, "Para qualquer empresa, dependendo do sexo do empreendedor, o fluxo de caixa positivo é rei ou rainha!". Sem caixa, o empreendedor não conseguirá comprar estoque nem equipamentos, pagar os funcionários, pagar as faturas e os serviços de utilidade pública ou saldar uma dívida. O caixa é necessário não apenas para manter a empresa andando, mas também para fazê-la crescer. Seth Godin é o fundador da Yoyodyne, empresa de *marketing* direto *on-line* que posteriormente vendeu para a Yahoo! por US$ 30 milhões. Enquanto empreendedor, Godin, que fez sua empresa crescer nos primeiros anos com esforço próprio, assinala que para o dono da empresa a felicidade reduz-se a uma questão básica: fluxo de caixa positivo.[1] As empresas que não conseguem ter fluxo de caixa positivo são basicamente organizações sem fins lucrativos involuntárias que com o tempo acabam se tornando insolventes. Foi por isso que tantas empresas ponto-com tornaram-se, na verdade, ponto-bomba.

TIPOS DE FLUXO DE CAIXA

O fluxo de caixa da empresa em geral é chamado de LAJIDA ou EBITDA (*earnings before interest, taxes, depreciation, and amortization*), que é um acrônimo de lucro antes dos juros, impostos, depreciações e amortizações. O EBITDA é o caixa disponível para saldar as dívidas (isto é, pagar o principal e os juros), pagar os impostos, comprar bens de capital e gerar lucro para os acionistas depois que todas as despesas operacionais da empresa forem pagas. O EBITDA da empresa é calculado de acordo com a Equação 6.1.

Vale notar que a verdadeira situação do caixa da empresa inclui a soma da depreciação e da amortização. Embora esses dois elementos possam ser computados como des-

Equação 6.1 EBITDA

	Lucros líquidos
Mais	Juros
Mais	Impostos
Mais	Depreciação
Mais	Amortização
Igual	**EBITDA**

pesas na demonstração de resultado do exercício (DRE), são dispêndios não monetários, como explicado no Capítulo 4. Sua presença na DRE ajuda o fluxo de caixa da empresa porque reduz os lucros tributáveis. É pelo fato de contabilizar a depreciação e a amortização que mesmo uma empresa com lucros líquidos negativos na DRE ainda assim pode ter um fluxo de caixa positivo.

Embora seja importante que o empreendedor saiba o que é EBITDA ou fluxo de caixa livre (FCL), ele deve também compreender que ambos são apenas descrições usadas na demonstração de fluxo de caixa. Eles indicam qual o fluxo de caixa ideal para a empresa. Infelizmente, para os empreendedores, o ideal e o real com frequência guardam quilômetros de distância entre si. É comum ouvir os empreendedores dizer: "No papel, os dados do meu fluxo de caixa mostram que a empresa está prosperando e fazendo muito dinheiro, mas na realidade não estamos pobres de caixa e passando fome". Os empreendedores costumam fazer esse comentário porque o dinheiro devido à empresa ainda não foi pago. Por exemplo, a empresa poderia ter registrado um mês extraordinário de crescimento nas receitas, de tal modo que pudesse usar todo o caixa real para financiar esse crescimento pagando hora extra aos funcionários e as matérias-primas usadas na fabricação do produto. Cerca de 90% dos produtos do mês foram despachados no último dia do mês, com prazo de pagamento de 30 dias líquidos. Esse cenário indica uma circunstância em que, na demonstração de resultados daquele mês, o fluxo de caixa parece saudável, mas a realidade é que o dinheiro na realidade só entrará no mínimo 30 dias depois. A situação "rico no papel/pobre de caixa"* ocorreu pelo fato de se ter aproveitado a oportunidade para aumentar as receitas lucrativas da empresa.

Quando relacionada à má administração do fluxo de caixa, a situação rico no papel/pobre de caixa ocorre quando o pagamento do montante devido pelo cliente está atrasado. Para ter êxito, o empreendedor deve agir como um buldogue e ser absolutamente vigilante para maximizar o fluxo de caixa diário real da empresa.

É essencial assegurar que a empresa tenha dinheiro suficiente em caixa para financiar suas operações e pagar suas obrigações. É importante implantar um método que possibilite que o empreendedor monitore de maneira apropriada tanto os recebimentos de caixa esperados (isto é, as entradas de caixa) quanto as contas a pagar (isto é, as saídas

---

* N de R.T.: A situação deve-se ao registro da receita, mas não á sua efetiva entrada no caixa da empresa.

de caixa). Sem um método eficiente de administração do fluxo de caixa, as consequências negativas sobre o lucro líquido da empresa podem ser graves. Por exemplo, no caso das empresas de serviços, cujas despesas concentram-se em grande medida nos custos de mão de obra, os lucros diminuem a cada semana desnecessária que levar para pagar os custos. No caso das empresas industriais, esse problema é ainda mais grave, visto que em geral elas têm de gastar logo de saída grandes quantias na compra de matéria-prima, na produção e no estoque. Além disso, o tempo de espera entre as saídas de caixa e as contas pagas pelos clientes é longo. De que modo o atraso nos recebimentos de caixa diminui os lucros?

A importância de administrar com precisão as necessidades de caixa da empresa é evidenciada pelo exemplo a seguir. O Gartner Group, empresa de consultoria em alta tecnologia, gerou US$ 1,06 bilhão em receitas em 2006. Quando o fundador Michael Fernandez e seus cofundadores estavam levantando capital para a empresa, decidiram estabelecer o teto de US$ 30 milhões, embora pudessem levantar duas vezes mais. Eles fixaram esse limite porque queriam restringir a porcentagem de patrimônio da qual eles teriam de abrir mão. Entretanto, eles não previram os problemas que enfrentariam ao tentar desenvolver um novo produto para a empresa, nem avaliaram adequadamente as necessidades de caixa durante esse período crítico.

Um dos problemas foi o encerramento de atividades da empresa que fabricava as unidades de disco para os notebooks do Gartner Group. Visto que havia uma única empresa preparada para fabricar essas unidades, o Gartner teve de enfrentar atrasos na produção até encontrar outro fabricante. Assim que conseguiu identificá-lo, o grupo foi obrigado a despender vários meses na reestruturação da unidade de disco para que o novo fabricante pudesse produzi-la. Nesse meio tempo, a empresa ficou sem dinheiro e foi forçada a pedir falência sob o Capítulo 11. A lição que Fernandez aprendeu na carne é que é fundamental concentrar-se no fluxo de caixa. Como ele mesmo assinala, "Estávamos obcecados por receitas e lucro e tentando nos atrelar ao capital do acionista", e não ao fluxo de caixa.[2] Hoje ele sustenta que seus executivos e funcionários estão de olho no fluxo do caixa todo santo dia. Entretanto, essa é uma área em que poucos empreendedores se concentram, em particular quando estão começando a empresa.

Há exemplos infindáveis de empreendedores que cometem a negligência de não realizar com prudência a administração do fluxo de caixa, especificamente quando a empresa está se saindo bem. Como disse Godin em 1998, "pensamos nisso [no fluxo caixa] todos os dias. Mas muitas pessoas se esquecem, em tempos tão bons quanto os dos últimos anos, que o mundo dos negócios é cíclico e que você precisa de dinheiro para fazer dinheiro".[3] Quanto mais sólida a economia e mais rápido o crescimento da empresa, mais facilmente ignoramos os controles de fluxo de caixa, às vezes sem sofrer consequências negativas imediatas. Contudo, no devido tempo, quando houver uma retração na economia, o empreendedor poderá enfrentar uma crise financeira. Como me disse uma vez um contador público certificado, "A melhor coisa que existe com relação aos ciclos econômicos voláteis é que eles fazem os dirigentes se lembrar de voltar novamente sua atenção para os princípios". Na verdade, durante um revés no fluxo de caixa, o crescimento rápido normalmente exacerba os problemas porque as empresas utilizam o caixa para pagar suprimentos e a folha de pagamento – com frequência a um ritmo acelerado em virtude do rápido crescimento – e ao mesmo tempo precisam esperar longos períodos para cobrar as contas a receber.

Um bom exemplo é Douglas Roberson, presidente da Atlantic Network Systems, integradora de sistemas de dados e voz. As receitas da empresa quadruplicaram de US$ 100.000 em seu primeiro ano para US$ 460.000 no ano seguinte. Durante esse período de crescimento, os membros de sua equipe não se preocuparam com o fluxo de caixa porque a taxa de crescimento das vendas era fenomenal. "Eu de fato acreditava que, quanto mais as empresas nos deviam, mais estávamos em forma", confessou Roberson.[4] Somente quando sua empresa atravessou um longo período sem poder cobrar suas contas a receber é que Roberson se deu conta da importância de administrar o caixa. Sua empresa precisou utilizar linhas de crédito para dar continuidade às suas atividades enquanto aguardava o pagamento das faturas. Foi uma verdadeira lição. Como a maioria dos empreendedores, ele aprendeu que administrar o fluxo de caixa é diferente de acumular vendas. "Se não projetar seriamente o montante que precisará para processar as vendas – e o tempo que levará para cobrar as faturas —, você pode acabar fechando as portas, não importa a rapidez com que esteja crescendo",[5] assinalou ele.

PREVISÕES DE FLUXO DE CAIXA

Ao realizar uma previsão de fluxo de caixa, o empreendedor consegue identificar as necessidades financeiras da empresa. Se ele perceber que haverá falta de caixa caso os negócios cresçam rapidamente, talvez seja necessário levantar capital externo para atender às necessidades financeiras da empresa. Se ele tiver uma boa previsão de fluxo de caixa, determinará o montante exato que a empresa precisará e também em que momento ela precisará. Em geral, vários são os motivos que levam uma empresa a levantar capital externo. Primeiro, necessidades sazonais, como vendas em época de férias, talvez exijam a compra de matéria-prima complementar e o pagamento de despesas extras de produção para atender a esse aumento temporário na demanda. Segundo, talvez seja necessário mais capital para financiar o crescimento das vendas a longo prazo. À medida que as vendas da empresa aumentam, maior a aquisição de estoque e maior o quadro de funcionários. Todas essas atividades exigirão caixa adicional, que talvez não esteja à mão. Com uma boa previsão de fluxo de caixa, o empreendedor poderá prever as necessidades financeiras dessas atividades. Terceiro, ele pode ter de arcar com a compra de bens de capital de valor elevado ou despender um valor substancial para consertar os equipamentos existentes.

Os empreendedores precisam saber que o fluxo de caixa projetado determina o capital que a empresa necessitará no futuro. As seguintes medidas devem ser tomadas para fazer essa avaliação:

- Prepare uma projeção de fluxo de caixa de três a cinco anos (isto é, projeção mês a mês).
- Para fazer essa projeção, utilize o FCL *mais* as obrigações de dívida (isto é, pagamentos do principal e de juros), o que se denomina fluxo de caixa líquido.

Tabela 6.1 Cálculo do fluxo de caixa líquido projetado

Ano	Fluxo de caixa líquido projetado
1	– 100
2	– 90
3	– 70
4	85
5	100

Tabela 6.2 Cálculo do saldo acumulado do fluxo de caixa líquido

	Ano 1	Ano 2	Ano 3	Ano 4	Ano 5
Fluxo de caixa líquido projetado	– 100	– 90	– 70	85	100
Saldo acumulado do fluxo de caixa líquido	– 100	– 190	– 260	– 175	– 75

- Escolha o maior valor de fluxo de caixa negativo cumulativo – esse é o capital necessário.

Para elucidar melhor esses passos, vejamos os números do fluxo de caixa líquido de cinco anos da Johnson Company, mostrados na Tabela 6.1.

Com as informações da Tabela 6.1, a Johnson Company pode determinar facilmente o capital necessário para preencher os dados da Tabela 6.2.

Partindo dos números da projeção de fluxo de caixa, a Johnson Company concluiria que são necessários US$ 260, porque esse é o maior valor acumulado no período projetado.

A pergunta óbvia que se segue é: quando você obtém o capital? Duas escolas de pensamento respondem essa pergunta de maneira distinta. A primeira diz que você deve obter apenas o que necessita de um ano para outro, isto é, uma "sequência de financiamentos". A segunda diz que você deve obter o máximo que precisa de uma só vez. Como demonstraremos, ambas têm vantagens e desvantagens.

Obtenção de uma sequência de financiamentos

Prós

- O empreendedor mantém uma disciplina e minimiza a possibilidade de desperdiçar dinheiro.
- O empreendedor paga apenas as despesas atuais.
- Como a valorização será maior na nova sequência de financiamentos, é possível abrir mão de uma porcentagem menor da participação acionária.

Contras

- Não se pode ter certeza de que haverá mais capital disponível no futuro.
- É necessário alocar recursos para garantir financiamento complementares.

Obtenção do financiamento de uma só vez

Prós

- Não há necessidade de alocar recursos para levantar capital no futuro.
- Evita-se o risco de não haver capital disponível no futuro.

Contras

- As previsões podem estar incorretas em virtude de as entradas de fluxo de caixa ocorrerem antes do Ano 4, o que exige menos capital inicial. Além disso, se houver um investimento em capital social, será necessário abrir mão de uma porcentagem substancial da participação acionária; ou no caso de um investimento em capital de terceiros, serão pagos juros sobre um capital desnecessário.
- Receber muito capital de uma só vez pode arruinar o empreendedor inexperiente e desperdiçar desnecessariamente esse capital.
- O capital investido entra no momento em que a valorização é menor.

ADMINISTRAÇÃO DO FLUXO DE CAIXA

Administrar o fluxo de caixa e manter um fluxo de caixa futuro pode ser igualmente simples se não houver um dispêndio muito alto de capital no presente. Por exemplo, para lidar com vendas sazonais, a empresa pode optar por não despender muito capital em outubro se dezembro – momento em que as faturas de outubro deverão ser pagas – for um mês tradicionalmente pobre em vendas e não gerar recebimentos suficientes para cobrir essas faturas.[6] A administração do fluxo de caixa também pode exigir a tomada de decisões até certo ponto complexas sobre a possibilidade de atrasar o pagamento de um determinado fornecedor com o objetivo de utilizar os recursos em caixa para aumentar temporariamente a produção. Ou pode exigir a tomada de decisões sobre um possível empréstimo ou sobre a utilização de empresas de *factoring* para gerar caixa rapidamente e cobrir a falta de caixa a curto prazo.

A relação entre fontes e usos de caixa é demonstrada na Equação 6.2.

Equação 6.2 Fontes e usos de caixa

Fontes de caixa – usos de caixa = fluxo de caixa líquido
→ Operações de financiamento e retorno para os investidores

Fontes de caixa ou entradas de caixa

- Contas a receber
- Pagamentos à vista
- Outros rendimentos (isto é, retornos sobre investimentos)
- Empréstimos

Usos de caixa ou saídas de caixa

- Folha de pagamento
- Serviços de utilidade pública – aquecimento, eletricidade, telefone, etc.
- Pagamentos de empréstimo – juros mais principal.
- Aluguéis
- Seguros – saúde, propriedade etc.
- Impostos

Principais objetivos do fluxo de caixa

O objetivo de uma boa administração do fluxo de caixa é óbvio: ter caixa suficiente em mãos para o momento em que ele for necessário. O principal objetivo em se administrar com prudência o fluxo de caixa é garantir que haja capital suficiente para atender às necessidades de caixa em um momento qualquer. Para isso, além de obter capital das operações da empresa (isto é, administração as entradas de caixa, dentre as quais se incluem as contas a receber) e de gastar disciplinadamente (isto é, administrar as contas a pagar), é necessário também utilizar capital externo (isto é, empréstimos). Embora esse conceito possa parecer simples, na realidade é um processo que mesmo os diretores financeiros e executivos mais experientes acham difícil levar a cabo com êxito.

O truque para lidar com o fluxo de caixa está relacionado ao momento propício – enquanto empreendedor, você deseja que seus clientes lhe paguem o quanto antes (se possível, adiantado), mas você posterga o quanto possível o pagamento dos fornecedores e prestadores de serviços sem colocar em risco esse relacionamento nem sua capacidade de crédito. A ideia por trás disso é que o dinheiro recolhido das contas a receber no presente, e que não precisa ser empregado nas contas a pagar, é na verdade uma importante fonte de capital de giro gerado internamente.

Embora não seja a coisa mais divertida de se fazer, é fundamental que o empreendedor dedique algum tempo (no mínimo uma hora por dia) à análise do fluxo de caixa, que sem dúvida é a coisa mais crucial que o empreendedor pode fazer para a sua empresa. Esse exercício o força a pensar a respeito do que ele está fazendo em relação ao dinheiro vivo disponível.

Livro-caixa e projeções de fluxo de caixa

O livro-caixa oferece informações importantes sobre o saldo da conta corrente, possibilitando que o empreendedor avalie a capacidade de financiar as operações de sua empresa e também de pagar suas dívidas no momento em que elas vencerem. Ele indica, transação por transação, todas as quantias recebidas e desembolsadas no período de um mês. Os empreendedores bem-sucedidos são aqueles que conhecem a situação atual do caixa da empresa independentemente do dia. Portanto, é recomendável que o empreendedor, em particular os inexperientes e que estejam na fase inicial do empreendimento, examinem o livro-caixa pelo menos semanalmente.

Além do livro-caixa, é necessário, como discutido no Capítulo 4, preparar um resumo das projeções do fluxo de caixa no momento que a empresa for aberta e em todos os meses subsequentes. Essa projeção indica as entradas de caixa previstas durante o mês, bem como as saídas de caixa necessárias. Ao realizar mensalmente esse tipo de projeção, o empreendedor pode programar os pagamentos que deverá fazer aos fornecedores de tal forma que eles coincidam com as contas a receber. Com esse planejamento, ele pode assumir uma postura proativa com relação ao dinheiro devido aos fornecedores e informar com antecedência alguns deles de que provavelmente atrasará o pagamento. O livro-caixa e o planejamento do fluxo de caixa são ferramentas simples e extremamente úteis que devem ser empregadas para administrar com êxito o fluxo de caixa. É fundamental ter constância e examinar cada um dos elementos para que essas previsões sejam o máximo possível precisas.

Para preparar essas previsões, o empreendedor deve primeiro examinar o fluxo de caixa histórico, se essas informações estiverem disponíveis. Organize os fluxos de caixa históricos mensais pelo menos do ano anterior ou, se possível, de alguns anos anteriores. Se você souber o que foi pago no passado, ficará mais fácil prever vários itens, como as contas de serviços públicos.

Utilizando esses dados históricos, prepare as previsões semanais do fluxo de caixa para cada um dos meses. Primeiro, identifique as entradas de caixa de cada mês – normalmente, as vendas à vista e as contas a receber. Depois, identifique as saídas de caixa – serviços de utilidade pública, folha de pagamento e outras despesas relacionadas aos funcionários, estoque, compra de equipamentos e assim por diante. Compare as entradas com as saídas e verifique qual é a situação líquida do caixa da empresa.

Com essa previsão, o empreendedor consegue examinar o desempenho atual comparativamente às previsões e aos planos da empresa. Todo mês, compare essa previsão com os resultados reais e calcule, item por item, a variação entre a quantia real incorrida e a previsão. Em seguida, calcule a variação percentual (isto é, o valor real menos o previsto dividido pelo previsto). Concentre-se nas áreas de maior gasto, levando em conta a quantia e a porcentagem em relação ao orçamento. Nos itens em que a diferença for significativa, verifique se a despesa foi pertinente. Se não, examine como é possível reduzi-la. Se o empreendedor fizer isso todos os meses, perceberá que é possível controlar as despesas de maneira mais eficaz.

CONTAS A RECEBER

A área mais vulnerável para os empreendedores são as contas a receber. Estima-se que independentemente do dia cinco milhões de empresas estejam com as contas atrasadas.[7] Como mencionado antes, muitos empreendedores, em particular aqueles que estão nos primeiros estágios do negócio ou em uma fase de rápido crescimento, preocupam-se mais em gerar vendas que em cobrar as contas a receber. Além de nunca ser uma boa postura, pode dar lugar a uma situação desastrosa se houver desaquecimento da economia e mais clientes deixarem de pagar suas faturas em dia – em geral, isso provoca uma crise financeira na empresa.

Esse problema não é exclusivo dos empreendedores americanos. Na Austrália, um levantamento realizado pela Dun & Bradstreet e a Roy Morgan Research demonstrou que as pequenas e médias empresas, em sua maioria, não têm mais a expectativa de serem pagas pontualmente. Quanto ao padrão tradicional de pagamento de 30 dias, somente 30% dessas empresas esperam ser pagas nesse prazo pelos clientes. No Reino Unido, 67% das pequenas empresas revelaram que o pagamento atrasado por parte de outras empresas era uma das causas das dificuldades de fluxo de caixa.[8] Todos os anos, a Dun & Bradstreet faz um levantamento junto aos proprietários de pequenas empresas, a fim de oferecer uma visão geral dos problemas que eles estão enfrentando, bem como uma breve visão de suas expectativas para o ano seguinte. Em 2001, em seu 20º levantamento anual, esses pequenos empresários foram indagados sobre suas prioridades. Por exemplo, no ano seguinte, eles enfatizariam mais o crescimento das vendas? E quanto à cobrança das dívidas? As respostas encontram-se na Tabela 6.3, na qual se pode ver que a cobrança das dívidas dos clientes é uma preocupação secundária.

Em um estudo de escopo semelhante, a Federação Nacional de Negócios Independentes (National Federation of Independent Business – NFIB) realiza um levantamento cada cinco ou seis anos para estabelecer as prioridades das pequenas empresas. Os resultados desse levantamento são esclarecedores: o fluxo de caixa não estava nem mesmo entre as dez principais preocupações. Na verdade, ficou em 34º lugar![9]

Alan Burkhrd, presidente da The Placers, Inc., empresa de recrutamento de funcionários temporários e permanentes estabelecida em Wilmington, Delaware, a princípio negligenciou a importância de ter bons controles financeiros de suas contas a receber. "Sempre disse a mim mesmo que as contas a receber não geram vendas, e por isso não mereciam atenção",[10] diz ele. Ele manteve essa convicção até o momento em que, embora sua empresa estivesse gerando vendas recorde, ele começou a encontrar dificuldade para

Tabela 6.3 Levantamento da Dun & Bradstreet junto às pequenas empresas

	Vendas	Controle de custos	Financiamento	Perdas com incobráveis
Maior ênfase	67%	53%	16%	21%
Menor ênfase	3%	4%	10%	7%
Ênfase idêntica	28%	40%	59%	50%
Não sabe/não aplicável	2%	3%	16%	21%

Fonte: 20º Levantamento Anual sobre Pequenas Empresas da Dun & Brastreet.

administrá-la em virtude de problemas de caixa. A raiz do problema: método ineficaz de contas a receber.

"Nenhum de nossos clientes de forma alguma nos pagava em dia. E 60% a 70% de nossas contas em atraso na verdade eram de nossos clientes regulares. Toda semana tínhamos de pagar salários e impostos sobre a folha de pagamento para todos os funcionários temporários colocados. Mas estávamos tendo de esperar entre 60 e 90 dias para receber nossas faturas das empresas que estavam contratando esses temporários."[11] Ao permitir que seus clientes demorassem tanto tempo para pagá-la, a The Placers na realidade estava concedendo a essas empresas um empréstimo sem juros para que cobrissem seus custos de folha de pagamento.

Lamentavelmente, é muito comum ouvir os empreendedores reclamarem da necessidade de ter mais capital de giro quando na realidade a empresa já dispõe desse dinheiro nas contas a receber. Enquanto empreendedor, você deve agir como um buldogue e ser absolutamente vigilante (como mencionado no início deste capítulo) no que se refere à cobrança das contas a receber. Esta é a força vital da empresa – cobrar as contas a receber o mais rápido possível. Com toda a franqueza, quando tive meu primeiro negócio, eu era meio banana. Tinha medo de que, se telefonasse para os clientes e dissesse algo, eles não negociariam mais comigo. Aprendi muito depressa que, se não dissermos nada, não poderemos sequer ficar por muito tempo perguntando "onde está o dinheiro". Em vez disso, a pergunta será "onde minha empresa se meteu". Cobrar o que lhe devem é simplesmente indispensável, seja lá qual for o meio necessário. Como disse um empreendedor, "Eu pego o telefone e imploro".[12]

Métodos de contas a receber

Um bom método de cobrança de contas a receber, além de proativo, permite que o empreendedor negocie com clientes que talvez não tenham um histórico de crédito ou mesmo com aqueles que têm um histórico de crédito ruim. Um método eficaz envolve estes passos principais:

- Antes de iniciar um negócio, faça uma análise dos hábitos de pagamento do setor. É um setor que tem a fama de ter clientes que demoram a pagar, como o governo e as empresas de seguro-saúde? A Figura 5.2 relaciona as publicações que podem ser usadas como parte dessa análise setorial. Se um setor tem a fama de ter clientes que demoram a pagar, isso não significa necessariamente que você não deva atuar nesse setor; significa apenas que você deve ter cuidado redobrado para desenvolver e manter um método sistematizado.

- Todos os novos clientes devem preencher um relatório de crédito antes de você fornecer quaisquer produtos ou serviços. Embora simples, esse relatório dever ser abrangente e precisa conter as seguintes informações:

    – o tempo de existência da empresa;
    – o nome do(s) proprietário(s) da empresa;

- se a empresa já declarou falência sob o Capítulo 7 ou 11 e se o proprietário alguma vez já declarou falência sob o Capítulo 13;
- o nome atual e os nomes anteriores da empresa;
- o nível máximo de crédito desejado;
- os números de telefone e fax e/ou o endereço de três referências de fornecedor, bem como o tempo de relacionamento com esses fornecedores e suas condições de pagamento;
- o nome do banco principal da empresa, o número da(s) conta(s) e um número de telefone de contato do funcionário do banco responsável por gerenciar as contas da empresa;
- se a empresa concorda ou não em pagar as faturas de acordo com os prazos de sua empresa.

- Leve em conta as seguintes opções, se um possível cliente não tiver um histórico de crédito ou se o histórico dele for ruim:
  - No momento em que receber um pedido, exija um pagamento adiantado equivalente ao custo das mercadorias vendidas nesse pedido e o pagamento do saldo no momento da entrega. Com isso, você garante que os custos sejam cobertos se o cliente cancelar o pedido depois que ele começar a ser produzido.
  - Obtenha o pagamento integral para só depois começar a produzir os produtos do pedido.
  - Exija o pagamento integral antes ou no momento da entrega (pagamento na entrega).
  - Solicite um pagamento de 33% do momento em que receber o pedido e de 33% na entrega, com saldo a ser pago 30 dias depois.

- Entre em contato com todas as referências imediatamente e faça perguntas sobre a experiência de crédito dessas referências com esse possível cliente. Essas perguntas devem incluir as seguintes:
  - Há quanto tempo eles têm esse cliente?
  - Qual o valor máximo de crédito fornecido a esse cliente? Houve algum aumento ou diminuição nesse limite de crédito? Se sim, por quê?
  - Quais são as condições de pagamento das faturas desse cliente?
  - Esse cliente normalmente paga no prazo de 10, 30, 60 ou 90 dias?
  - Eles já receberam cheques desse cliente? Algum desses cheques foi devolvido?
  - Eles consideram essa empresa um bom cliente e a recomendam?
  - Eles tiveram algum problema em suas relações comerciais com essa empresa?

Se todas as referências forem satisfatórias, informe seus clientes de que seus pedidos serão processados imediatamente. Além disso, notifique-os sobre as condições de pagamento das faturas e pergunte se eles têm algum problema para cumpri-las. Pergunte, especificamente, como eles costumam pagar as faturas. Essa pergunta se justifica porque algumas empresas têm um método próprio para pagar as contas, independentemente das condições da fatura do fornecedor.

Os empreendedores bem-sucedidos sabem como seus principais clientes costumam pagar suas faturas. Por exemplo:

- Alguns clientes pagam suas faturas uma vez por mês, normalmente no 30º e 31º dia. Para que ele pague no 30º dia, deve receber a mercadoria no dia 10; do contrário, o pagamento só será feito no 30º dia do mês seguinte.
- Alguns pagam 30 dias após o recebimento das mercadorias ou dos serviços. Portanto, o fornecedor será penalizado se a transportadora atrasar a entrega.
- Alguns pagam 30 dias após a substituição dos produtos que sofreram danos durante a entrega.

É também importante perguntar aos clientes o nome do auxiliar de contas a pagar responsável pelo pagamento das faturas. Quando eu era empresário, pode acreditar, eu conhecia todos os auxiliares de contas a pagar de todos os meus clientes. Sabia o nome deles, dos filhos deles e de que flor eles gostavam. Caramba, provavelmente o patrão desses auxiliares tenham querido saber o motivo de tanta cordialidade. Você sabe por quê? Qualquer vantagem que eu pudesse ganhar para que minhas faturas fossem pagas mais cedo valia alguns cartões em datas oportunas, algumas palavras bacanas e flores de aniversário.

Para administrar eficazmente as contas a receber, há outras medidas importantes, como as seguintes:

- Todas as faturas devem ser enviadas no mesmo dia da remessa do produto ou da prestação do serviço. Não segure a fatura até o dia seguinte ou até o final da semana. E não espere para enviar as faturas uma vez por mês. Isso com certeza atrasará os pagamentos.
- Lembre-se de evidenciar na fatura os prazos de pagamento, utilizando letras maiúsculas ou uma cor diferente. Os prazos devem ser impressos na parte superior da fatura. Os prazos mais comuns são "2/10, 30 dias líquidos". Isso significa que, se o cliente pagar até 10 dias após a data da fatura, receberá 2% de desconto. Do contrário, o valor total da fatura deverá ser pago 30 dias após a data da fatura.
- Administre a cobrança das contas a receber. É ingênuo esperar que todos os clientes paguem pontualmente. Na área de cobrança de contas a receber, quem não chora de fato não mama.
- O empreendedor deve manter um relatório semanal de vencimento das contas a receber que indique os clientes cujas contas estão pendentes há 30 dias ou mais.
- No caso das faturas que não tiverem sido pagas sete dias após a data de vencimento, deve-se tomar algum tipo de medida automaticamente.
- Um excelente histórico de pagamento não ultrapassa 10 dias do prazo da fatura. Como mencionado antes, se o prazo for 30 dias líquidos e o pagamento só ocorrer depois de 50 dias, não envie nenhum outro pedido antes de receber algum tipo de pagamento.

Ter de cobrar as contas a receber pode ser uma experiência intimidadora, em particular para o empreendedor inexperiente. Em muitos casos, ele tem receio de implantar um método semelhante ao que foi examinado aqui porque tem medo de perder receita se algum cliente sentir-se ofendido. Essa preocupação é insensata e ingênua. É também uma boa ideia encarregar outra pessoa para enviar as cartas mais espinhosas e fazer os telefonemas mais difíceis. Na minha empresa, nosso *pit bull* era uma mulher chamada Angela, a diretora financeira. Tínhamos um método que funcionava da seguinte forma. Estabelecíamos o prazo de 30 dias líquidos. Se não fôssemos pagos no 35º dia, um lembrete era enviado automaticamente ao cliente – uma folha verde-néon, em um envelope da mesma cor, em que se dizia: "Apenas um lembrete, caso tenha se esquecido de nós". Se não fôssemos pagos cinco dias depois, outro aviso era enviado – agora em rosa-choque. Um cliente meu uma vez me telefonou e disse: "Steve, toda vez em que abro um desses malditos avisos, essas folhas me deixam cego. Por que você não para de enviá-las para mim?". Eu respondi: "Veja, eu só sou o dono da empresa. A Angela é quem cuida das coisas lá fora. Agora, a única forma que eu posso fazê-la parar é você simplesmente me pagar em dia. É uma solução absolutamente simples".

Mas todos têm seu próprio método e de vez em quando o empreendedor precisa demonstrar um pouco de "dureza, com afabilidade". Adoro a história que a corretora de negócios Bette Wildermuth, de Richmond, Virgínia, conta sobre um de seus clientes. "Esse senhor é dono de uma empresa de escavação. Ele sempre faz um excelente trabalho, cumpre o cronograma das incorporadoras e cuida para que sua equipe deixe tudo limpo após o trabalho. Normalmente ele é pago dez dias após a conclusão da obra. Mas de vez em quando as incorporadoras costumam de fato atrasar. A solução do escavador: ele calça suas botas mais emporcalhadas de barro e encaminha-se ao sofisticado escritório da incorporadora decorado com lindos tapetes orientais. Ao chegar, anuncia em alto e bom som que está ali para apanhar seu cheque já atrasado e que pretende aguardar na sala de espera até que o cheque seja providenciado. Desnecessário dizer que isso costuma agilizar o processo".

No caso do empreendedor que não tem estômago para fazer cobranças, uma opção é obter "seguro de crédito", situação em que a seguradora paga a indenização em 60 dias e depois assume a responsabilidade pela cobrança. A American Credit Indemnity Company, estabelecida em Baltimore, Maryland, a maior emissora de seguro de crédito do país, cobra 1% sobre as vendas asseguradas e cobre apenas as contas a receber de clientes que costumam pagar no prazo de 30 dias.[13]

Lembre-se, os bons clientes normalmente esperam pagar as faturas no prazo de cinco a dez dias após a data de vencimento, a menos que eles tenham um método de contas a pagar específico, como mencionado antes. Esses clientes têm a intenção de pagar, mas de acordo com o método deles. O cliente ruim é extremamente indiferente com relação ao pagamento de suas contas. Esse tipo de cliente só paga quando é forçado a isso, mesmo quando tem dinheiro. Em última análise, para o empreendedor experiente, o cliente ruim não é um cliente lucrativo. Portanto, ele não se importa de perdê-lo.

Ao tomar uma decisão desse tipo, é necessário adotar uma medida extrema, como contratar um advogado, ao custo de cerca de US$ 2.000, para obter um "mandado de penhora" no prazo de 60 dias da conta bancária corporativa do cliente inadimplente.[14]

Antes de encerrar este tópico sobre o método de contas a receber, veja a seguir algumas coisas que você não deve fazer:

- Não seja rude com os clientes. Não os ameace.

- Não presuma que o cliente que costuma atrasar os pagamentos seja um larápio ou vagabundo. Talvez esse cliente esteja atravessando temporariamente uma situação econômica difícil.
- Não tome nenhuma medida legal contra o cliente cuja fatura ainda não tenha passado pelo menos 45 dias da data de vencimento e com o qual você tenha conversado pessoalmente para tentar obter o pagamento.
- Não pague nada aos representantes de vendas independentes antes de receber o pagamento do cliente. Alguns representantes de vendas não se importam se o cliente é reconhecidamente um mau pagador. Talvez o vendedor não se importe em aceitar um pedido de um cliente desse tipo, visto que não é ele quem está investindo em matéria-prima. Portanto, para desencorajar comportamentos como esse, utilize uma norma que especifique que os representantes de vendas não receberão sua comissão total se o pagamento for recebido depois de um determinado número de dias. Por exemplo, se o pagamento estiver 15 dias atrasado, a comissão sofrerá um abatimento de 15%.

Para verificar a qualidade das contas a receber, é possível usar vários índices. O primeiro passo é determinar o índice de cobrança da empresa ou o prazo médio de recebimento ou ainda "a rotatividade das contas a receber". Esse índice avalia a qualidade das contas a receber da empresa e mostra o número médio de dias necessários para cobrá-las. Considerando-o de outra perspectiva, esse índice indica o número de dias, em média, que uma empresa leva para converter suas contas a receber em dinheiro. A Equação 6.3 mostra a fórmula para calcular o prazo médio de recebimento.

O objetivo é fazer os clientes pagarem o mais breve possível. Portanto, o ideal é um número baixo. No mínimo, o prazo médio de recebimento da empresa deve ser igual ao da média do setor. Além disso, não deve ser superior ao prazo médio de pagamento, porque, se isso ocorrer, é uma indicação de que o pagamento das faturas está mais rápido do que o recebimento das contas.

Equação 6.3 Prazo médio de recebimento

Contas a receber pendentes/vendas anuais/365 dias

Essa mesma fórmula pode ser expressa de outra maneira na Equação 6.4.

Equação 6.4 Prazo médio de recebimento

Contas a receber pendentes/média diária de vendas

Nesse caso, a média diária de vendas pode ser calculada por meio da Equação 6.5.

Equação 6.5 Média diária de vendas

Média diária de vendas = vendas anuais/365 dias

Por exemplo, no caso de uma empresa que tenha US$ 5 milhões em receitas anuais e US$ 800.000 em contas a receber, o prazo médio de recebimento é de 58,4 dias, de acordo com o cálculo apresentado na Figura 6.1.

US$ 5 milhões em vendas/365 dias = US$ 13.699 (média diária de vendas)

US$ 800.000 em contas a receber/US$ 13.699 = 58,4 dias

Figura 6.1 Cálculo do prazo médio de recebimento.

Esse número poderia indicar que, em média, a empresa leva em torno de 58 dias para converter as contas a receber em caixa. Isso é bom ou ruim? Bem, antes de tudo, isso depende das condições da fatura. Se o prazo for 30 dias, é um número ruim mesmo se a média do setor for superior. Isso significa que os clientes estão pagando quase um mês depois do que deveriam. Esse dinheiro poderia ser reinvestido e gerar retornos se a empresa o recebesse mais próximo do prazo da fatura.

Em geral, as empresas não se dão conta da importância de utilizar um método de cobrança rápido e sistemático de suas contas a receber. Os empreendedores normalmente se preocupam em impulsionar as vendas, e não em agilizar a cobrança das contas a receber, porque é mais fácil quantificar os benefícios de um índice de vendas mais alto. Às vezes, eles ignoram os custos gerados por um método ineficaz de cobrança porque normalmente não percebem as consequências dessas ineficiências sobre o lucro líquido da empresa. Entretanto, é fácil quantificar os benefícios de um método de cobrança mais ágil das contas a receber, em termos do montante que se economiza com isso. Se a cobrança for mais rápida, isso significa que a empresa não precisará utilizar financiamento externo para as contas a pagar pendentes. A Equação 6.6 apresenta a fórmula para calcular o montante que é possível economizar com um método de cobrança mais ágil das contas a receber.

Equação 6.6 Montante economizado

(Vendas anuais brutas × taxa de juros anual) × dias economizados/365 dias = montante economizado

---

Para calcular o montante economizado, use as quantidades de vendas do ano encerrado mais recentemente, a menos que a empresa esteja crescendo rapidamente e tenha uma boa projeção para o ano em curso. Quanto à taxa de juros anual, inclua o custo do capital do empréstimo. Para determinar os dias economizados, subtraia o prazo médio de recebimento efetivo do prazo médio de recebimento original. A fórmula para calcular o número de dias de vendas pendentes é mostrada na Equação 6.7.

Equação 6.7 Dias de vendas pendentes[15]

$$\frac{\text{Saldo médio das contas a receber dos últimos 3 meses} \times 90 \text{ dias}}{\text{Total de vendas dos últimos 3 meses}}$$

Por exemplo, suponha que uma empresa de US$ 4 milhões, que tenha obtido um empréstimo a uma taxa de juros preferencial (*prime rate*) de 6,75% mais 2 pontos (isto é, 2%), consiga uma melhoria de 5 dias no número de dias de vendas pendentes. O montante total que a empresa economiza com ao aprimorar seu método de cobrança das contas a receber é mostrado na Figura 6.2.

(US$ 4.000.000 × 8,75) × 5 dias/365 dias = US$ 4.795 economizados

Figura 6.2 Economia na cobrança de contas a receber.

CONTAS A PAGAR

O ideal é cobrar rapidamente todas as suas contas a receber e postergar o máximo possível o pagamento das faturas pendentes, sem colocar em risco o serviço que seus fornecedores lhe prestam. Entretanto, atrasar as contas a pagar nem sempre é necessariamente uma boa medida. Se tiver caixa disponível ou puder obter um empréstimo a uma taxa de juros baixa, você deve pedir desconto? Sim. Como explica Jay Gohz, autor do livro *The Street Smart Entrepreneur*:

Suponha que o prazo de seu fornecedor seja 2/10, 30 dias líquidos – 2% de desconto, se você pagar em 10 dias; o saldo total vence em 30 dias. Você não obtém o desconto e paga em 40 dias, e não em 30. Basicamente, você contraiu um empréstimo de seu fornecedor pelo prazo de 30 dias, o que em essência corresponde a 1/12 de um ano. O custo do empréstimo é igual a 2% (isto é, o desconto de 10 dias) da fatura anualizada, que corresponde a 24%. Se você perder 2% todos os meses, é provável que pague 24% no decurso de um ano.

Para averiguar se as contas a pagar da empresa são ou não o que deveriam ser, analise o índice de contas a pagar e compare-o com o da média do setor. Esse índice avalia o número médio de dias que a empresa leva para pagar suas faturas. Ele pode ser calculado de acordo com a fórmula apresentada na Figura 6.3.

Administração das contas a pagar

Para esticar os dias das contas a pagar, o empreendedor pode tomar as medidas a seguir, recomendadas por vários profissionais:

- Tente melhorar os prazos de pagamento. Por exemplo, 45 ou 60 dias líquidos, em vez de 30 dias líquidos.

CMV/365 dias = média dos custos diários

Contas a pagar/média dos custos diários = prazo médio de pagamento

Figura 6.3 Cálculo do prazo médio de pagamento.

- Programe os pagamentos de acordo com as datas de vencimento, como 30 dias após o recebimento do material. Não utilize uma programação irreal.
- Projete cenários reais de fluxo de caixa. Por exemplo, para evitar um grande volume de saídas de caixa, algumas empresas fazem o pagamento dos funcionários quinzenalmente e depois pagam as faturas pendentes durante as duas semanas restantes do mês.
- Evite pagar juros por atraso. Se você precisar estender o prazo de suas contas a pagar porque está enfrentando temporariamente algum problema de fluxo de caixa, tome o cuidado de não atrasar as faturas que cobrem juros por atraso.
- Comunique-se com seus fornecedores. Estabelecendo um bom relacionamento com eles e fazendo pagamentos regulares, normalmente você consegue evitar encargos por atraso no pagamento. Se você planeja atrasar o pagamento ou solicitar uma prorrogação, entre em contato antecipadamente com o proprietário.
- Estabeleça metas de prazo. Tente fixar uma data final para concluir todos os pagamentos. Embora seja ilusório pressupor que você sempre estará em dia, é importante manter as contas a pagar o máximo possível de acordo com a data de pagamento programada.
- Seja organizado. Acompanhe tudo no papel e acompanhe de perto os detalhes, especialmente o vencimento das faturas. Empregue em um bom método de contas a pagar.
- Procure sinais de alerta – por exemplo, pouco dinheiro em caixa – que possam gerar problemas no futuro para pagar fornecedores e prestadores de serviços. Reavalie seus controles de cobrança para ter certeza de que suas contas a receber estão sendo cobradas o mais breve possível.
- Priorize. Você pode dedicar o mesmo tempo a todas as contas a pagar. Para isso, classifique as prioridades. Por exemplo, as despesas fixas (digamos, o aluguel) devem ser pagas em primeiro lugar, os serviços públicos em segundo e em terceiro as contas restantes.
- Identifique os problemas o quanto antes. Observe se as informações nas faturas dos fornecedores estão corretas.
- Faça uma supervisão de cima para baixo.
- Instrua os especialistas a acompanhar diariamente as contas a pagar.
- Tente estender o máximo possível o prazo de suas contas a pagar, mas não prejudique seu relacionamento com os fornecedores nem sua situação de crédito.

CICLO DE CAIXA

Agora você tem seu próprio negócio. Independentemente de ser uma empresa industrial, varejista ou de serviços, você logo descobrirá uma verdade pura e simples: primeiro *você* paga pelos produtos e serviços e depois, em algum momento, alguém – *seu* cliente – lhe paga. O período entre a saída de dinheiro e a entrada de dinheiro é chamado de *defasagem de caixa* ou *ciclo de conversão de caixa*. Por quanto tempo seus produtos permanecem no estoque? Quantos dias você tem até pagar o fornecedor? Finalmente, quantos dias seus clientes levam para lhe pagar? As respostas a essas três perguntas encontram-se na fórmula de ciclo de caixa, mostrada na Equação 6.8.

Equação 6.8 Cálculo do ciclo de caixa

	Prazo médio de estoque
Mais	Prazo médio de recebimento
Menos	Prazo médio de pagamento
Igual	Ciclo de caixa ou ciclo financeiro

O intervalo entre o instante da saída de dinheiro e da entrada de dinheiro precisa ser financiado. Quanto maior o tempo, mais juros a empresa terá de pagar sobre o capital de empréstimo, o que significa que ela precisará utilizar o capital de giro. A maneira mais sábia de diminuir a necessidade de capital de giro é reduzir essa defasagem. A meta do empreendedor deve ser sempre encurtar essa defasagem, porque para cada dia a menos de defasagem o valor diário de juros economizado é revertido total e diretamente para os lucros antes dos impostos.

Examinemos esse conceito mais detalhadamente, usando uma empresa de exemplo e algumas explicações. Podemos fazer as seguintes suposições sobre a Varnadoe Company:

- Prazo médio de estoques:* 40,5
- Prazo médio de pagamento: 40
- Prazo médio de recebimento: 35
- Receitas anuais: US$ 50 milhões
- Lucro bruto:* 30%
- Custo da dívida: 6%

Portanto, o ciclo de caixa pode ser calculado de acordo com a Figura 6.4.

	Prazo médio de estoque	40,5
Mais	Prazo médio de recebimento	35,0
Menos	Prazo médio de pagamento	40,0
Igual	Ciclo de caixa ou ciclo financeiro	35,5 dias

Figura 6.4 Cálculo do ciclo de caixa.

---

* N de R.T.: As fórmulas correspondentes a esses índices podem ser encontradas no Capítulo 5.

Calcule as receitas diárias da empresa:

US$ 50 milhões ÷ 365 = US$ 136.986

Calcule o custo das mercadorias vendidas:

1,00 − 0,30 (lucro bruto) = 0,70

Calcule o CMV para um dia de receita:

0,70 (CMV) × US 136.986 (receita diária) = US$ 95.890

Ciclo de caixa:

35,5 dias

Calcule quanto a Varnadoe Company precisa tomar emprestado para cobrir 35,5 dias de CMV:

35,5 × US$ 95.890 (CMV para receita de 1 dia) = US$ 3.404.109

Calcule a despesa de juros a ser paga sobre o capital de empréstimo:

3.404.109 × 0,06 (custo da dívida) = US$ 204.246

Calcule as economias obtidas com 1 dia a menos de ciclo de caixa:

US$ 204.246 ÷ 35,5 dias (ciclo de caixa) = US$ 5.753

Figura 6.5 Cálculo de diminuição do ciclo de caixa.

Para calcular a economia que você pode obter diminuindo em um dia o ciclo de caixa, realize o cálculo mostrado na Figura 6.5.

Como você pode ver com base nessa figura, para cada dia a menos de ciclo de caixa uma economia de US$ 5.753 é revertida diretamente para os lucros antes dos impostos, aumentando, portanto, o fluxo de caixa da Varnadoe Company. Utilizando informações sobre a Varnadoe Company, a Figura 6.5 demonstra o conceito de ciclo de caixa.

Só há três formas de uma empresa diminuir sua defasagem de caixa: (1) aumentar o número de dias que ela leva para pagar seu estoque, (2) diminuir o número de dias que ela leva para cobrar suas contas a receber ou (3) aumentar os giros de estoque. Analisemos cada uma delas.

Aumentar o número de dias das contas a pagar (prazo médio de estoque)

A maioria das empresas espera até duas semanas após a data de vencimento das faturas dos clientes para só então considerá-los de fato inadimplentes. Portanto, todo empreendedor deve tirar proveito desses dias complementares e não pagar antes de duas semanas após a data de vencimento. Isso diminui o ciclo de caixa porque estende os pagamentos que vencem em 30 para 44 dias. Com base nas informações da Varnadoe Company, se o prazo médio de pagamento fosse aumentado em 4 dias (isto é, aumentasse para 44), o ciclo de caixa seria de 31,5, e não 35,5. Essa redução economizaria para empresa US$ 23.012 em pagamentos de juros (4 dias × US$ 5.753).

Diminuir o número de dias das contas a receber (prazo médio de recebimento)

Esse tópico foi examinado detalhadamente no Capítulo 5. Tradicionalmente, alguns setores têm um número menor de dias de contas a receber do que outros. Por exemplo, as empresas industriais normalmente esperam ser pagas em 30 dias, ao passo que varejistas como a Amazon.com em geral são pagos logo após a venda. Essas empresas não têm contas a receber porque o pagamento é exigido no ato do pedido. Na verdade, segundo informações divulgadas pela Amazon.com, em 2006 a empresa registrou 13 dias de contas a receber, 80 dias de contas a pagar e 39 dias de estoque. Por esse motivo, o ciclo de caixa da Amazon.com foi um belo de um número negativo: – 28 dias (13 + 39 – 80 = – 28). Isso significa que a empresa levantou capital sem juros junto a seus clientes durante quase um mês. Mais especificamente, com um custo médio de vendas, que à época correspondia a US$ 22,6 milhões, a empresa levantou US$ 631 milhões (US$ 22,6 milhões × 28 dias), valor utilizado para ajudar a pagar despesas indiretas.[16] Usando novamente os dados da Varnadoe Company, se o prazo médio de recebimento fosse diminuído de 35 para 29, o resultado seria uma redução de 6 dias no ciclo de caixa e, portanto, uma economia de US$ 34.518.

Aumentar os giros de estoque (e, consequentemente, reduzir o prazo médio de estoque)

Quanto mais rápido uma empresa converte seu estoque em dinheiro, de menos dinheiro ela precisa, porque ela pode diminuir os dias de estoque mantido e também os custos de manutenção de estoque, assunto discutido no Capítulo 5. Uma empresa que conseguiu aumentar promissoramente os giros de estoque é a Wal-Mart, conhecida em alguns círculos como a empresa mais enxuta do mundo. A empresa registrou um giro de estoque de 4,1 em 1990 e de 7,6 em 2005, um aumento médio de 3,1% ao ano. Outra empresa que conseguiu melhorar o fluxo de caixa com giros de estoque mais rápidos é a Dell. Ela tem um giro de estoque surpreendente – 83,7 vezes ao ano —, em comparação com os fabricantes de computadores tradicionais, cujo giro fica abaixo de 5.[17]

Após esse rico debate, espero que agora esteja claro que todo empreendedor precisa entender por que a análise de ciclo de caixa é importante e saber utilizá-la como ferramenta proativa para administrar sua empresa. Todo empreendedor deve realizar a análise explicada nesta seção pelo menos anualmente e usar as informações para traçar o planejamento estratégico do ano seguinte.

Qual o ciclo de caixa ideal? Isso varia de setor para setor. É necessário realizar uma comparação setorial anual por meio do guia da Risk Management Association (antes Robert Morris Association). Alguns dos setores estão evidenciados na Tabela 6.4.

CAPITAL DE GIRO

Obter, manter e administrar o capital de giro parece estar entre as tarefas mais comuns e desafiadoras enfrentadas pelos empreendedores. Portanto, é melhor dedicarmos um pouco mais de tempo a esse assunto.

Tabela 6.4 Ciclo de caixa por setor, 2006

	Prazo médio de recebimento	+	Prazo médio de estoque	−	Prazo médio de pagamento	=	Ciclo de caixa
Produção							
Panificação	25		19		23		21
Refrigerantes engarrafados	29		30		31		28
Vestuário feminino	41		54		26		10
Atacadista							
Material de escritório	40		28		31		37
Automóveis	17		66		13		70
Brinquedos e produtos para *hobby*	50		94		39		104
Varejista							
Postos de gasolina	5		9		13		0
Drogarias	20		50		32		38
Lojas de sapatos	2		130		30		103
Serviços							
Aluguel de equipamentos	7		N/D		N/D		7
Hotéis à beira de estrada e hotéis	8		N/D		N/D		8
Firmas de contabilidade	64		N/D		N/D		64

Como mencionado neste capítulo, o intervalo entre a saída e a entrada de caixa de uma empresa deve ser financiado. O dinheiro correspondente é chamado de *capital de giro*, que é o fundo investido em todos os ativos circulantes, dentre os quais o estoque, as contas a receber e o caixa. O capital de giro bruto é usado para financiar apenas os ativos circulantes da empresa. O capital de giro líquido, que indica a solvência da empresa, são os ativos circulantes menos os passivos circulantes. O objetivo é ter um capital de giro positivo. Quanto maior o capital de giro líquido, mais sólida a situação do caixa da empresa com relação à sua capacidade de saldar suas outras despesas, dentre as quais se incluem as dívidas de longo prazo.

Pouquíssimas empresas conseguem financiar suas necessidades internas de capital de giro. Portanto, procurar financiamento externo é inevitável, seja em forma de dívida ou de participação acionária. Que quantia de capital de giro é ideal? Um especialista, Skip Grandt, concessor de empréstimo comercial com 20 anos de experiência, diz que ele gosta quando o capital de giro líquido da empresa é de três a seis vezes superior aos custos fixos anuais.[18] Uma ótima referência sobre montantes de financiamento de capital de giro para diferentes setores é o levantamento anual sobre capital de giro da *CFO Magazine*, que pode ser encontrado no *site* da *CFO* (www.cfo.com).

LEVANTANDO RECURSOS

Os empreendedores não raro me pedem para ajudá-los a levantar financiamento externo de credores ou acionistas. Na maioria das vezes, depois de analisar as demonstrações financeiras da empresa, informo que eles não precisam de capital externo, mas apenas diminuir o nível de estoque e/ou de contas a receber. Isso mesmo. Há sempre caixa prontamente disponível para os empreendedores que mantêm quantidades excessivas desses dois ativos.

Que nível ideal de estoque o empreendedor deve manter? A fórmula para determiná-lo é mostrada na Equação 6.9.

Vamos usar agora as informações da Hoy Company para demonstrar como um empreendedor pode levantar recursos internamente empregando essa fórmula. A Hoy Company registrou os seguintes números em 2008:

- Receitas: US$ 30.848.000
- Custo das mercadorias vendidas (CMV): US$ 13.989.000
- Estoque: US$ 9.762.000
- Giros de estoque: 1,43 vez
- Média de giros de estoque no setor: 2 vezes
- Contas a receber: US$ 5.996.000
- Prazo médio de recebimento: 71
- Prazo médio de recebimento no setor: 40

Se em 2009 o CMV permanecesse o mesmo de 2008, mas o empreendedor pudesse girar o estoque 2 vezes, e não 1,43, poderia economizar um valor substancial. O nível ideal de estoque é US$ 6.994.500, determinado por US$ 13.989.000/2. A economia real, com base no nível de estoque de 2008, seria de US$ 2.767.500 em dinheiro vivo!

Que nível ideal de contas a receber o empreendedor deve manter? A fórmula para determiná-lo encontra-se na Equação 6.10.

Usando as mesmas informações da Hoy Company, se o prazo médio de recebimento pudesse ser reduzido de 71 para 40 dias, seria possível economizar um valor significativo. Para calcular a média diária de vendas, a receita anual deve ser dividida por 365.

Equação 6.9 Cálculo do estoque ideal

Estoque ideal = CMV/giros de estoque pretendido

Equação 6.10 Nível ideal de contas a receber

Nível ideal de contas a receber = média diária de vendas × prazo médio de recebimento pretendido

Portanto, US$ 30.848.000/365 dias gera uma média diária de vendas de US$ 84.515. Esse número multiplicado por 40 dias de contas a receber demonstra que o nível ideal de contas a receber da Hoy Company deveria ser US$ 3.380.600. A economia real, com base nas contas a receber de 2001, ou US$ 5.996.000, seria US$ 2.615.400 em dinheiro vivo!

NOTAS

1. Jill Andresky Fraser, "Riding the Economic Rollercoaster", *Inc.*, dezembro de 1998, p. 126.
2. Michael Fernandez, "My Big Mistake", *Inc.*, dezembro de 1998, p. 123.
3. Fraser, "Riding the Economic Rollercoaster".
4. "Running on Empty", *Inc.*
5. *Ibid.*
6. Fraser, "Riding the Economic Rollercoaster".
7. Gini Graham Scott e John J. Harrison, *Collection Techniques for a Small Business* (Grants Pass, Oregon: Oasis Press, 1994).
8. Levantamento sobre Pequenas Empresas do Reino Unido, 2005.
9. Bruce D. Phillips, "Small Business Problems and Priorities", Federação Nacional de Negócios Independentes, junho de 2004.
10. Jill Andresky Fraser, "Getting Paid", *Inc.*, junho de 1990.
11. *Ibid.*
12. *Wall Street Journal*, 25 de outubro de 1999, p. 9.
13. *Chicago Sun-Times*, 25 de maio de 1999, p. 48.
14. Ibid.
15. Fonte: Jill Andresky Fraser, "Collection: Days Saved, Thousands Earned", Inc., novembro de 1995.
16. Journal of Accountancy, outubro de 1999, p. 29.
17. Finanças da Dell conforme compilação de Hoovers em julho de 2007.
18. Skip Grandt, entrevista com o autor.

CAPÍTULO 7

Avaliação de Empresas

INTRODUÇÃO

Quando vou dar aula de finanças empresariais para os meus alunos de MBA no primeiro dia de aula, passo um exercício rápido em que eles tentam avaliar uma empresa. Você provavelmente sabe que muitos desses alunos já frequentaram cursos de finanças do mais alto nível, conhecem o que é fluxo de caixa descontado e têm um punhado de fórmulas na cabeça. Averiguamos os números. "Eu quero saber quanto vocês pagariam por essa empresa", digo. As avaliações variaram de zero a US$ 300.000. Na verdade, digo que, no momento em que foi vendida, a empresa saiu por US$ 38.000. Ela foi vendida pelo preço de seu estoque. Há uma história por trás da avaliação que não é quantitativa. O proprietário foi obrigado a vendê-la porque sua mulher lhe disse que, se não o fizesse, ela o largaria e se aposentaria na Flórida, sozinha. Não tinha nada a ver com múltiplo de fluxo de caixa, múltiplo de receita ou outra coisa, a não ser, simplesmente, que devia largar a empresa.

Aqui vai uma lição: a avaliação é extremamente ardilosa e nunca deve ser feita isoladamente, fora de um contexto. Os empreendedores devem conhecer os métodos empregados para avaliar uma empresa e ter tranquilidade diante da "ambiguidade da avaliação" e com o fato de esse processo não ser uma ciência inflexível e invariável. A história da Bain Consulting evidencia esse fato. Em 1973, o antigo vice-presidente do Boston Consulting Group, Bill Bain, e sete sócios fundaram a empresa de consultoria Bain Consulting. De meados da década de 1980 a 1993, as estimativas indicavam que as receitas da Bain haviam aumentado de US$ 100 milhões para US$ 220 milhões. Durante esse período, os oito sócios decidiram vender 30% da empresa ao Plano de Opção de Compra de Ações para os Funcionários da Bain (Employee Stock Option Plan – ESOP) por US$ 200 milhões. Com essa transação, a empresa passou a apresentar um valor intrínseco de US$ 666 milhões. Alguns anos depois, os vice-presidentes da empresa entraram com uma ação judicial contra esses sócios, que acabou os forçando a devolver US$ 100 milhões, bem como 70% de sua participação acionária na empresa. Essa transação, em que os oito sócios basicamente venderam de volta à empresa 100% de sua participação, mudou a avaliação de US$ 666 milhões para US$ 200 milhões, uma redução de mais de 70%! O propósito dessa história é mostrar que mesmo uma organização de nível internacional como a Bain, recheada de profissionais brilhantes com MBA em algumas das melhores escolas de negócios dos Estados Unidos, como a Kellogg, Harvard, Stanford e Wharton, não conseguiu a princípio propor a avaliação "correta".

É bom reiterar. A avaliação de uma empresa, particularmente de uma *start-up*, não uma ciência exata. Como afirmou Nick Smith, capitalista de risco de Minnesota, "Em uma *start-up*, a avaliação é uma ilusão". Portanto, o valor real de uma empresa, seja ela uma *start-up* ou uma empresa amadurecida, é estabelecido no mercado. É muito simples, o valor definitivo é o preço que o vendedor e o comprador ajustam entre si. Esse fato remonta ao século I a.C., quando Públio Siro afirmou: "Todas as coisas valem o que o comprador pretende pagar".

Um dos melhores exemplos desse fato é evidenciado pela história da Apple Computer de da Be, Inc. Em outubro de 1996, o diretor executivo da Apple Compute, Gil Amelio, iniciou as negociações para comprar a Be, Inc. de seu diretor executivo, Jean-Louis Gassée. A Be havia desenvolvido um novo sistema operacional, o BeOs, que algumas pessoas do setor diziam que "botaria no chinelo o Macintosh da Apple e o Windows da Microsoft".[1] Como todos os empreendedores oportunistas, Gassée estava mais do que disposto a vender seu empreendimento já com seis anos de existência, o qual ele financiara com os US$ 20 milhões que havia tomado emprestado de capitalistas de risco e de outros investidores particulares. Em 1996, a Be, Inc. tinha 40 funcionários e uma receita anual de cerca de US$ 3 milhões. Amelio ofereceu US$ 100 milhões por essa pequena empresa. Gassée, que acreditava que o valor da Be, Inc. fosse bem mais alto, ofereceu como contra-proposta o preço de venda de US$ 285 milhões, o que correspondia a aproximadamente 10% da avaliação da Apple.

Amelio recusou-se a oferecer qualquer outro preço acima de US$ 100 milhões. Em vez disso, comprou a NeXt *Software*, Inc., uma empresa mais consolidada, que paradoxalmente havia sido fundada por Steve Jobs, fundador e atual diretor executivo da Apple Computer. Portanto, qual era o valor da Be, Inc. em 1996? Girava entre US$ 100 milhões e US$ 285 milhões. E o que ocorreu com a Be, Inc.? Em setembro de 2001, os reguladores da Nasdaq informaram à empresa que estavam retirando a empresa de sua lista pelo fato de não manter um preço de cotação mínimo de pelo menos 1 dólar por 30 dias consecutivos. As ações da Be, Inc. estavam sendo comercializadas por cerca de 14 centavos de dólar. Nesse mesmo mês, a Be, Inc. anunciou que venderia seus ativos e tecnologia remanescentes para a Palm Inc. por US$ 11 milhões.

Essa sobrevalorização ensinou a Gassée uma valiosa lição que todos os empreendedores devem aprender: "os leitões engordam e os capados são abatidos". Ele poderia ter se tornado um belo leitão gordo e feliz aceitando os US$ 100 milhões. Em vez disso, tornou-se um glutão, um traço comum dos porcos capados, e não ganhou nada com isso.

Não obstante o fato de a avaliação de um negócio não ser uma ciência exata, os empreendedores devem determinar o valor de sua empresa no mínimo uma vez por ano. Esse processo não deve intimidar ninguém. Como foi reiterado várias vezes ao longo deste livro, não é uma neurocirurgia. Na realidade, pode ser muito simples e praticamente todo o mundo pode fazê-la. Por que se deve avaliar anualmente uma empresa? Se o empreendedor não determinar o valor de sua empresa, outra pessoa o fará, e ele não ficará feliz com o resultado. Por exemplo, se ele estiver vendendo sua empresa e fiar-se inteiramente na avaliação de um possível comprador, esse comprador com certeza procurará atender seus próprios interesses e oferecerá um preço baixo. Portanto, o empreendedor deve cuidar do que é melhor para si estabelecendo um preço com o qual se sinta satisfeito, por meio de métodos lógicos e aceitáveis. Quais métodos são corretos? Como você verá mais adiante neste capítulo, todos eles são.

A avaliação nada mais é que uma estimativa do valor ou do preço de uma empresa. Setores diferentes utilizam métodos diferentes para determinar esse valor. Alguns setores usam métodos quantitativos complexos, enquanto outros usam métodos relativamente simples. Entretanto, independentemente da metodologia empregada, a avaliação não engloba apenas uma análise financeira da empresa, mas também uma avaliação subjetiva de outros fatores que talvez sejam difíceis de quantificar, como os seguintes:

- estágio em que a empresa se encontra;
- avaliação da equipe executiva;
- setor de atividade da empresa;
- motivo pelo qual a empresa está sendo vendida;
- outros fatores macroeconômicos genéricos.

Em última análise, o valor de uma empresa é movido pelos fluxos de caixa atuais e projetados, os quais são afetados por todos os fatores acima mencionados. Como disse o ex-capitalista de risco Bill Sutter para uma turma de alunos de MBA, "De onde provém o valor? Do fluxo de caixa. Não provém dos ativos nem das receitas. Provém do fluxo de caixa".

AVALIANDO A CLARK COMPANY

No início deste capítulo, contei a história do dono da empresa cujo preço de venda tinha mais a ver com as ameaças de sua esposa do que com qualquer fórmula sofisticada de avaliação. O nome dessa empresa é Clark Company. Vale a pena examiná-la um pouco mais a fundo. De acordo com nossa análise no Capítulo 5, a Clark Company tinha uma receita em 2007 de cerca de US$ 113.000. O fluxo de caixa gerado pelos negócios era surpreendente – US$ 45.000 ou 39% das receitas. Esse valor foi calculado depois de um exame minucioso sobre a demonstração de resultados da empresa e de algumas perguntas ao vendedor. Lembre-se, o ponto de partida para calcular o fluxo de caixa é o lucro líquido mais a depreciação, mais outros dispêndios não monetários. Nesse caso, somamos US$ 16.000 de lucro líquido e US$ 835 de depreciação. Os cálculos do fluxo de caixa com frequência incluem também as despesas discricionárias que os novos proprietários não incorrerão se adquirirem a empresa. Na Clark Company, os valores a serem adicionados nessa conta abrangem os salários, que na verdade correspondem ao salário (US$ 12.215) que estava sendo pago à mulher do atual proprietário.

Os US$ 8.965 alocados às despesas de escritório eram na realidade gastos pessoais transferidos à empresa pelo proprietário, relativos ao novo carro de sua esposa. Além disso, como o proprietário também era dono do prédio que a empresa estava alugando, ele na verdade estava alugando o prédio para si mesmo. A empresa estava pagando por esse aluguel em torno de US$ 7.000 a mais que o valor de mercado.

Lucro líquido	US$ 16.000
mais Depreciação	US$ 835
mais Salário excedentes	US$ 12.215
mais Despesas pessoais	US$ 8.965
mais Aluguel excedente	US$ 7.000
igual	US$ 45.015

Essa empresa é de fato "a pequena locomotiva que conseguiria".* Para avaliar essa ou qualquer outra empresa, poderiam ser empregados vários métodos diferentes. Por exemplo, se usássemos um múltiplo moderado – digamos, 3 – no método de avaliação de múltiplo de fluxo de caixa, a avaliação da empresa seria de US$ 135.000 (3 × US$ 45.015). Se tivesse sido usado outro método de avaliação – por exemplo, um múltiplo das receitas —, provavelmente se chegaria a um valor diferente. Por exemplo, se fosse usado um múltiplo moderado de receita de 0,9, o valor da Clark Company seria US$ 101.700. A Clark na verdade foi vendida por US$ 38.000, que correspondia ao valor do estoque disponível. Por que ela foi vendida ao preço do estoque? Uma vez mais, a resposta é que o proprietário estava sendo obrigado a vender a empresa. Sua mulher lhe havia dito que, se não a vendesse, o largaria e se aposentaria na Flórida. O preço não foi determinando por meio de um método de fluxo de caixa livre, múltiplo de fluxo de caixa ou múltiplo de receita – nem, por sinal, por nenhum outro método de avaliação em geral empregado para determinar o valor de uma empresa.

Repetindo, esse caso evidencia perfeitamente dois pontos principais. O primeiro é que a avaliação não é uma ciência inflexível e invariável. O segundo é que nunca se deve fazer a avaliação de uma empresa sem um contexto. Inúmeros fatores influem na avaliação, tanto quantitativos quanto qualitativos.

---

* N de R.T.: Em referência à história infantil cujo livro é usado para ensinar às crianças a importância do otimismo e da dedicação ao trabalho. Alguns dizem que essa história seria uma metáfora do sonho americano. Nesse conto, uma grande locomotiva precisa ser puxada montanha acima. Várias locomotivas maiores, retratadas antropomorficamente, passam por ali e são solicitadas a ajudar, mas por inúmeros motivos se recusam. Uma pequena locomotiva então concorda e tenta ajudar, repetindo o refrão "Acho que consigo".

Antes de continuarmos, é importante esclarecermos dois termos comumente empregados nas discussões sobre avaliação. Esses termos são as *avaliações pré-investimento* e *avaliações pós-investimento*.*

AVALIAÇÕES PRÉ-INVESTIMENTO E PÓS-INVESTIMENTO

No início das negociações, os investidores de *private equity*** perguntam para os empreendedores qual é o valor da empresa. Ao obter a resposta, normalmente eles querem saber em seguida se a avaliação é pré-investimento ou pós-investimento. A primeira corresponde ao valor da empresa, independentemente do método escolhido pelo empreendedor, antes do investimento. A avaliação pós-investimento é bem simples. Refere-se à avaliação da empresa mais a quantia do investimento em participações após a entrada de novos recursos.

Como veremos mais à frente neste capítulo, há vários métodos para determinar o valor de uma empresa. Eles oferecem uma avaliação pré-investimento. Portanto, se o método de múltiplo de receita gerar uma avaliação de US$ 12 milhões e a empresa estiver buscando um fundo de *private equity* no valor US$ 3 milhões, a avaliação pós-investimento será de US$ 15 milhões se o empreendedor conseguir levantar o capital social.

A importância desses dois tipos de avaliação é assegurar que ambas as partes, o empreendedor e o investidor, vejam a avaliação sob o mesmo ponto de vista. Outro fator importante é que as avaliações pós-investimento determinam a participação que o investidor está obtendo pelo capital investido. Para calcular esse valor de participação, divide-se o investimento pela avaliação pós-investimento. Usando o exemplo anterior, se o valor pré-investimento for US$ 12 milhões, a pessoa que investir US$ 3 milhões obterá 20% (isto é, o investimento de US$ 3 milhões dividido pela soma de US$ 12 milhões da avaliação pré-investimento mais o investimento de US$ 3 milhões).

O problema é quando o investidor pensa que o valor é pós-investimento e o empreendedor o considera pré-investimento. Nesse caso, se a avaliação de US$ 12 milhões fosse considerada de pós-investimento, a avaliação pré-investimento seria de US$ 9 milhões. O investidor acha que seu investimento de US$ 3 milhões lhe dará uma participação de 25% (isto é, US$ 3 milhões divididos pela soma de US$ 9 milhões mais US$ 3 milhões), enquanto o empreendedor deseja conceder apenas 20%.

É por isso que é fundamental que ambas as partes cheguem rapidamente a um consenso sobre o que estão considerando. Desse modo, quando os investidores perguntam ao empreendedor se a avaliação é pré ou pós-investimento, sua resposta deve ser retumbante: "A avaliação é pré-investimento e a participação será determinada pela avaliação pós-investimento".

Outra questão importante que se deve salientar é que a avaliação pós-investimento da última rodada de investimento em geral é o ponto em que se inicia a avaliação pré-

---

* N de R.T.: O objetivo é avaliar quanto vale a empresa antes do aporte de capital por credores/investidores e quanto passa a valer após essa entrada de capital.

** N de R.T.: Tipo de fundo que compra participação acionária em empresas de capital fechado (participações privadas).

investimento da rodada seguinte – exceto se houver uma elevação na avaliação por meio de outro método escolhido entre as partes. No exemplo anterior, a primeira rodada, a "Série A", foi financiada com uma avaliação pós-investimento de US$ 15 milhões. Portanto, a avaliação pré-investimento da rodada de financiamento seguinte, a "Série B", será de US$ 15 milhões. E se um novo investidor aplicar US$ 3 milhões, a nova avaliação pós-investimento será de US$ 18 milhões. O investidor da Série B terá uma participação de 17% por sua segunda rodada de financiamento. O investidor da Série A, que investiu US$ 3 milhões por uma participação de 20%, agora terá 20% de 83% (o saldo da participação após a Série B) ou 16,6% da empresa.

Em conclusão, o setor de participações privadas tem uma regra prática que estipula que o financiamento da Série B nunca deve ser feito com uma avaliação duas vezes superior à avaliação da Série A.[2]

POR QUE AVALIAR SUA EMPRESA?

O empreendedor deve conhecer o valor de sua empresa por inúmeros motivos, dentre os quais:

- Para determinar o preço de venda da empresa.
- Para determinar a porcentagem de participação acionária da qual abrirá mão nos acordos de participação.
- Para determinar a porcentagem de participação da qual abrirá mão sobre o capital do investidor.

Examinemos essa última questão mais detalhadamente.

De que porcentagem de participação se deve abrir mão

É bastante comum os empreendedores fixarem o valor da empresa inadvertidamente quando estão tentando levantar capital. Muitos calculam o capital necessário e ao mesmo tempo fixam arbitrariamente a porcentagem de controle acionário que desejam manter. Essa postura estipula automaticamente um valor implícito para a empresa. Por exemplo, se o empreendedor estiver tentando levantar US$ 100.000 e disser que deseja manter 90% do controle da empresa, a avaliação pós-investimento será de US$ 1 milhão.

O valor mínimo de participação mais comum que muitos empreendedores de *start-ups* procuram é 51%. Eles acreditam que esse é o valor mínimo que precisam manter para controlar a empresa. Por isso, eles se dispõem a abrir mão de 49%. O problema de conceder arbitrariamente 49% de participação por um investimento é que em geral a empresa recebe uma avaliação muito baixa e se deixa uma margem muito pequena para vender a futuros investidores.

Outro método extremamente simples de determinar a porcentagem de participação que se deve conceder é calcular o valor da empresa usando os métodos que serão mencionados mais à frente neste capítulo. Esse cálculo deve ser feito antes de se tomar qualquer medida para levantar capital. Tendo realizado uma avaliação lógica, e não arbitrária, deve-se determinar o capital social necessário, tal como explicado no Capítulo 10. Assim que esses dois valores forem identificados, o empreendedor estará preparado para procurar ativamente possíveis investidores porque desse modo poderá informá-los a respeito da porcentagem de participação que obterão sobre o capital investido. Por exemplo, se a empresa tiver uma avaliação pós-investimento de US$ 2 milhões e o empreendedor estiver levantando US$ 200.000, o investidor terá uma participação de 10% na empresa.

O empreendedor deve estar atento ao fato de que os investidores qualificados e experientes vão querer usar uma fórmula mais complexa para determinar sua futura participação. Eles podem determinar a participação acionária que desejam utilizando cálculos que incluam as avaliações presente e futura da empresa, bem como o tempo e a taxa de retorno que eles almejam. Nesse caso, quatro variáveis, e não duas, são necessárias: o valor futuro esperado da empresa, o montante investido, a taxa anual de retorno que os investidores desejam e o número de anos pelos quais o capital será investido. Esse método é mostrado na Equação 7.1.

Equação 7.1 Participação acionária

$$\text{Quantia investida} \times \frac{(1 + \text{retorno esperado do Ano 1}) \times (1 + \text{retorno esperado do Ano 2}) \times \ldots}{\text{valor futuro esperado da empresa}}$$

Utilizando essa fórmula, o empreendedor que estiver tentando levantar um investimento de US$ 400.000 em participação, em uma empresa avaliada em US$ 5 milhões, pode calcular a porcentagem de participação que espera conceder a um investidor que deseja ser reembolsado em quatro anos, a uma taxa de retorno anual de 30%. Consulte, por exemplo, o cálculo mostrado na Figura 7.1.

$$\frac{\text{US\$ 400.000 } (1 + 0{,}30) \times (1 + 0{,}30) \times (1 + 0{,}30) \times (1 + 0{,}30)}{\text{US\$ 5.000.000}}$$

ou

$$\frac{\text{US\$ 400.000} \times 2{,}86}{\text{US\$ 5.000.000}} = 0{,}23$$

Figura 7.1 Cálculo de controle acionário sobre o investimento pós-participação.

Isso demonstra que o empreendedor deve pressupor que abrirá mão de 23% da empresa.

O último método para determinar a porcentagem de participação a ser concedida exige que o empreendedor conheça o montante do investimento em participação e a taxa de retorno desejada pelo investidor e fixe o valor da empresa antes e depois do investimento. No exemplo da Figura 7.2, o empreendedor estabeleceu o valor da empresa em US$ 10 milhões no momento do investimento e previu um valor de US$ 40 milhões após cinco anos. Além disso, depois de perguntar ao investidor, descobriu que ele esperava uma taxa interna de retorno (TIR) de 38%, o que é igual a cinco vezes o investimento em cinco

	Hoje	Cinco anos depois
Valor da empresa	US$ 10 milhões	US$ 40 milhões
Patrimônio dos investidores	US$ 5 milhões	US$ 25 milhões
Porcentagem de participação dos investidores	50%	63%

Figura 7.2 Cálculo da participação acionária.

anos. O investimento de US$ 5 milhões geraria um retorno de US$ 25 milhões. Portanto, os US$ 25 milhões a que o investidor teria direito são equivalentes a 63% do valor futuro de US$ 40 milhões projetado para a empresa.

Entretanto, independentemente do motivo, todo empreendedor que já possua uma empresa ou pretenda ter uma deve ter alguma ideia de seu valor. Thomas Stemberg, fundador da Staples, Inc., oferece ume excelente conselho ao assinalar que "Ninguém jamais proporá um valor para sua empresa que esteja à altura do seu. Ninguém de fato sabe quais serão os resultados desse novo empreendimento. A avaliação da empresa é em grande medida uma maneira de você testar sua convicção".[3]

PRINCIPAIS FATORES QUE INFLUEM NA AVALIAÇÃO

Como mencionado antes, o valor de uma empresa é influenciado por uma série de fatores, qualitativos e também quantitativos. Para calcular o valor final para qualquer empresa, o empreender primeiro deve identificar e rever esses fatores. Esse procedimento normalmente é chamado de "análise dos fatores contextuais". Em outras palavras, qual é o contexto geral em que a avaliação está se desenrolando? Uma avaliação apropriada não ocorre sem o contexto. Uma sólida avaliação dos fatores contextuais deve abranger os seguintes fatores:

- Fluxo de caixa histórico, atual e projetado da empresa.
- Quem está avaliando a empresa?
- É uma empresa de capital aberto ou fechado?
- Disponibilidade de capital.
- Trata-se de um investidor estratégico ou capitalista?
- Estágio de empreendedorismo da empresa.
- A empresa está sendo vendida em leilão?
- Conjuntura econômica.
- Motivo pelo qual a empresa está sendo avaliada.
- Ativos tangíveis e intangíveis.
- Setor.
- Competência da equipe executiva.
- Desempenho projetado.

Vejamos cada um desses fatores mais detalhadamente.

Situação do fluxo de caixa

Tradicionalmente, o valor da empresa tem se baseado em grande medida em seu fluxo de caixa atual e projetado. Entretanto, ao contrário desse método tradicional, as empresas de tecnologia agregaram um imenso valor nos últimos anos, em particular as de *Internet* e comércio eletrônico, mesmo quando não havia um fluxo de caixa positivo ou uma projeção de fluxo de caixa positivo para o futuro próximo. Apesar desse fato, que analisaremos e discutiremos mais pormenorizadamente em outra seção deste capítulo, este livro defende que todos os empreendedores devem se concentrar em agregar e maximizar valor buscando de maneira agressiva um fluxo de caixa positivo.

A ideia de que o valor provém do fluxo de caixa positivo é bastante simples e clara. No empreendedorismo, a busca de oportunidades de negócios em geral está associada a um objetivo básico: ganhar mais dinheiro do que gastar – também conhecido como fluxo de caixa positivo. As outras questões mencionadas no Capítulo 2, com relação às razões que levam um indivíduo a querer se tornar empreendedor – como criar emprego, cultivar uma ideia e ficar rico —, são na verdade subprodutos da concretização do objetivo de ganhar mais dinheiro do que gastar.

Por isso, é no fluxo de caixa da empresa que se encontra o verdadeiro valor de uma empresa. Esse fluxo de caixa pode ser usado para recompensar os funcionários com bonificações especiais, bem como os proprietários e investidores, ou ser reinvestido na empresa para torná-la ainda mais sólida no futuro. Vale observar que o momento certo do fluxo de caixa da empresa também pode afetar seu valor, dependendo de quem a está avaliando. Por exemplo, o empreendedor que está comprando uma empresa deve dar maior importância ao fluxo de caixa atual, e não futuro, da empresa. O motivo é que os fluxos de caixa futuros são incertos. Eles são apenas projeções e não oferecem nenhuma garantia de êxito. Empreendedores experientes como Wayne Huizenga agiram corretamente quando se recusaram a pagar por algo desconhecido. Quando lhe pediram sua opinião a respeito de avaliação, Huizenga afirmou: "Pagamos pelo que conhecemos, o fluxo de caixa atual, não pelo fluxo de caixa futuro".[4]

Outro motivo pelo qual os compradores devem fundamentar sua avaliação no fluxo de caixa atual é que o fluxo de caixa futuro virá do trabalho que o novo comprador empreender. Pagar ao vendedor pelo desempenho futuro da empresa seria recompensá-lo pelo trabalho que o comprador fará. Se assim procedesse, o comprador estaria basicamente dando o valor que ele ainda agregará. Avaliar uma empresa e pagar ao vendedor um valor com base no fluxo de caixa futuro da empresa é uma insensatez semelhante à seguinte situação: uma pessoa que está procurando uma casa para comprar vê um imóvel em Beverly Hills avaliado em US$ 10 milhões nas condições em que se encontra. Porém, o imóvel necessita de muitos consertos. O comprador planeja tudo nos mínimos detalhes e conclui que assim que os reparos forem feitos a casa valerá US$ 30 milhões. Com essa informação, o comprador faz uma oferta de US$ 30 milhões, pagando ao vendedor o valor do trabalho que ele está para realizar!

Obviamente, uma circunstância desse tipo é absolutamente ridícula, e o mesmo deve valer para uma empresa. O valor de uma empresa para o comprador deve se fundamentar no fluxo de caixa mais recente, não no fluxo de caixa futuro. A diferença entre o fluxo de caixa atual e futuro é responsabilidade do comprador. Entretanto, se a pessoa que estiver avaliando a empresa for o vendedor, ela vai querer que a avaliação se baseie no fluxo de caixa futuro porque sempre se projeta o futuro de modo que seja mais auspicioso do que o presente, o que resultaria em uma avaliação superior da empresa. No caso de uma *start-up*, se a avaliação se basear no fluxo de caixa projetado, isso é aceitável para os investidores e empreendedores porque não existe nenhum fluxo de caixa histórico nem atual.

Em conclusão, o fluxo de caixa de uma empresa influi diretamente em seu valor com base no montante de dívida que ela pode saldar. Isso pode ser calculado retroativamente. A ideia é que, para o comprador, o valor da empresa baseia-se principalmente no montante de dívida que seu fluxo de caixa consegue saldar no prazo de cinco a sete anos (o período normal de amortização de um empréstimo comercial) no pior cenário possível (o pior cenário é o fluxo de caixa real do ano mais recente). A estrutura de capital das aquisições mais alavancadas consiste em 80% de dívida e 20% de patrimônio líquido. Portanto, se um empreendedor pudesse conseguir um empréstimo comercial de sete anos por 80% do valor de uma empresa cujo fluxo de caixa projetado para o pior cenário fosse US$ 100.000 no primeiro ano, o valor da empresa seria US$ 875.000.

Essa avaliação baseia-se no fato de que 80% do valor da empresa é igual a um fluxo de caixa cumulativo de US$ 700.000 no período de sete anos. Desse modo, cada 1% de controle acionário da empresa é avaliado ao valor de US$ 8.750 ou 100%, seu valor total, que é igual a US$ 875.000. Essa relação entre valor, facilidade de saldar dívidas e fluxo de caixa atual é respaldada por um comentário feito por Sam Zell depois que ele comprou o jornal *Chicago Tribune* em 2007, então com uma dívida de US$ 8,2 bilhões. Com relação ao fluxo de caixa de US$ 1,3 bilhão em 2006, Sam disse o seguinte: "Não acho que precisemos aumentá-lo; não podemos deixá-lo diminuir".[5]

Quem está avaliando a empresa?

Você é o empreendedor que está vendendo a empresa ou levantando capital? Você é quem comprará toda a empresa ou você é um investidor em *private equity*? Como Stemberg apropriadamente salienta:

> O ponto nevrálgico em uma negociação de capital de risco é determinar o quanto a nova empresa vale. A avaliação determina o controle que o empreendedor terá sobre a empresa. Os capitalistas de risco almejam manter a avaliação baixa e tomar o controle. Os empreendedores desejam elevar o valor para levantar o máximo possível de capital e manterem o controle.[6]

A experiência de Stemberg com capitalistas de risco evidencia a tensão que em geral se interpõe entre os financiadores (tanto os capitalistas de risco quanto os demais) e o empreendedor. Stemberg assim enfatiza:

> Acho que a Staples valia US$ 8 milhões pós-investimento quando dei o pontapé inicial para levantar capital. Eu queria levantar US$ 4 milhões por 50% da empresa. Com rela-

ção ao valor da empresa, você é a companhia de seguros que tem de pagar a indenização ou é o reivindicante? A primeira quer uma avaliação menor da empresa comparativamente ao segundo. No caso de um divórcio, você é a parte que está tentando diminuir os pagamentos ao cônjuge, visto que os bens serão divididos, ou você é o beneficiário? Os capitalistas de risco queriam avaliar a empresa em US$ 6 milhões. No dia 23 de janeiro de 1986, eu fechei um negócio: os capitalistas de risco pagariam US$ 4,5 milhões por 56% da empresa. A Staples valia US$ 8 milhões.[7]

O valor atribuído a uma empresa depende do lado da mesa em que você está sentado: se você for o empreendedor, seu desejo será obter a maior avaliação possível para que conceda o mínimo possível de participação. Se você for o investidor (por exemplo, um capitalista de risco), seu desejo será obter a menor avaliação possível porque você deseja obter o máximo de participação possível para o seu investimento. Como disse Scott Meadow, veterano há 20 anos do setor de capital de risco, "Eu vou lhe pagar o mínimo possível pelo máximo que puder obter de sua empresa".[8] Essa questão é mais bem elucidada pela experiência de Stemberg que acabamos de citar. Os capitalistas de risco a princípio queriam 66,6% da Staples em troca do investimento que fariam, comparativamente aos 56% que obtiveram. Nem todos os investidores são tão agressivos quanto Scott Meadow, mencionado antes. Outro capitalista de risco teria dito o seguinte: "O segredo na avaliação de uma empresa é realizá-la de modo que possibilite que os investidores obtenham o retorno desejado e, ao mesmo tempo, deixe o investidor feliz e motivado". Obviamente, esse capitalista de risco busca uma avaliação que crie uma situação de "ganho mútuo" para o investidor e para o empreendedor.

Empresa listada *versus* não listada

Duas empresas com idade semelhante, que operam no mesmo setor, produzindo exatamente os mesmos produtos e serviços e obtendo o mesmo nível de receitas, a mesma taxa de lucro e a mesma taxa de crescimento, terão valores significativamente diferentes se uma for de capital aberto (isto é, estiver listada em alguma bolsa de valores – por exemplo, a de Nova York ou Nasdaq) e a outra for de capital fechado. A empresa listada em bolsa sempre terá um valor superior ao da empresa de capital fechado. Para ser mais específico, as empresas fechadas tradicionalmente têm obtido um valor de 15% a 25% inferior ao de empresas semelhantes de capital aberto.[9] Essa diferença na avaliação pode ser explicada pelos seguintes fatores:

- De acordo com as regras da Comissão de Valores Mobiliários dos Estados Unidos (SEC), todas as empresas de capital aberto são obrigadas a divulgar todos os detalhes sobre a sua situação financeira, passada e presente. Essa transparência possibilita que os investidores tomem decisões de investimento mais informadas. Visto que as empresas de capital fechado não precisam respeitar as regras e regulamentações de divulgação da SEC, os investidores nesse setor não têm acesso a esse tipo de informação.
- Os investidores de empresas de capital aberto têm um mercado já estabelecido para comprar e vender cotas acionárias. Como você verá mais detalhadamente no Capítulo 8, "Levantando Recursos", qualquer pessoa pode comprar e vender ações de empre-

sas de capital aberto. Isso não se aplica às ações de empresas de capital fechado. Legalmente, as empresas de capital fechado devem vender ações apenas a investidores "sofisticados" ou qualificados que elas conheçam direta ou indiretamente. A definição do termo *qualificado* é vaga porque pretende incluir os indivíduos que tenham um valor patrimonial mínimo e tenham consciência dos riscos associados ao investimento patrimonial. Os investidores conhecidos "diretamente" são os associados, familiares ou amigos pessoais. Os investidores conhecidos "indiretamente" são indivíduos apresentados por outras pessoas – por exemplo, por um banqueiro, advogado ou contador.

Portanto, as empresas de capital aberto têm um valor superior porque oferecem regularmente aos investidores maior quantidade de informações com um grau de confiabilidade maior em comparação às empresas de capital fechado. Além disso, elas são mais valorizadas por causa das oportunidades de liquidez disponíveis aos investidores.

Disponibilidade de capital

Como pode ser visto na Tabela 7.1, o múltiplo de preço de compra de EBITDA em transações com valor inferior a US$ 250 milhões alcançou em 2006 uma alta de 7,6, a maior de todos os tempos. A disponibilidade de capital é um dos principais motivos dessa elevação. Entre 2002, quando os múltiplos atingiram uma baixa de sete anos, e 2006, inúmeros fatores contribuíram para que essa fosse uma era dourada para os vendedores. Em primeiro lugar, o montante de crédito disponível aos investidores atingiu níveis históricos. As baixas taxas de juros e a exploração da securitização dos empréstimos abriram a torneira, possibilitando que os investidores capitalistas usassem alavancagem para realizar

Tabela 7.1 Múltiplos de preço de compra

Ano	Preço/EBITDA ajustado
1995	5,5
1996	6,1
1997	7,0
1998	7,0
1999	6,3
2000	6,2
2001	5,9
2002	5,8
2003	6,4
2004	6,8
2005	7,5
2006 (junho)	7,6

Fonte: Carter Morse & Mathias, "Strategic Buyers in Perspective", 2 de novembro de 2006.

aquisições. A proliferação de empresas de *private equity*, carregadas até a boca com uma nova injeção de capital, foi outro fator que elevou ainda mais as avaliações. Com os cofres lotados de dinheiro e disponibilidade de crédito, as empresas compradoras incitaram a atividade de fusões e aquisições, que atingiu um recorde de US$ 2,7 trilhões, na primeira metade de 2007. Os compradores corporativos, por tradição a opção de saída mais lucrativa para os vendedores, contribuíram para o aumento desse múltiplo.

Como assinalado no Capítulo 5 e demonstrado na Tabela 7.2, a rentabilidade corporativa atingiu a maior alta de todos os tempos em meados da década de 2000, abrindo caminho para uma economia sólida e vários anos de corte nos custos. Com os cofres abarrotados de capital, as empresas passaram a procurar formas de gastá-lo. Em 2006, o caixa e os equivalentes de caixa das empresas listadas no S&P 500 eram mais de seis vezes mais altos do que em 1995 e até duas vezes mais altos do que na era ponto-com. Além disso, outros fatores, como a entrada dos *hedge funds* e dos emprestadores de segundo nível no mercado e a presença crescente de compradores estrangeiros em consequência do enfraquecimento do dólar, também contribuíram para a elevação desses múltiplos.

Em 2008, a situação mudou de forma sensível, visto que os mercados internacionais de crédito ficaram significativamente apertados, em virtude do crescente efeito colateral adverso da crise no mercado hipotecário residencial dos Estados Unidos. Embora essa situação ainda esteja em curso, a queda de liquidez provocada pelos mercados de crédito mais fracos tende a diminuir os múltiplos de preço de compra. "Para muitas dessas empresas, os preços subiram bem além dos níveis históricos de comercialização. Essa situação provavelmente não se sustentará se os mercados de dívida se adequarem a níveis

Tabela 7.2 Lucros corporativos nos Estados Unidos, 1995-2006

Ano	Lucros corporativos nos Estados Unidos (em bilhões de dólares)
1995	697
1996	786
1997	869
1998	802
1999	851
2000	818
2001	767
2002	886
2003	993
2004	1.183
2005	1.331
2006	1.616

Fonte: Departamento de Comércio dos Estados Unidos.

de preço mais normalizados",[10] disse Scott Sperling em uma entrevista, copresidente da empresa de aquisição Thomas H. Lee Partners. Os resultados de um levantamento realizado entre banqueiros de investimento confirmam que o cenário de financiamento ficou mais difícil em 2008 e subsequentemente: 68% dos banqueiros pesquisados afirmaram que a viabilidade de financiamento está piorando e somente 11% disseram que está melhorando.[11] Além disso, os lucros corporativos e a economia estão se desaquecendo e ambos os fatores se juntam para abaixar os preços de aquisição.

Os níveis de captação de capital de risco tendem a acompanhar a economia e o mercado acionário. Como é típico desse padrão histórico, os fundos de capital de risco ficaram abarrotados de capital de investimento alguns anos antes de 2007 e início de 2008. Embora à época a captação de capital de risco ainda estivesse bem abaixo de US$ 83 bilhões, nível levantado em 2000, mais uma vez uma abundância ainda maior se fez presente. Com isso, as avaliações pré-investimento medianas saltaram de um nível mínimo de US$ 10,7 milhões em 2002 para US$ 18,5 milhões em 2007.[12] A VentureOne Corp., empresa listada no Dow Jones, acompanha os investimentos de capital de risco. Como indicado nas Tabelas 7.3 e 7.4, a disponibilidade de capital pode variar de modo sensível de acordo com o setor ou o segmento em que concorre e também segundo a classe de rodada. Tudo isso influi nas avaliações pré-investimento. As empresas que se encontram em setores mais aquecidos obtêm uma avaliação pré-investimento mais alta, tal como as empresas que estão em um estágio mais avançado de sua evolução.

Tabela 7.3 Avaliação pré-investimento mediana por setor, em milhões de dólares

Setor	2001	2002	2003	2004	2005	2006	2007 (1º semestre)
Assistência médica	16,00	14,70	14,70	15,89	18,32	19,75	17,85
Tecnologia da informação	16,70	10,00	9,55	12,50	15,00	19,48	15,70
Produtos e serviços	15,00	8,00	8,70	8,90	10,15	13,00	5,40

Fonte: Dow Jones VentureOne.

Tabela 7.4 Avaliação pré-investimento mediana por rodada, em milhões de dólares

Rodada	2001	2002	2003	2004	2005	2006	2007 (1º semestre)
Capital semente	3,18	2,68	2,00	1,70	1,80	2,50	2,40
Primeira rodada	8,00	6,00	4,90	6,00	5,94	6,00	7,30
Segunda rodada	18,00	13,00	13,00	12,25	15,00	17,80	16,00
Rodada posterior	40,00	24,10	21,00	29,30	32,80	36,00	35,25
Reinício	17,50	8,00	8,90	11,19	21,50	24,70	23,85

Fonte: Dow Jones VentureOne.

Investidor estratégico ou capitalista

O valor da empresa também é afetado pelo tipo de comprador. As sociedades anônimas, dentre as quais as que são listadas na *Fortune 500*, por tradição atribuem preços mais altos às empresas em comparação aos investidores capitalistas, aos empreendedores que recebem apoio financeiro de fundos alavancados (isto é, de compras alavancadas ou *leveraged buyouts* – LBOs) e a outras fontes de *private equity*. Como mencionado antes, uma redução significativa no montante de crédito disponível normalmente diminui o poder de compra das empresas de *private equity* e faz com que a diferença de preço entre investidores capitalistas e estratégicos volte a ficar mais próxima dos padrões históricos. Nas situações em que os capitalistas têm grande disponibilidade de fundos, em geral eles pagam preços mais elevados por empresas atraentes; nesses casos, os capitalistas costumam pagar preços mais altos que os estratégicos. A Tabela 7.5 mostra os múltiplos médios de EBITDA por setor e a Tabela 7.6 apresenta os múltiplos por ano.

Tabela 7.5 Múltiplos médios de EBITDA por setor

	Investidores capitalistas	Investidores estratégicos
Industrial	6,8	7,0
Serviços	7,3	7,1
Varejista	8,2	8,4
Assistência médica	5,2	6,1
Comunicação	10,9	11,0
Geral	7,4	7,5

Fonte: Thomas Financial, 2000.

Tabela 7.6 Múltiplos médios de EBITDA por ano

	Investidores capitalistas	Investidores estratégicos
2001	5,8	8,8
2002	5,8	6,0
2003	6,3	6,4
2004	6,6	7,8
2005	7,5	7,6
2006	7,2	7,2
2007	8,3	7,0

Fonte: *S&P Leveraged Commentary and Data*, 2008.

Especulação

Algumas empresas são totalmente avaliadas de acordo com a projeção de seu desempenho futuro. Foi isso o que ocorreu com a vasta maioria das empresas de *Internet* e comércio eletrônico, que examinaremos mais pormenorizadamente ainda neste capítulo. Em geral, essas tinham receitas modestas e nenhum histórico de rentabilidade.

Em resposta à pergunta sobre se as ações de *Internet* são supervalorizadas, um autor da área de negócios respondeu: "Digamos assim: elas se vendem mais pelo alarde e expectativa do que com base nos números reais".[13] É por isso que a Amazon.com, no final de março de 1999, obteve um valor de mercado 27% mais alto do que a Sears, empresa com receitas mais de 15 vezes superiores – e, mais importante que isso, com lucros reais, em comparação aos prejuízos da Amazon.com, como demonstra a Figura 7.3. Após a queda da bolsa em 2001, ambas as empresas foram duramente golpeadas pelos investidores, mas a Amazon.com recebeu uma ridícula bofetada. Posteriormente, nesse mesmo ano, a capitalização de mercado da Sears foi cotada em US$ 11,2 bilhões, enquanto a Amazon recebeu uma avaliação um pouco acima de US$ 2 bilhões, apenas – uma queda de 91% em relação ao seu valor em 1999. O quadro apresentado na Figura 7.4 leva a crer que em meados de 2007 talvez os especuladores na Amazon tivessem alguma informação na manga, visto que a Amazon galgou seu espaço entre as empresas varejistas *on-line* mais bem-sucedidas do mundo.

	Sears	Amazon.com
Valor	US$ 18,6 bilhões	US$ 23,6 bilhões
Receitas	US$ 9,0 bilhões	US$ 293 milhões
Lucro líquido (prejuízo)	US$ 144 milhões	(US$ 62 milhões)

Figura 7.3 Comparação entre avaliações (1999).

	Sears	Amazon.com
Valor	US$ 22,6 bilhões	US$ 28,4 bilhões
Receitas	US$ 52,7 bilhões	US$ 11,4 bilhões
Lucro líquido (prejuízo)	US$ 1,5 bilhão	US$ 0,25 bilhão

Figura 7.4 Comparação entre avaliações (2007).

Estágio de desenvolvimento da empresa

Quanto mais no início a empresa se encontra, menor é seu valor. Quando ainda no estágio semente, o valor da empresa é mais baixo que o de uma empresa em um estágio de desenvolvimento mais maduro. Isso porque os riscos associados a empresas em estágios mais avançados são menores. Ela tem uma história. Por isso, os empreendedores em geral são aconselhados a desenvolver seus produtos e a própria empresa o máximo possível para só de depois procurar captação externa de recursos por meio de emissão de ações. Lamentavelmente, muitos empreendedores aprendem essa lição tarde demais. Eles adquirem financiamentos de capital por emissão de ações nos primeiros estágios da empresa, quando sua avaliação é extremamente baixa e o poder encontra-se nas mãos dos investidores.

Esse problema agrava-se ainda mais se levarmos em conta que no estágio semente os empreendedores em geral precisam de relativamente pouco dinheiro para iniciar sua empresa e/ou desenvolver protótipos. Normalmente, eles precisam de valores pequenos como US$ 25.000 ou de até no máximo US$ 200.000. Quando os investidores de *private equity* entram em cena nesse estágio de desenvolvimento, eles desejam controlar pelo menos 50% da empresa em troca de seus investimentos. Um investimento de US$ 25.000 a US$ 200.000 por 50% da empresa gera uma avaliação pós-investimento de US$ 50.000 a US$ 400.000 apenas. Isso cria sérios problemas posteriores para o empreendedor porque ele fica com poucas ações para vender para futuros investidores.

Outro problema comum é o "remorso de vendedor". Os empreendedores costumam sentir esse remorso assim que se dão conta de que abriram mão de muito por tão pouco dinheiro. Foi esse o sentimento de Joseph Freedman em relação à empresa que ele fundou em 1991, a Amicus Legal Staffing, Inc. (ALS). Ele havia levantado US$ 150.000 por 65% da empresa, o que levou sua empresa a ser avaliada em apenas US$ 230.769. Em 1997, Freedman vendeu a ALS para a AccuStaff, e seus investidores receberam US$ 13 milhões, ou 65% do preço, pelo investimento inicial de US$ 150.000.[14] A Tabela 7.7 apresenta as quantias médias de investimento de capital de risco por rodada.

Tabela 7.7 Quantia média investida por rodada

Rodada	Quantia (em milhões de dólares)
Capital semente	1,0
Primeira rodada	4,9
Segunda rodada	9,5
Rodada posterior	12,1

Fonte Dow Jones VentureOne/Ernst & Young, primeiro trimestre de 2007.

Leilão

Quando uma empresa está sendo vendida por meio de um processo de leilão, em teoria ela será basicamente avaliada com base no valor com o qual o mercado poderá arcar. Nesse processo normalmente vários compradores em potencial competem por meio de lances. Em geral, o vendedor obtém com isso um preço alto e atraente. Por exemplo, em 2007, a Microsoft cobriu o lance da Google e Yahoo! pelo direito de comprar parte do Facebook. Com seu investimento de US$ 240 milhões para obter 1,6% do Facebook, a Microsoft avaliou o Facebook em US$ 15 bilhões! À época, as receitas do Facebook estavam abaixo de US$ 50 milhões.

Conjuntura econômica

A situação econômica do país e mesmo a situação econômica mundial podem influir de maneira sensível na avaliação da empresa. Como já mencionado neste capítulo, o valor das empresas no estágio inicial de desenvolvimento ou compradas aumentou anualmente durante um período de cinco anos que culminou em 2000. Não é uma mera coincidência que isso tenha ocorrido no mesmo momento em que a economia americana passava pelo mais longo período de crescimento econômico sem recessão, como afirmado no Capítulo 2.

Uma economia sólida significa maior disponibilidade de capital dos investidores, o que, por sua vez, como mencionado antes neste capítulo, traduz-se em alavancagem financeira para o empreendedor. Obviamente, o inverso é verdadeiro. O valor das empresas normalmente diminui quando a economia se agrava porque os investidores têm menos dinheiro para investir. Portanto, a economia influi na disponibilidade de capital, o que, por sua vez, influi no valor das empresas.

Isso não é uma mera teoria econômica, mas um fato comprovado, por exemplo, pelo que ocorreu durante a última recessão. Em 2001, os Estados Unidos entraram em recessão. O volume de capital levantado (isto é, disponível para investimento) por todas as empresas de *private equity* foi US$ 89,2 bilhões. O ano seguinte, 2002, foi o primeiro ano completo de recessão. O volume de capital levantado nesse ano caiu verticalmente para US$ 33,6 bilhões, uma queda de 62% em relação ao ano anterior. Desde 2002, em todos os anos a economia apresentou melhoras, e o investimento de *private equity* disponível para os empreendedores aumentou de forma correspondente, como mostram os dados da Tabela 7.8.

Motivo pelo qual a empresa está sendo vendida

O valor de uma empresa que está sendo vendida está diretamente relacionado com o motivo da venda. A empresa obterá seu valor mais alto, se o empreendedor não a estiver vendendo em consequência de pressões pessoais ou comerciais. Por exemplo, o valor de uma empresa que está à venda por estar correndo risco de insolvência, decorrente da falta de caixa, será bem inferior ao de uma empresa exatamente do mesmo tipo que não esteja enfrentando problemas financeiros.

O mesmo se aplica aos motivos pessoais. Por exemplo, o valor de uma empresa que está à venda para resolver a partilha de bens dos proprietários que estão se divorciando será inferior ao valor que teria se essa circunstância não estivesse impelindo sua venda. Outros motivos pessoais que podem influir negativamente no valor da empresa são, mas não se restringem a, doença ou morte do(s) proprietário(s) ou de membros da família do proprietário e conflito interno (isto é, relacionado à empresa ou pessoal) entre os proprietários.

Visto que esses problemas pessoais e comerciais podem afetar de maneira negativa o valor da empresa que está à venda, normalmente os proprietários manifestam-se o mínimo possível quanto aos motivos reais da venda. Por isso, é essencial que todo empreendedor que pretenda comprar uma empresa faça uma investigação prévia completa, *antes* de avaliá-la e fazer uma oferta, sobre o motivo pelo qual ela está à venda. A principal lição a ser aprendida nesta seção é que ter informações é valioso. Essa mesma lição foi o ponto alto de uma seção anterior neste capítulo, em que examinamos por que o valor das empresas de capital aberto é superior ao das empresas de capital fechado.

Tabela 7.8 Compromissos com sociedades de *private equity*

Ano	Total de fundos (quantidade)	Quantia total levantada (em milhões de dólares)	Média por fundo (em milhões de dólares)
1990	151	11.160,6	73,9
1991	69	7.889,4	114,3
1992	139	16.341,6	117,6
1993	169	20.199,0	119,5
1994	239	29.387,3	123,0
1995	276	36.337,9	131,7
1996	260	41.040,3	157,8
1997	375	61.074,7	162,9
1998	451	91.538,7	203,0
1999	601	109.650,6	182,4
2000	807	181.116,3	224,4
2001	439	89.223,2	203,2
2002	296	33.588,3	113,5
2003	263	42.519,1	161,7
2004	356	70.782,3	198,8
2005	412	124.861,4	303,1
2006	408	178.686,9	438,0
2007	432	207.305,1	479,9

Fonte: Associação Americana de Capital de Risco, 2008.

Ativos tangíveis e intangíveis

Os ativos tangíveis e intangíveis de uma empresa também influem em seu valor. Grande parte do valor das empresas industriais em geral recai sobre os ativos tangíveis. O tempo de vida e a situação dos ativos – como máquinas, equipamentos e estoque – exercerão impacto direto sobre o valor da empresa. Por exemplo, se o equipamento for velho e estiver em péssimas condições por uso excessivo ou falta de manutenção, a empresa terá um valor inferior ao de uma empresa semelhante com equipamento mais novo e mais bem mantido.

O mesmo se aplica aos ativos intangíveis, como a base de clientes, as patentes e o nome da empresa. Por exemplo, se o nome da empresa sofrer algum dano, ela terá menos valor que outra no mesmo setor cujo nome for forte e respeitável. Foi por isso que a AirTran Airways mudou de nome. Seu antigo nome, Value Jet Airlines, foi gravemente prejudicado por um desastroso acidente aéreo em 1996.

Tipo de setor

O setor em que a empresa concorre é também muito importante para sua avaliação. Não raro duas empresas distintas, em setores distintos, mas com receitas, lucros e crescimento similares, podem ter avaliações significativamente diferentes. Como veremos mais adiante neste capítulo, é bem provável que isso tenha se comprovado alguns anos atrás ao comparar empresas de *Internet* e comércio eletrônico com empresas de praticamente qualquer outro setor. Com base no método de avaliação pelo índice preço/lucro (índice P/L), que também examinaremos mais a fundo neste capítulo, os setores com as avaliações mais altas e mais baixas foram aqueles apresentados na Figura 7.5.

Índices P/L mais altos		Índices P/L mais baixos	
Setor	Índice (últimos 12 meses)	Setor	Índice (últimos 12 meses)
Rede sem fio	353,4	Construção habitacional	6,1
Energia	222,8	Comércio de suprimentos para construção	9,4
Serviços de utilidade pública (externo)	106,6	Material de construção	11,0
Seguros (de propriedade e contra acidentes)	105,6	Siderúrgico (geral)	11,7
Comércio eletrônico	96,1	Transporte rodoviário	11,7
Internet	62,5	Serviços financeiros	11,9

Fonte: Aswath Damodaran, Escola de Negócios Stern, janeiro de 2008.

Figura 7.5 Índices P/L mais altos e mais baixos por setor.

Alguns setores tinham mais valor que outros por sua atratividade e potencial de crescimento. As empresas que eram consideradas atraentes, por ter um potencial de crescimento rápido e elevado, em geral recebiam uma avaliação mais alta que daquelas que se atuavam em setores tranquilos, conservadores e de crescimento moderado, ainda que – como vimos antes neste capítulo, ao comparar a Sears e a Amazon.com – os setores conservadores fossem imensamente mais lucrativos.

Competência da equipe executiva

A qualidade da equipe executiva, cuja avaliação baseia-se principalmente no tempo de experiência de cada um de seus membros e no grau de sucesso e insucesso pessoal desses membros, afetará o valor da empresa que esteja à venda ou tentando levantar capital junto a investidores externos. Na situação em que os dirigentes da empresa à venda exigem que os novos proprietários os mantenham, o valor da empresa será afetado negativamente pela avaliação da equipe executiva. Se o novo proprietário considerar a antiga equipe executiva ruim, ficará menos disposto a pagar um preço alto pela empresa porque terá gastos com treinamento suplementar ou substituição desses membros. A possibilidade de a equipe executiva precisar ser substituída é um risco adicional para o futuro da empresa, o que pode, por sua vez, diminuir seu valor.

Os investidores de *private equity* atribuirão um valor mais alto à empresa cuja administração for experiente. O motivo é exatamente o mesmo que acabamos de mencionar: risco. Quanto maior o risco, mais baixa a avaliação. Por exemplo, duas *start-ups* em busca do mesmo montante de capital de investimento terão avaliações significativamente distintas se na administração de uma delas houver pessoas com experiência em *start-ups* e na outra não houver nenhuma.

MÉTODOS DE AVALIAÇÃO

Existem inúmeras formas de avaliar uma empresa e, ao que parece, é muito difícil duas pessoas procederem da mesma maneira. Os métodos podem diferir de setor para setor, como veremos mais adiante neste capítulo, bem como de avaliador para avaliador. É importante ressaltar que nenhuma metodologia de avaliação em si é superior às outras; todas têm vantagens e limitações. Contudo, no final das contas, a maioria dos avaliadores de empresa prefere utilizar um método em detrimento de outro. Em geral, a adesão a um determinado método ocorre depois que a pessoa experimenta vários outros e determina qual deles oferece sistematicamente a avaliação com a qual ela se sente mais satisfeita.

Com toda a franqueza, a avaliação é em parte intuição e em parte ciência, e simplesmente não há mal algum em dizer que você acredita em um determinado método de avaliação. A coisa fica séria quando você de fato põe em risco seu capital ao usar um ou mais desses métodos para avaliar uma empresa. A questão é que o método de avaliação do empreendedor depende de sua experiência; sem essa preciosa experiência, é recomendável utilizar pelo menos dois métodos diferentes para determinar uma faixa de avaliação da empresa.

Basicamente, os métodos de avaliação se enquadram em três categorias: (1) determinado por ativos, (2) de capitalização de fluxo de caixa e (3) de múltiplos. No mundo do empreendedorismo, não existe outra categoria de avaliação mais consagrada e utilizada que a dos múltiplos, e nela o método mais difundido é o múltiplo de fluxo de caixa.

MÚLTIPLOS

Múltiplo de fluxo de caixa

O fluxo de caixa de uma empresa são os fundos disponíveis para saldar as obrigações da dívida e dividendos e/ou juros sobre capital próprio. Esses recursos podem ser utilizados para pagamento de juros e/ou do principal da dívida e também para pagamentos de dividendos, recompra de ações e reinvestimentos na empresa. Uma das formas de avaliar uma empresa é determinar o nível de caixa disponível para realizar essas atividades. Para determiná-lo, é necessário calcular o lucro antes dos juros, impostos, depreciação e amortização – EBITDA.

Nesse método de avaliação, o EBITDA é multiplicado por um número específico (isto é, o multiplicador) para determinar o valor da empresa. Em geral, como demonstrado aqui, o multiplicador utilizado gira entre 3 e 10. Entretanto, o mercado dos compradores ou o mercado dos vendedores, crescimento das vendas, potencial de crescimento do setor, variabilidade dos lucros da empresa e opções de saída disponíveis aos investidores são fatores que afetam o nível do multiplicador empregado na avaliação. Esse múltiplo não é estático. Na verdade, ele é dinâmico. Ele pode mudar por uma série de razões.

Como disse o capitalista de risco Bill Sutter, formado pela Universidade de Princeton e pela Escola de Negócios de Stanford:

> Praticamente todas as conversas sobre avaliação de empresas no setor de *private equity* começam com uma discussão sobre um múltiplo de fluxo de caixa de 5 vezes. Esse múltiplo será alterado para um valor superior considerando aspectos qualitativos como administração de alta qualidade e maior crescimento e enviesado para baixo para setores em recessão e nos quais o risco e a volatilidade são considerados mais altos.[15]

Outra forma de reduzir ou melhorar as avaliações baseadas em múltiplos de fluxo de caixa é ajustar o EBITDA. O EBITDA ajustado deve ser calculado depois que o salário do empreendedor for deduzido. Isso se justifica porque o empreendedor tem o direito de receber um salário fixado pelo mercado, o qual deve ser tratado como uma despesa legítima na demonstração de resultado do exercício (DRE). Se o salário do proprietário não for considerado, o EBITDA da empresa ficará falsamente acentuado, fazendo com que a empresa receba uma sobrevalorização. Isso não seria vantajoso para o comprador, que pagaria mais pela empresa, tampouco o seria para o investidor, que obteria uma participação menor por seu investimento. No caso do comprador, a maneira apropriada de determinar o EBITDA é substituir o salário do empreendedor vendedor pelo novo salário previsto pelo comprador, desde que ele seja justificável por uma cotação a preço de mercado. Esse cálculo é mostrado pela Equação 7.2.

Por exemplo, se uma empresa de um setor que normalmente utiliza um múltiplo de 7 tivesse um EBITDA de US$ 500.000, poder-se-ia supor uma avaliação de US$ 3,5 milhões. Mas suponhamos que uma análise mais aprofundada das demonstrações financeiras do vendedor mostrasse que ele ganhava um salário de US$ 50.000 apenas, quando empresas de porte semelhante, no mesmo setor, pagavam aos proprietários US$ 125.000. Se o comprador pretendesse ganhar um salário de US$ 125.000, de acordo com a cotação do mercado, o valor da empresa, usando o múltiplo 7 de EBITDA, deveria ser US$ 2.975.000 [isto é, (US$ 500.000 + US$ 50.000 − US$ 125.000) × 7]. Essa diferença de US$ 525.000 representa uma sobrevalorização de 18%!

Observe que a mudança no salário do proprietário também afetaria o montante de impostos pagos pela empresa. Visto que o novo salário diminuiria o lucro operacional, os impostos igualmente diminuiriam.

Equação 7.2 Ajuste do salário no cálculo do EBITDA

EBITDA ajustado = EBITDA + salário do vendedor − salário do comprador

Como mencionado antes, os múltiplos de EBITDA até 10 não são incomuns. Por exemplo, em 2008, a fabricante de doces Mars concordou em comprar a Wrigley, fabricante de gomas de mascar, por US$ 23 bilhões, isto é, 19 vezes o seu EBITDA, embora o setor de alimentos embalados geralmente utilizasse o múltiplo 12.[16] Contudo, esse autor desaconselha a aceitação desses múltiplos, a menos que você seja dono de toda a empresa ou de parte dela. Em relação ao comprador, é recomendável que não aceite múltiplos acima de 5. Isso porque a avaliação deve ser tal que o fluxo de caixa, no pior cenário possível, consiga saldar totalmente as obrigações da dívida no período de amortização típico de cinco a sete anos.

Utilizando o múltiplo 5, com uma estrutura de capital entre 60% a 80% da dívida, o que é comum, a dívida poderia ser saldada em sete anos. Por exemplo, se o EBITDA da Grant Company fosse US$ 1 milhão, o comprador não deveria pagar um valor superior a US$ 5 milhões. Com um empréstimo de 80%, ou US$ 4 milhões, a 7%, se o fluxo de caixa nos sete anos seguintes permanecesse o mesmo e nenhum aumento importante no capital fosse necessário, o total de US$ 7 milhões poderia tranquilamente cumprir as obrigações da dívida.

Múltiplo de fluxo de caixa livre

Em conclusão, no caso das empresas que precisam fazer grandes investimentos em equipamentos para apoiar seu crescimento, é comum utilizar um múltiplo do fluxo de caixa livre (FCL) da empresa, em vez de apenas o EBITDA. O FCL é uma representação moderada do fluxo de caixa que gera uma avaliação mais baixa. Com relação ao múltiplo, o FCL é calculado de acordo com a Equação 7.3.

As empresas industriais em geral são avaliadas com base em um múltiplo do FCL. Entretanto, as empresas de porte médio, como as emissoras de televisão, normalmente são avaliadas com base em um múltiplo do EBITDA. Por exemplo, em 1995, a Westinghouse e a Disney compraram a CBS e a ABC, respectivamente. A Westinghouse pagou 10 vezes o EBITDA e a Disney, 12. Na verdade, uma rápida passada de olhos no setor de teledifusão (consulte a Tabela 7.9) evidenciará nossa afirmação anterior sobre o aspecto "dinâmico" dos múltiplos.

É necessário ressaltar que os métodos de múltiplo de EBITDA e FCL avaliam uma empresa de maneira apropriada se ela estiver totalmente desalavancada e não houver nenhuma dívida em sua estrutura de capital. A adição de juros, impostos e depreciação ao lucro líquido elimina a relevância de qualquer dívida que a empresa tiver no momento. Essa é a forma correta de avaliar uma empresa, especialmente se você for o comprador, porque a estrutura de capital escolhida pelo vendedor não tem nada a ver com o comprador ou com a estrutura de capital que ele escolher no final das contas. A atual estrutura de capital da empresa pode estar carregada de dívidas porque o proprie-

Equação 7.3 Fluxo de caixa livre

FCL = EBITDA − investimentos em ativos fixos (Capex, de capital *expenditures*)

Tabela 7.9 Múltiplos do setor de teledifusão

Anos	Múltiplo de venda
Década de 1980	10-12
Início da década de 1990	7-8
1996	16
2007	15

tário deseja que seu balanço patrimonial pareça assustador pelo fato de ter iniciado as negociações de partilha de bens de seu futuro divórcio. Portanto, a empresa deve ser avaliada sem que se leve em conta as dívidas existentes. Assim que o comprador determinar o valor que ele deseja pagar, poderá concordar em assumir as dívidas como parte do pagamento. Por exemplo, se o valor da empresa for US$ 5 milhões, o comprador pode concordar em pagá-lo assumindo a dívida de longo prazo de US$ 1 milhão do vendedor e pagando o saldo de US$ 4 milhões em dinheiro.

Múltiplo de vendas

Esse múltiplo é um dos métodos de avaliação mais utilizados. As perspectivas de crescimento das vendas e o otimismo do investidor desempenham um papel preponderante na determinação do valor do múltiplo a ser usado, e setores diferentes utilizam múltiplos diferentes. No setor de alimentos, em geral aplicam-se múltiplos de 1 a 2 vezes as receitas, mas as perspectivas de crescimento das vendas podem elevar ou diminuir o multiplicador. Por exemplo, a Quaker Oats, compradora estratégica, pagou US$ 1,7 bilhão, ou 3,5 vezes as receitas, para adquirir a Snapple em 1995, em um momento em que empresas semelhantes estavam sendo vendidas por um múltiplo de vendas de 2 ou menos. Raciocínio da Quaker: ela previa que a Snapple teria um rápido crescimento.

Contudo, esse crescimento rápido não ocorreu. Dois anos depois, a Quaker vendeu a Snapple para a Triarc Cos. por US$ 300 milhões, valor equivalente a um pouco mais de 50% de suas receitas anuais de US$ 550 milhões. Essa evidente sobrevalorização da Snapple por parte da Quaker contribuiu para a saída de seu diretor executivo. Entretanto, quando os proprietários da Triarc estavam recebendo os mais altos elogios pela compra da Snapple, alguém disse: "Eles surrupiaram a empresa!".[17] Em 2001, a PepsiCo adquiriu a Quaker por US$ 13,4 bilhões.

Dentre os demais setores que normalmente são avaliados pelo múltiplo de vendas encontra-se o de radiodifusão. Em geral, essas avaliações giram em torno de 2,0 a 2,5 vezes as receitas para estações de rádio com mercado pequeno, 3 a 3,5 vezes para estações com mercado médio e 4 vezes para estações com mercado grande. Outro setor é o das empresas de serviços profissionais, comumente avaliadas com múltiplos de 1 a 3 vezes as receitas. Porém, o setor mais proeminente que costumava utilizar o método de múltiplo de vendas é o tecnológico, especialmente o setor de *Internet*, que será examinado mais a fundo ainda neste capítulo.

A deficiência desse método é que ele não examina se a empresa está ganhando dinheiro. Ele se concentra no faturamento. Portanto, esse método de avaliação é mais adequado aos empreendedores que desejam aumentar sua participação de mercado adquirindo as empresas de seus concorrentes. A ideia é adquirir novos clientes e valer-se de suas próprias habilidades operacionais e tentar fazer com que cada novo cliente contribua para o fluxo de caixa. Esse método é mais bem aplicado por empreendedores com grande experiência na administração de empreendimentos no mesmo setor da empresa que está sendo adquirida.

Múltiplo de visitantes únicos mensais

Esse método de avaliação aflorou principalmente no âmbito da *Internet*. Em 2005, a News Corporation comprou o MySpace por US$ 580 milhões, ou US$ 2,93 por visitante único mensal. No ano seguinte, a Google comprou o YouTube por US$ 1,65 bilhão, ou US$ 4 por visitante único mensal. Além disso, em 2008, a NBC Universal concordou em comprar o Weather Channel por US$ 3,5 bilhões. Na época da compra, o *site* do Weather Channel tinha 37 milhões de visitantes únicos mensais, o que o colocava entre os 15 *sites* mais visitados. Esse preço de compra equivale ao preço de US$ 9,40 por visitante único mensal.[18]

Método do índice P/L

Outro método de avaliação comum que se enquadra na categoria dos múltiplos é o índice preço/lucro. O modelo do índice P/L normalmente é empregado na avaliação de empresas de capital aberto. Esse multiplicador é utilizado com o lucro após impostos para determinar o valor da empresa. Para calculá-lo, é necessário dividir o preço por ação pelo lucro por ação (LPA) dos últimos 12 meses. Por exemplo, uma empresa com um preço por ação de US$ 25, 400.000 ações em circulação no mercado e lucro de US$ 1 milhão nos últimos 12 meses terá um índice P/L de 10, calculado de acordo com a Figura 7.6. Nessa figura, o P/L de 10 significa que o lucro de US$ 1 custa US$ 10 ou, de modo inverso, que o retorno do investidor é 10%. Esse retorno equipara-se de maneira bastante favorável com os 5,8% de retorno médio histórico das obrigações de longo prazo.[19]

O múltiplo de P/L médio histórico do Dow Jones Industrial Average e do Standard & Poor's 500 é 16. Em 1998, em plena alta da bolsa de valores, o múltiplo do S&P era 28 e do Dow Jones, 22.[20] No final de 2001, em plena queda da bolsa, o múltiplo do S&P era 23,5 e do Dow Jones, 57,3. Se excluíssemos a Honeywell (P/L de 731, em grande parte por causa da tentativa da GE de adquiri-la), o múltiplo do Dow Jones seria 32,9. Esse

---

Preço por ação/LPA

LPA = lucro/número de ações em circulação no mercado

US$ 25/(US$ 1.000.000/400.000)

US$ 25/US$ 2,5 = 10

Figura 7.6 Cálculo de preço/lucro.

múltiplo é superior às médias históricas por alguns motivos justificáveis. O Dow Jones engloba empresas maiores que possuem ações de primeira linha e tendem a ter uma volatilidade menor, e durante o período de recessão econômica os investidores estavam migrando para essas empresas mais seguras. Consequentemente, os múltiplos de P/L dessas empresas tendiam a ser mais altos do que o normal.

Os múltiplos de P/L são divulgados diariamente no caderno de negócios dos jornais, apresentando os índices das empresas de capital aberto em atividades comparáveis. As empresas que se encontram no mesmo setor podem ter múltiplos de P/L diferentes, não obstante o fato de terem lucros anuais semelhantes e uma quantidade similar de ações no mercado. Essa diferença pode estar relacionada ao preço da ação. Os investidores talvez estejam propensos a pagar um preço de ação superior por uma determinada empresa porque sua taxa de crescimento prevista é mais alta, a administração é mais experiente, um processo judicial recente foi solucionado ou uma nova patente foi aprovada. Nesse exemplo, a empresa com preço de ação mais elevado teria um múltiplo de P/L mais alto e, portanto, uma avaliação mais alta. Desse modo, podemos concluir que, quando uma empresa tem um múltiplo de P/L superior ao da média do setor, isso ocorre em especial porque os investidores têm uma visão positiva sobre as oportunidades de crescimento da empresa e acreditam que os lucros são relativamente confiáveis. Inversamente, os múltiplos de P/L mais baixos estão relacionados a crescimento baixo, lucros irregulares e percepção de futuros riscos financeiros.

Esteja atento ao fato de que os múltiplos de P/L são ideais para empresas de capital aberto. Contudo, às vezes eles são usados para avaliar empresas de capital fechado.

A maneira ideal de avaliar uma empresa de capital fechado usando o múltiplo de P/L é identificar a empresa de capital aberto mais similar. O critério de escolha mais importante nesse sentido seria uma empresa com produtos ou serviços exatamente iguais ou o máximo possível semelhantes. O objetivo é escolher uma empresa no mesmo segmento. Outros critérios também importantes seriam:

- Magnitude das receitas
- Rentabilidade
- Crescimento histórico e provável
- Tempo de existência da empresa

Ao identificar a empresa mais semelhante, o passo seguinte é descontar o múltiplo de P/L. Por quê? Como já mencionado neste capítulo, o valor de uma empresa de capital aberto sempre será superior ao de uma empresa de capital fechado que tenha receitas, lucro, fluxo de caixa, potencial de crescimento e tempo de existência exatamente iguais, em virtude da liquidez e do acesso a informações. Consequentemente, as empresas fechadas em geral recebem uma avaliação de 15% a 25% inferior à das empresas de capital aberto. Por esse motivo, o múltiplo de P/L da empresa de capital aberto escolhida como melhor parâmetro de comparação deve sofrer um desconto de 15% a 25%.

MÚLTIPLO DE MARGEM BRUTA

Como regra geral, o múltiplo de margem bruta não deve ser superior a 2. Portanto, uma empresa com receita de US$ 50 milhões e margem bruta de 30% valeria US$ 30 milhões (isto é, US$ 50 milhões × 0,30 = US$ 15 milhões; US$ 15 milhões × 2 = US$ 30 milhões).

SETORES DIFERENTES UTILIZAM MÚLTIPLOS DE REFERÊNCIA DIFERENTES

Antes de encerrarmos nossa discussão a respeito dos múltiplos, é importante ressaltar que setores distintos utilizam não apenas múltiplos distintos, mas também referências (*benchmarks*) distintas, dentre as quais:

- As distribuidoras no setor de refrigerantes e bebidas alcoólicas são avaliadas com um múltiplo da quantidade de fardos/caixas vendidos.
- O setor de penhores, que oferece empréstimos de US$ 70 a US$ 100 a taxas de juros anuais de 12% a 240%, normalmente utiliza um dos seguintes métodos: o múltiplo de lucro ou o múltiplo do saldo de empréstimo. Nos Estados Unidos, existem mais de 15.000 lojas de penhores. Cerca de 6% são de capital aberto. As casas de penhores de capital aberto são avaliadas com um múltiplo de 18,5 vezes o lucro, consideravelmente superior ao das lojas fechadas, que são avaliadas com um múltiplo de 4 a 7 vezes o lucro.

   Embora o modelo de múltiplo de avaliação de lucro não seja utilizado exclusivamente pelas casas de penhores, o modelo de múltiplo de saldo de empréstimo é. O saldo de empréstimo de uma casa de penhores evidencia o número de clientes com os quais ela se relaciona, que é seu maior ativo. Portanto, os múltiplos normalmente usados para avaliar uma casa de penhores variam de 2 a 4 vezes seu saldo de empréstimos em aberto.

Para estimar rapidamente o valor de uma empresa, geralmente se utiliza uma regra geral. O *Business Reference Guide* de 2008, publicado pela Business Brokerage Press, é uma ótima referência para qualquer pessoa que esteja avaliando, comprando ou vendendo uma empresa de capital fechado. A Tabela 7.10 apresenta como exemplo algumas linhas de negócios e os múltiplos "regra geral" descritos nesse guia.

Outra fonte de referência, o *Newsletter of Corporate Renewal*, propõe que o valor de qualquer empresa não deve ser superior a 2 vezes seu montante de margem bruta.[21] Em conclusão, com relação à avaliação de uma empresa por meio de qualquer um dos modelos de múltiplo anteriormente mencionados (isto é, receitas, fluxo de caixa, lucro e margem bruta), é necessário ressaltar que os múltiplos não são estáticos. Eles estão em constante mudança e devem ser ajustados para cima ou para baixo, e isso depende de vários fatores.

Se o setor estiver passando por um período de desaquecimento, o que o tornaria um mercado favorável aos compradores, os múltiplos normalmente diminuirão. O setor de teledifusão é um exemplo perfeito. Durante a década de 1980, as emissoras de televisão

Tabela 7.10 Regra geral de avaliação

Tipo de negócio	Regra geral de avaliação
Firmas de contabilidade	100%-125% das receitas anuais
Revendedoras de automóveis	2-3 anos de lucro líquido + ativos tangíveis
Livrarias	15% das vendas anuais + estoque
Cafeterias	40%-45% das vendas anuais + estoque
Serviços de entregas	70% das vendas anuais
Creches	2-3 vezes o fluxo de caixa anual
Serviços odontológicos	60%-70% das receitas anuais
Lavanderias a seco	70%-100% das vendas anuais
Agências de emprego e recursos humanos	50%-100% das receitas anuais
Serviços de engenharia	40% das receitas anuais
Floriculturas	34% das vendas anuais + estoque
Lojas de comida e alimentação *gourmet*	20% das vendas anuais + estoque
Lojas de móveis e eletrodomésticos	15%-25% das vendas anuais + estoque
Postos de gasolina	15%-25% das vendas anuais
Lojas de presentes e cartões	32%-40% das vendas anuais + estoque
Mercearias	11%-18% das vendas anuais + estoque
Agências de seguro	100%-125% das comissões anuais
Fornecedores de serviços de manutenção e limpeza e paisagismo	40%-50% das vendas anuais
Serviços de advocacia	40%-100% dos honorários anuais
Lojas de bebidas	25% das vendas anuais + estoque
Empresas de administração de imóveis	50%-100% das receitas anuais
Restaurantes (não franqueados)	30%-45% das vendas anuais
Lojas de artigos esportivos	30% das vendas anuais + estoque
Bares	55% das vendas anuais
Agências de viagem	40%-60% das comissões anuais
Serviços veterinários	60%-125% das receitas anuais

Fonte: Business Brokerage Press, via bizstats.com.

estavam sendo vendidas por 10 a 12 vezes o EBITDA. Entretanto, na virada da década, os múltiplos diminuíram, girando entre 7 a 8. O motivo? O país estava entrando em recessão. Pouca verba de propaganda estava sendo direcionada às emissoras de televisão em virtude da maior concorrência do novo setor de TV a cabo. Além disso, as principais redes diminuíram o montante dos pagamentos que estavam fazendo às emissoras afiliadas. A junção desses fatores criou um mercado comprador para as redes de emissoras de televisão afiliadas. Por volta de 1995, os múltiplos mudaram novamente. O motivo desse declínio foi apropriadamente descrito em um artigo do *Chicago Tribune*:

> As emissoras de televisão normalmente são vendidas por 8 a 10 vezes o fluxo de caixa. Mas em algumas vendas recentes foram utilizados múltiplos de 15 a 20. A solidez da economia e um mercado publicitário bem mais robusto ajudaram a transformar as emissoras de televisão em vacas-leiteiras, gerando margens brutas de 30% a 70%. A aproximação do ano de eleição presidencial em 1996 e os Jogos Olímpicos de Atlanta devem estimular ainda mais o mercado publicitário.[22]

Outro exemplo interessante é o setor jornalístico (impresso), em 2007. Desde 1940, o número de jornais diários dos Estados Unidos diminuiu de maneira gradual. Além disso, mais recentemente, as receitas de propaganda dos jornais foram deslocadas para outras mídias, inclusive para a *Internet*. Como disse Warren Buffet em seu encontro anual de investidores em maio de 2006, os jornais parecem ter entrado em um período de "declínio prolongado". Consequentemente, o preço das ações dos jornais entrou em queda livre, despencando de 20% em 2005 para 14% em 2006.[23] Um exemplo é a capitalização de mercado da Google em meados de 2007, cerca de 4 vezes o valor de mercado dos cinco maiores jornais, embora o EBITDA da Google de US$ 5,8 bilhões fosse equivalente aos US$ 5,5 bilhões gerados por esses mesmos jornais. A Tabela 7.11 demonstra isso.

Vários fatores podem justificar um aumento ou declínio no múltiplo de uma empresa em relação ao múltiplo praticado no setor. Um exemplo de elevação dos múltiplos ocorreu no setor funerário. Tradicionalmente, esse setor costumava abrigar em especial pequenas empresas/operadoras controladas pela família. Essas pequenas empresas foram vendidas por 2 a 3 vezes o EBITDA. Porém, no início da década de 1990, o valor das empresas nesse setor fragmentado de mais de 25.000 casas funerárias começou a mudar de maneira sensível. Quatro empresas, hoje de capital aberto, começaram a travar uma batalha ferrenha, concorrendo entre si para engrandecer seus negócios rapidamente por meio da consolidação do setor. Essas quatro empresas – Service Corporation International, Stewart Enterprises Inc., Loewen Group Inc. e Carriage Services, Inc. – por várias vezes procuraram as mesmas casas funerárias, de modo que por volta do final de 1998 as casas funerárias estavam sendo vendidas por 8 a 10 vezes o EBITDA.

Em 1997, como o crescimento nesse setor deu seus primeiros sinais de desaceleração, esses múltiplos começaram a declinar. Como disse um analista de negócios, esse setor está padecendo da sobrevalorização de empresas financiadas por uma quantidade exagerada de dívidas que não podem ser reembolsadas por causa de um "surto de bem-

Tabela 7.11 Comparação entre avaliações

	Cinco maiores jornais impressos	Google
EBITDA total	US$ 5,5 bilhões	US$ 5,8 bilhões
Capitalização de mercado	US$ 37,5 bilhões	US$ 158,5 bilhões
Múltiplo de EBITDA	6,87	27,42

Fonte: Dados financeiros das empresas via Yahoo! Finanças.

-estar" – poucas pessoas estão morrendo.[24] Nos Estados Unidos, morrem anualmente cerca de 2,3 milhões de pessoas. Normalmente, há um aumento médio anual de 1% nesse número. Porém, em 1997, a primeira vez em uma década, esse número diminuiu. Houve 445 mortes a menos em 1997, em comparação a 1996. O interessante é que um dos motivos desse declínio foi o clima. A maioria das pessoas morre nos invernos rigorosos. O crescimento desse setor foi prejudicado igualmente pela popularização crescente da cremação, que custa metade do preço dos enterros tradicionais.[25]

Um último exemplo de múltiplo dinâmico é o que foi aplicado à Microsoft, empresa de alto crescimento. De 1994 a 1996, o múltiplo de receita da Microsoft mais do que dobrou, passando de 6 a 14.[26]

AVALIAÇÃO DE ATIVOS

Antigamente, o valor dos ativos da empresa tinha grande peso em sua avaliação geral. Hoje, a maioria das empresas americanas não tem tantos ativos porque ano a ano diminui a quantidade de produtos fabricados nos Estados Unidos. A maior parte é fabricada no exterior, em países que pagam salários baixos, como a China, a Índia e Taiwan.

Consequentemente, com o passar do tempo, o valor da empresa passou a depender menos de seus ativos e mais de seu fluxo de caixa. O valor dos ativos tende a ser mais significativo nos casos em que as empresas com dificuldades financeiras são colocadas à venda. Nessa circunstância, a negociação do valor da empresa em geral começa com o preço depreciado de seus ativos.

CAPITALIZAÇÃO DO FLUXO DE CAIXA

Método do fluxo de caixa livre

O modelo de avaliação mais complexo e confuso é o de fluxo de caixa livre, também conhecido como fluxo de caixa descontado ou capitalização do fluxo de caixa. Esse modelo vale-se de projeções, repletas de suposições, tendo em vista o número considerável de variáveis desconhecidas. Portanto, geralmente ele é mais utilizado para avaliar *start-ups* de alto risco.

Em poucas palavras, o fluxo de caixa livre é uma parte do fluxo de caixa operacional da empresa reservado para ser partilhado entre os credores (isto é, para pagamento de juros e do principal) e acionistas (isto é, para pagamento de dividendos e recompra de ações). Esse caixa é disponibilizado após a dedução dos impostos operacionais, das necessidades de capital de giro e dos dispêndios para aquisição de imobilizado.

Uma das formas de utilizar esse método é prever o FCL, como os japoneses costumam fazer: uma previsão de 25 anos que não leva em conta o que ocorre posteriormente, porque o valor descontado será insignificante. Outra forma semelhante, bastante difundida, é dividir o valor da empresa em dois períodos: durante e após um período previsto explicitamente. O período "durante" é chamado de *período de planejamento (ou período explícito)*. O período "após" é chamado de *residual (ou perpetuidade)*.

A fórmula de avaliação do FCL – Equação 7.4 – é a soma do valor presente (VP) do fluxo de caixa livre do período explícito e do valor presente do valor residual.

Equação 7.4 Avaliação do fluxo de caixa livre

VP do período de projeção explícita do FCL

+ Valor presente da perpetuidade

Valor do FCL

Para calcular o VP do FCL do período explícito, você deve seguir os seguintes passos:

1. Determine o período de projeção. Normalmente, ele cobre cinco anos.
2. Projete o lucro antes dos juros e impostos (LAJIR) para cinco anos. O uso do LAJIR pressupõe que a empresa esteja completamente desalavancada; ela não tem nenhuma dívida em sua estrutura de capital.
3. Determine a taxa de imposto sobre o LAJIR da empresa. Ela será usada para calcular a quantia exata de impostos a serem deduzidos. Esses impostos são "ajustados" porque ignoram o benefício fiscal da dívida sobre os juros pagos, visto que esse modelo, como mencionado antes, pressupõe que a estrutura de capital não tem nenhuma dívida.
4. Determine a despesa de depreciação para cada um dos cinco anos. Essa despesa pode ser calculada de várias maneiras:
    a. Suponha que não há nenhuma despesa de depreciação porque os dispêndios de capital para aquisição de novos ativos e a depreciação correspondente anulam-se reciprocamente. Em se fazendo essa suposição, não haverá também nenhum dispêndio de capital para aquisição de novos ativos.
    b. Utilizando dados históricos comparáveis, a despesa de depreciação futura deve ser uma porcentagem constante similar dos ativos fixos, das vendas ou de vendas adicionais.
    c. Usando o método de depreciação real da empresa, faça a previsão do valor dos novos ativos da empresa com base nos dispêndios de capital e calcule a despesa de depreciação de cada um dos anos previstos.
5. Determine o aumento de capital de giro operacional requerido para cada ano, que é igual ao investimento necessário para promover o crescimento da empresa à taxa deseja. O capital de giro pode ser calculado de acordo com a Figura 7.7. O aumento do capital de giro corresponderia simplesmente à mudança de ano para ano.

	Ativos circulantes operacionais excluindo o caixa
menos	Passivos circulantes operacionais
igual	**Capital de giro**

Figura 7.7 Cálculo do capital de giro.

6. Determine o valor de investimento em ativos de capital. Esse investimento cumpre dois propósitos. O primeiro é cobrir reparos nos equipamentos para manter o atual crescimento da empresa. O outro é adquirir novos equipamentos necessários para aumentar o crescimento da empresa. Como mencionado no item 4a, o custo dos novos ativos podem ser zerados pela despesa de depreciação. Portanto, somente os dispêndios de capital necessários à manutenção serão ressaltados. Como foi dito antes, esse valor pode ser determinado por meio de dados históricos comparáveis.
7. Determine a taxa de crescimento (TC) esperada da empresa.
8. Determine a taxa de desconto (TD). Ela deve refletir o custo de capital da empresa considerando todos os investidores. O custo de capital de cada investidor deve ser ponderado por sua contribuição pro rata para o capital total da empresa. Isso é chamado de custo médio e ponderado de capital (CMPC, mais conhecido pela sigla em inglês WACC, de weighted average cost of capital). Por exemplo, se a empresa é financiada por meio de um empréstimo de US$ 2 milhões a 10% e um aporte por emissão de ações de US$ 3 milhões a 30%, seu WACC, ou taxa de desconto, pode ser determinado da seguinte forma:
   a. Financiamento total: US$ 5 milhões
   b. Porcentagem de financiamento por meio de empréstimo: 40% (US$ 2 milhões/ US$ 5 milhões)
   c. Porcentagem de financiamento por emissão de ações: 60% (US$ 3 milhões/ US$5 milhões)
   d. (Proporção de dívida × custo da dívida) + (Proporção de capital próprio × custo do capital próprio)
   e. $(0{,}40 \times 0{,}10) + (0{,}60 \times 0{,}30) = 0{,}22$

   Consideração final: observe que o benefício fiscal do financiamento da dívida está incorporado no WACC.
9. Insira todos os dados na fórmula do período de projeção explícita do FCL, na Equação 7.5.
10. Depois de determinar o FCL para cada um dos anos, você deve calcular a soma dos valores presentes dos períodos. A taxa de desconto é necessária para concluir o cálculo mostrado na Equação 7.6.

Equação 7.5 Fluxo de caixa livre do período de projeção explícita

	LAJIR
−	Impostos
+	Depreciação
−	Aumento do capital de giro operacional
−	Investimentos em ativos de capital
	FCL do período de projeção explícita

Equação 7.6 Valor presente do fluxo de caixa livre do período de projeção explícita

VP do FCL do período de projeção explícita:

$$\frac{\text{FCL Ano 1}}{(1 + \text{TD})} + \frac{\text{FCL Ano 2}}{(1 + \text{TD})^2} + \frac{\text{FCL Ano 3}}{(1 + \text{TD})^3} + \frac{\text{FCL Ano 4}}{(1 + \text{TD})^4} + \cdots$$

Em seguida, você deve determinar o valor presente da perpetuidade. Para isso, calcule o primeiro ano do valor residual. Basta prever o FCL do Ano 6, o primeiro ano após o período de projeção explícita. Depois, insira todos os dados na fórmula do valor presente residual, na Equação 7.7.

Equação 7.7 Valor presente da perpetuidade

VP da perpetuidade:

$$\frac{\text{Valor residual do primeiro ano /(taxa de desconto - taxa de crescimento)}}{(1 + \text{taxa de desconto}) \times \text{número de anos a serem descontados}}$$

O número final desse cálculo deve ser adicionado ao VP da soma dos FCL do período de projeção explícita para determinar o valor da empresa.

Determinemos agora o valor da Bruce.com usando o modelo de FCL. A previsão de 10% para a taxa de crescimento da empresa é moderada. Seu WACC é 13% e a alíquota de impostos é 52%. O FCL anual projetado é apresentado na Figura 7.8.

	2000	2001	2002	2003	2004
LAJIR	US$ 1.398	US$ 1.604	US$ 1.789	US$ 1.993	US$ 2.217
– Impostos (52%)	727	834	930	1.036	1.152
+ Depreciação	–	–	–	–	–
– Aumento do capital de giro	56	144	158	175	191
– Investimentos	16	18	20	21	24
FCL anual projetado	**599**	**606**	**681**	**761**	**850**

Figura 7.8 Cálculo do fluxo de caixa livre anual projetado, em milhares de dólares.

O VP do FCL do período de projeção explícita é determinado de acordo com a Figura 7.9. Com uma avaliação de FCL prevista de US$ 960.300 para o Ano 6, o VP residual pode ser calculado conforme a equação da Figura 7.10. Agora podemos determinar o valor da Bruce.com. Como você pode ver na Figura 7.11, o valor da Bruce.com é US$ 19.798.746.

VP do FCL do período de projeção explícita:

$$\frac{599}{(1+0.13)^1} + \frac{606}{(1+0.13)^2} + \frac{681}{(1+0.13)^3} + \frac{761}{(1+0.13)^4} + \frac{85}{(1+0.13)^5} =$$

US$ 530.088 + US$ 473.437 + US$ 469.655 + US$ 466.871 + US$ 461.956 = US$ 2.402.007

Figura 7.9 Valor presente do fluxo de caixa livre relativo ao cálculo do período de projeção explícita.

VP residual:

$$\frac{US\$960,300/(0.13-0.10)}{(1+0.13)^5} = \frac{US\$960,300/0.03}{1.84} = US\$17,396,739$$

Figura 7.10 Valor presente residual.

US$ 17.396.739	VP residual
+ 2.402.007	VP do FCL
US$ 19.798.746	Avaliação da Bruce.com

Figura 7.11 Cálculo da avaliação.

É necessário observar que 88% do valor da empresa provém do valor residual. Além disso, a fórmula de avaliação do FCL é extremamente suscetível a mudanças superficiais nas taxas de crescimento e desconto. Por exemplo, se a taxa de desconto fosse 0,17, e não 0,13, uma diferença de 18%, o valor da Bruce.com teria uma diminuição de 57%, isto é, cairia para US$ 8.430.776. O VP residual seria US$ 6.264.187 e o VP do FCL seria US$ 2.166.589.

As críticas a esse modelo estão relacionadas ao fato de ele ser muito teórico e complexo e ter muitas incertezas. As três principais incertezas são as projeções do FCL, a taxa de desconto e a taxa de crescimento. Ninguém de fato as conhece com certeza. Não passam de conjecturas. Bill Sutter, capitalista de risco da Mesirow Partners formado pela Escola de Negócios de Stanford, com especialização em finanças, já citado neste capítulo, ressaltou o seguinte em uma palestra proferida para alunos de pós-graduação em negócios:

> A avaliação é surpreendentemente não científica. Você pode extrair seus modelos de FCL, seus modelos Alcar,* conversar sobre seu modelo de precificação de bens de capital e betas até cansar. Nunca usei nada disso desde que saí da escola de negócios. Para ser franco, não é assim que procedemos. Você pode usar tudo isso nas aulas de finanças, mas não usará na vida real.

---

* N de R.T.: Empresa fundada pelo autor e professor na área de finanças corporativas Alfred Rappaport.

AVALIAÇÃO DE EMPRESAS DE TECNOLOGIA E *INTERNET*

Na maioria dos casos, os métodos de avaliação examinados neste capítulo não eram aplicáveis à avaliação de *start-ups* de *Internet* e empresas relacionadas à tecnologia na década de 1990. O método do índice de P/L não podia ser usado porque as empresas não tinham "L". Até 2000, as empresas de *Internet* que tinham um fluxo de caixa corrente insignificante ou nenhum fluxo de caixa, e na maior parte dos casos não esperam obter fluxos de caixa positivos por vários anos, foram avaliadas a preços extremamente altos no momento em que abriram o capital. São exemplos a Netscape, Yahoo! e Amazon.com. Essas são apenas algumas das marcas mais conhecidas, dentre várias outras.

Quando a Netscape, empresa que criou o navegador de *Internet* de mesmo nome, abriu seu capital em 1996, o valor de suas ações saltou de US$ 28 para US$ 171 por ação durante um período de três meses, não obstante o fato de a empresa nunca ter tido lucro. A AOL acabou comprando a Netscape.

Em 1995, dois alunos de doutorado da Stanford fundaram a Yahoo!, empresa que criou o mecanismo de pesquisa de mesmo nome. Em 1996, com receitas anuais de US$ 1,4 milhão e lucros de apenas US$ 81.000, a empresa, avaliada em US$ 850 milhões, abriu seu capital. Em 1999, o valor de mercado de US$ 19 bilhões da Yahoo! era equivalente ao da CBS, que tinha uma receita 37 vezes maior que a da Yahoo!.

Por fim, a empresa de comércio eletrônico mais famosa, a Amazon.com, que abriu seu capital em maio de 1997, avaliada em US$ 500 milhões, embora não tivesse nenhum lucro histórico, atual ou projetado a curto prazo, já teve um valor superior ao de empresas lucrativas listadas na *Fortune 500* – a Sears é um exemplo, como mencionado antes neste capítulo. Outro exemplo: a previsão de receitas da empresa de Internet Epigraph era de US$ 250.000 em 1999 e de US$ 1,4 milhão em 2000. Quando perguntaram ao fundador da empresa quando sua empresa se tornaria lucrativa, ele respondeu: "Ah, por favor, somos uma empresa de *Internet*!".[27]

No final da década de 1990, os preços das empresas de *Internet* e tecnologia subiram enormemente: o preço da ação da Dell Computer aumentou 248% em 1998, o da Amazon.com 966% durante o mesmo ano e o da Yahoo! 584%, ao passo que o do eBay aumentou 1.240% desde o seu preço de oferta inicial. Essas avaliações lançaram dúvidas sobre se os métodos de avaliação convencionais eram aplicáveis para calcular o valor das ações de *Internet*. Como assinalou um corretor de valores, "Não sei como podemos avaliar esse tipo de coisa. São regras totalmente novas. As ações de *Internet* são bizarras e ultrajantes".[28] E como todos nós viemos a descobrir, muitas das ambiciosas ações de *Internet* ofereciam risco à saúde.

Um proeminente investidor, Warren Buffett, diretor executivo da Berkshire Hathaway, que se absteve se fazer qualquer investimento significativo em ações relacionadas à tecnologia, também ficou perplexo com as avaliações que essas ações receberam. Em uma coletiva de imprensa em 1999, ele animadamente pôs fim a uma discussão sobre como ele imaginava que as escolas de negócios deveriam ensinar os princípios de avaliação de empresas dizendo: "Eu diria no exame final: essa é ação de uma empresa qualquer de *Internet*, quanto ela vale? E qualquer um que desse uma resposta bombaria".

Warren Buffett e outros indivíduos que acreditavam que as ações de *Internet* eram avaliadas mais pelo alarde e expectativa do que em números reais estavam justificadamente preocupados com a possibilidade de que as empresas de *Internet* tivessem muitas dívidas, poucos ativos e, mais importante, um histórico de rentabilidade diminuto, se é que algum. Não obstante, os investidores estavam mais do que dispostos a pagar um sobrepreço por essas ações, com a expectativa de que essas empresas com o tempo gerassem lucros significativos.

Portanto, tendo em vista toda essa controvérsia, qual ou quais eram os melhores métodos a serem usados para avaliar uma empresa de tecnologia e *Internet*? Com toda a franqueza, todos eles tinham desvantagens importantes. O método menos prático parecia ser o do múltiplo de lucro ou fluxo de caixa. Como foi dito, a maioria dessas empresas não tinha apenas lucros negativos, mas também fluxo de caixa negativo. Por exemplo, em 1998, a revista *Forbes* identificou o que ela chamou de "panorama da *Internet*", em que incluiu 46 empresas que cobriam todo o mercado de *Internet*, desde *chips* semicondutores a comentários esportivos. Somente 14 empresas (ou 35%) tinham atingido o seu ponto de equilíbrio nos 12 meses anteriores. Apesar disso, o valor da menor empresa foi US$ 182 milhões.[29]

A utilização do método de avaliação de empresas semelhantes também gerou problemas. O método de usar como parâmetro a avaliação de uma empresa similar que havia sido avaliada para uma aquisição ou algum outro motivo também não se demonstrou convincente, diz o colunista Jim Jubak, particularmente em vista da possibilidade de todas as empresas de *Internet* serem sobrevalorizadas.[30] Por exemplo, dois provedores de serviços de *Internet*, a Mindspring Enterprises Inc. e a EarthLink Network Inc., foram vendidas em 1998. O preço de venda de ambas correspondeu ao valor de US$ 1.500 por assinante. Em meados de 1998, a America Online (AOL), o maior e mais proeminente provedor de serviços de *Internet* – dirigida pela Time Warner –, tinha 14 milhões de assinantes. Se a AOL fosse avaliada de acordo com índices de assinantes comparáveis, seu valor à época teria sido US$ 21 bilhões, e não US$ 14 bilhões, valor pelo qual foi de fato vendida. Portanto, a utilização do método dos múltiplos de empresas comparáveis teria indicado imprudentemente que a AOL estava recebendo um valor 33% menor.

Mesmo o método de avaliação mais popular e aparentemente satisfatório para o setor de *Internet* – o múltiplo de receita – teve, justificadamente, vários críticos. A regra prática era usar um múltiplo entre 5 e 7 vezes a receita projetada da empresa, não a receita atual, para determinar seu valor. Esse múltiplo poderia subir ou descer dependendo das taxas de crescimento da receita e das margens brutas da empresa.

As críticas que recaíram sobre esse modelo também estavam relacionadas ao fato de os múltiplos de 5 a 7 parecerem exageradamente altos para empresas que tinham pouco ou nenhum lucro, quando na verdade uma empresa como a Sears havia sido avaliada com um múltiplo de receita de 1 e uma empresa jornalística lucrativa como a Gannett com um múltiplo de 5. Outro problema era que o valor baseava-se nas receitas projetadas, e não nas atuais. Se a Amazon.com a partir do terceiro trimestre de 1999 tivesse sido avaliada com base nas receitas atuais, o multiplicador teria sido 20 vezes, o que é espantoso. Mais espantoso ainda é saber que, por ter usado receitas projetadas, o valor de mercado de uma empresa como a Yahoo! era US$ 19 bilhões, semelhante ao da emissora de televisão CBS, ainda que as receitas da CBS fossem 37 vezes mais altas do que as da Yahoo!.

Outro exemplo da insensatez do modelo de avaliação de receitas anteriormente usado para avaliar empresas de *Internet* é a Rhythms NetConnections, provedor de alta velocidade à *Internet*. A Rhythms NetConnections, que tinha uma receita de US$ 5,8 milhões, foi avaliada em US$ 3,1 bilhões ou 539 vezes a sua receita. Procurando defender esse múltiplo, o fundador afirmou que ele era justificável porque a Rhythms NetConnections estava crescendo exponencialmente e dobrando de tamanho a cada trimestre.[31] Em 1º de agosto de 2001, a Rhythms NetConnections e todas as suas subsidiárias integrais entraram com pedido voluntário de reorganização nos termos do Capítulo 11.

Para sermos mais objetivos, vamos dar uma olhada no índice Standard & Poor's Industrial 400. Se as empresas dessa lista fossem avaliadas com base nos múltiplos de receitas, a mediana histórica de 1956 a 1997 seria 0,9 vezes. O múltiplo mais alto obtido durante a década de 1990 em um mercado público borbulhante foi um múltiplo de vendas colossal de 2,2. O múltiplo recorde anterior foi 1,25 vezes, em meados da década de 1960.

A última crítica ao método de receita estava fundamentada na descoberta de que várias empresas de *Internet* estavam divulgando "receitas virtuais". Elas não eram reais. Por exemplo, as empresas reconheciam como receitas o valor do espaço publicitário que elas permutavam pelo espaço em seus *sites*. Embora o reconhecimento da receita em uma situação como essa precisasse ser compensada por uma despesa na DRE, a despesa tornou-se irrelevante porque a avaliação baseou-se apenas nas receitas. Visto que a despesa era irrelevante, essa prática estimulou as empresas a aumentar o preço de seu espaço publicitário permutado. Outra crítica a essa prática estava fundamentada no fato de que não havia nenhuma garantia de que, se o espaço publicitário não tivesse sido permutado, ele teria sido vendido. Portanto, as permutas eram extremamente importantes para a receita que a empresa divulgava. A Internet.com não incluiu anúncios permutados em suas receitas. Seu diretor executivo, Alan Meckler, diz que isso prejudica o valor das ações de sua empresa, porque os concorrentes que lançavam as permutas pareciam estar se saindo melhor.[32] A Figura 7.12 relaciona várias empresas de capital aberto que, de acordo com seus relatórios, lançaram anúncios permutados em sua receita em 1998.

Não surpreendentemente, as empresas de capital fechado que estavam planejando abrir seu capital perceberam a importância de reconhecer as permutas. A Deja.com, *site* de bate-papo *on-line* que abriu seu capital em 1999, divulgou para o ano de 1998 uma

Empresa	Porcentagem de receita proveniente de permutas
CNet	6
Yahoo!	<10
EarthWeb	11
SportsLine USA	20

Figura 7.12 Anúncios permutados.

receita de US$ 5 milhões. Mais de 25% dessa receita que a empresa divulgar provinha de permutas. Após seis anos sem lucro, a Deja.com fechou as portas e vendeu seus ativos para o mecanismo de busca Google.

Na medida em que a maioria das empresas de *Internet* e de comércio eletrônico não tinha lucro nem fluxo de caixa positivo, o modelo de avaliação mais empregado e aceito foi o múltiplo de receita. Portanto, entre as empresas, a busca por receitas crescentes para sustentar sua avaliação era constante e agressiva. Como foi dito, essa prática de recompensar as receitas sem considerar o lucro parece ter estimulado mais empresas a reconhecer "receitas virtuais". As normas contábeis convencionais, que agora foram revistas, declaravam vagamente que os varejistas que não assumem o risco de manter estoque são "agentes de negócios" e devem registrar como receitas apenas a diferença entre o que o cliente varejista paga e o preço de atacado. Portanto, se um varejista cobrar US$ 200 por uma bicicleta cuja entrega ao cliente será feita diretamente pelo fabricante (isto é, pelo método de envio direto ou *drop shipping*) e o fabricante cobrar do varejista US$ 100, o valor da receita a ser reconhecida pelo varejista deve ser a diferença de US$ 100, e não US$ 200.

Tendo em vista a ambiguidade das normas contábeis, as empresas de *Internet* passaram a reconhecer as receitas de maneira diferente. Essa inconsistência fez com que algumas empresas parecessem significativamente maiores do que outras. Por exemplo, o diretor financeiro da Preview Travel, Bruce Carmedelle, disse que sua concorrente Priceline.com parecia dez vezes maior, embora "vendesse apenas um pouco mais de passagens" que sua empresa. Antes, a Priceline.com contava como receita o que os clientes pagavam pelas passagens aéreas, ao passo que a Preview contava apenas as comissões que recebia das operadoras.

Esse fenômeno das receitas virtuais também ocorria quando uma empresa gerava vendas tanto quando enviava estoques de seu depósito quanto quando enviava os produtos diretamente do depósito de seu fornecedor ao cliente final. Teoricamente, os valores das receitas deveriam ter sido reconhecidos de maneira diferente. No primeiro caso, era necessário ter reconhecido como valor de receita o preço total pago pelo cliente. No segundo caso, em que o produto era enviado diretamente pelo fornecedor, era necessário ter reconhecido como valor de receita apenas a diferença entre o preço do varejista e o do atacado. A Xoom.com, que agora faz parte da NBCi, foi uma das empresas que adotou essa prática. Contudo, muitas outras, como a Theglobe.com, registrava suas receitas da mesma forma em todas as circunstâncias, embora alguns produtos viessem do depósito da empresa e outros diretamente de seus fornecedores.[33]

A Theglobe.com em breve viu seu mundo cair. Embora tivesse aberto seu capital em 1998 com um preço de ação elevado, US$ 97, suas ações foram deslistadas e comercializadas por apenas 7 centavos de dólar cada no final de 2001. O setor tecnológico, que foi justificadamente criticado por sobrevalorizar empresas sem rentabilidade, começou a usar o múltiplo do método de margem bruta, que se tornou popular depois que se percebeu que o múltiplo do método de receita havia estimulado as empresas a gerar receitas sem considerar o lucro bruto, operacional ou líquido. O método de receita possibilitou a criação de empresas como a Buy.com que vendiam produtos a preços abaixo do custo. Isso era uma absoluta loucura.

A partir de abril de 2000, a avaliação das empresas de tecnologia começou a despencar rapidamente. Por exemplo, a IWon comprou o portal da Web Excite.com em 2001 por

US$ 10 milhões. Em 1997, a Excite.com valia US$ 6,1 bilhões. A título de comparação com a situação altiva dessas empresas em 2000, a Tabela 7.12 relaciona o índice P/L atual (quando disponível) de cinco empresas com o índice P/L mais alto na lista *Internet* 100 (agora *Internet* 50) de 2000 do *USA Today*. Como você pode ver, apenas duas delas continuam com capital aberto no momento – com índices P/L significativamente inferiores ao de 2000; uma delas, a Exodus Communications, entrou em falência; e duas haviam sido adquiridas por uma fração de seu valor de mercado apenas oitos anos antes.

Tabela 7.12 Situação atual das empresas com os múltiplos de P/L mais altos na lista das 100 empresas de Internet do USA Today em 2000

Empresa	P/L 2000	P/L 2008
Infospace.com	599,3	22,8
Exodus Communications	634	N/D (falência)
Vertical Net	854	N/D (adquirida por US$ 15 milhões em 2007)
Covad Communications	922	N/D (adquirida por US$ 1,02 por ação)
CMGI	1.228	18,77

Outro fator que afetou positivamente o valor das empresas de *Internet* de capital aberto foi o fato de que elas terem "baixo *float*". Isso significa que a maioria das ações da empresa era controlada por pessoas internas, como a equipe executiva e outros funcionários. Portanto, os investidores externos tinham pouquíssimas ações. Consequentemente, não era necessário que o público comprasse muitas ações para que o preço subisse. A Tabela 7.13 apresenta exemplos de empresas que têm baixos *floats*. Em contraposição, as empresas com porcentagens típicas de ações compradas pelos investidores em geral estão relacionadas na Tabela 7.14.

Embora tenhamos criticado apropriadamente a maluquice das avaliações durante a mania da *Internet*, é importante que a lição aprendida não se resuma a algumas piadas. A principal lição aprendida é que, independentemente de a empresa atuar em uma nova economia, uma antiga economia ou em uma futura economia, os princípios financeiros, relacionados à rentabilidade e à avaliação, sempre serão fundamentais porque eles resistiram ao teste do tempo.

Tabela 7.13 Empresas com baixos floats, 1999

Empresa	Posse por pessoas internas	Float público
eHome	69%	31%
Amazon.com	65%	35%
Broadcast.com	65%	35%
eBay	91%	9%
Yahoo!	49%	51%

Tabela 7.14 Porcentagem de ações compradas pelo mercado em geral

Empresa	Dos proprietários internos	Float do mercado
Microsoft	94%	6%
AOL	92%	8%
Adobe Systems	92%	8%
Dell Computer	92%	8%
Intuit	92%	8%

Fonte: *Barron's*, 21 de dezembro de 1998.

NOTAS

1. Julie Schmidt, "Apple: To Be or Not to Be Operating System Is the Question", *USA Today*, 24 de setembro de 1996.
2. Thomas G. Stemberg, *Staples for Success: From Business Plan to Billion-Dollar Business in Just a Decade Knowledge Exchange*, 1996.
3. *Ibid.*
4. *Ibid.*
5. *Chicago Tribune*, 7 de abril de 2007.
6. Stemberg, "Staples for Success".
7. *Ibid.*
8. *Ibid.*
9. Udayan Gupta, "Companies Enjoy Privacy as Need for Public Deals Ebbs", *Wall Street Journal*, 17 de dezembro de 1995.
10. "Sperling Says Debt Crunch Could Tighten PE Purse Strings", Deal Journal, *Wall Street Journal*, 25 de julho de 2007.
11. Bill Haynes, "Industry Risk – Merger Professionals Bullish about Continued Availability of Debt", Associação Internacional de Profissionais de Gerenciamento de Riscos, 19 de julho de 2007.
12. "Venture Capital Industry Overview", Dow Jones VentureSource.
13. *Forbes*, 27 de julho de 1998, p. 112.
14. Stephanie Gruner, "The Trouble with Angels", *Inc.*, p. 47.
15. Bill Sutter, palestra em sala de aula na Escola de Administração Kellogg, 10 de março de 1999.
16. *Crain's Chicago Business*, 5 de maio de 2008, p. 2.
17. Jeanne Dugan, "Will Triarc Make Snapple Crackle?", *Business Week*, 28 de abril de 1997.
18. *Chicago Sun-Times*, 7 de julho de 2008.
19. *Wall Street Journal*, 30 de março de 1998.
20. *Forbes*, 15 de junho de 1998.
21. *Newsletter of Corporate Renewal*, 14 de fevereiro de 2000.

22. Tim Jones, "Rich Harvests in Television's Killing Fields", *Chicago Tribune*, 22 de outubro de 1995.
23. Projeto pela Excelência no Jornalismo, "The States of the News Media 2007".
24. Brian Edwards e Mary Ann Sabo, "A Grim Tale", *Chicago Tribune*, 29 de outubro de 1999, Seção 6N.
25. *Ibid.*
26. *Barron's*, 15 de setembro de 1997.
27. *Crain's Chicago Business*, 27 de setembro de 1999, p. 57.
28. *Forbes*, 27 de julho de 1998, p. 112.
29. "Jubak's Journal: Putting a Price on the Future", *Forbes*.
30. *Ibid.*
31. Robert McGough, "No Earnings? No Problem! Price-Sales Ratio Use Rises", *Wall Street Journal*, 26 de novembro de 1999, pp. C1-2.
32. Matt Krantz, "Web Site Revenue May Not Be Cash", *USA Today*, 9 de setembro de 1999, p. 1B.
33. Matt Krantz, "Vague Rules Let Net Firms Inflate Revenue", *USA Today*, 22 de novembro de 1999, p. 1B.

CAPÍTULO 8

Levantando Recursos

> O dinheiro é sempre árduo, exceto quando você não consegue ganhar nenhum; daí é aterrorizador.
>
> Sheila Bishop, *The House with Two Faces* (1960)

INTRODUÇÃO

Como assinalou o bem-sucedido empresário Gene Wang, para o empreendedor que se encontra no estágio de captação de recursos, quatro questões são essenciais:
1. Nunca deixe o dinheiro acabar.
2. Conheça verdadeiramente seu negócio ou seu produto.
3. Tenha um bom produto.
4. Nunca deixe o dinheiro acabar.[1]

Excelentes conselhos, mas para vários empreendedores os itens 1 e 4 são mais fáceis na teoria do que na prática.

Uma das reclamações mais comuns a respeito do empreendedorismo está ligada a dinheiro. Os empreendedores sempre se queixam de que seu maior desafio é levantar capital, porque nunca parece haver capital suficiente e o processo em si é muito demorado. Não são reclamações infundadas. Como disse o capitalista de risco Thomas Balderston, "Pouquíssimos empreendedores reconhecem que levantar capital é um processo contínuo".[2] Além disso, como é de esperar, a captação de capital é extremamente difícil, seja de credores ou sócios, para *start-ups*, expansões ou aquisições. Esse processo normalmente dura vários anos e requer várias rodadas.

A fundação e a captação de recursos da Google são um exemplo típico desse processo. A princípio, os colegas de faculdade Sergey Brin e Larry Page usaram todo o limite de seus cartões de crédito para comprar os terabytes de armazenamento necessários para iniciar a Google. Em seguida, eles levantaram US$ 100.000 com Andy Bechtolsheim, um dos fundadores da Sun Microsystems, e mais US$ 900.000 com familiares, amigos e conhecidos. Subsequentemente, a Google levantou US$ 24 milhões com das empresas de capital de risco e US$ 1,67 bilhão com a oferta pública inicial de suas ações. A empresa tinha três anos e meio de existência quando levantou o capital de risco e oito anos e meio quando fez sua oferta pública inicial (IPO, de *initial public offering*).[3]

Por que é tão difícil levantar capital? O motivo mais lógico é que os financiadores assumem riscos importantes ao financiar empreendimentos arriscados. Você se lembra da estatística citada no Capítulo 2? Cerca de 60% das empresas fracassam nos primeiros quatro anos e nove dentre dez fracassam no prazo de dez anos. A longo prazo, o índice de sucesso é 10%, apenas. Por isso, os financiadores têm razão em realizar uma extensa investigação prévia da empresa para determinar a capacidade creditícia dos empreendedores. Pode parecer insultante, mas é necessário dizer: aqueles que se tornam empreendedores não têm o direito de procurar financiamento simplesmente porque resolveram entrar para esse clube.

Como foi dito no Capítulo 1, um dos meus objetivos neste livro é oferecer-lhe informações, ideias e conselhos que, espero, melhorem suas chances de obter capital. Aqui vai um conselho: como não é fácil levantar capital, o empreendedor deve se manter *inabalável* e *resoluto* nessa busca. Lembre-se de que no Capítulo 2 dissemos que esse é um dos traços dos empreendedores de alto crescimento bem-sucedidos. Eles não desistem com facilidade. Eles são indiferentes o suficiente para ouvir a palavra *não* e não se intimarem completamente nem desistirem de seus empreendimentos. Um ótimo exemplo de empreendedor com esse grau de perseverança é Howard Schultz, diretor executivo da Starbucks. Quando ele estava procurando financiamento para adquirir a Starbucks, entrou em contato com 242 pessoas e foi rejeitado 217 vezes. Por fim ele obteve o financiamento, adquiriu a empresa e hoje ostenta uma empresa de capital aberto que tem 12.400 lojas e mais de 145.000 funcionários.[4]

INVESTIDORES QUE AGREGAM VALOR

Howard Schultz e todos os outros empreendedores de alto crescimento têm consciência não apenas de que é fundamental levantar um valor apropriado de capital que ofereça as melhores condições de pagamento possíveis, mas que é bem mais importante levantá-lo com os investidores certos. Existe um velho ditado na área de finanças empresariais: a pessoa de quem você toma dinheiro emprestado é mais importante que a quantia em si ou o custo. O ideal é levantar capital com investidores que "agreguem valor". São pessoas que, além do investimento financeiro, tornam sua empresa mais valiosa. Por exemplo, os investidores desse tipo podem oferecer legitimidade e credibilidade à empresa por terem uma sólida reputação.

São também investidores desse tipo aqueles que ajudam os empreendedores a adquirir novos clientes, funcionários ou capital suplementar. Um excelente exemplo de empreendedor que tem consciência da importância de um investidor que agrega valor é o fundador do eBay, que aceitou o empréstimo da famosa empresa de capital de risco Benchmark. Paradoxalmente, o eBay na verdade não precisava do dinheiro. Ele sempre foi lucrativo. Tomou emprestado US$ 5 milhões da Benchmark por dois motivos. Primeiro porque acreditava que a excelente reputação da Benchmark daria credibilidade ao eBay. Segundo porque queria que a Benchmark, que tinha grande experiência em mercados de bolsa, ajudasse a empresa a fazer seu IPO.

Outro ótimo exemplo de empreendedor que conhece a importância dos investidores que agregam valor é Jeff Bezos, da Amazon.com. Quando estava procurando financiamento de capital de risco, Bezos recusou o dinheiro de dois fundos que ofereciam uma avaliação mais alta e melhores condições de pagamento do que a Kleiner Perkins Caufield & Byers (KPCB), da qual ele aceitou. Quando lhe perguntaram por que ele havia aceitado a oferta mais baixa da KPCB, ele respondeu: "Se tivéssemos acreditado que tudo isso fosse puramente uma questão de dinheiro, teríamos optado por outra empresa. Mas a KPCB é o centro de gravidade de uma enorme porção do universo da *Internet*. Estar com eles é como estar em uma propriedade de primeira qualidade".[5]

Além de investir US$ 8 milhões, a KPCB ajudou a convencer Scott Cook, diretor presidente da Intuit, a se juntar ao conselho da Amazon.com. A KPCB também ajudou Bezos a recrutar imediatamente dois vice-presidentes e, em maio de 1997, o ajudou a abrir o capital da Amazon.com.

Embora esses dois exemplos evidenciem apenas os capitalistas de risco, é necessário deixar bem claro que existem várias outras fontes de capital com valor agregado.

FONTES DE CAPITAL

A fonte de capital que mais atrai a atenção da imprensa são os fundos de capital de risco. Porém, na realidade, como mostra a Figura 8.1, esses fundos constituem uma pequena parcela do total de capital anual fornecido aos empreendedores. De acordo com o relatório sobre financiamentos do Global Entrepreneurship Monitor (GEM) de 2006, eliminar o capital de risco não geraria uma diferença perceptível na atividade empreendedora global porque menos de 1 em 10.000 novos empreendimentos utiliza capital de risco logo no princípio e menos de 1 em 1.000 empresas utiliza capital de risco em algum momento de sua existência. Segundo o GEM, ao redor do mundo, 62% dos fundos destinados a *start-ups* provêm dos próprios empreendedores e os 38% restantes provêm de fontes externas.[6]

É um pouco mais difícil rastrear o dinheiro proveniente de amigos, familiares e dos próprios proprietários. A Tabela 8.1 apresenta dados de um estudo conduzido há alguns anos que examina as fontes mais formais de financiamento para empreendedores e mostra também que os bancos, à época, com US$ 179 bilhões de empréstimos anuais destinados a pequenas empresas, eram os financiadores mais assíduos dos empreendedores. Em segundo lugar estavam as instituições financeiras não bancárias, com US$ 9,6 bilhões, como a GE Capital e a Prudential Insurance. O capital de risco equivalia a menos de um décimo do capital fornecido pelos bancos. Esses valores relativos não mudaram sensivelmente até os dias de hoje.

O fato de os bancos serem mais importantes para o empreendedorismo que os capitalistas de risco é evidenciado também por outro fato. Mesmo os capitalistas de risco

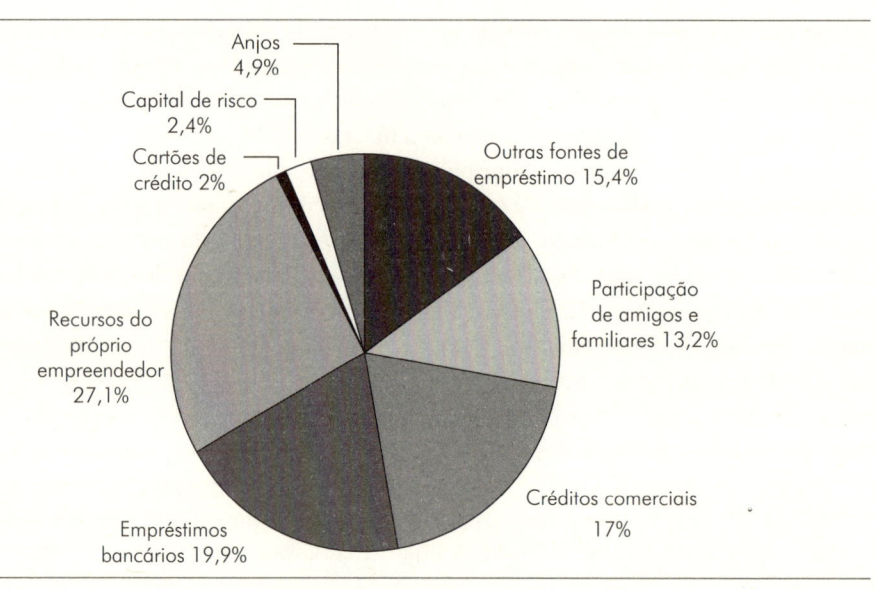

Fonte: Offroad Capital/Levantamento Nacional do Federal Reserve sobre as Finanças das Pequenas Empresas.

Figura 8.1 Fontes de financiamento para pequenas empresas.

mais ativos financiam apenas de 15 a 25 negócios por ano depois de receber 7.000 planos de negócios. Consequentemente, no ano fiscal de 2000, depois de receber cerca de oito milhões de planos de negócios, o setor de capital de risco como um todo investiu em 5.380 empresas, um número recorde. Isso equivale a um grão de areia no oceano em comparação aos bancos. A Arthur Andersen divulgou que, todos os anos, cerca de 37% dos mais de 20 milhões de pequenos proprietários solicitam algum empréstimo comercial, e os bancos recusam apenas 25%.

Tabela 8.1 Fontes de capital para empreendedores

Bancos	US$ 179 bilhões
Instituições financeiras não bancárias	96 bilhões
Anjos	30 bilhões
Capitalistas de risco	10 bilhões
Outras	20 bilhões
Capital total	US$ 335 bilhões

OS FINANCIADORES INVESTEM NO EMPREENDEDOR

Embora existam várias fontes de capital, há basicamente duas formas de financiar um negócio: pode-se investir capital em forma de financiamento ou dívida e em forma de ações. Tanto num caso quanto noutro, o que mais determina se o capital será ou não fornecido é o empreendedor e sua equipe executiva. Como disse o capitalista de risco Richard Kracum, da Wind Point Partners: "No decorrer dos 70 investimentos que fizemos em várias circunstâncias distintas, no período de 16 anos, observamos que a competência do diretor executivo é o principal fator para o sucesso do investimento. Acreditamos que ele represente aproximadamente 80% da divergência dos resultados da negociação".[7]

A importância da figura do empreendedor pode ser comprovada também pela declaração de Leslie Davis, antigo vice-presidente do South Shore Bank, em Chicago: "O fator mais importante que consideramos ao examinar uma solicitação de empréstimo é o empreendedor. Podemos confiar que ele fará o que disse que faria em seu plano de negócios?". Os bancos, assim como os capitalistas de risco, apostam no jóquei. Entretanto, o cavalo (o negócio) não pode ser uma criatura exausta à espera de ser mandada para uma fábrica de sabão, mas no final das contas os financiadores têm de confiar na equipe executiva. Qual a principal característica que os investidores buscam nos empreendedores? Em teoria, eles preferem pessoas que tenham experiência com empreendimentos e experiência específica no setor.

Como mostra a Tabela 8.2, os investidores classificam os empreendedores em "A", "B" ou "C". Eles acreditam que os melhores candidatos a investimento sejam os empreendedores da categoria "A", indivíduos que já tiveram experiência como proprietário ou mesmo como funcionário de uma empresa empreendedora e no setor em que a empresa concorrerá.

A segunda categoria mais desejável de candidatos a investimento é a "B", empreendedores que têm experiência em empreendedorismo ou no setor, mas não em ambos.

A última categoria de pessoas é a menos atraente para os investidores. Os indivíduos que se enquadram nessa categoria devem tentar eliminar pelo menos uma dessas deficiências antes de tentar levantar capital. Como disse um investidor, "Não há nada pior que uma pessoa jovem sem nenhuma experiência. Essa combinação é absolutamente fatal". Não há nada que uma pessoa jovem possa fazer em relação à sua idade, exceto esperar o tempo passar. Mas é possível ganhar experiência trabalhando como empreendedor e/ou no setor desejado.

O espectro de financiamento apresentado na Figura 8.1 descreve melhor as fontes de financiamento normalmente utilizadas por empreendedores de *start-ups*. No Capítulo 9, "Financiamento por Dívidas", examinamos mais a fundo cada uma dessas fontes. E ao final do Capítulo 9 mostraremos como um empreendedor pode se sair bem utilizando praticamente todas as fontes. Isso é bastante comum entre os empreendedores de alto crescimento bem-sucedidos.

Tabela 8.2 Como os investidores classificam os empreendedores

Classificação	Experiência
A	Experiência em empreendedorismo e no setor
B	Experiência em empreendedorismo ou no setor
C	Sem experiência em empreendedorismo ou no setor

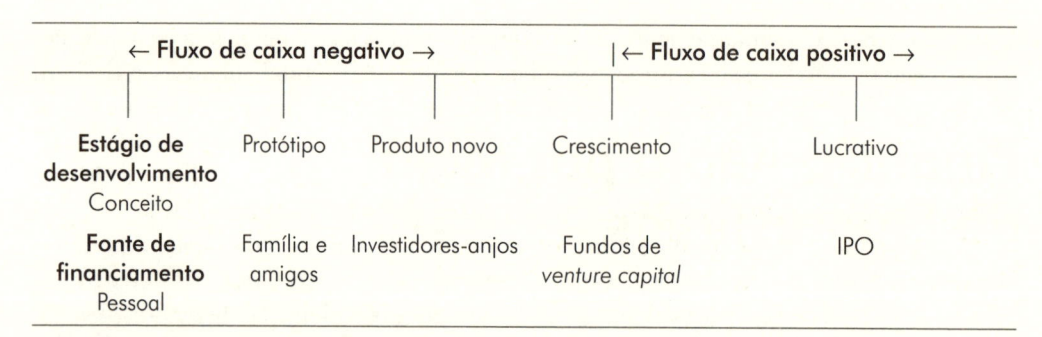

← Fluxo de caixa negativo →	← Fluxo de caixa positivo →
Estágio de desenvolvimento Conceito / Protótipo / Produto novo	Crescimento / Lucrativo
Fonte de financiamento Pessoal / Família e amigos / Investidores-anjos	Fundos de *venture capital* / IPO

Figura 8.2 Espectro de financiamento.

NOTAS

1. *Chicago Sun-Times*, 4 de abril de 1996, p. 44.
2. *Business Philadelphia Magazine*, novembro de 1996.
3. Global Entrepreneurship Monitor, "2006 Financing Report", p. 14.
4. Starbucks, Relatório Anual de 2006, página inicial da Starbucks, www.starbucks.com.
5. *The New Yorker*, 11 de agosto de 1997.
6. Global Entrepreneurship Monitor, "2006 Financing Report", p. 12.
7. *Buyouts*, 19 de fevereiro de 2001, p. 56.

CAPÍTULO 9

Financiamento por Meio de Empréstimos

INTRODUÇÃO

Bill Gates estabeleceu uma regra para a Microsoft. Em vez de a empresa incorrer em dívida, deve sempre ter dinheiro suficiente no banco para funcionar durante um ano mesmo sem nenhuma receita.[1] Em 2007, a Microsoft tinha US$ 23,4 bilhões em dinheiro em seu balanço patrimonial.[2] Lamentavelmente, 99,9% nunca conseguirão emular esse plano de financiamento. Portanto, precisam estar dispostos a buscar e a aceitar o financiamento por meio de dívida.

Considera-se dívida o dinheiro fornecido em troca da promessa do proprietário (às vezes respaldada por ativos tangíveis como caução e também por fianças pessoais do proprietário) de que o investimento original, mais uma taxa de juros fixa predeterminada ou variável, será pago em sua totalidade ao longo do período estabelecido.

Como vimos no Capítulo 8, de longe os bancos foram a maior fonte de empréstimo anual para os empreendedores. Em junho de 2004, os bancos comerciais tinham um total de US$ 1,4 trilhão de empréstimos comerciais em aberto (em outras palavras, o total de empréstimos, não apenas as promissórias emitidas naquele ano). Desse valor, 38% (ou US$ 522 bilhões) foi empréstimo concedido a pequenas empresas (empréstimos inferiores a US$ 1 milhão).[3]

Na atual conjuntura, os financiadores preferem as empresas cuja estrutura de capital não possuam dívidas superiores a 4,3 vezes o EBITDA.[4]

TIPOS DE DÍVIDA

Existem basicamente quatro tipos de dívida: principal, subordinada (algumas vezes chamada de dívida sub), de curto prazo e de longo prazo. Os dois primeiros tipos referem-se à prioridade do direito ou preferência que o financiador tem em relação ao tomador de empréstimo. Os detentores de títulos da dívida principal têm prioridade máxima sobre todos os outros credores e acionistas. Eles são os "credores garantidos", isto é, eles têm um acordo de que devem ser pagos antes de qualquer outro credor. Se a empresa for dissolvida, os detentores de títulos da dívida principal têm o direito de serem pagos primeiro e de serem compensados ao máximo por meio da venda dos ativos da empresa. Depois que os detentores de títulos da dívida principal forem totalmente reembolsados, os ativos remanescentes, se houver algum, podem ser destinados aos credores de dívida subordinada.

O concessor de empréstimo não ganha o status de credor principal apenas porque fez o primeiro empréstimo. Ele precisa requerer esse status, e todos os outros credores presentes e futuros devem consentir com isso. Às vezes, isso é problemático, porque alguns credores podem se recusar a subordinar seu empréstimo a outros credores. Quando os demais credores não concordam, geralmente não se faz o empréstimo.

A dívida subordinada, também chamada de dívida mezanino, é secundária à dívida principal, mas está acima do capital do acionista. O termo *mezanino* provém do teatro, onde em geral há três níveis. O nível intermediário é chamado de mezanino. Ambos os tipos de dívida são usados para financiar capital de giro, investimentos para aquisição de imobilizado e aquisições. O financiamento mezanino normalmente ocorre depois que os credores principais exaurem suas capacidades de empréstimo. Em conclusão, pelo fato de estar em uma posição subordinada, a dívida mezanino em geral é mais cara do que a dívida principal.

A dívida mezanino e a principal, além do patrimônio líquido, constituem a estrutura de capital da empresa, que descreve como a empresa se autofinancia. Portanto, quando se diz que a empresa tem uma estrutura de capital altamente alavancada, isso significa que sua dívida de longo prazo é alta.

A dívida amortizada ao longo de um período superior a 12 meses é considerada uma dívida de longo prazo (DLP). Ela pode ser principal ou mezanino e encontra-se na seção de passivos de longo prazo do balanço patrimonial. Os empréstimos para imóveis e equipamentos normalmente são obrigações de longo prazo que abarcam vários anos.

Em contraposição, a dívida de curto prazo (DCP) é aquela que é devida no horizonte de 12 meses. Ela pode ocorrer de duas maneiras: dívida renovável, como uma conta garantida/cheque especial, que é usada para capital de giro, e parte do principal de uma dívida de longo prazo a ser paga no exercício corrente. Ela se encontra na seção de passivos circulantes do balanço patrimonial. O custo dessa dívida normalmente é mais alto que o da dívida de longo prazo. A dívida de curto prazo costuma ser usada para comprar estoque e financiar as necessidades operacionais diárias.

Vejamos quais são os pontos fortes e fracos do financiamento por dívida.

Prós

- O empreendedor continua detendo todo o controle acionário.
- O custo de capital é baixo.
- As prestações do empréstimo são previsíveis.
- O período de amortização é de cinco a sete anos.

- Existe a possibilidade de os credores agregarem valor.
- Existem benefícios fiscais.

Contras

- É necessário oferecer garantias pessoais.
- O concessor do empréstimo pode forçar a empresa a abrir falência.
- Os montantes podem se restringir ao valor dos ativos da empresa.
- As prestações devem ser pagas independentemente dos lucros da empresa.

FONTES DE FINANCIAMENTO POR MEIO DE EMPRÉSTIMOS/DÍVIDA

As principais fontes de financiamento por meio de empréstimos são as poupanças pessoais, a família e os amigos, os investidores-anjos, as fundações, o governo, os bancos, as empresas que compram recebíveis (*factoring*), financiamento de clientes, financiamento de fornecedores, financiamento de ordem de compra e cartões de crédito. Vejamos cada uma delas mais a fundo.

Poupança pessoal

O empreender com frequência utiliza seu próprio dinheiro para financiar a empresa. Isso ocorre especialmente nos primeiros estágios de uma *start-up*. O "Relatório Financeiro de 2006" do Global Entrepreneurship Monitor demonstrou que 62% dos fundos disponíveis para *start-ups* no mundo inteiro provêm dos próprios empreendedores.[5] Isso se justifica principalmente porque os bancos e outros concessores de empréstimo institucionais não fornecem capital a *start-ups* porque é muito arriscado. As *start-ups* não têm um histórico de fluxo de caixa que possa ser usado para saldar as obrigações da dívida.

A prática de utilizar o próprio capital é normalmente chamada de autofinanciamento (*bootstrapping*). Foi assim que Ernest e Julio Gallo, por exemplo, começaram a fabricar vinho em um armazém alugado em Modesto, Califórnia, em 1933, em plena Depressão. Depois pesquisar a respeito do setor em uma biblioteca local, decidiram criar uma vinícola usando o pouco capital de que dispunham, e convenceram os fazendeiros locais a lhes fornecer a uva e a protelar o pagamento até o momento em que o vinho fosse vendido. Além disso, compraram a máquina de esmagar uva e as cubas de fermentação para pagar em 90 dias. Hoje, a empresa iniciada por esses dois autofinanciadores é abençoada com mais de US$ 900 milhões em vendas anuais no mundo inteiro. Há outros exemplos de autofinanciamento, como a Domino's Pizza, Hallmark Cards, Black & Decker e EDS, de Ross Perot.[6]

Em geral, os investimentos feitos pelas *start-ups* costumam ser por emissão de ações, e não por empréstimo. Contudo, não há nenhuma regra que exija que o financiamento seja por emissão de ações. A participação acionária do empreendedor não depende do capital que ele investe. Na verdade, ela depende de seu trabalho árduo, chamado de "capital suor". Recomendo que todos os investimentos que o empreendedor venha a fazer na empresa sejam feitos em forma de empréstimo, a uma taxa de juros razoável. O reembolso desse empréstimo possibilita que o empreendedor receba capital da empresa sem que o dinheiro seja tributado porque se trata simplesmente do retorno sobre o investimento inicial. O pagamento dos juros seria deduzido da empresa, o que diminuiria o passivo fiscal. O empreendedor teria de pagar impostos na pessoa física sobre os juros ganhos.

Tudo isso é mais favorável ao empreendedor, em comparação ao investimento por aporte de capital na empresa. Nesse caso, se o capital fosse reembolsado pela empresa, seria tributado na declaração pessoal de imposto de renda do investidor e qualquer dividendo seria tributado também.* Diferentemente do pagamento de juros, os dividendos pagos não são dedutíveis do imposto de renda. Portanto, a empresa não receberia nenhum benefício de redução do imposto.

Família e amigos

Como foi dito, é praticamente impossível obter empréstimos para financiar uma *start-up*. Desse modo, a família e os amigos são uma alternativa óbvia viável. As vantagens de levantar capital com essas fontes são inúmeras. Pode ser mais fácil e mais rápido porque os motivos que estão levando os concessores a fornecer capital são emocionais, e não comerciais. Eles querem apoiar esse membro da família ou amigo. Esse foi o caso de Jeff Bezos. Seus primeiros financiadores externos foram seus pais. Outra vantagem, especialmente com os empréstimos, é que esses emprestadores tendem a ser mais conciliadores que os financiadores institucionais quando o empreendedor se vê impossibilitado de reembolsá-los. Diferentemente desses últimos, eles provavelmente não o forçarão a abrir falência se ele ficar inadimplente.

Entretanto, os aspectos negativos da captação de dinheiro com a família e os amigos superam os positivos. Em primeiro lugar, normalmente esses investidores não agregam valor. Segundo, talvez não sejam "investidores experientes", tema que discutiremos mais a fundo neste capítulo. Talvez não tenham noção nem dos riscos nem do tipo de investimento que estão fazendo. Com relação a essa primeira questão, é provável que não compreendam verdadeiramente que esse tipo de investimento pode significar perda total e não oferecer nenhum retorno financeiro. Além disso, talvez não percebam que, por estarem oferecendo capital de empréstimo, não têm direito a nenhuma porcentagem de participação no capital social, apenas a um pagamento de juros predeterminado e a devolução do valor principal do empréstimo. Quando o empreendedor consegue aumentar significativamente o valor da empresa, isso tende a se transformar em um problema, porque, em muitos casos, o amigo ou membro da família que emprestou o dinheiro talvez não se contente em simplesmente receber o principal e os juros sobre o montante do empréstimo. Eles esperam ter parte na valorização obtida pela empresa. Em essência, eles esperam que seu empréstimo seja tratado como investimento acionário. Do contrário, sentem-se enganados pelo filho(a), neto(a), sobrinho(a) ou amigo(a) de infância a quem emprestaram o dinheiro.

---

* N. de R.T.: No Brasil, o dividendo não é tributado na pessoa física, uma vez que os impostos já são recolhidos pela empresa.

Por esse motivo específico, o maior problema em levantar capital com membros da família ou amigos é o risco de prejudicar para sempre ou perder relações pessoais importantes. Como disse um professor, "Lembre-se de que essas são as pessoas com as quais você almoça no Dia de Ação de Graças* e que talvez não seja seguro sentar-se ao lado de seu tio, se você tiver perdido todo o dinheiro que ele lhe emprestou e ele tiver algum talher pontiagudo na mão".

Em conclusão, aconselho-o a se abster de tomar dinheiro emprestado da família e dos amigos. Se não puder evitar, siga estas recomendações:

- Tome dinheiro emprestado apenas daqueles que podem arcar com o risco de perder todo o montante do empréstimo. Não aceite dinheiro de um avô ou avó que não tenha outros ganhos e viva de rendimentos fixos do governo. Deixe claro para os membros de sua família que eles estão colocando em risco todo o dinheiro investido; portanto, existe a possibilidade de que não sejam reembolsados.
- Redija um contrato de empréstimo detalhado, ressaltando claramente os juros, os valores das parcelas e as datas de pagamento previstas.
- Esse contrato deve conceder ao investidor o direito de converter parte ou todo o investimento em ações da empresa, o que lhe daria uma participação acionária, se desejável.

  Alternativamente, esse contrato pode estabelecer que o investimento será um financiamento mezanino, isto é, uma mistura de empréstimo e participação acionária. O investidor recebe de volta todo o montante do investimento, os juros e uma porcentagem de participação na empresa.
- Garanta pessoalmente pelo menos o montante do investimento e no máximo o investimento mais o valor dos juros que possivelmente esse investimento poderia obter se tivesse sido aplicado em um certificado de depósito seguro. Hoje, esse tipo de aplicação ofereceria um retorno de aproximadamente 4%.**

Investidores-anjos

Os investidores-anjos normalmente são indivíduos endinheirados que investem em empresas. (Esse termo foi originalmente criado em referência aos mecenas.) Eles diferem dos membros da família e dos amigos porque em geral não conhecem nem nunca tiveram nenhum tipo de relacionamento com o empreendedor antes do investimento. Além disso, são investidores experientes que conhecem perfeitamente o risco do investimento e podem assumir com tranquilidade a perda total do investimento. Normalmente, os investidores-anjos são ex-empreendedores que se concentram nos setores nos quais têm experiência. Exemplos notórios de empresas que receberam investimento-anjo são a Ford Motor Company, The Body Shop e Amazon.

Como o capital de risco está sendo cada vez mais direcionado a estágios de investimento subsequentes, nos Estados Unidos a maior parte do capital semente e

---

* N. de R.T.: O feriado mais importante em termos de reunião familiar para os norte-americanos.
** N. de R.T.: No mercado norte-americano.

do capital inicial obtido é fornecida por investidores-anjos. Algumas estimativas indicam que essa porcentagem pode chegar a 90% de todo o capital inicial fornecido no país.[7] Uma pesquisa realizada pela Universidade de New Hampshire previu que em 2006 havia 234.000 investidores-anjos ativos nos Estados Unidos que forneciam anualmente aos empreendedores de US$ 50.000 a US$ 500.000 por transação, tanto em forma de empréstimo quanto de participação acionária. Em 2006, eles financiaram 51.000 empresas, ao custo de US$ 25,6 bilhões. Esses números aumentaram 10,8% e 3%, respectivamente, desde 2005.[8] Embora essa maior oferta de capital por parte dos investidores-anjos entusiasme os empreendedores, gera uma reação oposta em vários indivíduos da comunidade de capital de risco institucional, porque a concorrência para fechar acordos fica mais acirrada e as avaliações mais altas. Alguns capitalistas de risco chamam o capital emprestado pelos investidores-anjos de "dinheiro estúpido" (*dumb money*), alegando que esse dinheiro está longe de oferecer valor agregado. Em minha opinião, esses comentários ofensivos não passam de ressentimentos.

Durante vários anos, o investimento-anjo constituiu uma parte importante do apoio e aconselhamento financeiro oferecidos aos empreendedores para ajudá-los a transpor o fosso entre os investimentos individuais de amigos e membros da família e o capital de risco institucional fornecido por empresas de capital de risco tradicionais. Entretanto, hoje é cada vez maior o número de investidores-anjos que estão se unindo para criar grupos formais de investidores-anjos e, desse modo, atrair melhores negócios, oferecer infraestrutura e apoio para problemas fiscais, jurídicos e outros que costumam surgir nesse tipo de investimento e oferecer sistemas de suporte mais formais que lhes permitam aumentar o "valor agregado" real e percebido. Em 2006, havia quase 250 grupos formais de investidores-anjos nos Estados Unidos, em comparação a menos de 100 grupos em 1999.[10]

Embora a maioria dos investidores-anjos exija uma participação em troca de seus investimentos, há quem tenha oferecido empréstimo a empresas que tinham "crédito duvidoso" e haviam sido rejeitadas por seus bancos. Nesses casos, os anjos reestruturaram os empréstimos aumentando significativamente as taxas de juros.

O aspecto positivo de obter empréstimo de investidores-anjos é que eles podem ser mais flexíveis em relação às condições de pagamento que uma instituição bancária. Por exemplo, o anjo pode conceder um empréstimo de dez anos, ao passo que o prazo máximo dos empréstimos comerciais oferecidos pelos bancos normalmente é de cinco a sete anos. Além disso, os investidores-anjos, diferentemente dos bancos, concebem suas próprias regras para conceder o empréstimo. O banco pode ter uma regra que estipule que não se conceda empréstimo a nenhum solicitante que tenha declarado falência pessoal. O anjo, entretanto, utiliza um critério particular para determinar se pretende conceder um empréstimo a essa pessoa.

O aspecto negativo é que o custo do capital do empréstimo oferecido pelos investidores-anjos em geral é mais alto que o do financiamento institucional. Não é incomum esses investidores cobrarem 2% ao mês* dos empreendedores, o que equivale a uma taxa anual de 24%, o que é espantoso. Além de essa taxa ser superior à taxa especial de 2% a 3%

---

* N. de R.T.: Vale destacar que esse valor é alto para os padrões americanos.

cobrada pelos bancos de seus melhores clientes, é também superior à taxa de 18% que alguns cartões de crédito cobram de seus clientes. Outro aspecto negativo é que, ao contrário dos bancos, que não podem interferir legalmente nas operações comerciais diárias ou na estratégia comercial de seus clientes, a expectativa dos anjos em geral é tomar parte disso. Para alguns empreendedores, isso pode acabar provocando alguns problemas.

Quando a maioria das pessoas pensa em uma organização que oferece empréstimo, a primeira que vem à cabeça delas são os bancos. Contudo, como foi dito, existem outros tipos de entidade de concessão de empréstimo. Recapitulemos e examinemos algumas dessas fontes não bancárias de capital.

Fundações

Outra fonte de capital interessante para os empreendedores são as organizações filantrópicas, como a Fundação Ford, a Fundação MacArthur, a Fundação Wieboldt e a Retirement Research Foundation. Tradicionalmente, essas organizações ofereciam subvenções e empréstimos apenas a entidades sem fins lucrativos. Contudo, desde o início da década de 1990, elas ampliaram suas atividades de empréstimo para abranger empresas com fins lucrativos que contribuam para o bem-estar social. As empresas elegíveis são aquelas que declaram explicitamente sua intenção de melhorar a sociedade por meio de algumas ações, como empregar ex-condenados, construir casas em áreas economicamente desfavorecidas, oferecer serviços de creche a mães solteiras ou oferecer treinamento em informática para famílias de baixa renda. Exemplos específicos incluem o empréstimo concedido pela Fundação MacArthur a uma editora de Washington, DC, que faz o acompanhamento das políticas econômicas dos estados. Esse empréstimo foi utilizado pela empresa para comprar mais computadores. Outro exemplo é o empréstimo para aquisição de estoque que a Fundação Wieboldt fez a uma empresa de Chicago chamada Commons Manufacturing que fabrica as persianas instaladas nos conjuntos habitacionais públicos.[11]

Além disso, as fundações oferecem subvenções a sociedades de desenvolvimento comunitário (*community development corporations* – CDCs), as quais, por sua vez, utilizam o dinheiro para conceder empréstimos comerciais. Os objetivos das CDCs são os mesmos das fundações, que é emprestar capital a empresas que oferecem algum benefício à sociedade. Um exemplo de CDC é a Coastal Enterprises, organização do Maine que fornece capital a empresas que empregam pessoas de baixa renda desse estado.

Os empréstimos concedidos pelas fundações e CDCs são chamados de *investimentos vinculados a programas (IVPs, ou PRI em inglês, de program-related investment)*. Mais de 550 organizações ao redor do mundo oferecem IVPs. Alguns exemplos estão relacionados na Figura 9.1.

Um dos aspectos atraentes dos IVPs para os empreendedores são as taxas de juros baixas, que podem chegar a 1% e oferecer um período de amortização de dez anos. Outro fator positivo é que as fundações podem ser consideradas investidores que agregam valor.

O maior programa do país em 2005 foi o da Fundação David e Lucile Packard, que forneceu mais de US$ 26 milhões em IVP.[12] Se desejar obter mais informações sobre os IVPs, existem dois livros de referência: *Program Related Investments: A Guide to*

Bhartiya Samruddhi Investments and Consulting Services
Hyderabad, Índia

BRIDGE Housing Corporation
San Francisco, Califórnia

Cooperative Housing Foundation
Silver Spring, Maryland

Corporation for Supportive Housing
Nova York, Nova York

Enterprise Corporation of the Delta
Jackson, Mississippi

MBA Properties
St. Louis, Missouri

Fundação MacArthur
Chicago, Illinois

Peer Partnerships
Cambridge, Massachusetts

Shorebank
Chicago, Illinois

Fundação Wieboldt
Chicago, Illinois

Figura 9.1 Organizações de investimentos vinculados a programas.

Funders and Trends [Investimentos Vinculados a Programas: Um Guia de Tendências para Financiadores] e *The PRI Directory: Charitable Loans and Other Program-Related Investments by Foundations* [Diretório de IVPs: Empréstimos Filantrópicos e Outros Investimentos Vinculados a Programas Realizados pelas Fundações].

Governo

Nos Estados Unidos, alguns órgãos governamentais locais, estaduais e federais oferecem programas de crédito a empreendedores. Normalmente, esses programas fazem parte da secretaria de desenvolvimento econômico ou de comércio do município. Alguns empréstimos governamentais são atraentes porque as taxas oferecidas são inferiores às do mercado. Os empréstimos da Administração de Pequenas Empresas (Small Business Administration – SBA) e do Programa de Captação de Capital (Capital Access Program – CAP) em geral são oferecidos a preço de mercado, tema que examinaremos posteriormente. Eles são concedidos a empresas que estejam estabelecidas no município, que consigam comprovar sua capacidade de liquidar os empréstimos e, tão importante quanto, que utilizam o dinheiro para manter os empregos existentes ou criar novos. Com relação à manutenção de empregos, empreendedores de Chicago já conseguiram obter capital do município para adquirir uma empresa com base no fato de que, se não a adquirissem, alguém mais o faria e a transferiria, junto com os empregos, para outra cidade. Outros empreendedores conseguiram obter capital de empréstimo para expansão com a condição de que para cada US$ 20.000 fornecidos pelo município se criasse um novo emprego no prazo de 18 a 24 meses. Praticamente toda cidade e todo estado oferecem esse tipo de empréstimo vinculado à criação de empregos.

O aspecto negativo desses empréstimos em nível local e estadual normalmente é a demora na obtenção. O solicitante é obrigado a preencher muita papelada e o processo pode levar até 12 meses.

Um ótimo periódico para identificar programas de financiamento governamentais em nível federal, estadual e local é o *The Small Business Financial Resource Guide*, que pode ser recebido gratuitamente. Para isso, basta escrever para o Centro de Pequenas Empresas da Câmara do Comércio dos Estados Unidos (U.S. Chamber of Commerce Small Business Center – 1615 H Street, NW, Washington, DC 10062). Você pode também solicitar esse guia *on-line*, pelo *site* da MasterCard, em www.mastercard.com.[13]

Outra desvantagem para alguns empreendedores é que o solicitante deve garantir pessoalmente os empréstimos. Esse assunto será discutido mais a fundo ao final de nossa discussão sobre empréstimos.

Programas de Captação de Capital

Um programa local do governo que não demora tanto tempo é o Programa de Captação de Capital (CAP) oferecido pelo estado ou município em que você reside. Hoje, 25 estados e várias cidades trabalham com o CAP, que foi adotado pela primeira vez em Michigan em 1986[14] e, por volta de 1988, já havia oferecido mais de 25.000 empréstimos no valor total de aproximadamente US$ 1,5 bilhão. Embora esse valor seja uma ninharia quando comparado com os US$ 19,1 bilhões da SBA, a popularidade do CAP é crescente, visto que ele concorre com os empréstimos da SBA.

O produto do empréstimo CAP é uma "melhoria de crédito", que induz os bancos a considerar as solicitações de empréstimo que de outro modo rejeitariam por falta de caução ou de fluxo de caixa. De acordo com o mecanismo normalmente empregado no CAP, o banco e o tomador pagam uma taxa de 3% a 7% do montante do empréstimo que vai para uma conta de reserva para prejuízos com empréstimos mantida pelo banco. Essa contribuição de reserva é então equiparada com o dinheiro do estado ou local. Nesse caso, a reserva total gira entre 6% a 14% do empréstimo. Esse valor é usado para cobrir quaisquer prejuízos com empréstimos.[15]

Aparentemente, os bancos gostam desse programa de crédito patrocinado pelo governo estadual ou local porque são eles, e não os órgãos governamentais, que estabelecem condições de pagamento, taxas, tarifas e caução. Eles não precisam obter aprovação de nenhuma outra organização ou órgão. Os empreendedores gostam desse programa pelo mesmo motivo. O banco tem a flexibilidade de aprovar um empréstimo que talvez não esteja qualificado para um financiamento da SBA por um motivo ou outro. Outro atrativo, segundo os empreendedores, é que o financiamento pelo CAP é mais rápido do que os empréstimos da SBA. A diferença do CAP é a magnitude dos empréstimos elegíveis, a índole dos tomadores de empréstimo elegíveis e a quantia da reserva para prejuízos com empréstimos. Entre em contato com o órgão de desenvolvimento econômico de seu estado ou município para ver se existe algum programa equivalente ao CAP.

Programas de Crédito da Administração de Pequenas Empresas

Os programas de crédito federais destinados a empresas são responsabilidade da Administração de Pequenas Empresas (SBA), que é a maior fonte de empréstimo de longo prazo do país a pequenas empresas. Todo ano, a SBA garante um total de mais de US$ 19 bilhões de empréstimo. E desde seus primórdios em 1953 esse órgão já ajudou a financiar aproximadamente 20 milhões de empresas. São dois os principais motivos da popularidade dos empréstimos da SBA. Primeiro, o prazo de pagamento pode ser mais longo que o de um empréstimo comercial comum. Por exemplo, um crédito garantido pela SBA pode chegar a dez anos no caso de financiamento de capital de giro, em comparação ao prazo de um a cinco anos normalmente praticado. Em segundo lugar, a SBA garante empréstimos a tomadores que não conseguem financiamento em outro lugar.

É necessário deixar bem claro que a SBA não oferece empréstimos diretamente para os empreendedores. Na verdade, ela utiliza outras instituições, bancárias ou não bancárias, para o empréstimo em si. A SBA autoriza essas instituições aprovadas a representá-la, cumprindo o papel de financiador, e garante até 85% do empréstimo. Por exemplo, um financiador, com a aprovação da SBA, pode oferecer um empréstimo de US$ 100.000 ao empreendedor. Se o tomador ficar inadimplente, o concessor terá de assumir apenas 15% do risco porque a SBA garante o saldo do empréstimo.

A maioria desses empréstimos destina-se a empresas estabelecidas. Todos os anos, em torno de um terço dos empréstimos da SBA, ou algo um pouco acima de US$ 6 bilhões, é fornecido a novas empresas. Algumas das *start-ups* que receberam empréstimos da SBA são a Ben & Jerry's, Nike, Federal Express, Apple Computer e Intel.

Algumas pessoas acreditam insensatamente que possam ficar inadimplentes porque as consequências seriam mínimas. Nada poderia estar mais longe de ser verdadeiro. Lembre-se, todos os empréstimos da SBA são garantidos pela pessoa física. Além disso, o financiador, não obstante a garantia oferecida pela SBA, tentará obstinadamente obter o máximo possível do empréstimo antes de solicitar o reembolso da SBA. A reputação do financiador é posta em risco. Além disso, se o índice de inadimplência dos empréstimos concedidos pelo financiador ficar muito alto, a SBA suspende a participação desse banco no programa.

Os financiadores da SBA enquadram-se em três categorias: geral, certificado e preferencial. Os financiadores gerais são aqueles que têm um pequeno volume de negócios ou pouquíssima experiência na concessão de empréstimos da SBA. Por isso, antes de aprovar um empréstimo, eles precisam enviar todas as informações do solicitante ao escritório nacional da SBA para obter sua aprovação. Esse processo pode demorar várias semanas e às vezes meses. Em contraposição, os dois outros tipos de financiador da SBA podem ser mais rápidos.

Os financiadores mais ativos e experientes qualificam-se para os programas de crédito mais simplificados da SBA. Nesses programas, eles podem ter autoridade parcial ou total para aprovar os empréstimos, o que agiliza o serviço da SBA. Os financiadores certificados são aqueles que já têm grande experiência com o processamento habitual de garantia de crédito da SBA e preencheram outros critérios específicos. Eles têm autoridade parcial para aprovar empréstimos. A SBA lhes concede um prazo de retorno de três dias sobre suas solicitações (eles também podem usar o processamento de empréstimo habitual da SBA). Os financiadores certificados respondem por 4% de todas as garantias de crédito da SBA a empresas. Os financiadores preferenciais são escolhidos entre os melhores financiadores da SBA e têm autoridade total para conceder empréstimos em troca de uma taxa de garantia menor. Essa autoridade deve ser renovada no mínimo de dois em dois anos, e a SBA examina periodicamente a carteira de empréstimos do financiador. Os financiadores preferenciais respondem por mais de 21% dos empréstimos da SBA.[16]

Para obter uma lista dos financiadores da SBA em qualquer estado, visite www.sba.gov ou entre em contato com a SBA pela linha direta (800-827-5722). Há uma publicação disponível para cada estado, que é atualizada pelo menos de dois em dois anos. Ela relaciona todos os financiadores e mostra se eles são gerais, preferenciais ou certificados. Além disso, a SBA divulga uma lista *on-line* de financiadores preferenciais e certificados por estado.

O programas de crédito mais populares da SBA são o Programa de Garantia de Crédito 7(a) (7(a) Loan Guaranty), o Microcrédito (Microloan) e o Crédito (CDC) 504 (504 Loan). Antes de examinar cada um deles, vejamos algumas das principais condições de financiamento da SBA.

Dependendo do programa, os empréstimos podem ser amortizados em até 25 anos. As taxas de juros variam. A SBA cobra do concessor uma taxa de 3% a 3,5% do empréstimo, que normalmente é repassada ao tomador. E todos os investidores com 20% ou mais de participação na empresa devem garantir pessoalmente o empréstimo. Em conclusão, se o objetivo for utilizar o empréstimo para comprar outra empresa, o vendedor deve subordinar esse financiamento da empresa à SBA. Na verdade, a SBA pode exigir que o vendedor concorde com a "subordinação absoluta". Nesse caso, não é possível fazer nenhum pagamento ao vendedor enquanto o empréstimo da SBA não for liquidado.

Para conseguir um empréstimo da SBA, a empresa deve ser pequena, ter fins lucrativos, não contar ainda com os recursos internos para os quais o financiamento será concedido e conseguir demonstrar sua capacidade de liquidar o empréstimo. A SBA utiliza vários requisitos para determinar se uma empresa é pequena; eles dependem de diversos fatores, como o setor em que a empresa atua. Por exemplo, pelo fato de a SBA visar a pequenas empresas, o solicitante não pode ter um quadro de funcionários do tamanho da força de trabalho da GE. Se a empresa for do setor de manufatura, não pode empregar mais de 1.500 pessoas, e o número máximo de funcionários de uma empresa atacadista é 100. Os requisitos e diretrizes da SBA podem ser encontrados em www.sba.gov.

Alguns tipos de empresa inadequados ao financiamento da SBA são as organizações e instituições sem fins lucrativos, empresas de concessão de crédito, empresas de investimento, empresas de jogos de azar, as companhias de seguros de vida, empresas afiliadas a uma religião e empresas pertencentes a cidadãos não americanos.

Programa de Garantia de Crédito 7(a). A maioria dos empréstimos da SBA enquadra-se nessa categoria de programa. Em 2006, foi concedido um crédito de US$ 19,1 bilhões por meio de 100.197 empréstimos e créditos médios no valor de US$ 190.000.[17] (A Figura 9.2 mostra os cinco maiores mercados de empréstimos do 7(a) por estado.) Em essência, o programa 7(a) é um empréstimo bancário convencional no valor máximo de US$ 2 milhões que recebe a garantia da SBA. A SBA garante 85% dos empréstimos de no máximo US$ 150.000 e 75% dos empréstimos acima desse valor. O dinheiro pode ser utilizado para refinanciar dívidas existentes e financiar construções e como capital de giro.

Existem critérios de elegibilidade de valor patrimonial pessoal para os empréstimos do programa 7(a). Por exemplo, no caso de um empréstimo de US$ 250.000, o valor patrimonial do proprietário deve ser superior a US$ 100.000.

Programa de Crédito Expresso da SBA. Os créditos expressos possibilitam que os financiadores ofereçam linhas de crédito que são anualmente renováveis, em até sete anos, e fornecidas em 36 horas. O objetivo dessas linhas é eliminar as dificuldades enfrentadas pelos financiadores para fazer empréstimos menores que ficam muito caros se forem feitos pelo programa tradicional 7(a). No programa expresso, os empréstimos abaixo de US$ 25.000 não exigem caução. Os financiadores utilizam seus próprios formulários de solicitação. O valor máximo de crédito é US$ 350.000, com 50% de garantia da SBA. Em algumas áreas, existem algumas versões especiais desse programa para veteranos (Patriot Express) e pessoas que tenham empresa em áreas de baixa e média renda (Community Express).

Pré-qualificação ao empréstimo. As empresas solicitantes que precisam de um valor inferior a US$ 250.000 podem ser examinadas e possivelmente autorizadas pela SBA antes de os empréstimos serem considerados pelos financiadores. Esse programa emprega organizações intermediárias para ajudar os tomadores a preencher uma solicitação de empréstimo viável. Os Centros de Desenvolvimento de Pequenas Empresas (analisados mais adiante neste capítulo) oferecem esse serviço gratuitamente. As organizações sem fins lucrativos cobram uma tarifa. A solicitação é despachada pela SBA assim que enviada. As taxas de juros, os vencimentos e as porcentagens de garantia seguem as diretrizes do 7(a).[18]

Principais estados	Total de empréstimos, em milhões
Califórnia	US$ 1.994
Texas	US$ 918
Nova Jérsei	US$ 851
Minnesota	US$ 567
Virgínia	US$ 415

Fonte: Administração de Pequenas Empresas.

Figura 9.2 Os cinco maiores mercados de empréstimos do programa SBA 7(a) por estado, 2001.

Programa de Microcrédito. Os grupos sem fins lucrativos, como as sociedades de desenvolvimento comunitário (CDCs), são os principais emissores de microcrédito. Esses são os menores créditos garantidos pela SBA. O menor valor chega a US$ 450. O máximo é US$ 35.000 e o valor médio é US$ 13.000. Desde 1992, a SBA já ofereceu um total de mais de US$ 321 milhões a mais de 28.000 tomadores. As taxas de juros sobre esses empréstimos em geral giram em torno de 8% e 13%. Em 2006, o Programa de Microcrédito forneceu mais de US$ 33 milhões em empréstimo a mais de 2.500 tomadores. São 170 intermediários que desembolsam esses empréstimos.[19]

Programa de Crédito 504 (CDC). Esse programa de crédito, instrumento de financiamento de longo prazo destinado ao desenvolvimento econômico da comunidade em que ele é oferecido, realizado por meio de corporações de desenvolvimento certificadas (CDCs), oferece financiamento de longo prazo a empresas em desenvolvimento, a uma taxa de juros fixa, para os principais ativos fixos, como terreno e imóveis. Os fundos não podem ser usados em capital de giro ou estoque, consolidação ou reembolso da dívida ou refinanciamento. As CDCs são sociedades sem fins lucrativos estabelecidas para contribuir para o desenvolvimento econômico da comunidade e reter empregos. As CDCs trabalham com a SBA e financiadores do setor privado para oferecer financiamento a pequenas empresas. Existem 270 CDCs ao todo nos Estados Unidos. Cada uma cobre uma área. Os valores dos empréstimos variam, mas podem chegar a US$ 4 milhões. Em 2006, a SBA aprovou 9.720 empréstimos nesse programa, que totalizam US$ 5,61 bilhões.[20]

Concessores de empréstimo não bancários da SBA

Como já foi dito, a SBA garante os empréstimos concedidos por bancos e outras instituições financeiras. Esses outros financiadores concorrem com os bancos oferecendo taxas mais baixas e aprovação de crédito mais rápida. A SBA chama essas instituições de companhias de concessão de crédito a pequenas empresas (*small business lending companies* – SBLCs).

Uma das maiores instituições financeiras não bancárias é a CIT Small Business Lending, uma divisão do CIT Group Inc., que é uma empresa internacional de financiamentos comerciais de capital aberto. A CIT foi classificada como a financiadora mais importante do programa 7(a) da SBA por nove anos consecutivos e é uma das principais instituições que oferecem financiamento a minorias, mulheres e veteranos do país. A seguir encontram-se exemplos dos principais critérios de empréstimo da CIT:

- Fluxo de caixa histórico adequado para cobrir o empréstimo.
- O índice de dívida/valor patrimonial da empresa deve ser compatível com a média do setor.
- Os tomadores devem se envolver ativamente com as atividades diárias da empresa.
- Todos os aceitantes de títulos e fiadores devem ter um histórico de crédito pessoal satisfatório.
- Não pode haver antecedentes como falência ou prisão por delito grave.

Dois outros grandes e proeminentes financiadores não bancários da SBA são a Small Business Loan Source e a Loan Source Financial. Infelizmente, no momento da redação deste livro, o número de financiadores não bancários estava diminuindo. Os bancos baixaram suas taxas a um nível em que as instituições não bancárias não conseguem mais concorrer. Um dos motivos que possibilitou que os bancos fizessem isso foi o fato de seu custo de capital ser inferior ao das instituições não bancárias. Os bancos utilizam os depósitos que possuem, ao passo que as instituições não bancárias obtêm seu dinheiro de mercados de capitais públicos. Outro motivo é que os bancos estão usando os empréstimos comerciais como "boi de piranha". Eles sacrificam os retornos sobre os empréstimos para aumentar o número de clientes que utilizam vários de seus outros serviços, como banco eletrônico, conta de poupança pessoal, conta de empréstimos e programas de gerenciamento de caixa. Dentre as instituições não bancárias que abandonaram ou diminuíram de maneira significativa suas atividades de empréstimo estão a Heller Financial, Transamerica Finance e a The Money Store.[21]

Bancos com programas de crédito da SBA

Cerca de 6.000 dos 8.799 bancos do país (em 1997, eram 14.000) utilizam o programa de crédito garantido da SBA. São 850 bancos certificados e 450 bancos preferenciais. A SBA produz um relatório anual sobre as atividades de empréstimo a pequenas empresas dos principais bancos comerciais do país, analisa os padrões de empréstimo e classifica os bancos "mais favoráveis às pequenas empresas" em todos os estados e em nível nacional. Segundo a SBA, seu objetivo é oferecer às pequenas empresas uma ferramenta fácil de usar, para que localizem possíveis fontes de crédito em sua comunidade. A intenção da SBA é também persuadir os bancos a concorrer de maneira mais agressiva por empresas pequenas. Esse relatório é um ótimo recurso para os empreendedores que estão tentando identificar quais bancos serão mais propensos a ouvi-los e, mais importante, a lhes emprestar algum dinheiro. O relatório mais recente, o "Small Business and Micro Business Lending, 2006-2007", pode ser encontrado em http://www.sba.gov/advo/research. Ele cobre os empréstimos concedidos a micro (abaixo de US$ 100.000) e pequenas empresas (entre US$ 100.000 e US$ 1 milhão).

Recomendações para obter um empréstimo da SBA

Estima-se que a SBA aprove menos de 50% das solicitações de empréstimo. Apresentamos a seguir algumas recomendações para aumentar sua chance de obter um empréstimo garantido pela SBA:

- *Limpe todos os seus problemas financeiros pessoais.* A maioria das solicitações é rejeitada porque o histórico de crédito do solicitante é ruim. Antes de solicitar um empréstimo, o empreendedor deve diminuir a dívida do cartão de crédito e também o número de cartões de crédito que possui. Os financiadores têm conhecimento desses números e consideram negativo o fato de alguém ter vários cartões de crédito. É especialmente importante que os solicitantes saibam qual é sua pontuação de crédito de três dígitos, também conhecida como pontuação

FICO, que classificam sua capacidade creditícia em uma escala de 501 a 990. Em conclusão, antes de solicitar um empréstimo, o empreendedor deve entrar em contato com os principais sistemas de consulta de qualidade de crédito e confirmar se não há nenhum erro em seu relatório de crédito. As empresas americanas são a Equifax (www.equifax.com), TransUnion (www.transunion.com) e Experian (www.experian.com).* Os americanos têm direito a um relatório de crédito gratuito por ano.

- *Defina seus objetivos de modo realista*. Solicite uma quantia específica e identifique de que forma os fundos serão empregados. Elabore demonstrações financeiras *pro forma* realistas e lógicas que demonstrem que mesmo no pior cenário a dívida pode ser reembolsada. No mínimo, a maioria dos financiadores quer que a empresa tenha um fluxo de caixa anual 1,25 vezes o total anual de obrigações de dívida (principal e juros). Não manipule os números. Não peça um empréstimo que você não consiga prever que pagará.
- *Comece cedo*. Solicite o financiamento pelo menos seis meses antes da data em que precisará do dinheiro.
- *Procure financiadores experientes*. Solicite empréstimos de instituições cujos financiadores sejam certificados e preferenciais.
- *Envie um plano de negócios de excelente qualidade*. Siga as orientações e recomendações apresentadas no Capítulo 3 com relação à elaboração do plano de negócios. Tome o cuidado de verificar se o plano como um todo, especialmente o sumário executivo, está bem escrito, claro e detalhado. Tão importante quanto, confira duas vezes todos os números, para verificar se estão corretos e que a matemática esteja perfeita. Todos os números devem fazer sentido.
- *Colete informações antes solicitar um empréstimo*. Os empréstimos para empresas existentes e *start-ups* exigem praticamente as mesmas informações, como:

  – A declaração de imposto de renda da pessoa física de todos os investidores com pelo menos 20% de participação nos três últimos anos.

  – A demonstração financeira pessoal de todos os investidores com pelo menos 20% de participação.

  – Documentos que comprovem a participação, como contratos de franquia e documentos de incorporação.

  Algumas informações são necessárias para empresa já estabelecidas e não para *start-ups* e vice-versa:

  Para uma empresa já estabelecida:
  – declaração de imposto de renda da empresa dos últimos três anos;
  – demonstrações financeiras interinas da empresa;
  – cronograma de amortização de dívidas da empresa.

  Para uma start-up*:*
  – plano de negócios;

---

* N. de R.T.: No Brasil, é a Serasa Experian.

- possíveis fontes de capital;
- garantias disponíveis.
- *Não minta*. Nunca minta. O maior ativo de um empreendedor é sua reputação.

Outros programas da SBA

Centros de Desenvolvimento de Pequenas Empresas (CDPEs). Há mais de 1.000 CDPEs, a maioria dos quais em universidades espalhadas pelo país. Esse programa é uma iniciativa de colaboração entre a SBA, a comunidade acadêmica, o setor privado e os governos estaduais e locais. Os CDPEs oferecem assistência administrativa e técnica, bem como auxílio na preparação das solicitações de empréstimo. Os serviços são adaptados às economias locais às quais eles atendem.

SCORE. Esse grupo consultivo tem 389 filiais e, ao todo, 10.500 de voluntários, entre altos executivos aposentados ativos e proprietários de pequenas empresas. Eles oferecem conselhos sobre *marketing*, preparação do plano de negócios e planejamento empresarial, e processam aproximadamente 10.000 casos por mês. Você pode obter informações em www.score.org.

Rede de Treinamento de Pequenas Empresas. Essa rede é um recurso de treinamento *on-line* destinado a proprietários de pequenas empresas que oferece *on-line* cursos, oficinas, publicações, recursos informacionais, ferramentas de aprendizagem, acesso direto a aconselhamento eletrônico e outras formas de assistência técnica. Essa rede pode ser encontrada em www.sba.gov/training.

Bancos que não contam com programas de crédito da SBA

Tradicionalmente, os bancos que não contam com programas da SBA (aqueles que utilizam garantias pessoais como principal garantia), dentre os quais se incluem alguns bancos de desenvolvimento comunitários, não foram considerados grandes amigos dos empreendedores. O motivo é que eles eram, em sua maioria, financiadores de títulos lastreados em ativos que determinavam o montante do empréstimo usando uma fórmula rigorosa, como 80% do valor das contas a receber mais 20% do estoque e 50% dos ativos fixos. Com essa fórmula, as *start-ups* nunca conseguiam obter empréstimos, e as empresas com ativos tangíveis ficavam restritas ao valor estipulado pela fórmula, independentemente do valor real do qual necessitavam.

Com a "geração de empreendedores" de meados da década de 1990 surgiram inúmeros bancos de financiamento de fluxo de caixa, como a SBA para pequenas empresas. Pesquisas recentes da SBA propõem que, de maneira muito semelhante a outros fenômenos ocorridos com as ponto-com, esse tipo de empréstimo minguou. Um estudo sobre financiamentos bancários e de pequenas e médias empresas realizado pela SBA mostrou que 90% dos empréstimos abaixo de US$ 1 milhão concedidos por pequenos bancos domésticos exigiam garantias.[22] Entretanto, o foco continua sobre as pequenas empresas. E hoje o crédito geralmente está mais disponível para pequenas empresas que vários anos atrás. Grandes bancos como o Banco da América, o Chase, o Citigroup e o Wells Fargo passaram a almejar o mercado de pequenas empresas. Embora seja verdade que a grande parte desse foco se concentre em linhas de crédito/cartões de crédito inferiores a US$ 100.000, esses bancos estão cada vez mais direcionados a pequenas empresas.

Em termos gerais, as regras tradicionais de financiamento bancário continuam aplicáveis. Os empreendedores precisarão passar por uma análise completa de crédito, como um exame detalhado das demonstrações financeiras e finanças pessoais, para avaliar sua capacidade de saldar o empréstimo. Os bancos exigirão colateral e vão querer saber quais ativos você pode liquidar para pagá-los. Além disso, eles querem se sentir tranquilos com seu plano de negócio e em saber se ele se adapta a condições macroeconômicas mais amplas. Em geral, quanto maior sua empresa, mas fácil será obter financiamento. O Banco da Reserva Federal de Nova York chama esse processo de "Cinco Cs",[23] isto é, Capacidade de reembolso, Capital com o qual você se comprometeu, seu Compromisso pessoal para com a empresa, o Colateral que você ofereceu para assegurar o empréstimo, as condições do empréstimo, bem como a conjuntura econômica e objetivo do empréstimo, e o Caráter/impressão geral que você passa.[24] Como foi dito, o relatório da SBA sobre empréstimo a pequenas empresas e microempresas nos Estados Unidos apresenta estatísticas dos principais financiadores de pequenas empresas em cada estado e em nível nacional.

Bancos comunitários

Diferentemente dos grandes bancos, os bancos comunitários normalmente são vistos como amigos dos empreendedores. Como observa Larry Bennett, diretor do Centro de Empreendedorismo na Universidade de Johnson & Wales, "Há uma imensa diferença na receptividade dos bancos na concessão de empréstimos aos empreendedores". A maior diferença é que os bancos locais e regionais costumam concordar mais facilmente em personalizar os empréstimos às necessidades dos empreendedores.[25] Em geral, são bancos pequenos e independentes que se especializam em determinados tipos de empréstimos dirigidos. Depois de vários anos de consolidação, os bancos comunitários estão se tornando novamente populares. Existem mais de 9.000 bancos desse tipo no país. Alguns deles estão relacionados na Figura 9.3. Para saber quais são e onde eles se encontram, entre em contato com a Independent Community Bankers of America pelo telefone 1-800-422-8439 ou visite o *site* www.icba.org.

Os empreendedores devem escolher o banco que melhor atenda às suas necessidades. Bill Dunkelberg, economista-chefe da Federação Nacional de Empresas Independentes e presidente de um pequeno banco em Cherry Hill, Nova Jérsei, explica como os empreendedores devem agir na escolha de um banco. Ele diz que as pequenas empresas devem "identificar se elas se adaptam melhor ao modelo de pontuação [ou] se jogar golfe com o concessor de empréstimo ajudaria". Em resumo, Dunkelberg está dizendo que os bancos maiores ficarão mais preocupados com os números que estão por trás de sua empresa, ao passo que os bancos comunitários querem conhecer melhor o empreendedor e talvez fiquem mais dispostos a trabalhar um pouco mais com ele.[26]

Banco comunitário	Alvo do investimento
Mechanics and Farmers Bank Durham, Carolina do Norte	Afro-americanos
Michigan Heritage Bank Novi, Michigan	*Leasing* de equipamentos
United Commercial Bank San Francisco, Califórnia	Comunidade asiática de pequenos negócios
Legacy Bank Milwaukee, Wisconsin	Famílias urbanas e empreendedores
First Truck Bank Charlotte, Carolina do Norte	Pequenas empresas e negócios conduzidos por mulheres

Figura 9.3 Vários bancos comunitários.

Instituições financeiras de desenvolvimento comunitário (IFDCs)

As IFDCs oferecem financiamentos principalmente a empresas que em geral não são consideradas lucrativas pelos padrões tradicionais do setor. Normalmente, são fundos de empréstimo destinados ao desenvolvimento comunitário, bancos, cooperativas de crédito e fundos de *venture capital* para o desenvolvimento comunitário. O custo desses empréstimos é um pouco mais alto para refletir o risco complementar, de 0,5% a 3,0% acima das taxas de empréstimos normais. Existem 1.000 IFDCs em todo o país. Em 2005, as IFDCs fundaram mais de 2.000 pequenas e médias empresas e tinham US$ 739 milhões em empréstimos e investimentos em aberto. Além disso, 5.800 outras empresas receberam empréstimos no valor de US$ 35.000 ou menos. As IFDCs podem conceder empréstimos mais arriscados porque não sofrem restrições regulamentares e podem também agregar valor. Não existe nenhuma relação de todas as IFDCs, mas o Departamento do Tesouro dos Estados Unidos publica uma lista parcial, em www.cdfifund.gov e outros recursos podem ser encontrados em www.cdfi.org.

As IFDCs podem ser favoráveis para iniciar ou desenvolver uma empresa quando não existe a opção de obter financiamentos bancários e os lucros da empresa não são suficientemente altos para atrair o interesse de investidores-anjos ou de empresas de capital de risco. Além disso, elas podem ser favoráveis aos proprietários que não têm um crédito tão bom. Em geral, as IFDCs financiam empresas em área economicamente desfavorecidas e em áreas rurais.

Garantias pessoais

Uma das maiores desvantagens dos empréstimos bancários para os empreendedores é a garantia pessoal, em que o tomador oferece seus ativos como colateral, inclusive sua própria casa. Embora nem todas as fontes de capital exijam essa garantia para concessão de empréstimos, todos os financiamentos da SBA exigem. Segundo Leslie Davis, ex-financiadora comercial, não é incomum ouvir os empreendedores dizer que não concordam em oferecer garantias pessoais porque o cônjuge não concorda. Nesses casos, ela recusa o empréstimo imediatamente, porque, de acordo com sua explicação, "Se o próprio cônjuge desse empreendedor não acredita totalmente nele, por que deveríamos acreditar?".

Uma das coisas que os empreendedores mais temem é perder a própria casa. Os bancos estimam que pelo menos 90% dos proprietários de empresa principiantes usam a própria casa como garantia. Nesse caso, marido e mulher estão completamente comprometidos. Eles deveriam ficar preocupados? Sim e não. Se o tomador de empréstimo ficar inadimplente e tiver oferecido sua casa como garantia pessoal parcial ou total, o financiador tem o direito legal de vendê-la para recuperar o investimento. Porém, os bancos privados e a SBA normalmente tentam trabalhar com o empreendedor para criar um plano de reembolso de longo prazo que não inclua a venda da casa. Isso foi comprovado por um diretor da SBA, que disse: "Com referência a residências pessoais, nossa postura é tentar trabalhar com o tomador de empréstimo da melhor forma possível. Para nós, a residência é o nosso último recurso em termos de caução. Com certeza não queremos tomar os ativos de uma pessoa, principalmente imóveis residenciais".[27]

Portanto, é recomendável conversar regularmente com o emprestador depois de oferecer uma garantia pessoal. Desse modo, se houver algum problema com o empréstimo, ele poderá ser reestruturado antes de o indivíduo se tornar inadimplente. Os analistas de crédito foram treinados para receber notícias ruins. Eles não necessariamente gostam de ouvi-las, mas para eles as surpresas são bem piores. Os analistas querem que você salde o empréstimo e tenha sucesso, e o ajudará se você tentar resolver o problema logo no início. Mesmo quando houver inadimplência ou ela for inevitável, o analista ainda assim poderá ajudá-lo se você se comunicar com ele, for transparente, estiver disposto a negociar e concordar com um plano de pagamento de 10 a 15 anos. Mais importante que isso, você deve demonstrar "boa intenção" em resolver o problema.

A pior coisa que você pode fazer quando estiver enfrentando dificuldade para pagar um empréstimo é se tornar inflexível, não se comunicar e ficar na defensiva. Não tente negociar utilizando a ameaça de que declarará falência se o financiador não lhe der o que você deseja. Essas ameaças em geral chateiam os financiadores e, se você levar a cabo sua ameaça, ela será mais prejudicial ao seu futuro que ao do financiador. Nesses casos combativos, o financiador não apenas tentará pegar a residência usada como caução, mas também tentará se apoderar de qualquer lucro que o empreendedor possa ter para saldar totalmente a dívida.

Tente resolver os problemas. Como foi dito no Capítulo 1, a maioria dos empreendedores de alto crescimento fracassa pelo menos duas vezes na vida. Dê outra chance a si mesmo transformando uma experiência ruim em uma situação de ganho mútuo para você e para o financiador. Ele ganha ao receber o pagamento e você ao manter sua reputação intacta e abrir a possibilidade de receber outros empréstimos desse mesmo financiador em futuras negociações. Como explicou um executivo bancário: "O fato de você ter tido algum problema financeiro no passado não implica que eu vá recusá-lo. Terei curiosidade em saber de que forma você reagiu ao problema".[28]

Instituições financeiras não bancárias sem programas de crédito da SBA

Muitas instituições financeiras não bancárias que não contam com nenhum programa de crédito da SBA também oferecem empréstimos aos empreendedores. Estão incluídas nesse grupo as companhias de seguros nacionais, como a Northwestern Mutual e a Prudential. Os empréstimos concedidos por essas empresas podem ser usados como capital de giro, para aquisição de empresas e de equipamentos e maquinário. O valor mínimo de empréstimo dessas instituições tende a ser mais alto. Por exemplo, o da Prudential gira em torno de US$ 10 e US$ 15 milhões. Outra diferença em relação ao empréstimo bancário tradicional é que, se a companhia de seguros for um financiador subordinado, o valor do empréstimo girará em torno de 1 a 1,5 vez o EBITDA, apenas. Na qualidade de financiador principal, as instituições financeiras não bancárias serão semelhantes aos bancos, isto é, farão empréstimos equivalentes a 3 vezes o EBITDA. Outro atrativo dessas instituições é que elas não financiam ativos, mas fluxo de caixa. Como disse um financiador: "Não procuramos um colateral logo de cara. Examinamos o histórico profissional da administração e, em seguida, o fluxo de caixa da empresa. Os bancos normalmente não fazem isso".[29] Uma última diferença significativa dessas instituições é um de seus principais atrativos: independentemente de a dívida ser principal ou subordinada, ela pode ser amortizada em 15 anos. Isso é bastante favorável se comparado com o período máximo de sete anos normalmente oferecido pelos bancos.

Empréstimo de pessoa para pessoa (P2P)

Para os futuros empreendedores que tiveram dificuldade para se qualificar para um empréstimo comercial tradicional ou da SBA, por ter uma classificação de crédito ruim e/ou um histórico não comprovado, uma alternativa de capital inicial que tem se tornado bastante popular é o empréstimo de pessoa para pessoa (*person-to-person* – P2P). Por exemplo, nos *sites* Prosper.com, Zopa (www.zopa.com), Lending Club (www.lendingclub.com) e GlobeFunder (www.globefunder.com), os empreendedores podem se conectar com pessoas do mundo inteiro para emprestar pequenas quantias a estrangeiros com a promessa de lucro mais alto que o dos tradicionais empréstimos pessoais oferecidos pelos bancos. O P2P possibilita que os indivíduos emprestem dinheiro uns aos outros por uma taxa específica durante um período fixo de tempo, ofereçam soluções predefinidas para reembolso e acompanhamento do empréstimo e empreguem os recursos disponibilizados pelas redes sociais que permitem que os tomadores falem a respeito de suas necessidades de capital.[30]

O valor máximo de empréstimo em um *site* de P2P em geral é US$ 25.000 (não obstante a previsão de que os valores máximos de empréstimo poderão chegar a US$ 100.000 no futuro). Nesse caso, os empréstimos com frequência são consorciados entre vários financiadores.[31] Os *sites* mais importantes empregam modelos ligeiramente diferentes entre si, mas todos normalmente exigem que os tomadores se registrem no *site*, enviem uma verificação de crédito básica (com número mínimo de pontuação de crédito necessário de aproximadamente 640) e tenham um índice de dívida/patrimônio de mais ou menos 30%. Hoje, cerca de 20% dos empréstimos dos quatro principais *sites* de P2P (Prosper, Zopa, LendingClub e GlobeFunder) são comerciais.[32]

Embora as taxas dos *sites* de P2P possam ser mais atraentes que utilizar os empréstimos de cartão de crédito para financiar um negócio, é necessário observar alguns aspectos adversos. Esses empréstimos em geral exigem que o principal e os juros sejam pagos todos os meses (embora vários tipos de empréstimo bancário permitam que apenas os juros sejam pagos a princípio). Além disso, os negócios sazonais com frequência encontram dificuldade para administrar os períodos fixos de pagamento desses empréstimos. Em conclusão, é praticamente impossível renegociar esses empréstimos depois que se estabelecem os prazos.[33]

O empréstimo P2P não substituirá o empréstimo comercial tradicional num futuro próximo, mas é um nicho que está crescendo. Os empreendedores são especialmente advertidos da necessidade de primeiro avaliar seu montante global de dívida e sua capacidade de saldá-la para só depois obter um empréstimo P2P, visto que esses produtos não contam com os testes de veracidade que os bancos comerciais incorporam em seu tradicional processo de empréstimo.

FORMAS CRIATIVAS DE ESTRUTURAR UMA DÍVIDA DE LONGO PRAZO

As dívidas normalmente são estruturadas de modo que sejam amortizadas em cinco a sete anos, com pagamentos mensais dos juros e do principal. No caso do empreendedor iniciante ou inexperiente, é recomendável solicitar uma tolerância maior. O motivo é ganhar um pouco mais de fôlego imediatamente após a obtenção do empréstimo, porque assim o empreendedor pode se concentrar mais nas atividades operacionais da empresa e não se escravizar para saldar a dívida. As opções de reembolso de uma dívida são:

- Pagamentos trimestrais ou semestrais.
- Pagamento dos juros a cada trimestre, com amortização total do principal ano final do Ano 5 ou do Ano 7.
- Carência de três a seis meses após o fechamento do empréstimo; depois, apenas o pagamento dos juros do saldo do ano fiscal, seguido do pagamento trimestral de juros e do principal no final do empréstimo, de quatro a seis anos.
- No caso dos empréstimos da SBA, é necessário estruturar pagamentos fixos mensais do principal e dos juros mesmo com taxas variáveis. Se as taxas de juros baixarem, você pagará o principal mais rapidamente. Se elas subirem, você terá de fazer um pagamento balão no final do contrato, isto é, um pagamento único.

Essas são apenas algumas sugestões que todo empreendedor deve levar em conta. Obviamente, essa estrutura libera bastante dinheiro nos estágios iniciais – que o empreendedor pode empregar para solidificar o alicerce financeiro da empresa. Essas opções, ou qualquer variante, nem sempre são oferecidas automaticamente pelo financiador. O empreendedor deve solicitá-las durante as negociações.

REGRAS DE EMPRÉSTIMO QUE DEVEM SER SEGUIDAS

Em resumo, aqui estão algumas recomendações relativas ao financiamento da dívida:

- Sempre aceite o número máximo de anos permitido para liquidar os pagamentos. Tente incluir uma cláusula no contrato que excluam as multas por pagamento antecipado.
- Tente obter uma taxa fixa de juros, e não uma taxa flutuante.
- Leve em conta que a solicitação de empréstimo pode ser recusada. Não tome isso como ofensa nem fique suscetível.
- Depois de obter o empréstimo, mantenha os investidores informados. Envie-lhes demonstrações financeiras mensais ou trimestrais e, se possível, um relatório trimestral da situação. Convide os investidores para visitar sua empresa pelo menos uma vez ao ano. Algumas dessas sugestões na verdade talvez já estejam estipuladas na documentação do empréstimo.
- Quando algo der errado, renegocie.
- Tenha sempre demonstrações financeiras de ótima qualidade e atualizadas. As demonstrações históricas devem estar sempre disponíveis. Elas devem ser armazenadas impecavelmente em um sistema de arquivos organizado.
- Depois de enviar a solicitação de empréstimo, aguarde o contato de um analista de crédito por telefone antes ou após o horário normal de trabalho. Essa é uma das maneiras que os bancos avaliam os hábitos de trabalho do empreendedor. Ele entra cedo e sai tarde do trabalho? Ou é uma pessoa que costuma trabalhar das 9h às 17h? (Para provar que você não se encaixa nesse último caso, telefone para o analista de crédito às 6h ou às 21h e deixe uma mensagem em sua caixa postal dizendo que você tem uma pergunta para lhe fazer e que está no escritório trabalhando e achou que ele poderia estar fazendo o mesmo.)

EMPRÉSTIMO PARA CAPITAL DE GIRO

A esta altura, as fontes de capital examinadas foram usadas para aquisição de empresas, *start-ups* ou capital de giro. Como foi dito, para a maioria dos empreendedores a obtenção de capital de giro é o maior problema que eles enfrentam. Portanto, além das fontes que citamos anteriormente, enumeramos outras fontes de financiamento específicas para capital de giro.

Factoring

As empresas de *factoring* oferecem financiamentos garantidos por ativos. Os ativos que elas utilizam como garantia são as contas a receber. Por exemplo, uma empresa vende suas duplicatas a uma *factoring*, com um desconto. Isso possibilita que essa empresa obtenha dinheiro imediato para o envio de produtos ou prestação de serviços. O desconto de duplicatas é um dos instrumentos financeiros mais antigos, que remonta aos mesopotâmios. Foi também empregado pelos colonizadores americanos, que costumavam enviar peles, madeira serrada e tabaco para a Inglaterra. Com o tempo, o setor de vestuário tornou-se um cliente do desconto de duplicatas. Hoje, o volume anual de *factoring* é superior a US$ 120 bilhões nos Estados Unidos. No mundo, o volume anual é de mais de US$ 1,5 trilhão.

O acordo usual estabelece que, ao enviar um produto, sejam enviadas à empresa de *factoring* cópias do documento de embarque, chamado de conhecimento de embarque (*bill of landing* – B/L, e a fatura. Normalmente, no prazo de 48 horas, a empresa de *factoring* deposita de 70% a 90% do valor da fatura na conta do cliente. Quando o cliente paga a fatura, que em geral é remetida à *factoring* de acordo com as instruções presentes na fatura, a empresa de *factoring* pega de 70% a 90% do montante que adiantou ao cliente, mais 2% a 4% correspondente à utilização de seu capital. O saldo é enviado ao cliente.

Existem dois tipos de *factoring*, com ou sem coobrigação. O primeiro compra contas a receber com um acordo de que as contas a receber não pagas serão reembolsadas. O segundo tipo assume que, se uma conta não for paga, o cliente não tem nenhuma obrigação para com a empresa de *factoring*. Obviamente, as taxas cobradas pela *factoring* sem coobrigação são superiores às das operações de desconto com coobrigação.

Independentemente do tipo de desconto de duplicata, antes fechar um acordo com um cliente, a *factoring* investiga a capacidade creditícia dos clientes de seu cliente. Na maioria dos casos, a empresa "escolhe seletivamente" clientes específicos e rejeita as contas de outros. Os clientes recusados são aqueles que têm o costume de demorar a pagar.

O setor de *factoring* continua crescendo por inúmeros motivos. Primeiro, as *factorings* oferecem capital imediato. Isso pode ser particularmente útil para empresas de rápido crescimento ou empresas que precisam de liquidez imediata. Alton Johnson, do Bossa Nova Beverage Group, utilizou o desconto de duplicatas para não precisar abrir mão de sua participação acionária nos primeiros estágio de desenvolvimento da empresa. Isso possibilitou que a empresa se tornasse lucrativa sem que precisasse abrir mão de uma preciosa porcentagem de participação. Em alguns setores, o desconto de duplicatas na realidade é a opção mais lucrativa. Por exemplo, Roger Shorey, presidente da Accurate Metal Fabricators, empresa de armários de cozinha estabelecida na Flórida, recebe descontos para pagamentos imediatos que ultrapassem os custos do *factoring*. Outra força que está impulsionando o crescimento do setor de *factoring* é a globalização. O desconto de duplicatas é um excelente recurso para as pequenas empresas lidarem com a incerteza de um novo mercado de exportação.[34]

Entretanto, com certeza existem pontos negativos relacionados ao desconto de duplicatas, que deve sempre ser considerado um paliativo ou medida temporária. O principal ponto negativo é que um recurso financeiro é muito caro. Com uma taxa de 2% a 4% pelo período de 30 dias, o custo anual de juros do desconto de duplicatas fica entre 24% e 48%. Pouquíssimas empresas conseguem gerar lucros dessa magnitude continuamente ao longo de um período. As empresas *factoring* normalmente preferem assumir contratos de prazos mais longos. Em conclusão, a empresa pode ter contratos de empréstimo que a impedem de usar essa fonte de capital porque envolve a venda de ativos.

Como um empreendedor pode encontrar uma empresa de *factoring*? Em geral, são elas que costumam encontrar o empreendedor. Assim que você abre uma empresa, elas começam a lhe enviar correspondências não solicitadas pedindo para utilize seus serviços. O cartão-postal ou a carta não trará nenhuma menção a desconto de duplicatas; na verdade, falará sobre capital de giro ou financiamento de estoque.

Existem centenas de empresas de *factoring* nos Estados Unidos. Alguns recursos de *factoring on-line* incluem a rede internacional de empresas de *factoring* Factors Chain International (www.factor-chain.com) e a Associação Internacional de Factoring (www.factoring.org). Além disso, Alana Davidson, dona da IBC Funding, empresa corretora de *factoring*, escreveu um artigo intitulado "Ten Frequently Asked Question about Factoring" ["As Dez Perguntas Mais Frequentes sobre Factoring"]. Para obtê-lo gratuitamente, escreva a IBC Funding (3705 Ingomar Street, NW, Washington, DC 20015).[35]

Conselhos sobre a utilização de empresas de *factoring*

- As empresas de *factoring* são ideais para setores em que uma defasagem de caixa de longa duração é inerente, como o setor de assistência médica, no qual as companhias de seguros notoriamente demoram a pagar as reivindicações, e no setor de vestuário, em que os produtores precisam comprar os tecidos de seis a nove meses antes de utilizá-los.
- As empresas de *factoring* são também ideais para empresas que estejam crescendo rapidamente ou que tenham uma previsão de crescimento rápido.
- Além disso, elas são ideais para empresas que estejam exportando mercadorias para países estrangeiros pela primeira vez e que não estejam familiarizados com as regulamentações.
- Elas são ideais para empresas que não conseguem obter capital de nenhuma outra fonte.
- Contudo, as empresas de *factoring* devem ser usadas apenas por empresas que computaram o custo do desconto de duplicatas em seus preços. Do contrário, o custo do *factoring* pode anular todos os lucros da empresa. Na verdade, uma empresa de *factoring* recomendou que as únicas empresas que deveriam empregar esse método de financiamento são aquelas com margem bruta de pelo menos 20%.[36]
- As empresas que têm vários clientes pequenos não devem usar o *factoring*, porque é complicado e trabalhoso ter de verificar o crédito de tantos clientes.
- Em última análise, formas mais baratas de capital devem substituir o método de financiamento por desconto de duplicatas. Ele é muito caro para ser usado por um longo período.

Financiamento de clientes

A ideia de que um cliente possa oferecer empréstimo provavelmente parece estranha, mas isso é de fato possível e já ocorreu várias vezes. Os clientes são propensos a oferecer capital aos fornecedores que lhes fornecem um produto de alta qualidade ou um produto exclusivo que talvez não consigam comprar em outro lugar. Pode ser um empréstimo direto ou um pagamento de entrada de um pedido futuro. Esse é o tipo de financiamento que Robert Stockard, proprietário da Sales Consultants of Boston (SCB), empresa de recrutamento de executivos, recebeu de seu maior cliente, a MCI. Quando a gigante das telecomunicações precisou de uma equipe de vendas temporária de 1.200 pessoas para lançar nacionalmente seu novo plano de chamadas, o Friends and Family, ela contratou a SCB. Em vez de procurar um banco para obter mais capital de giro para financiar esse trabalho maior do que o habitual, Stockard persuadiu a MCI a fazer um pagamento de entrada de 10% sobre um contrato de US$ 2,5 milhões.[37]

Empreendedores como Stockard que conseguem obter capital de giro de clientes demonstram que tudo é possível se você simplesmente pedir. O investidor que é igualmente um cliente é um investidor que agrega valor.

Mas levantar capital com um cliente apresenta algumas desvantagens que devem ser levadas em conta antes de qualquer coisa. Uma delas é que você pode correr o risco de perder clientes que sejam concorrentes de seu investidor. Outro é que, enquanto investidor, seu cliente pode ter acesso a informações importantes sobre sua empresa e usá-las para se tornar seu concorrente.

Outro ponto negativo é que, quando o cliente é um investidor, ele tem mais informações sobre a condição real das atividades operacionais da empresa. Esse nível de exposição às operações internas da empresa pode levar o cliente a buscar outro fornecedor se ele achar que a empresa é mal gerenciada.

Em conclusão, se o cliente tiver uma visão mais abrangente das operações internas, o fornecedor terá maior dificuldade para aumentar seus preços, visto que o cliente agora conhece o custo do produto. Portanto, tenha cuidado ao aceitar capital fornecido por clientes.

Financiamento de fornecedores

Os fornecedores são financiadores involuntariamente quando concedem crédito a seus clientes. A maneira mais simples de os empreendedores melhorarem o financiamento propiciado por fornecedores é atrasar o pagamento das faturas. Essa prática é chamada de "financiamento prolongado involuntário pelos fornecedores". Contudo, às vezes o fornecedor concorda complacentemente em estender o prazo de suas faturas para ajudar um cliente a financiar um pedido grande que, por sua vez, ajuda o fornecedor a vender mais produtos.

E existem outros exemplos de fornecedores que concedem empréstimos diretos aos clientes. Foi esse o caso quando a Rich Food Holdings, atacadista de gêneros alimentícios de Richmond, Virgínia, emprestou US$ 3 milhões a Johnny Johnson, proprietário de uma rede de supermercados, para que comprasse "prédios, equipamentos e gêneros alimentícios". "Em troca, concordei em comprar deles 60% do meu estoque."[38]

Como o financiamento de clientes, o de fornecedores tem alguns aspectos negativos. O primeiro é que o fornecedor pode exigir que você compre a maioria ou todos os produtos que ele fornece. Isso pode ser um problema quando o serviço de entrega do fornecedor é ruim, seus produtos são de péssima qualidade e seus preços são mais altos.

Outro problema é a possibilidade de seu fornecedor ser um investidor, caso em que outros fornecedores concorrentes de seu fornecedor podem se recusar a continuar negociando com você.

Financiamento por ordem de compra

Embora aparentemente semelhantes, o financiamento por desconto de duplicata e o por ordem de compra são duas coisas diferentes. O primeiro oferece financiamento depois que a ordem foi produzida e expedida. O segundo oferece capital em um estágio mais inicial – no momento em que a ordem de compra é recebida. Muitas empresas recebem ordens de compra às quais não podem atender porque não têm recursos para aquisição de estoque. O capital de giro é empregado para pagar o estoque necessário para atender a um pedido. É um ótimo recurso para empresas que estão crescendo rapidamente, mas não têm capital para comprar mais estoque para manter esse crescimento.

Esse foi o caso de Jeffrey Martinez, presidente da Ocean World Fisheries USA, na Flórida. Sua empresa importa camarões e siris da América Latina. A frequência de pedidos de seus clientes estava aumentando velozmente e o ritmo dos pedidos da Ocean ao fornecedor, por sua vez, estava mais rápido que a cobrança das contas a receber. Isso gerou uma quebra de caixa e diminuiu a velocidade de aquisição de mais estoque. Além disso, seus fornecedores queriam ser pagos imediatamente após a entrega. Ele precisava pagar o estoque antes de receber. Martinez deu as seguintes explicações sobre o capital de giro de sua empresa: "Temos capacidade para vender todos os camarões e siris que conseguirmos importar e muito mais. Porém, quando os fornecedores colocam o produto nos contêineres, eles querem ser pagos imediatamente".[39] Sua solução? Martinez adquiriu estoque usando o financiamento de ordens de compra da Gerber Trade Finance, de Nova York, o que lhe possibilitou pagar o estoque no ato da entrega.

Esse tipo de financiamento destina-se a empresas que não conseguem obter um empréstimo tradicional de um banco ou instituição financeira, talvez porque tenham muitas dívidas de longo prazo. É o financiamento de curto prazo ideal para empresas que não mantêm estoque por muito tempo, como os importadores, atacadistas e distribuidores.

Tal como o desconto de duplicatas, o financiamento por ordens de compra não é barato. O financiador cobra taxas de 5% a 10% do valor da ordem de compra e os pagamentos vencem em 30 a 90 dias.[40]

O financiamento por ordens de compra é mais arriscado que o desconto de duplicatas porque a garantia é o estoque, que pode sofrer danos, ser mal produzido ou deteriorar. Portanto, os bancos e outras instituições financeiras tradicionais não adotaram completamente esse tipo de empréstimo.

Além da Gerber, duas outras empresas de financiamento por ordens de compra são a Bankers Capital e a Transcap Trade Finance. Ambas estão estabelecidas em Northbrook, Illinois.

Cartões de crédito

A última fonte de financiamento de capital de giro são os cartões de crédito. Contudo, antes de prosseguir, é necessário fazer uma séria advertência sobre os cartões de crédito. *Tome cuidado!* A utilização indevida e exagerada de cartões de crédito é uma das maneiras mais fáceis e rápidas de o empreendedor fechar as portas.

A dívida dos americanos nos cartões de crédito é superior a US$ 2 trilhões.[41] As quatro principais bandeiras são Visa, MasterCard, American Express e Discover, que, em conjunto, detêm aproximadamente 70% da participação de mercado. Estima-se que 88 milhões das unidades familiares nos Estados Unidos têm no mínimo um cartão de crédito. Em 2004, o Levantamento do Federal Reserve sobre Crédito ao Consumidor revelou que o saldo médio da dívida de cartão de crédito de uma unidade familiar era de US$ 5.100. A organização Americans for Fairness in Lending relata que o setor de cartões de crédito está tirando vantagem dessa dívida – em 2006, obteve um lucro de US$ 36,8 bilhões, um crescimento de aproximadamente 80% em relação aos US$ 20,5 bilhões obtidos em 2000. Não surpreendentemente, com toda essa promessa de lucro, o número de ofertas de cartões de crédito disparou. O número de solicitações de cartão de crédito pelo correio aumentou de 1,1 bilhão em 1990 para mais de 6 bilhões em 2005. Existem cerca de 280 milhões de homens, mulheres e crianças nos Estados Unidos. Isso equivale a 21 pedidos de cartão para cada pessoa do país!

Um dos grupos receptivos a essas solicitações são os empreendedores. Um levantamento realizado em 2007 pela Associação Americana de Pequenas Empresas demonstrou que os cartões de crédito eram a opção de financiamento mais utilizada pelos empreendedores para satisfazer suas necessidades de capital. Os empreendedores adotaram os cartões de crédito por vários motivos. Primeiramente, é muito fácil obter um cartão de crédito, como podem comprovar as estatísticas que acabamos de mencionar. Segundo, com os cartões, é fácil obter até US$ 100.000 em adiantamento de dinheiro sem ter de explicar de que forma o dinheiro será gasto. As pequenas empresas não qualificadas para os empréstimos bancários também recorrem aos cartões de crédito para financiar seu crescimento. O motivo decisivo é que, quando utilizados metodicamente e estrategicamente, o capital oferecido pelos cartões de crédito não é caro.* Com relação a essa última afirmação, o capital pode ser barato de duas maneiras. A primeira é utilizar os cartões que oferecem taxas iniciais mínimas de 3,9%, por exemplo. A segunda é a situação em que o capital pode ser fornecido como um empréstimo de curto prazo sem cobrança de juros. Isso ocorre quando a fatura é paga todo mês durante o prazo de carência.

Esse segundo método demonstra um dos vários aspectos negativos da utilização de cartões de crédito para obtenção de capital de giro: todo mês vence uma fatura de alto valor, contrariamente às faturas de baixo valor de vários fornecedores quando pagamos com cheque. Quando há pouco dinheiro em caixa, é mais fácil manobrar o pagamento de várias faturas de baixo valor do que o pagamento de uma fatura de alto valor.

Esse problema nos leva a outra questão, isto é, à avaliação das multas de alto valor cobradas sobre os pagamentos atrasados. Em 1997, o governo suspendeu as restrições sobre o valor máximo de cobrança de multas. Isso levou os emissores de cartões de crédito a cobrar qualquer taxa por atraso que desejassem, mesmo quando a fatura era paga apenas um dia após o prazo de carência. Antes dessa disposição regulamentar, os bancos costumavam cobrar uma taxa anual de cerca de US$ 25, taxas fixas de todos os tomadores de empréstimo e encargos de US$ 10 ou menos por atraso. Além disso, a maioria

---

* N. de R.T.: No Brasil, o financiamento por cartões de crédito é extremamente caro, muitas vezes superior às taxas de cheque especial.

dos cartões oferece um prazo de carência. Depois dessa regulamentação, os encargos por atraso aumentaram para US$ 39 e em alguns casos o prazo de carência foi eliminado. Se isso não bastasse, as empresas de cartões de crédito começaram a aumentar as taxas dos tomadores por vários motivos, como atrasar o pagamento da hipoteca da casa ou usar em demasia o crédito disponível.

Um fator que não se alterou foi o alto valor das taxas de juros. Embora várias empresas de cartões de crédito utilizem taxas iniciais baixas para atrair novos clientes, depois de três a seis meses essas taxas deixam de ser aplicadas e por tradição passam a valer as taxas de alto valor, que giram de 12% a 20% ou mais. Esse tipo de financiamento é muito caro por causa do alto valor dessas taxas e da cobrança de juros compostos. O atraso do pagamento dos cartões de crédito pode levar o empreendedor para a ruína financeira. A pior situação é quando a data de vencimento da dívida é muito antiga. Nesse caso, com a cobrança de juros compostos e de multas por atraso, os pagamentos nunca conseguem diminuir o valor do principal. Uma situação como essa pode prejudicar o crédito pessoal do empreendedor porque o responsável é ele, não a empresa.

Outra dificuldade associada aos cartões de crédito, além dos adiantamentos em dinheiro, é encontrar fornecedores que os aceitem. Os fornecedores que teriam condições de aceitar pagamentos com cartão de crédito têm aversão a isso porque são obrigados a pagar à instituição emissora de 1,5% a 3%. Em vigor, isso diminui o preço que eles cobram do cliente.

O último ponto negativo é que, ao utilizar um cartão de crédito pessoal em benefício da empresa, você está violando o contrato de cliente-titular do cartão que você assinou.

Se você não se dissuadir de usar um cartão de crédito, veja algumas sugestões:

- Pague o valor total da fatura antes do término do prazo de carência para não precisar pagar juros nem encargos por atraso. Para ser considerado efetivo, o pagamento precisa ter sido de fato recebido, não simplesmente "enviado".
- Nem todos os cartões oferecem prazo de carência. Use apenas aqueles que ofereçam.
- Procure saber qual é o prazo de carência. Esse é o prazo oferecido pelo concessor de empréstimo anterior à cobrança de juros sobre o saldo devido. Alguns oferecem prazos de carência de 20 dias apenas. Se a fatura for paga integralmente antes do término desse prazo, não são cobrados juros. Você deve saber que a lei federal estabelece que as faturas de cartão de crédito devem ser pagas no máximo 14 dias antes do término do prazo de carência.
- Evite obter adiantamentos de dinheiro se os juros forem cobrados logo depois que o dinheiro for liberado, independentemente de você pagar a fatura integral durante o prazo de carência. Além da cobrança de juros, a maioria das empresas de cartões de crédito cobra uma taxa de 2% a 5% sobre o total do adiantamento. Use somente os cartões que tratam os adiantamentos de dinheiro de modo semelhante a outras despesas que você faz.
- Verifique em que data a empresa fecha a fatura de seu cartão de crédito. Essa é a data mensal em que se encerra o faturamento das despesas do mês. Por exemplo, se a data de fechamento de sua fatura for o décimo dia do mês e você tiver um pra-

zo de carência de 20 dias, o pagamento integral deve ser feito e recebido em torno do 30º dia do mês para evitar a cobrança de juros.

- Ao usar o cartão para pagar fornecedores, tente estabelecer um acordo de que, independentemente da data real de sua compra, eles faturem seu cartão de crédito somente no dia seguinte à data de fechamento de sua fatura. Utilizando o exemplo do item anterior, a data seria o 11º dia do mês. Portanto, essa cobrança só virá quando você receber a fatura fechada no décimo dia do mês seguinte. Se acrescentarmos o prazo de carência de 20 dias, você pode obter um empréstimo de 50 dias sem cobrança de juros.

Vamos examinar um exemplo mais detalhado para demonstrar essa questão. A Perkins Company compra 60 unidades de um produto da Steinharter Company por US$ 1.000 em 14 de outubro. A fatura do cartão de crédito da Perkins Company fecha no 29º dia do mês. Portanto, a Steinharter Company envia a cobrança no dia 30 de outubro. No dia 29 de novembro, a cobrança é enviada à Perkins Company pela empresa de cartão de crédito. O prazo de carência de 20 dias termina no dia 18 de dezembro. No dia 17 de dezembro, a Perkins Company paga a fatura integral no banco. No cômputo final, a Perkins Company terá recebido um empréstimo de US$ 1.000 sem juros por 62 dias, de 14 de outubro a 17 de dezembro.

Em conclusão, *tenha cuidado!* As empresas de cartão de crédito estão sempre mudando as regras. Uma dessas mudanças pode ser a data de fechamento de sua fatura ou o número de dias do prazo de carência. Se você não perceber que houve mudanças em um desses fatores, provavelmente terá de pagar juros relativos ao mês inteiro por um único dia de atraso no pagamento de sua fatura. Em suma, do mesmo modo que com qualquer outro contrato, sempre leia as cláusulas impressas em letras miúdas para verificar quais obrigações você e sua empresa devem cumprir.

NOTAS

1. *Time*, 13 de janeiro de 1997, p. 49.
2. Microsoft, Inc., Relatório Anual de 2007, página inicial da Microsoft, http://www.microsoft.com/msft/reports/art07/staticversion/10k_fh_fin.html.
3. Órgão de Defesa da SBA, "Small Business and Micro Business Lending in the United States for Data Years 2003-2004", novembro de 2005.
4. Barnes e Thornburg, "M&A Trends 2006".
5. Global Entrepreneurship Monitor, "2006 Financing Report".
6. Andrew J. Sherman, "Raising Money in Though Times: An Entrepreneur's Guide to Bootstrapping", www.eventuring.org, 1º de janeiro de 2003.
7. James Geshwiler, Marianne Hudson e John May, "Stage of Angel Groups: A Report on ACA and ACEF", 27 de abril de 2006.
8. Jeffrey Sohl, "The Angel Investor Market in 2006: The Angel Market Continues Steady Growth", Centro de Pesquisa de Empreendimentos da Universidade de New Hampshire.
9. Fundação Ewing Marion Kauffman, "Business Angel Investing Groups Growing in North America", outubro de 2002.

10. Geshwiler, Hudson e May, "State of Angel Groups".
11. *Crain's Chicago Business*, 6 de novembro de 1996.
12. *Chronicle of Philanthropy*, "Slow Growth at the Biggest Foundations", 23 de março de 2006.
13. *Inc.*, fevereiro de 1998, p. 80.
14. Projeto de Economia de Los Angeles do Instituto Milken, Seção 6, outubro de 2005.
15. *Ibid.*
16. Entrepreneur.com, "SBA-Guaranteed Loans"; acesso em 24 de agosto de 2007.
17. Administração de Pequenas Empresas, 2006.
18. Administração de Pequenas Empresas, "Information on Basic 7(a) Loan Program".
19. Administração de Pequenas Empresas, Departamento de Desenvolvimento Empreendedor, "An Introduction to the U.S. Small Business Administration", 2007.
20. *Ibid.*
21. *Crain's Chicago Business*, 13 de agosto de 2001.
22. Administração de Pequenas Empresas, "Banking and SME Financing in the United States", junho de 2006.
23. Banco da Reserva Federal de Nova York, "The Credit Process: A Guide for Small Business Owners".
24. Entrepreneur.com, "Bank-Term Loans".
25. "The State of Small-Business Funding", *Entrepreneur*, julho de 2006.
26. "How Small Firms Can Weather a Credit Crunch", *Wall Street Journal*, 7 de agosto de 2007, p. B9.
27. *Nation's Business*, julho de 1996, p. 45R.
28. *Inc.*, junho de 1987, p. 150.
29. *Crain's Chicago Business*, dezembro de 1996, p. 22.
30. Maureen Farrell, "Banking 2.0: New Capital Connections for Entrepreneurs", Forbes.com, fevereiro de 2008.
31. Alex Salkever, Inc., "Brother, Can You Spare a Dime?", agosto de 2006.
32. Farrell, "Banking 2.0".
33. *Ibid.*
34. "Fast Money", *Wall Street Journal*, 20 de agosto de 2007, p. R7.
35. *Nation's Business*, setembro de 1996, p. 21.
36. *Black Enterprise*, julho de 1999, p. 40.
37. *Forbes*, 28 de dezembro de 1998, p. 91.
38. *Black Enterprise*, março de 1998, p. 84.
39. *Chicago Sun-Times*, 17 de julho de 2001, p. 47.
40. *Crain's Chicago Business*, 13 de março de 2000.
41. Relatório Estatístico do Banco da Reserva Federal, "Consumer Credit".

CAPÍTULO 10

Financiamento por Emissão de Ações

INTRODUÇÃO

O capital social é o dinheiro oferecido em troca de uma participação na empresa. Nesse caso, o investidor recebe uma porcentagem de participação que teoricamente se valoriza à medida que a empresa cresce. O investidor também pode receber uma porcentagem dos lucros anuais da empresa, chamados de dividendos, de acordo com sua porcentagem de participação. Por exemplo, um rendimento de 10% ou o pagamento de US$ 200 por ação da empresa equivale a um dividendo anual de US$ 20.

Antes de se decidir pelo financiamento por emissão de ações, o empreendedor deve conhecer os aspectos positivos e negativos desse tipo de capital.

Prós

- Não é exigida nenhuma garantia pessoal.
- Não é exigido nenhum tipo de colateral (garantia).
- Não é necessário fazer nenhum pagamento regular em dinheiro.
- Há acionistas que podem ser agregadores de valor.
- Acionistas/sócios não podem forçar a empresa a abrir falência.
- Em média, as empresas com financiamento por emissão de ações crescem mais rapidamente.

Contras

- Os dividendos não são dedutíveis.
- O empreendedor tem novos-sócios.
- Em geral, é muito caro.
- O empreendedor pode ser substituído.

FONTES DE CAPITAL SOCIAL

Muitas das fontes de capital de empréstimo podem ser igualmente uma fonte de investimento em capital social. Portanto, no caso dessas fontes comuns, o que foi dito antes sobre elas neste livro também se aplica aqui. Quando apropriado, algumas questões complementares serão inseridas na discussão sobre capital social. Do contrário, consulte o Capítulo 9.

Poupança pessoal

Quando um empreendedor investe dinheiro pessoal na empresa, ele deve fazê-lo como empréstimo, não como um investimento no capital social. Desse modo, ele pode recuperar seu investimento. Nesse caso, só haverá incidência de impostos sobre os juros recebidos. O principal não sofre incidência de impostos porque a Receita Federal dos Estados Unidos o considera um retorno sobre o investimento original. Da mesma maneira que os juros, o dividendo recebido pode sofrer incidência de impostos,* bem como o valor integral do investimento original, mesmo quando não se obtém nenhum ganho de capital.

A participação acionária do empreendedor provém de seu trabalho diligente para iniciar e desenvolver a empresa, e não de sua contribuição monetária. Isso é chamado de capital de suor (aporte com trabalho).

Amigos e familiares

Os investimentos por emissão de ações nem sempre contam com garantias pessoais do empreendedor. Entretanto, para manter o relacionamento entre as partes caso a empresa venha a falir, o empreendedor pode ser solicitado a oferecer garantias ao receber capital de amigos e familiares.

Entretanto, talvez esse seja um preço baixo a pagar para concretizar o sonho do empreendedorismo. É praticamente impossível obter capital inicial, a não ser com amigos e familiares. Dan Lauer experimentou isso na pele quando criou sua empresa, a Haystack Toys, em 1988. Ele levantou US$ 250.000 com a família e amigos depois de abandonar sua carreira no setor bancário. Não obtendo nenhuma resposta às 700 cartas enviadas aos investidores, Lauer resolveu procurar a família e os amigos.[1]

Investidores-anjos

Pessoas abastadas normalmente gostam de investir na participação acionária pelo desejo de compartilhar o potencial de valorização de uma empresa. Tanto no passado quanto no presente, a carência de capital para os primeiros estágios de um empreendimento sempre foi uma realidade – o estágio germinal ou inicial. Os investidores-anjos têm realizado um excelente trabalho no sentido de fornecer capital para esse estágio. Seus investimentos costumam girar entre US$ 25.000 e US$ 150.000. Em troca, eles esperam obter alta

---

* N. de R. T.: No Brasil, os dividendos recebidos são isentos de tributação para a pessoa física. A tributação ocorre na empresa (pessoa jurídica).

rentabilidade (isto é, uma taxa interna de retorno de no mínimo 38%), semelhante à que os capitalistas de risco obtêm. Pelo fato de investirem no primeiro estágio do empreendimento, eles em geral conseguem grande participação na empresa, porque a cotação da empresa no princípio é muito baixa.

Como foi dito no Capítulo 9, muitos investidores-anjos já tiveram uma carreira bem-sucedida enquanto empreendedores. Um desses ex-empreendedores proeminentes que acabaram se tornando investidores-anjos é Mitch Kapor, fundador da Lotus Development em 1982, empresa responsável pelo desenvolvimento do *software* Lotus 1-2-3 e hoje uma divisão da IBM. Desde o momento em que se tornou investidor, em 1994, um de seus investimentos mais promissores foi o UUNet, o primeiro provedor de acesso à *Internet*.

Contudo, o investimento-anjo nunca se restringiu a ex-empreendedores. Na verdade, a Apple Computer obteve seu primeiro financiamento externo de um investidor-anjo que nunca havia tido uma empresa. Estamos falando de A. C. "Mike" Markkula, que ganhou sua fortuna inicial como acionista e diretor executivo na Intel. Em 1977, ele investiu US$ 91.000 na Apple Computer e garantiu pessoalmente mais US$ 250.000 em linhas de crédito. Quando a Apple abriu seu capital em 1980, suas ações na empresa valiam mais de US$ 150 milhões.[2]

Este é apenas um entre os vários motivos que fizeram com que o número de investidores-anjos aumentasse de maneira tão sensível na década de 1990: *retornos*. A publicidade em torno dos empreendimentos de sucesso com frequência incluem histórias sobre os retornos obtidos pelos investidores. Essas histórias, associadas a pesquisas nessa área, motivaram vários indivíduos abastados a entrar no setor de *private equity*. E embora essas histórias baseadas em experiências pessoais sejam em si impressionantes, a história mais sedutora é uma pesquisa empírica que compara os retornos das empresas de *private equity* com os retornos em várias outras opções de investimento. Como mostra a Tabela 10.1, informações da Thomson Financial e da Associação Americana de Capital de Risco

Tabela 10.1 Retornos anuais médios, 1945–1997

Setor	Retornos, %
Private equity	16,7
Ações de mercados emergentes	15,6
Ações de empresas de pequeno porte	14,9
S&P 500	12,9
Ações internacionais	11,4
Imobiliário	8,0
Commodities	7,8
Debêntures	5,8
Obrigações de longo prazo (títulos públicos)	5,5
Prata	5,0

de junho de 2008 revelaram que, de todas as janelas de investimentos, os retornos anuais médios das empresas de *private equity* foram superiores aos de todas as outras opções de investimento.

O segundo motivo para essa maior disponibilidade de capital-anjo foi o aumento do número de pessoas abastadas no país que tinham dinheiro para investir. Por exemplo, de 1995 a 2000, o número de milionários nos Estados Unidos saltou de 5 milhões para 7 milhões. Muitos desses milionários ganharam sua riqueza com empreendimentos tecnológicos de grande sucesso.

O último fator que motivou essa explosão no capital-anjo foi a mudança ocorrida na legislação federal do imposto de renda de pessoa física. Em 1990, o imposto sobre ganhos de capital diminuiu do teto máximo de 28% para 20%. Por isso, as pessoas conseguiram manter mais de sua fortuna e a investiram em empreendedores.

Curiosamente, houve rumores de que um dos grupos que exerceram pressão contra essa mudança teria sido o de investidores institucionais, que são empresas de *private equity*, e não investidores individuais. Eles contestaram essa mudança porque previram acertadamente que ela prejudicaria suas empresas. Eles acreditavam que, quanto mais dinheiro fosse disponibilizado aos empreendedores, inevitavelmente maior seria a cotação das empresas e maior seria a concorrência. Rick Karlgaard, editor da revista *Forbes*, defendeu essa mesma ideia:

> Em minha querubínica juventude, costumava me perguntar por que tantos capitalistas de risco eram contra a redução do imposto sobre os ganhos de capital. Mas acabei acordando para a realidade. Por mais louco que possa parecer, embora os capitalistas de risco pudessem se beneficiar individualmente de impostos mais baixos sobre os ganhos de capital, esses impostos mais baixos também diminuiriam as barreiras de entrada a uma nova concorrência, personificada por corporações e anjos. Isso geraria uma enorme quantidade de capital de risco.[3]

Ainda que a quantidade de capital investido pelos capitalistas de risco e investidores-anjos por tradição seja semelhante, de acordo com o Centro de Pesquisa de Empreendimentos da Universidade de New Hampshire, o número de empresas fundadas por empresas de capital de risco foi significativamente menor (4.000) que o de empresas fundadas por investidores-anjos (51.000). Estima-se que havia 234.000 investidores-anjos ativos em 2005. O rendimento atual sobre os investimentos-anjos, ou a porcentagem dos investimentos demonstrados que em última análise recebem capital de investidores-anjos, corresponde a 20,1%. Essa porcentagem é inferior aos 23% de 2000, mas está acima do rendimento de 10% após a explosão da bolha da *Internet* em 2000. Em 2006, 21% dos investimentos-anjos eram direcionados a serviços de saúde e a dispositivos e equipamentos médicos, 18% a *softwares* e 18% a empresas de biotecnologia.

Não obstante as reclamações das empresas de *private equity*, a maior disponibilidade de capital foi sem dúvida um fator extremamente positivo para os empreendedores. Alguns outros aspectos positivos do capital oferecido pelos investidores-anjos aos empreendedores são os seguintes:

- O fornecimento de capital semente é uma realidade. A maioria dos investidores institucionais não financia o primeiro estágio de um empreendimento.

- Muitos desses investidores-anjos têm grande experiência profissional e, portanto, são investidores que agregam valor.
- Os investidores-anjos tendem a ser mais pacientes que os investidores institucionais, que têm de responder a seus sócios na empresa.

Mas a captação de capital com investidores-anjos também tem seus aspectos negativos:

- Existe a possibilidade de interferência. O desejo da maioria dos investidores-anjos não é apenas ter um lugar na diretoria, mas também ter uma função consultiva extremamente ativa, o que pode ser incômodo para os empreendedores.
- O capital é reduzido. O investidor talvez só possa investir na rodada inicial do financiamento porque os recursos de capital são restritos.
- O custo do capital pode ser alto. Os investidores-anjos normalmente esperam um retorno superior acima do mercado de 25%.

Com relação a essa última questão, veja a seguir a opinião de um investidor-anjo a respeito de suas expectativas:

Minha expectativa é conseguir uma boa soma de dinheiro – mais do que conseguiria investindo meu capital em algum banco, em títulos ou em ações comercializadas na bolsa. Meu objetivo, depois de reaver o capital principal, é obter um ganho anual de 33% sobre o meu investimento inicial, enquanto a empresa mantiver suas atividades.

Quanto ao meu investimento, costumo interpretá-lo da seguinte maneira: detenho 51% das ações até o momento em que for reembolsado; depois disso, minha participação cai para 25%. Em seguida, dividimos cada dólar que a empresa gerar, até conseguir obter 33% de retorno anual.[4]

Apesar dessas desvantagens, a maioria dos empreendedores que conseguem obter capital de investidores-anjos não se queixa. Como disse um empreendedor: "Sem o investimento-anjo, eu não teria conseguido concretizar o que consegui. Abrir mão de participação foi a postura correta".[5]

Não é fácil ter acesso aos investidores-anjos. Na opinião de Cal Simmons, investidor-anjo de Alexandria, Virgínia, e co-autor do livro *Every Business Needs an Angel* [Todo Negócio Precisa de Um Anjo]: "Precisamos construir redes de relacionamento. Se alguém que eu conheço e respeito me indica, sempre procuro reservar um tempo para uma reunião". Os grupos de investidores-anjos são outra forma de obter acesso a esses investidores. Atualmente, existem 94 grupos de investidores-anjos em operação. Eles aceitam solicitações dos empreendedores interessados para que os apresentem aos investidores do grupo. Para isso, alguns desses grupos cobram taxas de US$ 100 a US$ 200 dos empreendedores.

Em quase todas as regiões dos Estados Unidos promovem-se fóruns semelhantes ao Fórum de Empreendedores do Meio-Oeste em Chicago. Esse evento, realizado na segunda segunda-feira do mês, promove palestras de empreendedores para investidores-anjos. Há também vários *sites* relacionados, como o Angels Forum (www.angelsforum.com), no Vale do Silício, SourceCapital.com (www.sourcecapitalnet.com), em Nova York, e Angel Investor News (www.angel-investor-news.com). A Administração de Pequenas Empresas (SBA) criou a ACE-NET (www.ace-net.org) em 1998 para ajudar a promover encontros *on-line* entre empreendedores e investidores-anjos. Hoje, seu nome oficial é Active Capital, que reflete seu desejo de oferecer um método proativo de ajudar as pequenas empresas a obter financiamento por ações. A Fundação Ewing Marion Kauffman também administra a Associação de Capital-Anjo (www.angelcapitalassociation.org), que é uma associação de classe que congrega aproximadamente 150 investidores-anjos.

COLOCAÇÃO DE TÍTULOS PRIVADOS

Quando os empreendedores procuram financiamento, seja por meio de empréstimos ou por ações, em qualquer uma das fontes mencionadas até o momento, esse financiamento é chamado de *oferta de colocação privada*. Isto é, o capital não está sendo levantado no mercado aberto por meio de uma oferta pública inicial (IPO), assunto que será discutido ainda neste capítulo. O capital está sendo levantado com determinados indivíduos ou organizações que atendem a todas as normas estabelecidas pela Seção 4(2) da Lei de Títulos (Securities Act) de 1933 dos Estados Unidos e da Regulação D, uma emenda a essa lei que esclarece as regras para aqueles que procuram isenção de colocação de títulos privados. Esse regulamento estabelece o seguinte: "Nem o emissor nem qualquer pessoa que esteja agindo em interesse próprio deve oferecer ou vender títulos por meio de qualquer forma de oferta ao público em geral ou publicidade geral. Isso inclui anúncios, artigos ou notícias em qualquer tipo de mídia. Além disso, a relação entre a parte que está oferecendo o título e o provável investidor deverá ter sido estabelecida antes do lançamento da oferta".[6] Tudo isso simplesmente significa que o empreendedor não pode solicitar capital plantando-se em uma esquina para tentar vender ações de sua empresa aos transeuntes. Ele não pode igualmente colocar anúncios em jornais ou revistas para recrutar investidores. Ele precisa conhecê-los, direta ou indiretamente. Os investidores em potencial nessa última categoria são conhecidos por meio dos colaboradores do empreendedor, como seu advogado, contador ou analista do banco de investimentos.

A parte final desse regulamento estabelece que os esforços de captação de fundos devem se restringir "unicamente aos investidores credenciados". Esses investidores são também conhecidos como investidores qualificados.* Eles têm de atender a estes três critérios:

- Valor patrimonial individual (ou valor patrimonial em conjunto com o cônjuge) superior a US$ 1 milhão.
- Renda discricionária individual (sem contar qualquer tipo de renda do cônjuge) superior a US$ 200.000 nos dois anos mais recentes e uma expectativa razoável de renda discricionária superior a US$ 200.000 no ano em curso.

---

* N. de R. T.: No Brasil, a CVM, por meio da IN 409, artigo 109, define como investidor qualificado: (i) instituições financeiras; (ii) companhias seguradoras e sociedades de capitalização; (iii) entidades abertas e fechadas de previdência complementar; (iv) pessoas físicas ou jurídicas que possuam investimentos financeiros em valor superior a R$ 300.000 e que, adicionalmente, atestem por escrito sua condição de investidor qualificado mediante termo próprio; (v) fundos de investimento destinados exclusivamente a investidores qualificados e (vi) administradores de carteira e consultores de valores mobiliários autorizados pela CVM, em relação a seus recursos próprios.

	Valor da oferta		
	US$ 1 milhão	US$ 1 milhão-US$ 5 milhões	Ilimitado (ênfase em questões não divulgadas ao público, e não sobre questões insignificantes!)
Número de investidores	Ilimitado	35 mais um número ilimitado de investidores credenciados	35 mais aqueles que estão adquirindo US$ 150.000
Qualificação do investidor	Nenhuma (não há necessidade de experiência)	• Credenciado – supostamente qualificado • 35 não credenciados – não há necessidade de experiência	Os compradores não credenciados devem ser esclarecidos – devem conhecer os riscos e os méritos do investimento; presume-se que os credenciados sejam qualificados
Tipo da oferta	É permitida oferta ao público em geral	Sem oferta ao público em geral	Sem oferta ao público em geral
Restrições sobre revenda	Não há restrições	Há restrições	Há restrições
Qualificações do emissor	Nenhuma empresa de relações com investidores; nenhuma empresa de investimento; nenhuma empresa-casca e nenhum "emissor indigno"	Nenhum banco de investimento; nenhum emissor desqualificado, de acordo com o Regulamento A; nenhum "emissor indigno" (Regra 507)	Nenhuma (exceto "emissor indigno", de acordo com a Regra 507)
Informações necessárias	Nenhuma informação especificada	Se adquirida apenas por investidores qualificados, não é necessária nenhuma informação específica; para investidores não credenciados, são exigidas as seguintes informações: a. As empresas que não divulgam informações financeiras devem fornecer informações semelhantes àquelas presentes em uma oferta registrada ou uma oferta do Regulamento A, mas com exigências diferentes sobre as demonstrações financeiras. b. As empresas que divulgam informações financeiras devem fornecer documentos específicos da SEC, mais algumas informações adicionais sobre a oferta.	
Regras da SEC	Regra 504	Regra 505	Regra 506

Figura 10.1 Regras e restrições do Regulamento D.

- Renda discricionária conjunta com o cônjuge superior a US$ 300.000 nos dois anos mais recentes e uma expectativa razoável de renda discricionária conjunta superior a US$ 300.000 no ano em curso.

Antes de aceitar um investimento, o empreendedor deve confirmar se esse investidor é mesmo "qualificado". Para isso, deve solicitar a todos os investidores que preencham um formulário denominado Questionário de Análise do Investidor, que deve ser enviado com uma carta do advogado ou contador do empreendedor declarando que os investidores devem atender a todos os requisitos de credenciamento.

A violação de qualquer parte do Regulamento D pode resultar em seis meses de suspensão da captação de fundos ou em algo mais sério, como a exigência de que a empresa devolva imediatamente todo o dinheiro aos investidores. Portanto, antes de levantar capital, o empreendedor deve contratar um advogado com experiência em colocação privada de títulos. A Figura 10.1 apresenta um resumo das regras e restrições do Regulamento D.

Como foi dito, as fontes de capital para colocação privada de títulos são os investidores-anjos, as companhias de seguros, os bancos, a família e os amigos, bem como os fundos de pensão e os *pools* de empresas de *private equity*. Não existem regras rígidas com relação à estrutura e às condições da colocação privada de títulos. Desse modo, a colocação privada de títulos é ideal para as pequenas empresas e as empresas de alto risco. A oferta pode ser apenas de ações, apenas de capital de terceiros ou uma combinação de ambos. O empreendedor pode emitir a oferta ou usar um banco de investimentos.

Nos Estados Unidos, os bancos de investimento de maior porte e mais proeminentes que trabalham com colocação privada de títulos são o Merrill Lynch, JPMorgan e Credit Suisse First Boston. Esses três bancos levantam anualmente para os empreendedores um total superior a US$ 30 bilhões. Para levantar quantias menores, os bancos de investimentos regionais são mais adequados.

Ao contratar um banco de investimentos, o empreendedor deve provavelmente pagar uma taxa fixa ou uma porcentagem do capital levantado (que pode chegar a 10%) e/ou conceder ao captador dos recursos uma porcentagem das ações da empresa (até 5%). Um conselho importante para o empreendedor é que ele seja extremamente cauteloso ao usar o mesmo banco de investimentos para calcular o capital necessário e para levantar o capital. Existe conflito de interesses quando o banco de investimentos cobra taxas diferentes para realizar essas duas atividades por uma remuneração variável. Sempre que utilizar um único banco para essas duas atribuições, a taxa deve ser fixa. Do contrário, use empresas diferentes para cada atribuição.

Oferecendo uma colocação de títulos privados

Após o preenchimento do documento de colocação privada de títulos, eles devem ser "oferecidos" aos investidores em potencial. Os itens a seguir descrevem o processo de oferta de uma colocação privada de títulos:

1. Faça uma lista do perfil dos investidores ideais (exija ativos líquidos).
2. Identifique quem você deve colocar na lista real:

- Ex-colegas de trabalho que tenham dinheiro
- Executivos do setor e vendedores que conheçam seu histórico profissional
- Clientes anteriores
3. Telefone aos candidatos e informe-os sobre o montante mínimo do investimento.
4. Envie um memorando sobre a colocação privada de títulos, descrevendo o processo de investimento apenas àqueles que não se mostraram intimidados com o investimento mínimo que você informou pelo telefone.
5. Entre em contato com outras empresas nas quais seus investidores já investiram.

CAPITAL DE RISCO CORPORATIVO

No final da década de 1990, as grandes corporações adotaram o empreendedorismo com o mesmo interesse que os indivíduos. Isso foi surpreendente porque se supunha que as corporações, conhecidas por sua enfadonha burocracia e conservadorismo, fossem "contra o empreendedorismo". A principal relação dessas grandes empresas com o mundo do empreendedorismo ocorreu por meio de investimentos. Isso começou a mudar no final da década de 1990, quando as corporações passaram a perceber as oportunidades provenientes do investimento em empresas com produtos ou serviços associados ao setor em que elas atuavam. Esses investimentos estratégicos tornaram-se intrínsecos aos programas de pesquisa e desenvolvimento dessas corporações, à medida que elas procuravam obter acesso a novos produtos, serviços e mercados. Por exemplo, a operadora de televisão a cabo Comcast Corp. criou um fundo de US$ 125 milhões para investir em empresas que "a ajudariam a aprender a explorar a *Internet*". A Comcast queria levar seus clientes de televisão a cabo para o espaço *on-line* e também via a possibilidade de colocar seu canal de compras QVC na *Internet*.[7]

O último motivo que levou corporações proeminentes como a Intel, Cisco, Time Warner e Reader's Digest a criar fundos foi a procura por novos clientes. De acordo com opinião de uma determinada pessoa a esse respeito, "As corporações estão usando as empresas que lhe fornecem capital de risco para fomentar a demanda por seus próprios produtos e tecnologias".[8] Duas empresas que implantaram essa estratégia foram a Andersen Consulting e a Electronic Data Systems. Ambas investiram nos clientes que usavam seus serviços de consultoria em sistemas de integração.

Os capitalistas de risco tradicionais adoram quando as empresas de seu portfólio de investimentos recebem financiamento de capitalistas de risco corporativos, principalmente porque esses últimos são investidores que agregam valor. Na verdade, três das empresas de capital de risco mais bem-sucedidas – Accel Partners, Kleiner Perkins Caufield & Bayers (KPCB) e Battery Ventures – endossaram de corpo e alma o uso de fundos corporativos. Quem defendeu esse ponto de vista foi Ted Schlein, sócio da KPCB, que disse: "Ter sociedade com uma corporação logo no início pode lhe oferecer algumas vantagens competitivas. As empresas nas quais temos participação estão atrás de vendas e canais de *marketing*".[9]

Quando a bolsa de valores quebrou em 2000, o capital de risco corporativo esgotou-se. O total de investimentos em dólares caiu de US$ 16,8 bilhões em 2000 para menos de US$ 2 bilhões em 2002. Essa queda de 88% foi mais rápida que a queda de 75% nos mercados como um todo. Essa queda de ritmo acelerado faz sentido. O capital de risco não é a principal área de atividade das corporações, em períodos econômicos adversos é esperado que essas empresas retirem seus investimentos em participações. Além do mais, muitas dessas empresas precisam gerenciar suas expectativas de ganho de curto prazo. Por isso, quando percebem que seus ganhos trimestrais estão sendo ameaçados, elas cortam os seus investimentos em participações. A Tabela 10.2 mostra os investimentos de capital de risco corporativo de 1999 até princípios de 2006.[10]

EMPRESAS DE *PRIVATE EQUITY*

Muitas das fontes de recursos com capital de acionistas que foram examinadas até aqui são individuais. Porém, existe todo um setor repleto de investidores "institucionais", que são as empresas cuja atividade é oferecer capital social aos empreendedores e cuja expectativa é obter alta rentabilidade.

Esse setor é comumente conhecido como setor de capital de risco. Mas o capital de risco (*venture capital*) é apenas um aspecto das participações privadas (*private equity*). O termo *private equity* tem suas raízes no fato de que há uma troca de dinheiro por participação acionária na empresa e é uma negociação privada entre as duas partes – o investidor e o empreendedor. Geralmente, todas as cláusulas da negociação dependem dos acordos estabelecidos entre as partes. Isso difere do financiamento por emissão pública de ações (*public equity*), que ocorre quando a empresa levanta capital por meio de uma oferta pública inicial (IPO). Nesse caso, todos os aspectos da negociação devem estar de acordo com as regras da Comissão de Valores Mobiliários dos Estados Unidos (SEC). Uma das

Tabela 10.2 Investimento de capital de risco corporativo (CRC), 1999 a 2006 (primeiro semestre)

Ano	Número de empresas que recebem CRC	Porcentagem de empresas que recebem CRC	Total de investimentos de CRC (milhões de dólares)	Porcentagem do capital de risco total
1999	1.153	26,6%	8.289,2	15,5%
2000	1.960	31,2%	16.772,2	16,1%
2001	955	25,4%	4.967,3	12,3%
2002	539	20,7%	1.914,0	8,8%
2003	437	18,1%	1.291,0	6,6%
2004	516	20,2%	1.460,1	6,6%
2005	535	20,4%	1.535,3	6,8%
2006	358	22,1%	1.044,7	8,2%
Total	7.667	21,3%	41.247,4	11,6%

regras estabelece que as demonstrações financeiras das empresas de capital aberto sejam publicadas e fornecidas trimestralmente aos investidores. Essa regra não se aplica a negociações de participação privada (*private equity*). Ambas as partes podem fazer o acordo que desejarem, isto é, as demonstrações financeiras podem ser enviadas aos investidores mensalmente, trimestralmente, duas vezes ao ano ou mesmo uma vez ao ano.

Private equity: princípios

É importante notar que os proprietários de empresas de *private equity* são também empreendedores. Normalmente são empresas pequenas que por mero acaso atuam no segmento de fornecimento de capital. Como todos os outros empreendedores, eles colocam o próprio capital em risco para explorar uma oportunidade e podem acabar tendo de desistir de um negócio.

Estrutura jurídica

A maioria das empresas de *private equity* estão estruturadas como sociedades comanditárias ou empresas de responsabilidade limitada. Essas estruturas oferecem vantagens em relação às sociedades com responsabilidade ilimitada (*general partnerships*), porque indenizam os investidores externos e os acionistas majoritários, e também em relação às C corporations, porque restringem o tempo de existência da empresa a um período específico (normalmente dez anos), o que é atraente para os investidores. Além disso, elas eliminam a bitributação sobre os lucros distribuídos.

Os investidores profissionais que dirigem a empresa são os sócios administradores (*general partners* – GPs), que investem apenas de 1% a 5% de seu capital próprio no fundo e tomam todas as decisões. Em uma sociedade de participação privada (*private equity*) típica, os investidores externos são chamados de sócios comanditários (*limited partners* – LPs). Durante o processo de captação de fundos, os LPs empenham ou comprometem-se em oferecer um montante específico para o novo fundo de *venture capital*. Na maioria dos fundos formados atualmente, cada LP deve se comprometer com um montante mínimo de US$ 1 milhão; entretanto, a contribuição mínima real fica totalmente a critério da empresa. Esse comprometimento é formalizado por meio de contrato de sociedade entre o LP e a empresa de capital de risco. O acordo de participação detalha as condições do fundo e obriga legalmente o LP a fornecer o capital com o qual ele se comprometeu.

Obtendo a atenção dos investidores

Para serem apresentados a novas empresas, os GPs recorrem à sua rede específica de empreendedores, a seus advogados associados, a seus LPs e aos contatos que estabelecem no setor. Eles se dispõem mais a examinar uma nova oportunidade que lhes tenha sido indicada por uma fonte em que eles consideram confiável que em uma oportunidade indicada por outras fontes. A probabilidade de o plano de negócios encaminhado por meio dessa rede de "passar pelas mãos" de outros capitalistas de risco que estejam concentrados em um determinado segmento do setor também é menor. Os GPs evitam participar de leilões para obter boas negociações porque os lances empurram a avaliação da empresa para cima. No decorrer de um ano, uma empresa de *private equity* típica recebe milhares de planos de negócios. Menos de 10% dessas propostas chegam à fase de auditoria legal e financeira (*due diligence*) do investimento.

Análise do plano de negócios

A maioria das empresas utiliza o processo de triagem para priorizar as propostas que estão sendo consideradas. Em geral, os colaboradores e associados da empresa têm a responsabilidade de fazer a triagem dos novos planos de negócios com base em um conjunto de critérios de investimento, criados pela empresa com o passar do tempo. Esses critérios estão fundamentados nas características dos negócios que foram devidamente fechados pela empresa no passado. Alguns dos parâmetros empregados para fazer a triagem desses planos de negócios são:

- Setor
- Expectativas de crescimento
- Fase no ciclo de vida
- Fatores de diferenciação
- Gestão
- Condições do negócio

Para agilizar o processo, o empreendedor pode criar um documento conciso, preciso e convincente que responda às principais preocupações do investidor. A capacidade do empreendedor em transmitir efetivamente suas ideias por meio de um plano de negócios escrito é indispensável para que receba financiamento para o projeto.

Depois que uma proposta passa pela primeira triagem, caso em que terá atendido à maioria dos critérios iniciais, a empresa de *private equity* começa a fazer uma investigação exaustiva do setor, dos diretores e das projeções financeiras desse possível investimento. Essa auditoria pode envolver a contratação de consultores para investigar a viabilidade de um novo produto; uma verificação abrangente de referências sobre a direção, inclusive a verificação de antecedentes; e uma modelagem financeira detalhada para confirmar a legitimidade das projeções. O processo de *due diligence* como um todo leva de 30 a 90 dias no caso das propostas que recebem financiamento.

Gestão

Para a maioria dos GPs a gestão é o critério mais importante da lista para o sucesso do investimento. A equipe executiva é avaliada com base nos atributos que definem sua capacidade de liderança, experiência e reputação. E nisso se incluem:

- Realizações reconhecidas
- Trabalho em equipe
- Convicção no valor moral do trabalho
- Experiência operacional

- Comprometimento
- Integridade
- Reputação
- Experiência empreendedora

Os GPs usam uma variedade de métodos para confirmar as informações fornecidas pelo empreendedor, como entrevistas extensas, detetives particulares, verificação de antecedentes e verificação de referências. No processo de entrevista, o empreendedor deve oferecer evidências convincentes dos méritos de seu plano e da capacidade da equipe executiva de concretizá-lo. Portanto, a equipe executiva deve enunciar de maneira clara e concisa o conceito do produto ou serviço e estar preparada para responder a uma série de perguntas minuciosas. Além disso, o processo de entrevista serve para indicar a ambas as partes se existe afinidade entre o capitalista de risco e o empreendedor. Uma boa afinidade é essencial para o futuro sucesso do investimento porque decisões difíceis inevitavelmente precisarão ser tomadas ao longo desse relacionamento.

Como para algumas empresas de investimento a equipe executiva é um fator extremamente decisivo, elas investem na equipe ou em um diretor antes mesmo de a empresa existir. Com frequência, esses empreendedores já tiveram êxito na condução de uma empresa para uma saída lucrativa e no momento estão em busca de novas oportunidades. Algumas empresas de capital de risco chamam esses veteranos experientes e qualificados de "empreendedor residente" e financiam sua busca por novas oportunidades.

Candidato ideal

Repetindo, o financiamento *private equity* de investidores institucionais é ideal para empresas empreendedoras que tenham uma excelente equipe executiva. Essas empresas precisam ter uma alta taxa de crescimento anual ou ter uma previsão de crescimento anual de pelo menos 20%. O setor deve ser suficientemente amplo para suportar dois concorrentes grandes e promissores. E o produto deve ter:

- Riscos técnicos e operacionais limitados
- Atributos exclusivos e diferenciadores
- Margem bruta acima da média
- Curtos ciclos de venda
- Oportunidades de vendas repetidas

Em conclusão, a empresa deve ter capacidade para aumentar seu valor suficientemente no prazo de cinco a sete anos para que o investidor obtenha o retorno mínimo esperado. Além desse potencial de crescimento, deve haver duas oportunidades de saída explicitamente perceptíveis (vender a empresa ou abrir seu capital) para o investidor. O empreendedor e o investidor devem entrar em acordo sobre o momento oportuno dessa possível saída e sobre a estratégia a ser usada com antecedência. Por exemplo, o candidato ideal para financiar um empreendimento é aquele que sabe que quer levantar US$ 10 milhões de capital social e dar em troca 10% de participação e que espera vender a empresa para uma corporação listada na *Fortune 500* no prazo de cinco anos por sete vezes seu valor presente. Com isso, o investidor sabe que ele pode sair do negócio no Ano 5 e receber US$ 70 milhões pelo seu investimento.

Quando o empreendedor sai para procurar um financiamento de *private equity*, ele deve saber que tipo de retorno o investidor espera. A Tabela 10.3 apresenta o setor de *private equity* institucional e as taxas internas mínimas de retorno esperadas.

Tabela 10.3 Taxa interna de retorno (TIR) esperada pelos investidores de *private equity*

Tipo de investidor de *private equity*	TIR esperada
Finanças corporativas	20%-40%
Fundos mezanino	15%-25%
Fundos de capital de risco	38%-50%

Repetindo, os investidores de *private equity* conseguem obter "dinheiro" quando a empresa que recebeu o investimento passa por um processo de liquidação: abre o capital, sofre fusão, é recapitalizada ou é adquirida. Dependendo da empresa de *private equity* e de seu ciclo de investimento, os investidores do fundo normalmente planejam sair do negócio três a dez anos após o investimento inicial. Dentre outras coisas, os investidores levam em conta o valor do dinheiro no tempo – conceito que diz que um milhão de dólares hoje vale mais do que um milhão de dólares cinco anos depois – ao determinar o tipo de retorno ou TIR que esperam com o passar do tempo. A Tabela 10.4 apresenta uma planilha aproximada para o empreendedor. Como a tabela demonstra, o investidor que sai do negócio depois de cinco anos com um valor cinco vezes mais alto que seu investimento inicial obtém uma TIR de 38%.

Durante a década de 1990, a quantidade de fundos de *private equity* criados aumentou vertiginosamente. De acordo com a Associação Americana de Capital de Risco (e conforme a Tabela 7.8), o número total de fundos de *private equity* (capital de risco, mezanino e compra alavancada) nos Estados Unidos cresceu consideravelmente, passando de 151 em 1990 para 807 em 2000. Por quê? Você sabe a resposta: retornos! Em 2003, após o co-

Tabela 10.4 Valor do dinheiro no tempo – TIR (em %) sobre um múltiplo do investimento original ao longo de um período

	2×	3×	4×	5×	6×	7×	8×	9×	10×
2 anos	41	73	100	124	145	165	183	200	216
3 anos	26	44	59	71	82	91	100	108	115
4 anos	19	32	41	50	57	63	68	73	78
5 anos	15	25	32	38	43	48	52	55	58
6 anos	12	20	26	31	35	38	41	44	47
7 anos	10	17	22	26	29	32	35	37	39

lapso das ponto-com, esse número caiu para apenas 263. Em meados da década de 2000, quando os fundos de *private equity* retornaram, o número de fundos subiu novamente para 400, mais ou menos no patamar em que se encontra no momento. Segundo a Associação Americana de Capital de Risco, desses 400 fundos, 248 são capitalistas de risco. A Tabela 10.5 apresenta dados sobre a captação de capital de risco entre 1996 e 2006.

PRIVATE EQUITY INTERNACIONAL

No decorrer da última década, os fundos de *private equity* explodiram no mundo inteiro. Embora 41% de todos os dólares de *private equity* ainda estejam na América do Norte, outras regiões estão ganhando terreno e se aproximando, e a captação de fundos está crescendo ao redor do mundo. Não obstante a maior parte do capital provenha de investidores dos Estados Unidos, os estrangeiros, dentre os quais se incluem os governos da China e do Kuwait, alocaram ativos ao investimento de *private equity*. No universo do capital de risco, os Estados Unidos são dominantes. Com 71% do capital de risco levantado pelos países do G7, uma porcentagem surpreendente, os Estados Unidos ainda se mantêm como o centro das atividades empreendedoras.

Tanto o número de fundos quanto o montante levantado na Europa, na América Latina e na Ásia aumentaram sensivelmente de ano para ano. A maior parte do dinheiro – de 60% a 70%, segundo estimativas – provém de investidores dos Estados Unidos, dentre os quais se incluem os fundos de pensão, as companhias de seguros, os fundos de doações e indivíduos abastados. Vários dos fundos internacionais estão destacados na Figura 10.2. Em 2007, foram levantados US$ 54 bilhões na Europa [Fonte: Associação Europeia de Private Equity e Capital de Risco], US$ 51 bilhões na Ásia [Fonte: *Asia Venture Capital Journal*] e US$ 4,4 bilhões na América Latina e no Caribe [Fonte: Associação de Private Equity dos Mercados Emergentes].

Tabela 10.5 Compromisso com fundos de capital de risco

Ano	Fundos levantados (em bilhões de dólares)
1996	12,0
1997	17,3
1998	26,7
1999	57,4
2000	83,2
2001	50,0
2002	13,1
2003	9,9
2004	18,4
2005	24,9
2006	24,3

Fonte: Dow Jones Venture Source, "Venture Capital Industry Overview", 2006.

América Latina	Europa	Ásia
Exxel Capital Partners	Merin Ventures	SOFTBANK Capital
GP Capital Partners	Early Bird Ventures	Attractor Investors
CVC/Opportunity Equity Partners	3i	Vertex Management

Figura 10.2 Empresas internacionais de *private equity*.

RECOMENDAÇÕES SOBRE CAPTAÇÃO DE *PRIVATE EQUITY*

Derrick Collins, sócioadministrador da Polestar Capital, dá o seguinte conselho para os empreendedores que estão interessados em obter capital social:

- Faça seu dever de casa. Procure investidores com inclinação para o seu negócio. Entre em contato apenas com aqueles que estão comprando o que você está vendendo. Busque obter capital de empresas que demonstrem explicitamente interesse pelo setor em que você atua, pelo montante do investimento que você deseja e pelo estágio de empreendimento de sua empresa.
- Tente ser apresentado aos investidores antes de enviar o plano de negócios. Encontre alguém que conheça um dos sócios ou um dos parceiros da empresa. Peça a essa pessoa para que telefone a esses indivíduos em seu nome e tente apresentá-lo e obter um endosso. Agindo assim, você aumenta ao máximo a possibilidade de seu plano ser analisado e encurta o tempo de resposta.

Se com essas medidas você conseguir marcar um encontro com algum investidor de *private equity*, veja o que John Doerr, sócio-administrador da KPCB, lhe aconselha:

> Assim que se encontrar pela primeira vez com um capitalista de risco, você deve dizer: "Gostaria de obter um sim ou não imediatamente, mas sei que você precisa de mais de uma reunião. Mas qual seu interesse de fato e qual será nosso passo seguinte?". Para ser franco, é preferível obter um não de cara a um talvez que dure uma vida. Isso é a morte.[11]

ESPECIALIZAÇÃO CRESCENTE DAS EMPRESAS DE *PRIVATE EQUITY*

A tendência das empresas de *private equity* de se especializar em um determinado setor ou estágio de desenvolvimento tem sido crescente. Essas empresas podem ser classificadas em dois grupos: generalistas ou especialistas. As generalistas são mais oportunistas e estão em busca de uma série de oportunidades, da alta tecnologia ao varejo de alto crescimento. As empresas especializadas tendem a se concentrar em um ou dois segmentos setoriais. Por exemplo, *software* e comunicações. Observe que esses setores em si são bastante abrangentes.

Essa especialização se intensificou por vários motivos. Primeiro, nos setores em que a concorrência é crescente, os capitalistas de risco disputam fluxos de negócios. Se uma empresa for reconhecidamente especialista em uma determinada área setorial, é mais provável que esteja aberta a negociações nessa área. Além disso, essa empresa tem capacidade para avaliar e valorizar a transação em questão por sua grande experiência no setor. Em conclusão, algumas empresas especializadas estão aptas a negociar avaliações mais baixas e condições mais adequadas porque o empreendedor valoriza o conhecimento e os contatos que essas empresas podem oferecer. Os empreendedores devem ter isso em mente no momento de captar fundos. Considerando o estágio de investimento da sua firma, o empreendedor deve buscar a empresa de capital de risco mais adequada, e isso é tão importante quanto levar em conta o setor de especialização da empresa.

IDENTIFICANDO AS EMPRESAS DE *PRIVATE EQUITY*

Uma das melhores fontes de referência para encontrar a empresa de *private equity* apropriada é o *Pratt's Guide to Private Equity and Venture Capital Sources*, que relaciona as empresas por estado, montante de investimento preferido e interesses setoriais. Há várias outras fontes *on-line*:

1. Associação Americana de Capital de Risco (National Venture Capital Association), em www.nvca.org ou 703-351-5269.
2. VentureOne, em ventureone.com.
3. Centro de Pesquisa de Empreendimentos da Universidade de New Hampshire, em http://wsbe2.unh.edu/center-venture-research.
4. Fundação Ewing Marion Kauffman, em http://www.kauffman.org/resources.cfm.

Outra fonte *on-line* é o Centro de Pesquisa em Empreendedorismo e Capital de Risco W. Maurice Young, que mantém o *site* Venture Capital Web Links. Mais de 150 *sites* são evidenciados e 71 deles contam com uma lista de investidores.

A última sugestão é buscar a oportunidade de fazer uma palestra em algum fórum sobre capital de risco, como a Conferência Springboard, dirigida a mulheres empreendedoras, ou a Mid-Atlantic Venture Fair, aberta a empreendedores de todos os setores e em todos os estágios do ciclo econômico. Em geral são eventos de dois dias em que os empreendedores têm oportunidade de se apresentar e encontrar investidores de *private equity* locais e nacionais. Normalmente, eles devem enviar uma solicitação e pagar uma taxa de mais ou menos US$ 200. Se o investidor for escolhido para fazer uma apresentação de 10 a 15 minutos, pode ser necessário pagar uma taxa adicional de US$ 500. É necessário entrar em contato com a Associação Americana de Capital de Risco para obter informações sobre os fóruns e os respectivos locais, horários e datas.

COMPANHIAS DE INVESTIMENTO EM PEQUENAS EMPRESAS

O governo federal, por meio da SBA, também oferece financiamento por meio de aporte de capital social para empreendedores. As companhias de investimento em pequenas empresas (*small-business investment companies* – SBICs) são empresas de financiamento de capital social particulares, com fins lucrativos, licenciadas e regulamentadas pela SBA. Elas investem em empresas que tenham menos de 500 funcionários, valor patrimonial não superior a US$ 18 milhões e lucro após os impostos que não exceda US$ 6 milhões nos dois anos mais recentes. Existem mais de 418 SBICs nos Estados Unidos, com um total de mais de US$ 23 bilhões em todo o país. Em 2006, as empresas do programa SBIC investiram US$ 2,9 bilhões em capital social e empréstimo. Foram aproximadamente 4.000 investimentos em 2.121 pequenas empresas diferentes. Os investimentos giraram entre US$ 150.000 e US$ 5 milhões.

As SBICs foram criadas em 1957 para ampliar a disponibilidade de capital de risco aos empreendedores. Muitas das empresas de *private equity* algum dia foram uma SBIC. E várias das empresas bem-sucedidas do país receberam financiamento de uma SBIC, dentre elas a Intel, Compaq Computer e Outback Steakhouse, e também algumas empresas fracassadas, como o empreendimento de risco criado por Susan MacDougal, que investiu seus US$ 300.000 em um pequeno projeto imobiliário denominado Whitewater Development Corporation.

Em vários aspectos, as SBICs são semelhantes às empresas de *private equity* tradicionais. A principal diferença entre elas é sua origem e o tipo de financiamento. Qualquer pessoa pode criar uma empresa de *private equity* convencional, desde que consiga levantar o capital. Mas a pessoa interessada em iniciar uma SBIC deve primeiro conseguir uma licença da SBA. O interesse em criar uma SBIC ocorre porque o acordo do financiamento é atraente: para cada dólar levantado para o fundo pelos sócios, a SBA investe US$ 2 a uma taxa de juros extremamente baixa, oferecendo uma carência de cinco ou dez anos para os pagamentos. Portanto, se os sócios obtiverem US$ 25 milhões em compromisso de fontes privadas, a SBA investirá US$ 50 milhões, transformando esse valor em um fundo de US$ 75 milhões.

As SBICs investem de US$ 150.000 a US$ 5 milhões em cada transação. Elas tendem a se concentrar em empresas que estejam em estágio de crescimento, e não em *start-ups* genuínas.

O programa SBIC abrange as companhias de investimento em pequenas empresas especializadas (*specialized small-business investment companies* – SSBICs). Elas são semelhantes às SBICs em todos os aspectos. A exceção é que costumam fazer investimentos menores e, mais importante que isso, são criadas especificamente para oferecer investimentos a empresas de empreendedores socialmente e economicamente desfavorecidos.

Embora tecnicamente o Programa de Capital de Risco para Novos Mercados e o Programa de Investimento em Empresas Rurais não façam parte do programa SBIC, eles seguem o modelo desse último. Juntos, esses dois programas oferecem capital social aos empreendedores que tenham empresas rurais, urbanas e particularmente dirigidas a áreas de baixa renda e de renda moderada.[12]

Obviamente, tendo em vista sua abrangência, o programa SBIC contribuiu fundamentalmente para o surgimento e o sucesso do empreendedorismo nos Estados Unidos. Ele aumentou os recursos para financiar por meio de venda de participações das empresas dos empreendedores, mas também disponibilizou capital social para empreendedores imerecidos. O setor de *private equity* de forma geral tem a reputação de se interessar apenas por investimentos em empreendimentos tecnológicos. Em contraposição, as SBICs têm a reputação de investir em empreendimentos de "baixa tecnologia" e "não tecnológicos". Ambas são infundadas. Empresas de *private equity* tradicionais, como a Thoma

America Online	Leap Into Learning, Inc.
Amgen, Inc.	Metrolina Outreach
Apple Computer	Octel Communications
	Outback Steakhouse
Compaq Computer	PeopleSoft
Costco Wholesale Corp.	Potomac Group, Inc.
Datastream	Radio One
Federal Express	
Gymboree	Restoration Hardware, Inc.
Harman International	Sports Authority
Healthcare Services of America	Staples
Intel	Sun Microsystems
Jenny Craig Inc.	Telesis
La Madeleine Inc.	Vertex Communications Co.

Fonte: Administração de Pequenas Empresas, www.sba.gov/aboutsba/sbaprograms/inv/INV_SUCCESS_STORIES.html.

Figura 10.3 Empresas financiadas por SBICs.

Cressey Equity Partners, investem em empresas "não tecnológicas" em estágio avançado, e SBICs como a Chicago Venture Partners investem em empresas de tecnologia. Na verdade, 11 das 100 maiores empresas da lista de 2005 da *Inc.* das empresas de mais rápido crescimento receberam financiamento de SBICs, assim como as 8 das 100 maiores empresas da lista "Hot Growth Companies for 2005" [companhias de altíssimo crescimento] publicada pela *BusinessWeek*.[13] A Figura 10.3 apresenta exemplos de empresas bem-sucedidas financiadas por SBICs.

Para obter um catálogo gratuito das SBICs em operação, basta ligar para o Escritório de Investimentos da SBA (202-205-6510) ou se conectar a http://www.sba.gov/aboutsba/sbaprograms/inv/inv_directory_sbic.html. Há também uma associação de classe nacional de SBICs. Seu catálogo pode ser obtido gratuitamente e as SBICs podem ser classificadas por critério em www.nasbic.org.

OFERTAS PÚBLICAS INICIAIS (IPO)

Todos os anos, centenas de empreendedores vendem ações da empresa ao mercado público para levantar capital social. O processo de venda a instituições e indivíduos de um valor mínimo de ações, normalmente de US$ 5 milhões, denomina-se oferta pública inicial (*initial public offering* – IPO). Nos Estados Unidos, esse processo é rigorosamente regulamentado pela Comissão de Valores Mobiliários (SEC). Isso quer dizer que a empresa é uma "companhia aberta". Para muitos empreendedores, a abertura do capital da empresa é a afirmação máxima de sucesso no empreendedorismo. Eles acreditam que o empreendedor pode ser reconhecido por dois motivos: quando a empresa entra em falência ou quando faz um IPO. O momento adequado é crucial para um IPO. O final da década de 1990 foi um marco sem precedentes de tempos de glória, o início da década de 2000 foi uma calamidade e nos últimos tempos os IPOs começaram a voltar aos patamares anteriores aos das ponto-com.

Nos Estados Unidos, depois que uma empresa "abre seu capital", deve cumprir uma nova norma de divulgação financeira, que é regulamentada pela SEC. Todas as informações financeiras devem ser publicadas trimestralmente e transmitidas aos acionistas da empresa. Portanto, em virtude das regras estabelecidas pela SEC de divulgação ao público, todas as informações a respeito das companhias abertas devem ser transparentes aos acionistas atuais e futuros. Salário e bonificações do presidente, número de funcionários e rentabilidade da empresa são exemplos de informações disponibilizadas ao público, inclusive aos concorrentes.

Essa fonte de capital ganhou uma popularidade extraordinária durante a década de 1990. De 1970 a 1997, os empreendedores levantaram US$ 297 bilhões por meio de IPOs. Mas de 58% desse capital foi levantado entre 1993 e 1997.[14] Em 1999 e 2000, os empreendedores eram os convidados de honra mais procurados do maior banquete de *private equity* que já se viu. O dinheiro jorrava, e os empreendedores podiam, principalmente, leiloar seus planos de negócios àqueles que dessem o lance mais alto. A cotação média das *start-ups* de alta tecnologia saltou de US$ 11 milhões em 1996 para quase US$ 30 milhões em 2000.[15] Porém, no verão de 2000, quando a Nasdaq deu seus primeiros sinais de ruir, os investimentos de capital de risco começaram a diminuir de maneira sensível. Como mostra a Tabela 10.6, 2000 foi o princípio do fim dessa rápida expansão, quando então os mercados públicos começaram a perder o interesse pelas badaladas empresas de tecnologia que não apresentavam nenhuma oportunidade previsível de lucro. De acordo com uma pesquisa da PricewaterhouseCoopers, nos primeiros três meses de 2001, os capitalistas de risco fizeram um corte de US$ 6,7 bilhões em seus investimentos em *start-ups* de alta tecnologia – uma queda de 40% em relação ao trimestre anterior. No primeiro trimestre de 2001, apenas 21 empresas abriram o capital, em comparação a 123 no mesmo trimestre do ano anterior. E por volta do final de 2001, o mercado de IPO reduziu-se radicalmente.

Para as empresas que durante esses tempos letárgicos ainda estão empenhadas em abrir seu capital com um IPO, a competência essencial mais recomendável é a paciência. A Venture Economics, empresa de pesquisa que acompanha o setor de capital de risco, avaliou o tempo necessário para uma empresa passar de sua primeira rodada de financiamento para um IPO. Em 1999, o tempo médio foi 140 dias; dois anos depois, essa média disparou para 487 dias – um salto de 247%.

Boom dos IPOs na década de 1990

O *boom* do mercado acionário na década de 1990 foi histórico. Em 1995, a Netscape abriu seu capital não obstante o fato de nunca ter tido lucro. Foi então que se iniciou o

Tabela 10.6 Número de ofertas públicas iniciais (IPOs)

	Volume anual de IPOs nos Estados Unidos	
	Quantia levantada, em bilhões de dólares	Número de IPOs
1990	5,3	154
1991	17,0	331
1992	26,8	524
1993	46,2	703
1994	28,0	585
1995	36,9	571
1996	51,4	823
1997	44,3	590
1998	40,4	368
1999	70,8	512
2000	71,2	396
2001	37,7	103
2002	28,1	94
2003	15,8	85
2004	48,9	250

Fonte: Dealogic; Thomson Financial.

desvario das empresas por abrir seu capital mesmo não tendo nenhum lucro. Na história dos Estados Unidos, nenhuma outra década registrou tantas aberturas de capital nem levantou tanto montante de investimento. A revista *Barron's* referiu-se a isso como a maior corrida do ouro do capitalismo americano.[16] Já para outro jornalista, "uma das maiores manias especulativas da história".[17]

Esse mercado inconsistente de IPO não se restringia a empresas de tecnologia. Em 19 de outubro de 1999, Martha Stewart abriu o capital de sua empresa e o preço das ações dobrou antes do final do dia. Vince McMahan, proprietário da World Wrestling Federation, abriu o capital de sua empresa no mesmo dia. Para seu desapontamento, os resultados não foram tão bons quanto os de Martha. Ao final do dia, as ações tiveram um aumento insignificante de 48,5%! Em 2000, embora várias empresas de *Internet* tenham cancelado seus IPOs, a Krispy Kreme Doughnuts foi a segunda abertura de capital de melhor desempenho do ano.[18]

Visto que na década de 1990 a reação dos mercados aos IPOs era extremamente positiva, as empresas começaram a disputar uma corrida pela abertura de capital. Antes de 1995, era costume uma empresa ter pelo menos três anos de existência e apresentar quatro trimestres consecutivos de rentabilidade crescente para que pudesse fazer um IPO. A

Microsoft é um exemplo perfeito. Bill Gates abriu o capital da empresa em 1986, mais de uma década depois que a fundou. Na época em que a Microsoft abriu seu capital, ela já havia registrado vários anos consecutivos de rentabilidade.

Contudo, como foi dito, o IPO da Netscape em agosto de 1995 mudou o jogo nos cinco anos subsequentes. Além de não ter nenhum lucro, a Netscape era muito jovem. Estava no mercado havia apenas 16 meses. Por volta do final de 1999, a história da Netscape já era notadamente comum.[19] Quem melhor descreveu esse disparate foi um analista de Wall Street, que disse: "As empresas mais importantes de Wall Street costumavam exigir quatro trimestres de rentabilidade antes de um IPO. Depois, quatro trimestres de receitas e agora são quatro trimestres de fôlego".[20]

A euforia dos IPOs deu origem a uma profusão de empreendedores, especialmente no setor tecnológico do Vale do Silício. Em 1999, no auge desse *boom*, consta que os executivos do Vale do Silício detinham US$ 112 bilhões em ações e opções de compra. Esse valor era ligeiramente superior ao produto interno bruto total de Portugal, avaliado em US$ 109 milhões.[21]

Como demonstram todas as informações, os empreendedores estavam usando os IPOs para levantar capital para as atividades da empresa e também para erguer sua fortuna pessoal.

MERCADOS DE *PUBLIC EQUITY*

Depois que uma empresa abre seu capital, ela passa a ser listada e comercializada em algum dos vários mercados existentes nos Estados Unidos.* Mais de 13.000 empresas são listadas nesses mercados. Os três maiores e mais populares são a Bolsa de Valores de Nova York (New York Stock Exchange – NYSE), a Bolsa de Valores Americana (American Stock Exchange – Amex) e o Sistema Eletrônico de Cotação da Associação Nacional de Intermediários de Valores (National Association of Securities Dealers Automated Quotations – Nasdaq). Vejamos cada um deles mais a fundo.

NYSE

Criada em 1792, a NYSE é o mercado de negociações mais antigo do mundo e o mais valorizado. É por esses dois fatos que a NYSE é chamada de o "Cadillac dos mercados de valores". As empresas listadas na NYSE são consideradas as mais sólidas do ponto de vista financeiro nesses três mercados. Para uma empresa ser listada na na NYSE, o valor de suas ações em circulação deve ser no mínimo US$ 18 milhões e o lucro anual antes dos impostos (LAIR) deve ser no mínimo US$ 2,5 milhões. As empresas listadas nesse mercado são as mais antigas e mais veneráveis, como a General Electric, Sears e McDonald's. Em 2000, a Microsoft saiu da Nasdaq para a NYSE.

---

* N. de R.T.: No Brasil, seria na BMF&BOVESPA.

AMEX

A Amex é o maior mercado de ações estrangeiras do mundo e o segundo maior mercado de negociações. O valor de mercado de uma empresa listada na Amex deve ser no mínimo US$ 3 milhões, com um LAIR anual de US$ 750.000. Nesse mercado, os investidores e corretores compram e vendem pessoalmente ações, opções de compra e derivativos em leilões. Em 1998 a Amex e a Nasdaq fundiram-se e ganharam o nome de Nasdaq-Amex Market Group. À época, o valor de mercado total de todas as empresas listadas em ambos os mercados era US$ 2,2 trilhões, em comparação aos US$ 11,6 trilhões na NYSE.[22]

Nasdaq

O mercado Nasdaq, aberto em 1971, foi o primeiro mercado acionário eletrônico. Nesse mercado comercializam-se mais ações (uma média de 1,8 bilhão por dia) que em qualquer outro mercado do mundo.[23]

O valor de mercado mínimo das empresas listadas na Nasdaq é US$ 1 milhão. Não há exigência mínima de LAIR. É por isso que a Nasdaq, com mais de 5.000 empresas listadas, é o mercado de crescimento mais rápido do mundo. Nesse mercado, há uma enorme concentração de ações de empresas de tecnologia, de biotecnologia e de pequenas corporações. Todas as empresas de tecnologia que abriram o capital a partir de 1995 o fizeram na Nasdaq.

Motivos para abrir o capital

Os empreendedores abrem o capital da empresa por vários motivos. Primeiramente, para levantar capital para as atividades operacionais da empresa. Como o dinheiro é empregado para ajudar a empresa a crescer rapidamente, talvez o capital social fornecido por meio de um IPO seja preferível aos empréstimos. No caso das empresas de tecnologia que tinham fluxo de caixa negativo, na década de 1990, elas não podiam levantar empréstimos. Elas só tinham a opção do financiamento por aporte de capital social.

Mesmo quando uma empresa está apta a obter empréstimo, alguns empreendedores preferem obter capital por meio de um IPO porque o custo pode ser relativamente baixo. Na verdade, o custo do capital pode ser inferior ao do empréstimo. A explicação é pura e simplesmente matemática.

Ao longo da história do Dow Jones Industrial Average, o índice P/L médio tem sido 14. Isso significa que os investidores estão propensos a pagar US$ 14 por cada US$ 1 de lucro. Portanto, o custo desse capital é apenas 7% (US$ 1/US$ 14) – cerca de 2 pontos percentuais a menos que o custo de empréstimo atual, o que a uma taxa preferencial (*prime rate*) mais 2 é aproximadamente 9%.

Outro fator que leva as empresas a abrir o capital é a maior possibilidade de recrutar e reter funcionários de excelente qualidade ao associar ações comercializadas publicamente aos salários. Isso possibilita que os funcionários beneficiem-se pessoalmente quando o valor da empresa aumenta em consequência de sua dedicação ao trabalho.

Outro bom motivo é que, com o IPO, o empreendedor tem outro tipo de moeda para investir no crescimento da empresa. Na década de 1990, as ações das empresas eram amplamente utilizadas como moeda. Em vez de usar dinheiro para comprar outras empresas, muitos compradores utilizavam ações para pagar os vendedores. O vendedor costumava então manter essas ações e beneficiar-se dos futuros aumentos que elas obtivessem. Na verdade, vários negócios deixaram de ser fechados ou foram postergados porque o vendedor queria as ações do comprador e não o dinheiro. Foi isso o que ocorreu quando a Disney comprou a ABC Network. A Disney queria pagar em dinheiro, mas os membros da equipe da ABC aguentaram firme até receberem ações da Disney. O raciocínio da ABC foi que uma ação da Disney de US$ 1 valia mais do que US$ 1 em dinheiro. Eles estavam inclinados a fazer a suposição de que, diferentemente do dinheiro, que deprecia em consequência da inflação, as ações valorizariam.

O último motivo que leva uma empresa a abrir seu capital é oferecer uma opção de liquidez aos acionistas, bem como aos funcionários, à direção e aos investidores.

Motivos para não abrir o capital

Abrir o capital de uma empresa é extremamente difícil. Na realidade, menos de 20% dos empreendedores que tentam fazê-lo saem-se bem.[24] Além disso, esse processo tende a ser longo – pode levar até dois anos.

Outro fator é o alto valor necessário para realizar um IPO. Em geral, esse custo gira em torno de US$ 500.000. Depois, a empresa tem de arcar também com custos anuais adicionais para atender às regulamentações da SEC sobre divulgação de informações ao público, como a publicação trimestral de suas demonstrações financeiras.

No momento em que as empresas abrem seu capital, a maioria delas já recebeu financiamento da família, de amigos e de investidores anjos e pelo menos duas rodadas de financiamento de investidores institucionais. Consequentemente, a maior parte dos fundadores pode se considerar sortuda se conseguir ficar com 10% de participação. Uma exceção a essa regra é Bill Gates, que detém aproximadamente 20% da Microsoft.[25] Outro é Jeff Bezos, que detém 41% da Amazon.com. No final de 2001, com as ações da empresa despencando, essa participação valia um pouco menos de US$ 1 bilhão.

Um dos maiores problemas da abertura de capital é que a maior parte das ações fica nas mãos de grandes investidores institucionais, que têm uma visão de curto prazo. Eles pressionam continuamente o diretor executivo para obter lucros trimestrais cada vez maiores.

Um último motivo para não abrir o capital é que, embora os fundos recebidos no momento em que a empresa vende suas ações possam ser utilizados imediatamente em atividades operacionais, os principais membros da equipe executiva não podem vender imediatamente suas ações. De acordo com a Regra 144 da SEC, todos os principais membros da empresa não podem vender nenhuma de suas ações. Consideram-se membros principais os altos executivos, os diretores e os acionistas internos, dentre os quais os capitalistas de risco, que possuem "ações restritas". Essas ações não são registradas na SEC. Elas são diferentes das ações emitidas ao público no IPO, que são ações irrestritas.

O período de detenção de ações restritas é de dois anos a partir da data da compra. A essa altura, os acionistas podem vender suas ações desde que não vendam mais de 1% da quantidade total de ações circulantes no período de três meses.[26] Por exemplo, se o empreendedor possuir 1 milhão dos 90 milhões de ações ordinárias circulantes, não poderá vender mais de 900.000 ações ao longo de um período de três meses.

Controle

Um dos mitos negativos com relação à abertura de capital é a ideia de que se o empreendedor detiver menos de 51% da empresa ele pode perder o controle acionário. Isso não é verdade. Fundadores como Bill Gates, Jeff Bezos e Michael Dell possuem menos de 51% da empresa, mas ainda mantêm o controle. O mesmo vale para a família Ford, que possui apenas 6,5% da Ford Motor Company. O segredo para manter o controle é ter influência sobre a maioria das ações com direito a voto.* Algumas ações talvez não tenham direito a voto, caso em que são conhecidas como as ações preferenciais. O empreendedor, sua família e os membros da diretoria talvez não possuam praticamente nenhuma ação sem direito a voto, mas a maioria das ações com direito a voto. Isso, aliado ao fato de o empreendedor ocupar um cargo executivo e ser a pessoa que determina quem deve integrar a diretoria, faz com que ele detenha o controle.

O PROCESSO DE IPO

Como foi dito antes, o processo de abertura do capital da empresa consome muito tempo do empreendedor e pode ficar caro. Contudo, quando é realizado adequadamente e pelos motivos corretos, pode ser bastante compensador.

Embora possa demorar até 24 meses para uma empresa concluir um IPO, de acordo com a empresa de investimentos William Blair & Company, o tempo habitual costuma ser de 52 a 59 semanas.

A Bessemer Venture Partners, proeminente empresa de capital de risco, descreve precisamente um processo de IPO simplificado, etapa por etapa:

1. O empreendedor decide abrir o capital da empresa para levantar dinheiro para aquisições futuras.
2. Ele entrevista e seleciona bancos de investimentos (BIs).
3. Ele se encontra com os BIs que farão a colocação da oferta.
4. Ele dá entrada no registro do IPO na SEC.
5. A SEC examina e aprova o registro.

---

* N. de R.T.: Vale destacar que no Brasil há duas classes de ações, as ordinárias (com direito a voto) e as preferenciais (sem direito a voto). O controle é determinado apenas pela parte das ações ordinárias. Apenas as empresas que decidem listar-se no segmento chamado de "novo mercado" são obrigadas a emitir apenas ações ordinárias, não havendo mais de um tipo de ação.

6. Os BIs e o empreendedor fazem "*road shows*".*
7. Os BIs firmam compromissos provisórios.
8. IPO.

Vejamos cada um desses passos mais a fundo.

Decisão de abrir o capital

A decisão do empreendedor de fazer um IPO pode ser feita praticamente no dia em que ele decide começar um negócio. Alguns empreendedores expressam o plano de abrir o capital no plano de negócios inicial da empresa. Já ao criar a empresa, um de seus objetivos é abrir seu capital no futuro.

Outros podem tomar essa decisão no momento em que obtêm financiamento institucional. Os capitalistas de risco talvez só concordem em fornecer o financiamento se o empreendedor concordar em abrir o capital da empresa no prazo de três a cinco anos. Nesse caso, o empreendedor e o investidor podem tomar essa decisão.

Outros empreendedores podem decidir abrir o capital no momento em que analisarem o plano de negócios da empresa para um período de três a cinco anos e perceberem que a capacidade de crescer do modo como gostariam depende da disponibilidade de capital social externo – e não tanto do capital que eles podem obter de investidores institucionais.

Entrevistas e seleção de bancos de investimentos (BIs)

Assim que o empreendedor toma a decisão de abrir o capital da empresa, ele deve contratar um ou mais BIs para colocar a oferta. Esse processo é chamado de "*bake-off*".**
Teoricamente, vários BIs que são procurados pelo empreendedor analisarão o mais rápido possível os negócios da empresa e mais tarde solicitarão, por meio de palestras e encontros, que o empreendedor selecione a empresa deles. A remuneração do BI normalmente não é superior a 7% do capital levantado.

Reuniões com os subscritores

Depois que o empreendedor seleciona os BIs, ele se reúne com os subscritores (agentes colocadores) para planejar o IPO. Nesse processo, determina-se também o valor da empresa, a quantidade de ações que serão emitidas, o preço de venda das ações e o momento do *road show* e do IPO.

Em um IPO convencional, os subscritores compram todas as ações da empresa ao preço da oferta inicial e depois as vendem no dia da abertura de capital. Esse acordo entre subscritores e empreendedores é chamado de garantia firme.

---

* N. de R. T.: Apresentação dirigida aos investidores institucionais para a colocação do IPO. Normalmente, ela dura 30 minutos. No final, abre-se um espaço para perguntas e respostas. O termo em inglês originou-se mesmo do meio artístico, comparando essas apresentações a turnês que são feitas para diversos públicos.

** N. de R. T.: O banco de investimento é convidado para competir contra outros e atuar em um IPO. O objetivo é demonstrar quem é mais atraente para lidar com a transação.

Há também subscritores que firmam um acordo de "melhores esforços".* Nesse caso, eles não comprarão ações, mas farão todos os esforços para vendê-las a terceiros.

Registro do IPO

O advogado do empreendedor deve dar entrada no pedido de registro junto à SEC. Esse documento está dividido em duas partes. A primeira, denominada prospecto, divulga todas as informações a respeito da empresa, indicando, inclusive, a destinação do capital levantado, a avaliação da empresa, o perfil da gestão e as demonstrações financeiras. O prospecto é o documento que é transmitido aos investidores em potencial.

A primeira impressão desse prospecto é chamada de prospecto preliminar (*red herring*) porque contém advertências ao leitor de que as informações presentes no documento podem mudar. Essas advertências são impressas em vermelho.

A segunda parte do documento é o pedido de registro em si. Os quatro itens informados são:

- Despesas da distribuição
- Seguros dos conselheiros e executivos principais
- Vendas recentes de títulos não registrados
- Anexos e tabelas das demonstrações financeiras[27]

Aprovação da SEC

A SEC examina detalhadamente o pedido de registro para confirmar se todas as informações necessárias foram divulgadas e estão corretas e compreensíveis. O examinador pode aprovar o pedido, permitindo que o passo seguinte do processo do IPO se inicie; postergue a análise do pedido até o momento em que fizer as alterações que satisfaçam o examinador; ou então dê uma ordem de suspensão de venda (*stop order*), que encerra o processo de pedido de registro com a decisão de desaprovação.

Road show

Assim que se obtém a aprovação do pedido de registro, o empreendedor e o BI estão desimpedidos para iniciar o processo de apresentação do IPO para os investidores em potencial. Nesse processo, chamado de *road show*, o empreendedor apresenta informações sobre a empresa para os investidores em potencial identificados pelos BIs.

Compromissos de investimento

Durante o *road show*, o empreendedor utiliza um "argumento de venda" para explicar por que os investidores devem comprar as ações da empresa. Após cada apresentação, os BIs se reúnem com os investidores em potencial para confirmar se existe algum interesse. Os

---

* N. de R. T.: No Brasil, o prospecto preliminar contém algumas informações faltantes, que devem ser completadas para a impressão do prospecto definitivo.

compromissos provisórios em relação a uma quantidade real de ações são registrados no "livro" que o BI leva a todas as apresentações do *road show*.

O objetivo dos BIs é acumular uma quantidade mínima de compromissos provisórios antes de dar prosseguimento ao IPO. Eles acham adequado ter três compromissos provisórios para cada quota de ações que for oferecida.[28]

O IPO

No dia marcado para o IPO ocorrer, o BI e o empreendedor determinam o preço de venda oficial das ações e a quantidade de ações a ser vendida. O preço pode mudar entre o dia em que eles iniciam o *road show* e o dia do IPO, dependendo do interesse pelas ações. Se a proporção de compromissos provisórios for superior a 3 para 1, o preço de oferta pode aumentar. Se ocorrer o contrário, o preço pode diminuir. Foi exatamente isso o que ocorreu com as ações da Wired Ventures, que tentou abrir seu capital em 1996. A princípio, a empresa queria vender 4,75 milhões de ações a US$ 14 cada. Na data do IPO, a Wired Ventures tomou a decisão com seu BI, Goldman Sachs, de diminuir a oferta para 3 milhões de ações, ao preço de US$ 10 por ação. Um dos motivos que levou a empresa a fazer essa mudança foi o fato de o número de subscritores da oferta estar 50% abaixo do esperado algumas horas antes de estabelecer o preço de venda oficial. A Ventures não conseguiu levantar os US$ 60 milhões que estava tentando e gastou em torno de US$ 1,3 milhão em sua tentativa de abrir o capital.

Escolhendo o banco de investimento correto

Como demonstram as informações precedentes, o sucesso do IPO depende em grande medida do BI. A característica mais fundamental do BI é sua capacidade de avaliar a empresa devidamente, de auxiliar o advogado e o empreendedor a fazer o pedido de registro, de ajudar o empreendedor a fazer uma excelente apresentação no *road show*, de utilizar seu banco de dados para chegar aos investidores em potencial apropriados e convidá-los para a apresentação e de vender as ações. Portanto, o empreendedor deve fazer o que estiver ao seu alcance para escolher o melhor BI para seu IPO. Veja algumas sugestões:

- Identifique as firmas que conseguiram abrir promissoramente o capital de empresas semelhantes à sua em termos de porte, setor e valor do capital a ser levantado. *Going Public: The IPO Reporter*, publicada pela Securities Data Publishing (211-765-5311), é uma excelente fonte de referência para encontrar essas empresas.
- Escolha firmas experientes. Considera-se ideal a firma que fez no mínimo duas subscrições ao ano nos últimos três anos. Aquelas que fazem oito subscrições ao ano ou duas a cada trimestre talvez estejam muito ocupadas para dar a devida atenção à sua subscrição. Elimine também aquelas cujo processo de obtenção de aprovação do registro costuma demorar mais de 90 dias.
- Escolha subscritores que coloquem um preço nas negociações pelo menos próximo do preço de fechamento da ação no primeiro dia. Se um subscritor determinar um preço muito baixo para as ações, de modo que o preço aumente consideravel-

mente no final do primeiro dia, o empreendedor venderá mais participação que necessário. Por exemplo, se a oferta inicial tiver sido 1 milhão de ações a US$ 5 por ação e o preço de fechamento no primeiro dia for US$ 10 por ação, isso significa que o preço da ação foi subvalorizado. Em vez de levantar US$ 5 milhões por 1 milhão de ações, o empreendedor poderia ter levantado o mesmo valor por 500.000 ações, se o subscritor tivesse determinado o preço mais adequadamente.
- Escolha subscritores cujos preços de venda propostos e registrados fiquem próximos ao preço real da oferta inicial. Alguns subscritores propõem um preço e depois tentam forçar o empreendedor a abrir com um preço inferior para que possam vender as ações e seus investidores possam colher os benefícios da venda de uma quantidade maior de ações. Essa prática, quando levada a cabo, em geral ocorre mais ou menos um dia antes do IPO. Nesse caso, o subscritor ameaça cancelar a oferta se o empreendedor não concordar em baixar o preço. Para diminuir a chance de isso ocorrer, o empreendedor deve escolher apenas os subscritores que apresentem um padrão consistente com relação a propor um preço e vender as ações no mercado por um preço semelhante ao proposto.
- Escolha subscritores que praticamente nunca tenham fracassado em uma oferta pública inicial. As empresas que dão entrada em um IPO e não conseguem concretizá-la são consideradas "carta fora do baralho" pelos investidores.
- Tente ser apresentado a um banco de investimentos. Nunca faça uma visita ou um telefonema de surpresa. O advogado ou o contador da empresa é quem deve apresentá-lo.[29]

ESPECTRO DE FINANCIAMENTO

Há um antigo comercial de ração para cachorro que apresenta um filhote travesso que se transforma em um cão maduro diante de nossos olhos. Esse comercial tenta lembrar os donos de que seu cachorro envelhecerá e que a comida que eles comem também deverá mudar. As empresas agem da mesma maneira em relação ao financiamento por capital próprio. Do momento em que a empresa é apenas uma ideia ao momento em que ela amadurece, o tipo de financiamento necessário muda. No final do Capítulo 8, evidenciamos os passos do espectro de financiamento dados por vários empreendedores de alto crescimento bem-sucedidos para levantar capital próprio.

Um empreendedor na vida real que levantou capital por meio de quase todas as fontes de capital desse espectro foi Jeff Bezos. A Figura 10.4 (página 272) mostra quando Bezos levantou capital e com quem.

OFERTAS PÚBLICAS DIRETAS

Em 1989, a SEC possibilitou que as empresas que estão procurando levantar menos de US$ 5 milhões o façam diretamente ao público sem precisar passar pelo oneroso e demorado processo de IPO descrito antes. Esse processo direto é chamado apropriadamente de oferta pública direta (DPO, de *direct public offering*). Em um DPO, normalmente as ações

Julho de 1994	Outubro de 1994 e fevereiro de 1995	Dezembro de 1995	1996	Maio de 1997
Conceito da Amazon.com	Incorporação e início das atividades da Amazon.com	Funcionamento da Amazon.com	Crescimento da Amazon.com	Crescimento exponencial da Amazon.com
↓	↓	↓	↓	↓
Capital proveniente de poupança pessoal	Capital proveniente da mãe e do pai	Capital proveniente de anjos	Capital proveniente de capitalistas de risco	Capital proveniente de IPO
• Empréstimo de US$ 15.000 sem juros	• 582.528 ações ordinárias vendidas ao pai por US$ 100.000	• Captação de US$ 981.000 com uma avaliação pré-investimento de US$ 5 milhões	• US$ 8 milhões da KPCB, com uma avaliação pré-investimento de US$ 52 milhões	• Captação de US$ 54 milhões
• Investimento de US$ 10.000 por emissão de 10 milhões de ações ordinárias	• 847.716 ações ordinárias vendidas à mãe por US$ 144.000			

Figura 10.4 Espectro de financiamento de Jeff Bezos.

são vendidas entre US$ 1 e US$ 10 cada sem a intermediação dos subscritores e não há necessidade de os investidores serem investidores informados e experientes. Nos Estados Unidos, 45 estados aceitam a emissão de DPOs e as taxas legais, contábeis e de colocação normalmente aplicadas são inferiores a US$ 50.000.

Três programas de DPO foram empregados por milhares de empreendedores. São eles:

1. Regulamento D, Regra 504, também chamado de Small Corporate Offering Registration (Registro de Oferta de Pequenas Corporações), também conhecido como SCOR
2. Regulamento A
3. Intraestado

A SEC oferece gratuitamente em seu site (www.sec.gov) o folheto "Q & A: Small Business and the SEC – Help Your Company Go Public". Vejamos o programa DPO mais a fundo.

- *Small Corporate Offering Registration*. No programa SCOR, o empreendedor tem 12 meses para levantar no máximo US$ 1 milhão. As ações podem ser vendidas a um número ilimitado de investidores em todo o país por meio de uma oferta ao público em geral ou mesmo de publicidade. Um dos empreendedores que levantaram capital via DPO foi Rick Moon, fundador da Thanksgiving Coffee Co. Rick levantou US$ 1,25 milhão em 1996 por 20% do total de sua distribuidora de café e chá, que tinha uma receita anual de US$ 4,6 milhões. Ele divulgou agressivamente a oferta a seus fornecedores e clientes no *site* da empresa, em seu catálogo, nos sacos de café em grão e nos moedores de grãos de café das lojas.[30]

- *Oferta pelo Regulamento A.* Nesse programa, o empreendedor pode levantar no máximo US$ 5 milhões em 12 meses. Diferentemente das ofertas feitas no SCOR, caso em que não é necessário fazer nenhum registro na SEC, essa oferta deve ser registrada na SEC. Do contrário, todas as características do SCOR serão aplicáveis ao Regulamento A. Dorothy Pittman Hughes, fundadora da Harlem Copy Center, com US$ 300.000 em receitas anuais em 1998, a princípio conseguiu levantar por meio deste programa US$ 2 milhões, ao preço de US$ 1 por ação. A quantidade mínima de ações que os adultos podiam comprar era 50; no caso das crianças, o mínimo era 25.[31]

- *Programa intraestado.* Esse programa exige que as empresas restrinjam a venda de suas ações a investidores de um único estado. As diferenças entre esse programa e o SCOR e Regulamento A são significativas. Primeiro, nenhuma lei federal restringe a quantidade máxima de capital que pode ser levantado nem o tempo permitido. Esses dois fatores podem variar de estado para estado. A outra diferença é que as ações não podem ser revendidas fora do estado durante o período de nove meses.

A OPD é mais adequada para empresas tradicionalmente lucrativas, que façam auditoria de suas demonstrações financeiras e que tenham um plano de negócios bem escrito. Normalmente, os acionistas são pessoas com interesses comuns que estão de alguma maneira ligadas à empresa, como clientes, funcionários, fornecedores, distribuidores e amigos. Mesmo após a conclusão do DPO, a empresa poderá realizar um IPO tradicional em um momento posterior. A Real Goods Trading Company fez exatamente isso. Em 1991, ela levantou US$ 1 milhão pelo programa SCOR. Dois anos depois, levantou mais US$ 3,6 milhões pelo Regulamento A. Hoje, suas ações são comercializadas no mercado Nasdaq.

Os DPOs têm alguns aspectos negativos. Primeiro, estima-se que mais de 70% das empresas que registram um DPO fracassam, por vários motivos. Contudo, a pior desvantagem é que não existe nenhuma bolsa de valores pública como a NYSE para as ações de um processo de DPO. Esse tipo de bolsa faz a articulação entre vendedores e compradores e não existe para DPOs. Portanto, a capacidade de levantar capital por esse meio é afetada negativamente porque os investidores em potencial ficam preocupados com a possibilidade de seu investimento não ter liquidez imediata. Outro problema é o fato de não haver um mercado põe o valor das ações em dúvida. Um dos críticos em relação aos DPOs disse: "Não existe liquidez nessas ofertas. Os investidores estão caindo em uma armadilha".[32] Consequentemente, os indivíduos que investem em DPO tendem a ter objetivos de longo prazo. A comercialização das ações em geral é providenciada pela empresa ou feita por meio de um serviço de comparação de ordens de compra e venda administrado pela empresa. Os acionistas podem também obter liquidez se a empresa for vendida, se os proprietários comprarem de volta as ações ou se a empresa realizar um IPO tradicional.

Visto que este livro é sobre finanças, e não sobre leis, premeditadamente evitamos falar muito sobre os aspectos legais do empreendedorismo. Isso não significa que você deva ignorar as particularidades legais relacionadas à administração ou à criação de uma empresa. Uma excelente fonte altamente recomendada pelos meus alunos é o livro *The Entrepreuneur's Guide to Business Law* [Guia sobre Direito Empresarial para Empreendedores], de Constance Bagley e Craig Daunchy.

NOTAS

1. *Business Week*, 8 de janeiro de 2001, p. 55.
2. *Forbes ASAP*, 1º de junho de 1998, p. 24.
3. *Forbes*, 10 de janeiro de 2000, p. F.
4. *Inc.*, julho de 1997, p. 48.
5. *Crain's Chicago Business*, 9 de março de 1999, p. SB4.
6. *BUYOUTS*, 8 de fevereiro de 1999, p. 23.
7. *Private Equity Analyst*, agosto de 1999, p. 36.
8. *Ibid.*, p. 34.
9. *Ibid.*
10. PricewaterhouseCoopers/Associação Americana de Capital de Risco, "Corporate Venture Capital Activity on the Rise in 2006".
11. *Fast Company*, fevereiro de 1998, p. 86.
12. Associação de Pequenas Empresas.
13. Associação Americana de Companhias de Investimento em Pequenas Empresas, fevereiro de 2006.
14. *Directorship Inc.*, outono de 1998, p. 1.
15. *The Economist*, 3 de maio de 2001.
16. *Fast Company*, janeiro de 2000, p. 50.
17. Edward Chancellor, *Devil Take the Hindmost: A History of Financial Speculation* (Nova York: Farrar, Straus, Giroux, 1999).
18. *Boston Globe*, 21 de fevereiro de 2001.
19. *USA Today*, 22 de junho de 2000.
20. *USA Today*, 23 de dezembro de 1999.
21. *Time*, 27 de setembro de 1999.
22. *Chicago Sun-Times*, 3 de novembro de 1998, p. 45.
23. *Chicago Sun-Times*, 3 de setembro de 2000, p. 47A.
24. *Wall Street Journal*, 6 de abril de 2001, p. C1.

25. *USA Today*, 21 de janeiro de 1999.
26. *The Entrepreuneur's Guide to Going Public*, p. 297.
27. *Ibid.*, p. 202.
28. *Inc.*, fevereiro de 1998, p. 57.
29. *Success*, janeiro de 1999, p. 20.
30. *Inc.*, dezembro de 1996, p. 70.
31. *Essence*, maio de 1998, p. 64.
32. *USA Today*, 29 de abril de 1997, p. 4B.

CAPÍTULO 11

Financiamento para Mulheres e Minorias

INTRODUÇÃO

Como mencionado no início deste livro, o poder econômico das empresas pertencentes a mulheres e a minorias está crescendo rapidamente no mundo das pequenas empresas. No segundo caso, das minorias, as empresas cresceram mais de três vezes mais rápido que as empresas americanas em geral entre 1997 e 2002 – um salto de 3,1 milhões para 4,1 milhões de empresas.[1] As estatísticas apresentadas a seguir foram extraídas de um relatório de 2007 da Administração de Pequenas Empresas (Small Business Administration – SBA) e merecem ser examinadas:

- As empresas pertencentes a minorias geraram US$ 694 bilhões de receitas anuais.
- Embora os hispânicos controlassem a maior parte das empresas pertencentes a minorias e fossem a maior comunidade empresarial entre os grupos minoritários, as empresas pertencentes a asiáticos e indivíduos nascidos nas ilhas do Pacífico tiveram as receitas mais altas – 49% —— entre os grupos minoritários.
- As empresas de propriedade de negros também apresentaram um crescimento vertiginoso. O número total de empresas aumentou 45% e o número total de recebimentos aumentou 25%.
- Enquanto as empresas de propriedade de brancos registraram uma queda de 6% na quantidade de funcionários, as empresas hispânicas registraram o maior índice de criação de empregos – 11%.
- Nos Estados Unidos, 17% de todas as empresas de capital fechado com funcionários pertenciam a mulheres; 30% de todas as empresas com funcionários pertencentes a americanos nativos eram de mulheres americanas nativas, a maior porcentagem dentre todos os grupos étnicos.

Como já mencionei no início deste livro, minha mãe, Ollie Mae Rogers, foi a primeira empreendedora que conheci. Portanto, tenho imenso respeito pelas mulheres empreendedoras. De acordo com o que afirmamos antes, as empresas de propriedade de mulheres geram vendas anuais de mais de US$ 1,9 trilhão e respondem por mais de 12,8 milhões de funcionários em todo o país.[2] Entre 1997 e 2006, o número de empresas de propriedade majoritária de mulheres aumentou de 5,4 milhões para 7,7 milhões, um salto de 42%, quase o dobro de todas as outras empresas.[3] Entre 1997 e 2004, o número de empresas de capital fechado em que mais de 50% do controle pertence a mulheres não brancas cresceu seis vezes mais rápido do que o número total de empresas de capital fechado.[4]

Empreendedores do sexo feminino e provenientes de grupos minoritários recuperaram brilhantemente o tempo perdido e forçaram a mudança da infraestrutura tradicional das pequenas empresas. Graças a Deus atravessamos não estamos mais na época em que as mulheres não conseguiam obter empréstimos sem a assinatura do marido e em que era permitido por lei recusar solicitações de empréstimo simplesmente com base na afiliação étnica ou raça das pessoas! As leis que legalizaram essa discriminação racial e de gênero exerceram profunda influência sobre o empreendedorismo nos grupos minoritários e entre as mulheres. A impossibilidade de obter capital de outras fontes que não fossem poupança pessoal, familiares, amigos e investidores-anjos atrasou o crescimento da maioria dos empreendedores desses dois segmentos. Como não podiam contar com o financiamento de instituições financeiras, em essência esses empreendedores eram involuntariamente rebaixados a pequenos empreendedores ou empreendedores de estilo de vida. Por esse motivo, praticamente não existe nenhuma grande corporação fundada por minorias ou mulheres.

Uma pesquisa recente da SBA demonstra igualmente que a raça é um indicador significativo da probabilidade de alguém abrir um negócio e que a probabilidade de uma pessoa de um grupo minoritário abrir uma empresa é 55% inferior à de uma pessoa de um grupo não minoritário. Os dados da Tabela 11.1 mostram a composição do total da população dos Estados Unidos lado a lado com a porcentagem de notas/cupons fiscais (*business receipts*) por raça no país. Embora a situação continue melhorando, esses dados indicam claramente que o processo ainda está em andamento.

Tabela 11.1 Composição da população dos Estados Unidos em contraste com a porcentagem de notas/cupons fiscais

Grupo	Porcentagem da população	Porcentagem de notas/ cupons fiscais
Brancos	68,2%	92,5%
Hispânicos	13,5%	2,5%
Negros	11,8%	1,0%
Asiáticos/procedentes das ilhas do Pacífico	4,1%	3,7%
Indígenas americanos/Outros	2,4%	0,3%

Fonte: Administração de Pequenas Empresas.

Além disso, não obstante as leis federais que proíbem a discriminação de gênero e raça na área de financiamento de empréstimos e de capital próprio, é lamentável informar que ainda hoje empreendedores de grupos minoritários e do sexo feminino recebem uma ninharia do total do capital oferecido aos empreendedores.

Contudo, é cada vez maior o número de empresas de investimentos que estão buscando se concentrar em nichos variados. Portanto, elas são um recurso fundamental. Por exemplo, existem empresas especializadas cujo público-alvo são empreendedores do sexo feminino e de grupos minoritários ou que atuem em determinados setores, como o de bens de consumo, de produtos alimentícios, bancário e de esportes. Existem até mesmo firmas de investimentos específicas para empresas de determinadas regiões geográficas, como a região da Nova Inglaterra, ou áreas rurais. Algumas delas estão relacionadas na Figura 1.1.

Nome	Alvo de investimento
Belvedere Capital Partners	Bancos comunitários na Califórnia
IMG/Chase Sports Capital	Empresas relacionadas a esportes
Village Ventures	Áreas mal-atendidas, cidades menores
Bastion Capital	Empreendedores hispânicos
Capital Across America (CXA)	Empresas de mulheres
Ceres	Empresas de mulheres

Figura 11.1 Empresas que investem em participação em nichos.

MINORIAS: EMPRÉSTIMOS

O histórico de sucesso dos empreendedores provenientes de grupos minoritários com relação à captação de capital junto a investidores institucionais e de empréstimos é ainda pior que o das mulheres. Uma pesquisa realizada pela SBA demonstrou que as minorias enfrentam um índice de rejeição de concessão de crédito significativamente superior ao das empresas de propriedade de mulheres brancas. Os dados apresentados na Tabela 11.2 mostram os índices de rejeição para empresas de indivíduos pertencentes a grupos minoritários.

Em consequência desse alto índice de rejeição, as empresas de minorias utilizam mais o crédito pessoal. Os dados da SBA indicam que apenas 9,5% das empresas de proprietários brancos utilizam cartão de crédito na empresa, em comparação a 20,6% das empresas de indivíduos procedentes das ilhas do Pacífico, 15% das empresas de proprietários negros e 13% das empresas de proprietários hispânicos.

Recomendações

Os empreendedores provenientes de grupos minoritários que estão tentando levantar empréstimos devem procurar instituições favoráveis às minorias, como os bancos de desen-

Tabela 11.2 Índice de rejeição de empréstimos comerciais

Afro-americanos	53%
Asiáticos	36%
Hispânicos	47%
Todas as minorias que possuem empresas	47%
Todas as empresas	21%

volvimento comunitário e as grandes empresas de financiamento – por exemplo, o CIT Group – e as empresas de serviços financeiros direcionadas a mercados médios (que não estão relacionadas ao Citigroup, Inc., a *holding* bancária mais conhecida). Nos últimos quatro anos, a CIT Small Business Lending Corporation foi a principal financiadora da SBA no país para empresas de mulheres, veteranos de guerra e minorias. No período de 2005-2006, ela forneceu a esses grupos US$ 440 milhões.

Outra excelente fonte de empréstimo são os financiadores da SBA. O número de empréstimos da SBA aumentou de 37.528 para 88.912 entre 2001 e 2005. Durante esse período, a porcentagem do total de empréstimos destinada a minorias aumentou de 25% para 29%. Dentre as grandes instituições financeiras que aumentaram sua porcentagem de empréstimo a empresas de minorias estão o Wells Fargo, que se comprometeu a conceder empréstimos de US$ 3 bilhões a empresas de asiáticos, US$ 5 bilhões a empresas de latino-americanos e US$ 1 bilhão a empresas de negros. Outra fonte de capital para empresas de minorias é a Accion USA, a maior empresa de crédito desse tipo nos Estados Unidos, que concede empréstimos de US$ 500 a US$ 25.000. Além da Accion, o Fundo de Microcrédito do Conselho Americano de Empresas de Minorias oferece empréstimos de curto prazo de US$ 1.500 a US$ 2.500 para pequenas empresas cujos proprietários pertençam a grupos minoritários.

MINORIAS: FINANCIAMENTO DE CAPITAL PRÓPRIO

Menos de 1% do total do capital próprio fornecido por investidores institucionais foi direcionado a empreendedores de grupos minoritários. Parte do problema são as porcentagens de participação. Por exemplo, apenas 6,9% dos empreendedores provenientes de grupos minoritários apresentaram ideias de negócios a investidores-anjos. Existem evidências convincentes de que o problema é a falta de oportunidade. A porcentagem de investimentos aprovados para empresas de minorias foi 7,1% ou quase dois terços da porcentagem geral. Isso não faz sentido se levarmos em conta que, entre 1991 e 2001, o índice médio de empréstimos concedidos por empresas de investimentos direcionadas a minorias foi de 23,9%, comparativamente ao índice de 20,2% relativo a todas as empresas de *private equity*.[5]

Quase 100% desse capital veio de empresas associadas à Associação Americana de Empresas de Investimentos (National Association of Investment Companies – Naic), as quais sem dúvida se dedicam a empresas de minorias e trabalham intensamente para encontrar investimentos para esses grupos. Prova disso são os resultados de uma pesquisa junto a essas empresas, que indicaram que 100% delas haviam participado de empréstimos sindicalizados. Algumas também investiram proativamente em mulheres empreendedoras. Mais de 50 empresas afiliadas à Naic nos Estados Unidos investiram mais de US$ 2,5 bilhões em aproximadamente 20.000 empresas de variadas etnias. Em 2003, essas empresas tinham coletivamente US$ 5 bilhões de capital administrado.[6]

Praticamente toda empresa de alto crescimento bem-sucedida de indivíduos provenientes de grupos minoritários recebeu financiamento de uma empresa afiliada à Naic. Algumas das empresas que receberam capital social estão relacionadas na Figura 11.2.

Empresa	Minoria	Descrição	Membro da Naic
Radio One	Negros	Empresa de capital aberto (Nasdaq: ROIA). As maiores emissoras dirigidas a afro-americanos	TSG Capital
Black Entertainment Television	Negros	Antes empresa de capital aberto (NYSE: BTV). Adqurida pela Viacom	Syncom
Z-Spanish Media	Hispânicos	Maior rede de mídia no idioma espanhol	TSG Capital
Watson Pharmaceuticals	Asiáticos	Empresa de capital aberto (NYSE: WPI)	Polestar Capital
BioGenex Laboratories	Indianos		Pacesetter

Figura 11.2 Vários investimentos de *private equity* de empresas afiliadas à Naic.

Outra fonte de capital social para os empreendedores provenientes de grupos minoritários foram os investidores-anjos. Um exemplo é o Access to Capital Group, grupo de investidores direcionados a minorias com sede em Dallas, que pode ser contatado pelo telefone 877-408-1ACG.

Recomendações

Os empreendedores de grupos minoritários que estão procurando financiamento de capital social devem entrar em contato com a Naic, em www.naicvc.com, para obter uma relação completa das empresas de financiamento afiliadas. Algumas delas estão relacionadas na Figura 11.3.

Membro da Naic	Local	Telefone
Black Enterprise/Greenwich Street Equity Fund	Nova York, Nova York	212-816-1189
Opportuniy Capital Partners	Fremont, Califórnia	510-795-7000
Hispania Capital	Chicago, Illinois	312-697-4611

Figura 11.3 Algumas empresas afiliadas à Naic.

MULHERES: EMPRÉSTIMOS

Historicamente, as mulheres sempre tiveram dificuldade para obter empréstimos de instituições como os bancos. Felizmente, essa situação começou a melhorar nos últimos anos. Um novo estudo realizado pelo Wells Fargo demonstrou que 70% das mulheres estão satisfeitas com seu acesso ao crédito, um número superior aos 50% de dez anos atrás.[7] Além disso, o acesso das proprietárias de empresas ao crédito comercial aumentou mais de dois terços entre 1996 e 2003, isto é, de 20% em 1996 para 34% em 2003.

Entretanto, ainda há muito trabalho a ser feito. Uma pesquisa da SBA demonstrou que 32% das empresas de propriedade de homens tinham uma linha de crédito, em comparação a apenas 23% das empresas de mulheres. O índice de rejeição das linhas de crédito oferecidas por bancos a empresas de mulheres foi superior – 45% em comparação com 32% para empresas de homens. O índice de rejeição em relação a todas as fontes de crédito para empresas de mulheres foi 26%, em comparação a 20% para todas as empresas. Em conclusão, para 22% das mulheres a obtenção de crédito foi seu maior desafio durante os dois primeiros anos de atividade da empresa, comparativamente a 13% dos homens.[8] Se isso não bastasse, um estudo do Wells Fargo demonstrou que várias proprietárias não estão tirando proveito de todos os produtos de crédito disponíveis. Por exemplo, 74% delas nunca pensaram em penhorar suas contas a receber, 55% nunca pensaram em obter empréstimos pessoais sem garantia e 42% nunca pensaram na opção de crédito de fornecedor.[9]

Recomendações

As mulheres que estão tentando obter empréstimo devem procurar instituições que querem negociar com mulheres. São exemplos as financiadoras da SBA e bancos como o Wells Fargo, que em 1994 se comprometeu a emprestar US$ 1 bilhão a mulheres empreendedoras. Um ano depois, o Wells Fargo estava tão convencido que conceder empréstimos a mulheres empreendedoras era uma excelente estratégia, que prometeu emprestar US$ 10 bilhões no período de dez anos. Nos dez anos subsequentes, o Wells Fargo destinou mais de US$ 25 bilhões nos 600.000 empréstimos concedidos a mulheres de negócios.[10] Esse compromisso adicional ocorreu depois que a Fundação Americana de Mulheres de Negócios publicou uma pesquisa que demonstrava que o investimento em mulheres de negócios era garantido porque as mulheres eram mais propensas a pagar os empréstimos. Esse fato foi comprovado por informações que demonstram que, em média, as empresas de mulheres ficam por mais tempo no mercado. Mais especificamente, cerca de 75% das empresas de mulheres fundadas em 1991 ainda permaneciam no mercado três anos depois, em comparação a 66% de todas as empresas dos Estados Unidos.[11] Dois outros bancos que se concentraram ativamente em empresas de mulheres foram o KeyBank, por meio do programa Key4Women, e o Wachovia. Ambos conseguiram fornecer mais de US$ 1 bilhão de empréstimos para mulheres.[12]

Além disso, a SBA tem favorecido um número crescente de mulheres. Entre 1990 e 2004, a porcentagem de empréstimos concedidos a mulheres pela SBA nos Estados Unidos aumentou de 13% para 22%. Embora esse salto deva ser aplaudido, é necessário ressaltar que os empréstimos da SBA ainda precisam melhorar. De 2000 a 2004, a porcentagem de empréstimos concedidos a mulheres aumentou de forma irrisória, de 20% para 21%.[13] A Figura 11.4 relaciona algumas outras fontes institucionais de empréstimo para mulheres de negócios.

Fonte	Descrição/Contato
Capital Across America	Financiamento mezanino
Count-Me-In for Women's Economic Independence	Programa de empréstimo on-line
FleetBoston Financial's Women Entrepreneurs' Connection	Programa de operações bancárias para mulheres
SBA, Office of Women's Business Ownership (OWBO)	800-8-ASK-SBA
Banco Wells Fargo	800-359-3557, ramal 120
Women, Inc.	Fundo de empréstimo de US$ 150 milhões, 800-930-3993

Figura 11.4 Várias fontes institucionais de empréstimo dedicadas a mulheres.

MULHERES: FINANCIAMENTO DE CAPITAL PRÓPRIO

O primeiro ano em que as mulheres receberam mais de 2% dos financiamentos institucionais de capital próprio foi 2000 – nesse ano, elas receberam 4,4%.[14] Em 2003, apenas 4% das mulheres de negócios com receitas de US$ 1 milhão ou mais obtiveram ou tinham intenção de obter esse tipo de investimento, em comparação com 11% das empresas de homens. Ainda em 2003, 4,2% do capital de risco foi direcionado a mulheres empreendedoras.[15] De acordo com um estudo encomendado pelo Centro de Pesquisa de Negócios de Mulheres (antes Fundação Americana de Mulheres de Negócios), as mulheres empreendedoras que procuram ou obtiveram capital próprio costumam encontrar essas fontes de financiamento de três maneiras: boca a boca (60% das contempladas, 49% das que costumam procurar), por meio de redes pessoais de consultores de negócios (50% das contempladas, 42% das que costumam procurar) e com investidores que as selecionaram (38% das contempladas, 39% das que costumam procurar).[16]

Recomendações

Daria a mesma recomendação que dei para as fontes de empréstimo: procure fontes que estejam interessadas em realizar negócios com mulheres. A Figura 11.5 relaciona os fundos de *private equity* direcionados a mulheres empreendedoras.

Fonte	Local	Informações
Three Guineas Fund	San Francisco, Califórnia	www.3gf.org
Boldcap Ventures, LC	Nova York, Nova York	www.boldcap.com
Ceres Venture Fund	Evanston, Illinois	www.ceresventurefund.com
New Vista Capital	Palo Alto, Califórnia	www.nvcap.com
Isabella Capital	Cincinnati, Ohio	www.fundisabella.com

Figura 11.5 Empresas de financiamento *private equity* direcionadas a mulheres.

Uma das principais defensoras da agilização do acesso das mulheres aos mercados de *private equity* é a Springboard Enterprises, que já promoveu 17 fóruns, com a participação de mais de 3.500 mulheres, e levantou mais de US$ 4 bilhões para empresas de mulheres. O *site* da Springboard conta com um excelente recurso para as mulheres empreendedoras, o centro de aprendizagem (*learning center*).[17]

Outra ótima fonte de capital próprio são os investidores-anjos. A Figura 11.6 relaciona os investidores que têm interesse em oferecer financiamento para mulheres empreendedoras.

Além da Springboard, existem vários outros recursos e organizações devotados à assessoria de mulheres empreendedoras. Alguns deles são:

- Concurso de Planos de Negócios da Fundação Amber (Amber Foundation Biz Plan Competition). Esse concurso mensal premia os melhores planos de negócios enviados por mulheres pela *Web*.[18]
- Centro Empresarial On-line das Mulheres (Online Women's Business Center) da SBA. O Office of Women's Business Ownership (OWBO) da SBA promove o crescimento das empresas de mulheres por meio de diversos programas de treinamento empresarial e assistência técnica e que oferecem acesso a linhas de crédito e capital, contratos federais e oportunidades comerciais internacionais. Todos os

Fonte	Local	Informações
Astia	San Francisco, Califórnia	www.astia.org
Seraph Capital Forum	Seattle, Washington	www.seraphcapital.com
Golden Seeds	Nova York, Nova York	www.goldenseeds.com
Phenomenelle Angels	Madison, Wisconsin	www.phenomenelleangels.com

Figura 11.6 Vários investidores-anjos direcionados a mulheres.

escritórios regionais da SBA têm um representante do OWBO, e isso propicia uma rede nacional de recursos para as mulheres empreendedoras.
- WomenBiz.gov. Portal *Web* direcionado a empresas de mulheres que fornecem produtos ou serviços ao governo federal e que ajuda as mulheres de negócios a investigar se o governo federal é o melhor cliente para elas.
- Centro de Pesquisa de Negócios de Mulheres (Center for Women's Business Research). Esse centro foi originalmente fundado como Fundação Americana de Mulheres de Negócios. É uma das principais fontes de conhecimento sobre mulheres de negócios e respectivos empreendimentos.
- Associação Nacional de Mulheres de Negócios (National Association of Women Business Owners – NAWBO), com sede na área metropolitana de Washington, DC, é a única organização nacional de empréstimo que representa os interesses de todas as mulheres empreendedoras de todos os tipos de empresa. Atualmente, essa organização tem mais de 75 filiais e representação em 35 países.
- Center for Women & Enterprise (CWE) é a maior organização regional de treinamento em empreendedorismo em Boston e Worcester, Massachusetts, e Providence, Rhode Island. Sua missão é dar autonomia às mulheres para que se tornem economicamente autossuficientes e prósperas por meio do empreendedorismo.
- Centro de Desenvolvimento de Empresas de Mulheres (Women's Business Development Center – WBDC). O WBDC oferece serviço completo para abertura de empresas emergentes e fortalecimento de empresas existentes de mulheres na área de Chicago. Os serviços oferecidos pelo WBDC incluem oficinas e aconselhamento personalizado sobre todos os aspectos de desenvolvimento de empresas, como *marketing*, finanças, gerenciamento empresarial, integração tecnológica etc. O WBDC foi consultado por mais de 35.000 mulheres empreendedoras, ajudando-as iniciar e desenvolver suas empresas, e agilizou mais de US$ 24 milhões de empréstimos para mulheres de negócios.

Embora a situação esteja melhorando tanto para as mulheres quanto para as minorias, isso não está ocorrendo com a rapidez necessária. O acesso insatisfatório desses dois grupos a fontes de capital está prejudicando os Estados Unidos. Aida Alvarez, ex-diretora da SBA, expressou-se maravilhosamente sobre isso ao dizer: "As empresas de propriedade de mulheres e minorias estão se multiplicando mais rapidamente que todas as outras empresas nos Estados Unidos. Se não começarmos a investir agora no potencial dessas empresas, não teremos uma economia promissora no novo milênio".[19]

NOTAS

1. Departamento do Censo dos Estados Unidos, 2002.
2. Centro de Pesquisa de Negócios de Mulheres, "Women-Owned Businesses in the United States, 2006: A Fact Sheet", 2006.
3. *Ibid.*
4. "Women's Lead the Startup Stats", *Business Week*, 29 de novembro de 2004.
5. Agência de Desenvolvimento de Empresas de Minorias, "Expanding Financing Opportunities for Minorities", 2004.
6. Associação Nacional de Empresas de Investimento, www.naivc.com.
7. Centro de Pesquisa de Negócios de Mulheres, "Capital Choices: Volume Two, The Value of Knowledge", 2006.
8. Centro de Pesquisa de Negócios de Mulheres, comunicado à imprensa, 25 de janeiro de 2005.
9. Centro de Pesquisa de Negócios de Mulheres, "Women Business Owners in Nontraditional Industries", 2005.
10. Wells Fargo, comunicado à imprensa, 2 de maio de 2006.
11. Fundação Americana de Mulheres de Negócios, 17 de outubro de 1996.
12. *Atlanta Journal-Constitution*, 4 de julho de 2007.
13. Centro de Pesquisa de Negócios de Mulheres, comunicado à imprensa, 25 de janeiro de 2005.
14. *USA Today.com*, 14 de agosto de 2001, http://www.usatoday.com.
15. *Ottawa Business Journal*, 29 de novembro de 2004.
16. "Women Entrepreneurs in the Equity Capital Markets: The New Frontier", Fundação Americana de Mulheres de Negócios, 2000.
17. *Site* da Springboard Enterprises.
18. Rede SBDC da Geórgia, "New Non Traditional Financial Sources", agosto de 2006.
19. *Chicago Sun-Times*, 24 de março de 1999, p. 69.

CAPÍTULO 12

Assumindo um Cargo em uma Empresa Empreendedora

INTRODUÇÃO

Cinco anos atrás, o Instituto de Empreendedorismo Levy, na Kellogg, publicou os resultados de uma pesquisa junto aos ex-alunos da Kellogg a respeito de empreendedorismo, com o objetivo de identificar, especificamente, quantos dos nossos 45.000 ex-alunos haviam se tornado empreendedores. A primeira fase dessa pesquisa foi direcionada aos ex-alunos que se especializaram em empreendedorismo entre 1997 e 2005 enquanto estudavam na Kellogg. Entramos em contato com 1.500 ex-alunos e obtivemos 36% de resposta. Ficamos imensamente satisfeitos com os resultados, os quais são apresentados na Figura 12.1.

Uma das constatações inesperadas nessa pesquisa foi que, entre os ex-alunos que estavam envolvidos com o empreendedorismo, uma grande porcentagem trabalhava em alguma empresa empreendedora. Eles haviam se demitido de grandes bancos de investimentos, empresas de consultoria e empresas industriais para trabalhar em uma empresa *start-up*. O que leva uma pessoa a tomar a decisão de deixar a segurança de uma empresa bem estabelecida, em muitos casos companhias listadas na *Fortune 500*, para trabalhar em um empreendimento de alto risco na fase embrionária de desenvolvimento?

Devemos utilizar como modelo o estudo de caso apresentado a seguir, paralelamente a uma análise situacional, para responder a estas perguntas: "Devo abandonar meu emprego para trabalhar em uma *start-up*?" e "Como devo fazer uma análise financeira a respeito dessa decisão?".

Figura 12.1 Resultados da pesquisa sobre empreendedorismo entre ex-alunos da Kellogg.

ESTUDO DE CASO: AVALIANDO UMA OFERTA DE TRABALHO EM UMA EMPRESA EM FASE INICIAL DE DESENVOLVIMENTO

Em sua casa em Chicago, numa tarde quente de sexta-feira no início do verão, Nailah Johnson, que dali a duas semanas concluiria o programa de MBA Executivo (EMBA) de fim de semana oferecido pela Escola de Administração Kellogg, acaba de falar ao telefone. Ela estava contente. John Paul, fundador da AKAR e provavelmente seu futuro patrão, disse o seguinte ao final da conversa: "Diga-me o que seria necessário fazer para você se juntar a nós".

Vários eram os motivos que levavam Nailah a se sentir instigada por trabalhar em uma empresa empreendedora e possivelmente adquirir seu próprio negócio tempos depois. Ela se lembra de ter citado esse objetivo nos artigos que a haviam ajudado a entrar na Kellogg dois anos atrás. O cargo que Paul queria que Nailah ocupasse na AKAR era atraente: diretora de vendas e *marketing*. Nesse cargo, Nailah teria uma responsabilidade significativamente maior da que tinha no momento e poderia ser promovida a vice-presidente em menos de 12 meses. Nailah já havia ouvido falar dos aspectos positivos e negativos de se trabalhar em uma empresa que está começando suas atividades. Se a empresa fracassasse, os prejuízos financeiros seriam imediatos, porque nas *start-ups* os funcionários costumam ganhar salários baixos. Entretanto, as recompensas financeiras poderiam ser lucrativas se os funcionários detivessem alguma participação e o valor da empresa aumentasse.

Nailah havia sido admitida na Motorola em 2004 como diretora de operações. Principalmente pela formação que recebera na Kellogg e por seu desejo de alargar suas habilidades práticas, Nailah recentemente havia sido transferida para o cargo de gerente de *marketing* de produtos. Ela e o marido levavam uma vida confortável em Chicago, tanto do ponto de vista profissional quanto social. Apenas dois dias antes, Nailah havia dito ao marido que estava grávida. Este seria o primeiro filho do casal. Com a chegada desse novo membro, eles previam que o orçamento anual da família ficaria US$ 19.000 mais alto. No início do casamento, eles haviam considerado que no momento certo Nailah seria mãe em tempo integral.

Ainda atordoada com o telefonema de Paul, Nailah sentou-se à mesa da cozinha, refletindo sobre o que ele lhe havia dito: "Quanto mais cedo pudermos admiti-la, melhor". Antes disso, Nailah teria concluído que aceitaria o cargo na AKAR logo de cara, praticamente em qualquer condição que lhe parecesse razoável; afinal de contas, ela havia investido vários meses e muita energia para que isso ocorresse. Contudo, naquele momento, enquanto refletia aturdidamente sobre os custos e benefícios do cargo, ela se sentia insegura quanto às condições que poderia apresentar. Nailah teria de dar uma resposta a Paul em cinco dias, mas não tinha certeza se poderia determinar o que queria mesmo se tivesse três meses para dar essa resposta. Ela pensou também na possibilidade de recusar essa oportunidade, porque o risco era muito alto e o momento extremamente inoportuno. Afinal, perguntou-se ela, se aceitasse esse ou outro emprego, será que algum dia se tornaria de fato uma empreendedora ou sempre seria única e simplesmente funcionária de outra pessoa? Será que em vez disso deveria tentar adquirir sua própria empresa?

Em vários aspectos, a carreira de Nailah era típica de um estudante de MBA. Portanto, não obstante seu interesse pelo empreendedorismo, avaliar seriamente a oferta de uma empresa *start-up* era uma questão totalmente inédita para ela. Enquanto refletia sobre os prós e contras da oferta, ela se lembrou do caminho que a havia conduzido até ali.

Uma vida reta

Nailah Johnson formou-se na Williams College praticamente com nota máxima (observe o currículo de Nailah na Figura 12.2). Logo depois a faculdade, ela iniciou sua carreira na Sun Microsystems e posteriormente foi para a Motorola. Embora Nailah gostasse de trabalhar com dispositivos móveis, para ela as questões comerciais relacionadas a essa área eram bem mais interessantes. Quais eram os segmentos-alvo da empresa? Qual era a melhor maneira de distribuir e comercializar os produtos? Quanto aos novos produtos, quais tinham maior probabilidade de sobreviver?

Foram esses objetivos que levaram Nailah a se inscrever na Kellogg. Como ela sempre teve interesse por *start-ups*, frequentou vários cursos de empreendedorismo e entrou para esse clube. Em suas atividades acadêmicas, Nailah gostava de falar sobre empreendedorismo, especialmente do potencial dos novos produtos de alta tecnologia, mas seu objetivo profissional sempre foi perseguir oportunidades de trabalho em uma grande empresa. Agindo de acordo, tentou uma vaga de gerente de *marketing* na Motorola e teve a agradável surpresa de receber uma oferta. Esse novo cargo oferecia um salário de US$ 115.000 (um aumento de 30% que a enquadrava na faixa de imposto de renda de 28%), possíveis bonificações de aproximadamente 25% de seu salário e a responsabilidade pelo *marketing* de uma nova geração de dispositivos de vídeo. Nailah adorava trabalhar nessa área e já estava prestes a ser promovida a gerente de desenvolvimento de negócios.

Esse novo cargo não foi a única mudança em sua vida um ano atrás: logo em seguida ela se casou com Naeem, seu colega de classe na Kellogg. Eles compraram um apartamento de dois quartos em Chicago no valor de US$ 400.000. Deram uma entrada de 20% (tudo o que haviam economizado até então) e assumiram uma hipoteca de 30 anos com taxa de juros fixa de 6%. A hipoteca e os empréstimos estudantis eram suas únicas dívidas. A tributação mensal, os impostos e o seguro equivaliam a aproximadamente 40% da hipoteca. Todas as outras despesas domésticas, como telefone, eletricidade, televisão a cabo, gás e mantimentos equivaliam a cerca de 35% da hipoteca mensal. Eles tinham dois carros, ambos pagos integralmente.

Na época em que Nailah estava avaliando a possibilidade de aceitar o emprego da AKAR, Naeem também havia sido promovido na Kraft; ele ganhava US$ 105.000 anuais e uma bonificação de aproximadamente 20%. A assistência médica, odontológica e oftalmo-

---

Nailah Johnson
FORMAÇÃO:

2005 até o momento **ESCOLA DE ADMINISTRAÇÃO KELLOGG** Evanston, Illinois
Executive Master em Administração de Empresas, GMAT 770
- Especialização em Administração e Estratégia, Finanças e Marketing.
- Membro da equipe NBI que criou um plano de marketing estratégico para a Handi Ramp Foundation; membro da equipe da Kellogg que conseguiu chegar às finais do Prêmio Internacional da AT Kearney.
- Membro do Entrepreneurship Club; participante do GIM China; diretora de logística da India Business Conference.

1995–1999 **WILLIAMS COLLEGE** Williamstown, Massachusetts
BACHAREL EM COMUNICAÇÃO, GPA: 3,92/4,00
- Financiamento de 100% dos estudos ocupando cargos de auxiliar na faculdade.
- Escolhida como principal instrutora em cursos de matemática para calouros. Ministrou aulas a classes com 40 alunos, recebendo sempre boas avaliações (4,5/5). Escolhida para dar aulas de recuperação.
- Membro da equipe de cinco pessoas de badminton da escola. Ganhadora do campeonato regional em 1996.

Figura 12.2 Currículo de Nailah Johnson.

EXPERIÊNCIA:

2004 até o momento   **MOTOROLA**   Chicago, Illinois
Diretora de Vendas Sênior (2006 até o presente)
- Gerenciamento de marketing do serviço de vídeo móvel de última geração, com uma expectativa de valor comercial de US$ 48 milhões no período de cinco anos.
- Coordenação da equipe interfuncional, que inclui oito especialistas de diferentes divisões da Motorola, para desenvolver um plano de marketing para o sistema de vídeo móvel.
- Condução de uma iniciativa independente de pesquisa para investigar novo canal de distribuição de música e *talk shows* por telefone celular. Mercado avaliado em US$ 2 bilhões.

Diretora de Marketing Global de Produtos e Diretora de Operações (2004 2006)
- Seleção de um consultor técnico para um projeto de longa duração de oito meses, avaliado em US$ 2 milhões. Esse projeto fortaleceu a relação da Motorola com um importante cliente externo.
- Colaboração com seis outros especialistas em pesquisa no desenvolvimento de uma tecnologia diferenciadora para o mercado de rede doméstica no valor de US$ 13 bilhões. Essa tecnologia está exposta no centro de inovação da Motorola em Horsham (Pensilvânia).
- Selecionada entre 800 candidatos para o comitê de patentes do Centro de Pesquisa Aplicada da Motorola, formado por dez pesquisadores seniores, para avaliar a viabilidade técnica e comercial de ideias inovadoras; redigiu oito pedidos de patente para a Motorola e cinco publicações externas.

1999–2004   **SUN MICROSYSTEMS**   Oak Brook, Illinois
Gerente de Produtos Sênior (2002 2004)
- Liderou o projeto de integração de plataformas de US$ 2 milhões envolvendo oito pessoas para o desenvolvimento de novos produtos para o SPARCstation.
- Apresentação de iniciativas de engenharia importantes da Sun para mais de 100 gerentes de contas em encontros anuais de clientes.
- Selecionada entre mais de 60 gerentes de projeto para demonstrar um protótipo de pesquisa no WIRED NextFest 2004. Mais de 20 mil pessoas participaram da apresentação.

Gerente de Produtos (1999 2002)
- Apresentação de pesquisas a altos executivos da Sun. Essa apresentação foi transmitida subsequentemente a mais de 30 mil engenheiros da Motorola.
- Agraciada com o "Significant Achievement Award" pela integração de um sistema de detecção de local terceirizado um mês antes do programado.

OUTRAS INFORMAÇÕES:
- Inspeção robótica no campeonato regional do Centro Oeste. A patrocinadora do evento foi a USFIRST, organização cujo objetivo é aumentar o interesse das crianças por ciência e engenharia.
- Aficionada por *lacrosse* na faculdade (torcedora fanática da Williams College) e gosta de jogar golfe e viajar.

Figura 12.2 Currículo de Nailah Johnson (*continuação*).

lógica oferecida de sua empresa era gratuita. A vida do casal era movimentada, mas agradável. Estavam construindo sua carreira profissional, frequentavam o MBA e tiravam férias. Eles gastavam em torno de 25% do salário mensal de Naeem em atividades recreativas. Embora as empresas em que trabalhavam lhes reembolsassem parte dos gastos com instrução, eles haviam acumulado uma dívida estudantil significativa (consulte a Figura 12.3).

A seguir encontra-se um resumo de todos os empréstimos processados pelo Departamento de Auxílio Financeiro a partir de 14 de junho de 2007. Os valores relacionados do principal são os saldos originais do principal. Esses valores não indicam nenhum pagamento feito a esses empréstimos. Os empréstimos de outras instituições não estão incluídos nesse formulário.

Escola de Administração Kellogg

Departamento de Auxílio Financeiro

14 de junho de 2007

Nailah Johnson

652 W. Evans Dr.

Chicago, CO 80201

Data de separação: 14 de junho de 2007

Escola: Escola de Administração Kellogg

Financiador	Fiador	Juros	Tipo de empréstimo	Valor do empréstimo
Kellogg 555 Clark St. –3° andar Evanston, IL 60208	Illinois Student Assistance Co. 500 W. Monroe – 3° andar Springfield, IL 62704-1876	6,8%	Subsidiado da Stafford	US$ 17.000,00
Kellogg 555 Clark St. –3° andar Evanston, IL 60208	Illinois Student Assistance Co. 500 W. Monroe – 3° andar Springfield, IL 62704-1876	6,8%	Não subsidiado da Stafford	US$ 22.000,00
Kellogg 555 Clark St. –3° andar Evanston, IL 60208	Kellogg 555 Clark St. –3° andar Evanston, IL 60208	5,0%	Perkins	US$ 12.000,00
Total				**US$ 51.000,00**

Figura 12.3 Declaração de separação para financiamento estudantil.

Em busca de algo mais

Embora Nailah tivesse construído uma carreira profissional promissora até aquele momento, nos últimos meses várias perguntas frequentes ocuparam sua mente. Será que ter experiência profissional é tudo? Como podemos tirar maior proveito pessoal do valor profissional que construímos? Como podemos ficar milionários sem arriscar tudo na vida? Essas perguntas também lhe vinham à mente quando se lembrava do quanto havia curtido as aulas de empreendedorismo ou ficava sabendo do sucesso de outras pessoas em algum empreendimento.

De acordo com a revista de ex-alunos *Kellogg World*, Deniece Grant, formada recentemente no programa de meio período vespertino, havia levantado para a sua empresa US$ 4 milhões em capital-anjo e em capital de risco destinado a *start-ups*. Sua empresa fornecia um *software* de pesquisa automática de informações relacionadas ao documento no qual o usuário estivesse trabalhando. Ela concedeu "direitos de opções de venda" a alguns de seus gerentes que possuíam ações da empresa. A princípio, quando contratou esses funcionários, ela lhes havia concedido unidades de ações restritas.

Raymond Robinson, um amigo de Nailah de Chicago que havia se formado no programa de período integral dois anos antes, já era vice-presidente. Ele obteve 2% de participação depois de exercer a opção de compra de ações que recebera quando foi contratado em uma empresa de tecnologia sem fio que havia acabado de concluir sua oferta pública inicial (IPO). Robinson ficou multimilionário. Suas opções de compra originalmente previam o resgate anual de 20% após seu segundo ano de emprego. Contudo, como o IPO acionou a cláusula de "mudança de controle", ele pôde resgatar imediata e integralmente 100% de suas opções de compra. "Poderia ter sido eu", pensou Johnson quando ficou sabendo desses casos.

Quatro meses antes, depois de concluir um projeto extremamente desafiador em seu trabalho, Nailah decidiu não ficar mais à margem do empreendedorismo. Começou a ler revistas e livros sobre o assunto, a entrar em contato com amigos que ela achava que poderiam saber de alguma oportunidade de trabalho em empresas iniciantes, a pesquisar a fundo o banco de dados de ex-alunos da Kellogg para encontrar pessoas que trabalhassem em pequenas empresas e a marcar o máximo de entrevistas informacionais que pudesse. Além disso, Nailah entrou em contato com um recrutador especializado em colocação de pessoal em empresas iniciantes e um corretor de negócios que lhe pudesse apresentar empresas à venda. O tempo que ela investiu nessa pesquisa, paralelamente às suas responsabilidades no trabalho e na escola, não deixou nenhum espaço em sua agenda semanal para exercícios físicos e atividades sociais e tampouco para ficar com o marido. Mas isso lhe parecia ser a coisa certa a fazer.

Não obstante o entusiasmo de Nailah nessa pesquisa, meses se passaram sem que ela visse algum avanço importante. Pelo menos, como a personagem Cachinhos Dourados no mundo corporativo, ela conseguiu identificar várias coisas que ela *não* estava procurando em uma nova oportunidade: ela recusou vários cargos que a princípio pareciam promissores pelo fato de serem muito arriscados (uma empresa de *software* com cinco pessoas no primeiro estágio de captação de capital inicial), não tão estimulantes (uma empresa que fornecia soluções de *marketing* para o setor de papel e celulose) ou muito esquisitos (um empreendimento que desenvolvia *softwares* tão exclusivos que os fundadores solicitavam que todos os funcionários assinassem um acordo de confidencialidade, diariamente).

Entretanto, dois meses antes, quando Nailah conheceu John Paul, sua sorte mudou. Ela havia se inscrito no Entrepreneur-in-Residence Program (EIR) do Centro de Empreendedorismo para conhecê-lo. O EIR promove o encontro de empreendedores e investidores majoritários com alunos da Kellogg em sessões individuais de 30 minutos ao longo de um dia para que respondam perguntas e apresentem ideias com base em sua experiência de vida.

AKAR: oportunidade

John Paul tinha apenas 46 anos de idade, mas já havia vendido duas empresas. Nailah havia lido em um determinado artigo que a AKAR, empreendimento mais recente de Paul, era muito promissora e havia recebido significativa atenção no setor. Além disso, esse artigo se referia a Paul como um "apostador de excelente discernimento – ou quem sabe de grande sorte".

Depois de abandonar a Universidade de Grambling em 1981, Paul trabalhou como programador de computadores para uma série de fabricantes de *videogames* antes de desempenhar funções na área de operações e desenvolvimento de banco de dados. Ele se orgulhava do fato de ser um autodidata em vários aspectos profissionais, de finanças ao *marketing*: "Os melhores professores que já tive? Tentativa e erro", dizia sempre. Paul vendeu sua primeira empresa, a GamerParadize (que havia iniciado em seu apartamento seis anos antes), um dos primeiros portais de jogos *on-line*, para a Midway Games, por US$ 40 milhões (20 vezes sua receita) em seu terceiro ano de atividade. Ele detinha 60% da empresa e os dois escalões mais altos da administração (vice-presidentes e diretores), composto por nove pessoas, detinham 20%. No fechamento, os quatro vice-presidentes dividiram US$ 4 milhões. Os 20% restantes foram para os investidores, que haviam investido US$ 2 milhões cinco anos antes.

Paul foi bem mais ambicioso em seu segundo empreendimento: para criar a X-Cell, empresa de desenvolvimento e segurança de *Internet*, ele obteve um financiamento de capital de risco no valor de US$ 15 milhões. Ele firmou acordos de "direito de opção de compra" com todos os diretores que possuíam ações, direito esse que poderia ser exercido a qualquer momento por um múltiplo de 3 vezes o preço original. Infelizmente, em virtude de um processo judicial relacionado a patentes, a X-Cell foi obrigada a interromper a comercialização de seu principal produto de segurança. Paul e os investidores resolveram liquidar todos os ativos em 2003, perdendo uma porcentagem de seus investimentos.

A AKAR era a empresa atual de Paul. Estabelecida em Chicago, essa empresa de tecnologia havia sido criada com base em uma ideia simples que Paul havia desenvolvido com seu diretor de tecnologia, que havia trabalhado com ele na X-Cell: classificar informações digitais em vários *sites* de armazenamento dispersos para armazená-las de maneira mais segura, confiável e econômica. A AKAR estava comercializando essa ideia como um serviço de armazenamento de dados *on-line* e ao mesmo tempo oferecia um *software* comercial para empresas que estavam querendo desenvolver recursos próprios de armazenamento. Com essa proposição de valor, a AKAR estava tentando obter participação em um mercado global de serviços de gerenciamento de armazenamento de dados de US$ 43 bilhões, concentrando-se a princípio no mercado americano de serviços de *backup* automático de dados avaliado em US$ 3,3 bilhões.

Na época em que Nailah conheceu Paul, a AKAR havia acabado de lançar a versão comercial desses serviços de *backup*. Tendo apenas alguns clientes leais, a receita da empresa era mínima, mas Paul – e vários observadores – estava seguro de que isso mudaria em breve (consulte a Figura 12.4 para examinar as demonstrações financeiras *pro forma* da AKAR). Paul havia autofinanciado grande parte da AKAR, mas havia recebido também um financiamento de Série A de US$ 3,2 milhões de um grupo de capital de risco em troca de 23% de participação na AKAR.

Além de Paul, diretor executivo, a AKAR tinha 14 funcionários, em sua maior parte engenheiros com experiência em hardware e/ou *software*, e vários haviam ido diretamente para a AKAR assim que se formaram na faculdade. Nenhum deles, inclusive Paul, recebiam salários acima de US$ 100.000. Paul acreditava que todos deveriam abrir mão do salário por bonificações anuais por desempenho e ações da empresa. Além dele, o único alto executivo na AKAR era Mark Chin, diretor de tecnologia. Chin havia ajudado Paul a criar a X-Cell. "Meu braço direito e esquerdo", dizia sempre Paul em referência a Chin.

Nailah disse que o processo de recrutamento ficou "descontraído, mas intenso" depois que conheceu Paul. Por exemplo, um dia após o evento em que eles se conheceram, Paul ligou para Nailah e disse que havia ficado muito impressionado com suas qualificações. "Você seria uma ótima diretora de *marketing*", disse Paul inúmeras vezes. Nas semanas seguintes, eles mantiveram estreito contato: três telefonemas prolongados ao

	Melhor cenário				
	Ano 1	Ano 2	Ano 3	Ano 4	Ano 5
Receita	US$ 950.000	US$ 5.000.000	US$ 10.000.000	US$ 20.000.000	US$ 40.000.000
	Cenário mais provável				
	Ano 1	Ano 2	Ano 3	Ano 4	Ano 5
Receita	US$ 950.000	US$ 2.500.000	US$ 5.000.000	US$ 7.500.000	US$ 15.000.000
	Pior cenário				
	Ano 1	Ano 2	Ano 3	Ano 4	Ano 5
Receita	US$ 950.000	US$ 1.500.000	US$ 2.500.000	US$ 3.000.000	US$ 3.500.000

Figura 12.4 Demonstrações financeiras da AKAR (*pro forma*).

longo da noite, uma série de *e-mails* e dois jantares. Nessas oportunidades, eles falaram sobre tendências tecnológicas, a adequação entre Nailah e a AKAR, esportes e a vida pessoal de Paul. Nailah ficou sabendo que Paul havia se divorciado e casado novamente ("Nessa segunda tentativa ele teve sorte, pelo menos até o momento") e dois enteados na escola elementar, um iate de 40 metros ("Quero levá-la para velejar ao redor do mundo – assim que vender esta empresa, espero") e diabete tipo II ("No meu caso, não são *doughnuts*, mas *dough-nots*").

Um mês antes, Paul havia convidado Nailah para conhecer o diretor de tecnologia e para uma visita ao escritório da AKAR, um moderno *loft* no bairro Bronzeville, em Chicago. Seu encontro com Chin, diretor de tecnologia, foi semelhante aos que teve com Paul: descontraídos, mas intensos. Durante quase duas horas e meia, Chin falou sobre os produtos, a missão e a cultura da AKAR, interrompendo-se raras vezes para lhe fazer alguma pergunta. Quando fazia, era para comprovar o grau de comprometimento de Nailah em relação à visão e missão da AKAR. Nessa prolongada entrevista, Chin com frequência se referia ao "estilo de John", fazendo-o parecer praticamente um mito. Após a entrevista, Paul e Chin apresentaram Nailah a vários outros funcionários e a levaram para jantar com um cliente. Quando Nailah estava voltando para casa, já exausta, ligou para Naeem. "É como se já estivesse trabalhando lá", disse-lhe ela.

Quatro dias depois desse encontro, Paul telefonou para Nailah com uma boa notícia: a equipe queria lhe fazer uma oferta. "Mas primeiro", disse Paul, "significaria muito para nós se você e Naeem viessem para a 'Shut Up and Sing' daqui a duas semanas." Nailah achou que o havia ouvido mal, quando então Paul se explicou: Shut Up and Sing (Cala a Boca e Canta) era uma festa que Paul dava duas vezes ao ano em sua casa para todos os funcionários da AKAR e respectivos cônjuges ou parceiros. Os dois ingredientes principais da festa eram sangria caseira e karaokê.

Duas semanas depois, Nailah e o marido foram à festa. Paul ficou ao lado de Nailah a maior parte da noite, acompanhando-a de um lado a outro de sua mansão de frente para um lago e apresentando-a como "convidada de honra e futura diretora de *marketing*". Para Nailah, aquela noite foi um emaranhado indistinto de rostos risonhos e apertos de mãos. E não bastasse isso, Nailah cantou "Girls Just Wanna Have Fun" em frente a mais ou menos 50 pessoas que mal conhecia. Além disso, ela não conseguia pensar outra coisa senão que aquela festa foi um último teste para ver se ela se adaptaria bem à AKAR.

Quatro dias mais tarde, Paul telefonou, com o mesmo entusiasmo de antes por Nailah, que esperava que Paul lhe fizesse uma oferta, mesmo que verbal. Mas em vez disso ele disse: "Diga-me o que é necessário para fazê-la se juntar a nós".

Decisões e mais decisões

Quando Nailah sentou-se à mesa da cozinha, refletindo sobre as palavras de Paul e o cargo na AKAR, Naeem chegou do trabalho. Ela sorriu para ele e disse: "Eles querem me contratar".

"Ótima notícia!", disse Naeem, dando-lhe um abraço. "Que proposta eles lhe fizeram?"

ANÁLISE DO ESTUDO DE CASO

As questões a seguir apresentam os principais itens que Nailah deverá avaliar na oportunidade com a AKAR.

Pergunta 1: Nailah deve manter-se no atual emprego?

Sim	Não
• Ela acabou de ter um nenê.	• O novo emprego é uma oportunidade para ela ganhar experiências em empreendedorismo.
• Ela tem estabilidade no cargo atual que ocupa.	• O potencial de crescimento financeiro em seu cargo atual é pequeno.
• A empresa em que trabalha no momento é estável e consolidada.	

Pergunta 2: Nailah deve perseguir a oportunidade de emprego na AKAR?

Sim	Não
• Eles estão interessados nela.	• O salário é menor.
• A responsabilidade é maior.	• Paul tem uma personalidade peculiar.
• Há oportunidades de promoção.	• A empresa corre o risco de falir.
• Há oportunidades de sucesso financeiro.	
• Nailah tem paixão pelo empreendedorismo.	
• Sucesso anterior de Paul.	
• Oportunidade de ganhar experiência com empreendedorismo.	

Pergunta 3: Quais são os pontos fortes e fracos específicos de Nailah?

Pontos fortes	Pontos fracos
• É inteligente. • É bem-sucedida em sua carreira profissional. • Tem verdadeiro interesse pelo empreendedorismo: – Contratou um recrutador especializado. – Utilizou os serviços de um corretor de negócios. – Participou do programa Entrepreneur-in-Residence.	• Não tem experiência em empreendedorismo. • Não tem experiência na área financeira.

Pergunta 4: Quais são os pontos fortes e fracos de John Paul?

Pontos fortes	Pontos fracos
• Criou duas empresas. • É rico. • Está disposto a dividir sua fortuna com os funcionários. • Possibilitou que outras pessoas enriquecessem (Midway Games). Por exemplo: – Investidores – Gerentes	• Foi malsucedido na X-Call. • Tem uma personalidade peculiar.

Pergunta 5: Qual era o valor do GamerParadize para cada parte interessada?

Parte interessada	Retorno financeiro total
• Paul	• US$ 24 milhões (60% de US$ 40 milhões)
• Investidores	• US$ 8 milhões (20% de US$ 40 milhões) – Investimento inicial: US$ 2 milhões – Tempo: 5 anos – Retorno de caixa sobre o caixa: 4× – RSI: 32% – TIR: 32%
• Funcionários	• US$ 8 milhões (20% de 40 milhões) – 4 vice-presidentes: US$ 4 milhões ou US$ 1 milhão para cada. – Gerentes: US$ 4 milhões ou US$ 800.000 para cada.

Pergunta 6: Qual é a renda máxima atual da família Johnson?

	Salário	Bonificação	Total
Nailah (salário)	US$ 115.000	US$ 28.750 (25% do salário)	US$ 143.750
Naeem (salário)	US$ 105.000	US$ 21.000 (20% do salário)	US$ 126.000
Total	**US$ 220.000**	**US$ 49.750**	**US$ 269.750**

Pergunta 7: Qual o fluxo de caixa da família Johnson após os impostos?

	Pior cenário (sem bonificações)	Melhor cenário (com bonificações)
Nailah e Naeem	US$ 220.000	US$ 269.750
28% de imposto	– US$ 61.600	– US$ 75.530
Total	**US$ 158.400**	**US$ 194.220**

Pergunta 8: Qual o orçamento atual da família Johnson?

Despesas	Anuais	Mensais
1. Bebê	US$ 19.000	US$ 1.583,33
2. Domésticas (35% da hipoteca mensal)	US$ 8.058	US$ 671,50
3. Tributos, impostos e seguro (40% da hipoteca mensal)	US$ 9.209	US$ 767,42
4. Atividades de lazer (25% do salário mensal de Naeem)	US$ 26.250	US$ 2.187,50
5. Cinco financiamentos escolares (amortização em 10 anos)	US$ 6.913	US$ 576,10
6. Hipoteca (principal e juros)	US$ 23.022	US$ 1.918,56
Total	**US$ 92.452**	**US$ 7.704,56**

Pergunta 9: Qual o valor mínimo que Nailah deve levar para casa para ajudar a pagar as despesas da família?

Salário de Naeem (pior cenário, sem bonificações)	US$ 105.000
Corte de despesas	– US$ 29.400
Valor ganho por Naeem após os impostos	**US$ 75.600**
Orçamento da família	US$ 92.452
Valor ganho por Naeem após os impostos	– US$ 75.600
Valor com o qual Nailah deve contribuir	**US$ 16.582**

Pergunta 10: O que Nailah deve propor?

Principais condições a propor
Pelo menos 4% de aumento anual
Direitos de opção de venda das ações da AKAR
2%-3% de participação
Salário inicial de US$ 95.000
Mudança da cláusula de controle com direito a resgate imediato
Licença-maternidade de seis semanas com salário integral
Rescisão contratual apenas por justa causa
Contrato de três anos
Opção de compra de ações ou de unidades de ações restritas

Pergunta 11: Qual a diferença entre opção de compra de ações e unidades de ações restritas?

	Opção de compra de ações	Unidades de ações restritas
Remuneração com base nas ações?	Sim	Sim
Os empregadores são obrigados a debitar imediatamente?	Sim	Sim
Quando são tributadas?	No exercício da opção	No momento do resgate
Os empregadores são obrigados a reter os impostos?	Não	Sim. Algumas opções: 1. "Venda no mesmo dia" 2. "Vender para cobrir" (vender o suficiente para cobrir os impostos) 3. "Transferência de dinheiro" (você dá dinheiro ao empregador para que ele cubra os impostos e mantenha todas as ações)
Retém valor?	Nem sempre. Exemplo: • Preço de exercício: US$ 10 • Preço da ação: US$ 8 • Não tem valor • "Virou pó" • Perda de 100%	Sim. Exemplo: • São oferecidas a US$ 10 • Preço da ação no momento do resgate: US$ 8 • Perda de 20%

Pergunta 12: Qual o provável valor futuro da AKAR?

Múltiplo da receita do GamerParadize	20
Melhor	20 × US$ 40.000,00 = US$ 800 milhões
Provável	20 × US$ 15.000,00 = US$ 300 milhões
Pior	20 × US$ 3.500,00 = US$ 70 milhões

Pergunta 13: Quanto Nailah tem de obter?

Potencial de participação acionária de Nailah	2%
Melhor	2% × US$ 800 milhões = US$ 16 milhões
Provável	2% × US$ 300 milhões = US$ 6 milhões
Pior	2% × US$ 70 milhões = US$ 1,4 milhão

Pergunta 14: Nailah tem direito a 2% da empresa ou a 2% do novo valor da empresa? Ela tem direito a 2% da empresa.

Pergunta 15: Qual o ponto de partida para o valor de Nailah?

Sequência da participação acionária	A
Investimento	US$ 3,2 milhões
Avaliação pré-investimento	US$ 10.713.043
Participação acionária do capitalista de risco	23%
Equação da avaliação pós-investimento	23% × Y = US$ 3.200.000
Avaliação pós-investimento	US$ 13.913.043

Pergunta 15a: Qual o pior cenário para Nailah?

Valor futuro da AKAR no pior caso	US$ 70.000.000
Participação acionária do capitalista de risco	US$ 13.913.043
Capital social remanescente	US$ 56.086.057
Participação acionária de Nailah	2%
Possível retorno para Nailah	US$ 1.121.739

Pergunta 15b: Qual a diferença financeira entre permanecer e sair?

Cenário 1: Permanecer no emprego por 5 anos com 4% de aumento anual

Ano	Pior cenário (remuneração garantida)	Lado positivo (bonificações)
0	US$ 115.000	US$ 0
1	US$ 119.600	US$ 29.900
2	US$ 124.384	US$ 31.096
3	US$ 129.359	US$ 32.339
4	US$ 134.533	US$ 33.663
5	US$ 139.914	US$ 39.978
Total	**US$ 647.790**	**US$ 161.946**
Valor total de permanecer: US$ 809.736		

Cenário 2: Aceitar o emprego da AKAR com 4% de aumento anual

Ano	Pior cenário	Capital
0		
1	US$ 95.000	
2	US$ 98.800	
3	US$ 103.740	
4	US$ 107.889	
5	US$ 112.204	US$ 1.121.739
Total	US$ 517.633	US$ 1.121.739

Valor total de aceitar o emprego: **US$ 1.639.372**

Comparação entre permanecer e sair:

Valor se permanecer US$ 809.736

Valor se sair US$ 1.639.372

Diferença US$ 829.636

Diferença percentual 102,26% melhor aceitar o emprego

CAPÍTULO 13

Intraempreendedorismo

Joseph Alois Schumpeter, economista austríaco que lecionou em Harvard, é considerado o principal proponente e popularizador da palavra *empreendedor* em 1911. Ao longo da década seguinte, ele fez a seguinte declaração para apoiar a ideia de que o empreendedorismo não se restringia a pequenas empresas emergentes, mas poderia também ocorrer em grandes empresas já estabelecidas: "A inovação na estrutura das corporações existentes oferece um acesso bem mais conveniente às funções empreendedoras que a que existia no mundo das empresas administradas pelo proprietário. Muitos dos atuais aspirantes a empreendedor não criam empresas. Não porque eles não consigam fazê-lo, mas simplesmente porque preferem o outro método".[1]

Portanto, a ideia do empreendedorismo corporativo nasceu há quase 100 anos. Hoje, essa atividade é normalmente chamada de intraempreendedorismo. Embora eu tenha apresentado o intraempreendedorismo no Capítulo 1, ao examinar o espectro do empreendedorismo, preferi não analisá-lo a fundo porque acredito que esse tema mereça um capítulo inteiro. Acredito também que para de fato entender o intraempreendedorismo é necessário compreender inteiramente o empreendedorismo. Por esse motivo, queria que o leitor digerisse totalmente todos os ensinamentos sobre o empreendedorismo nos capítulos anteriores antes de lidar com este tema.

O intraempreendedorismo é o espírito e o ato de empreendedorismo no ambiente corporativo. Ministrei sessões de treinamento sobre intraempreendedorismo na Nike, no Instituto de Administração Hearst, na S. C. Johnson, na Allstate Insurance Company, na Associação Americana de Radiodifusores e no Instituto Americano de Imprensa, que são empresas e organizações que sabem que vivemos em um mundo em que o tempo não é mais o que costumava ser. Vivemos na era do "tempo da *Internet*", na qual, em comparação a uma década atrás, um ano equivale a seis meses, um mês a uma semana e uma semana a um dia. Portanto, as corporações devem ter consciência de que não podem se apoiar nos êxitos do passado. Elas também perceberam que o crescimento simplesmente não pode mais ocorrer por meio do aumento de preços. Hoje, mais do que nunca, vivemos em um mundo global. Em vez de aceitar produtos ou serviços com preços mais altos, os clientes conectam-se à *Internet* para procurar os mesmos produtos ou serviços por preços mais baixos. Consequentemente, as corporações devem manter sua ânsia de crescer, tendo percepção de urgência, criatividade e, mais importante, visão.

Bob Morrison, ex-diretor executivo da Quaker Oats, é um excelente exemplo de líder corporativo que adotou o espírito empreendedor. Em uma reunião na empresa, ele anunciou o seguinte aos seus funcionários: "Precisamos mudar nossa mentalidade e cultura na Quaker. Precisamos pensar como uma empresa pequena e empreendedora".

O ESPECTRO DO INTRAEMPREENDEDORISMO

Para elucidar melhor esse tema, apresento na Figura 13.1 o espectro do intraempreendedorismo.

Zeloso	Desenvolvedor	Inovador
Pfizer	S.C. Johnson	Altoids

Figura 13.1

Zeloso

Embora o empreendedor zeloso não seja um intraempreendedor, essa categoria foi incluída nesse espectro apenas como ponto de referência. Esse tipo de funcionário corporativo é a antítese do intraempreendedor. Ele abomina tudo o que possa ser empreendedor e se sente mais satisfeito quando herda uma linha de produtos estabelecida que tenha uma sólida base de clientes e funcionários e crescimento moderado.

Desenvolvedor

Esse é o tipo de intraempreendedor que, para promover ao máximo o crescimento dos produtos ou serviços existentes da empresa, tenta atingir novos clientes e mercados. Embora esses produtos ou serviços não sejam novos, eles não têm nenhum valor de marca nos novos mercados almejados. Por exemplo, Altoids é um produto inglês com 200 anos de existência originalmente utilizado para aliviar problemas de indigestão. Essa marca pertencia à Kraft Foods, que a vendeu para a Wm. Wrigley Jr. Company, e hoje é a pastilha de menta para hálito mais popular (mais popular até do que a Certs), com mais de 20% dos US$ 300 milhões no segmento de pastilhas de menta para hálito.

Outro excelente exemplo foi o lançamento do citrato de sildenafila pela Pfizer, medicamento que a princípio foi pesquisado para combater a hipertensão. Ele foi patenteado em 1996. Dizem que, quando pacientes do sexo masculino usavam esse medicamento, as esposas costumavam reclamar para os médicos que eles as perseguiam pela casa exatamente como na lua de mel, décadas atrás. Com essas informações, em 1998 a Pfizer decidiu atingir um novo mercado com esse mesmo medicamento, que todos nós conhecemos como Viagra.

Inovador

Esse é o tipo de intraempreendedor que busca um alto crescimento para a empresa por meio de novos produtos, serviços e/ou modelos empresariais. O inovador não faz parte do departamento de P&D da empresa e, portanto, o desenvolvimento de novos produtos, serviços ou modelos empresariais não é sua responsabilidade oficial.

Um ótimo exemplo de intraempreendedor dessa categoria é Sam Johnson, ex-diretor executivo da S. C. Johnson. Várias décadas atrás, Sam, neto do fundador da empresa, tomou a decisão de desenvolver um novo produto sem a aprovação de seu pai, que era o diretor executivo. A empresa, que hoje fabrica uma extensa linha de produtos de consumo, como os desodorizadores de ar Glade, o Windex, os limpadores de vaso sanitário Scrubbing Bubbles e os purificadores de ar Oust, fabricava principalmente ceras de polimento. Sam procurou o pai e lhe disse que havia desenvolvido um novo produto, fora do departamento de P&D. A resposta de seu pai foi: "Tudo bem, desde que o produto leve cera". Sam respondeu: "Não, a composição desse produto não inclui a cera. Se acrescentarmos a cera, o produto ficará menos eficaz". O novo produto desenvolvido por Sam era o pesticida que hoje todos nós conhecemos pelo nome Raid.

MODELOS DE INTRAEMPREENDEDORISMO

Os intraempreendedores, sejam eles desenvolvedores ou inovadores, utilizam diferentes modelos formais ou informais para transformar suas ideias inovadoras em realidade. As melhores caracterizações desses modelos foram publicadas em um artigo acadêmico de pesquisa pelo especialista em empreendedorismo corporativo Robert Wolcott, proeminente pesquisador e professor adjunto no Instituto de Empreendedorismo Levy, da Kellogg, e Michael Lippitz, pesquisador da Universidade Northwestern. Esses modelos são o oportunista, o facilitador e o executor.[2]

O oportunista

Esse modelo diz aos funcionários basicamente o seguinte: "Faça tudo o que desejar fazer, porque a empresa não tem nenhum sistema formal relacionado a empreendedorismo corporativo". Esse é um modelo em que novos serviços ou produtos, como o Raid, são concebidos por pessoas bem-sucedidas, não por sistemas. Paradoxalmente, o sucesso obtido por esse modelo normalmente leva uma organização a implantar um modelo mais formal, como o executor ou o facilitador.

O facilitador

Esse modelo diz aos funcionários: "Qualquer funcionário da empresa pode criar um novo serviço ou produto, mas este é o processo para desenvolvê-lo". Com esse modelo, a empresa transmite explicitamente aos funcionários os procedimentos para solicitar capital de desenvolvimento e os critérios que serão usados para determinar qual projeto receberá financiamento. A Google é uma das empresas que tiveram grande sucesso com esse modelo. Por exemplo, o serviço Google Talk, sistema gratuito de chamadas de voz e mensagens instantâneas, foi criado por um funcionário por meio do programa de 10% da empresa. Esse programa inovador possibilita que todos os funcionários reservem 10% de seu horário de trabalho diário para desenvolver suas próprias ideias. Como disse um funcionário da Google, "Somos um ecossistema interno de empreendedores... mais ou menos como o ecossistema do Vale do Silício, só que dentro da empresa".

O executor

Esse modelo reconhece transparentemente e defende proativamente a importância do empreendedorismo no ambiente corporativo. A empresa cria uma entidade distinta cuja responsabilidade específica é criar novos produtos ou serviços fora de sua atividade atual. Várias empresas adotaram esse modelo, como a Xerox, com sua New Enterprises Division; os centros de inovação da Coca-Cola em cinco locais diferentes ao redor do mundo; e a divisão Emerging Business Accelerator da Cargill.

TRAÇOS DO INTRAEMPREENDEDOR DE ALTO CRESCIMENTO

No Capítulo 2, identificamos 15 atributos comuns nos empreendedores que pensam grande. Curiosamente, embora vários desses traços também se apliquem ao intraempreendedor, há alguns atributos especiais, como os listados a seguir.

O intraempreendedor costuma:

- Estar disposto a assumir riscos.
- Dedicar-se arduamente ao trabalho.
- Ter planos.
- Saber administrar.
- Ser visionário.
- Concentrar-se no lucro.
- Ser inovador.
- Aceitar ser comandado.

Alguns desses traços merecem ser analisados mais a fundo.

Disposição para assumir riscos

O intraempreendedor bem-sucedido não assume riscos cegamente. Ele tem um plano, especialmente se ele trabalha para uma empresa que utiliza o modelo desenvolvedor ou inovador. Além disso, ele executa o plano de acordo com um cronograma predefinido. Como se costuma dizer, é necessário "planejar o trabalho e trabalhar o que se planejou". Diferentemente do empreendedor, que normalmente põe em risco seus ativos pessoais, o risco do intraempreendedor é bem menor. Quando muito, ele pode perder o emprego se suas novas ideias ou inovações não forem comercialmente promissoras. Entretanto, embora o risco do intraempeendedor possa ser menor que o do empreendedor, ele com certeza assumirá um risco maior do que o funcionário corporativo comum.

Disposição para ser comandado

Um dos motivos que levam alguns indivíduos a se tornar um empreendedor é seu desejo de ser o máximo possível independente. Mais especificamente, eles detestam a ideia de ter um chefe. Em contraposição, o intraempreendedor, por ser funcionário, aceita o fato de responder a um diretor acima dele. Ele não tem carta branca para fazer tudo o que deseja. Em geral, ele deve buscar e obter aprovação de um gerente ou diretor que ocupe uma posição superior no organograma da empresa. Normalmente, o intraempreendedor aceita o fato de ser dirigido por outras pessoas como uma forma usual de trabalhar.

ATOS DE INTRAEMPREENDORISMO

Os atos de intraempreendedorismo abrangem a aquisição de outras empresas e linhas de produtos, o desenvolvimento de novos produtos fora do processo tradicional de pesquisa e desenvolvimento, a criação de novos parceiros estratégicos e mudanças no modelo empresarial da empresa. Vejamos mais a fundo cada um desses atos utilizando algumas histórias curiosas.

Aquisição de outras empresas e linhas de produtos

Em 1998, o McDonald's comprou 90% da Chipotle Mexican Grill, uma cadeia de 14 restaurantes fundada em 1993 por Steve Elis, chefe de cozinha profissional formado pelo Instituto Americano de Culinária. Essa aquisição foi sem dúvida um ato de inovação intraempreendedor da parte do McDonald's. Ao que tudo indica, antes dessa aquisição, inovar significava para a empresa simplesmente acrescentar as letras "Mc" no início de qualquer ideia. Por exemplo, sua experiência com o McDiner, restaurante que servia comida tradicional, como bolo de carne e purê de batatas, foi malsucedida.

Desenvolvimento de novos produtos fora do processo de P&D tradicional

Um ótimo exemplo de modelo de intraempreendedorismo em que os "produtos foram criados por pessoas bem-sucedidas e não por sistemas", frase cunhada por Bill Perez, ocorreu na empresa S.C. Johnson Wax, com o desenvolvimento da linha de sacos para armazenamento, que gera mais de US$ 150 milhões de receitas anuais. A ideia original e o desenvolvimento dos protótipos não vieram do departamento de P&D da empresa, mas de dois funcionários do departamento de *marketing*. A empresa não tinha nenhum plano de entrar na área de sacos para armazenamento, até o momento em que dois intraempreendedores conseguiram persuadir a diretoria da possibilidade de rápido crescimento nesse segmento. "Ninguém pediu para eles fazerem isso", disse Bill Perez, ex-diretor executivo da S.C. Johnson, referindo-se a esses dois funcionários.

Criação de novos parceiros estratégicos

Em 1994, a Viacom, um conglomerado de entretenimento de US$ 10 bilhões que possuía o Madison Square Garden, a MTV Networks, a Showtime Networks, inúmeros parques temáticos e várias emissoras de televisão, comprou a cadeia de videolocadoras Blockbuster, com 6.000 lojas, por US$ 8 bilhões. Dois anos depois, o fluxo de caixa da Blockbuster sofreu uma queda de 42%. Summer Redstone, presidente e fundador da Viacom então com 75 anos de idade, sabia que ele precisava fazer algumas mudanças. Em vez de simplesmente cortar as despesas indiretas, ele se tornou intraempreendedor.

Redstone sabia que os vídeos assistidos em casa ofereciam aos estúdios de cinema quase três vezes a receita das exibições nos cinemas. Os estúdios cobravam da Blockbuster uma taxa fixa de US$ 80 por vídeo. Em contraposição, os cinemas normalmente não pagam um preço fixo; na verdade, eles dividem as receitas com os estúdios. Redstone concluiu que esse modelo de parceria entre os estúdios cinematográficos e os cinemas também deveria ser aplicado à Blockbuster. O primeiro estúdio que ele procurou para oferecer essa parceria foi a Warner Brothers, que recusou sua proposta. Seu passo seguinte foi a Disney. Ele conseguiu convencer a empresa da possibilidade de ganhar dinheiro se tratasse a Blockbuster como um parceiro, e não como um cliente. O acordo estabeleceu que o custo fixo de US$ 80 da Blockbuster seria diminuído para US$ 8 e que a Disney receberia 40% das receitais provenientes da locação de vídeos em 26 semanas, tempo no qual a Blockbuster poderia vender o vídeo e, com isso, recuperar seu investimento original de US$ 8.

Os resultados financeiros foram extremamente positivos para ambas as partes, porque elas reduziram o desembolso de capital pela Blockbuster e, ao mesmo tempo, possibilitaram que a empresa aumentasse seu estoque de vídeos mais populares. Seis outros estúdios seguiram os passos da Disney com uma parceria estratégica semelhante com a Blockbuster, inclusive a Warner Brothers.

Mudanças no modelo empresarial

Três empresas americanas bem-sucedidas e lucrativas – IBM, Best Buy e Nike – foram extraordinariamente intraempreendedoras quando mudaram seus planos empresariais. A IBM, que na década de 1990 aparentemente era uma empresa antiquada, pesada e decadente, foi recuperada por um excelente intraempreendedor, Lou Gerstner, diretor executivo, que não tinha nenhuma experiência com tecnologia quando saiu da RJR Nabisco. Gerstner mudou promissoramente a IBM de fornecedora de equipamentos, posição que ela ocupou durante toda a sua existência, para fornecedora/consultora de soluções.

Depois que o maior varejista do mundo, o Wal-Mart, começou a vender produtos eletroeletrônicos de marca no início da década, previu-se que as receitas da Best Buy diminuiriam sensivelmente. Entretanto, em vez de agir como vítima, a Best Buy tornou-se intraempreendedora. Cinco anos atrás, ela mudou seu modelo empresarial. Se antes era exclusivamente varejista, passou a ser fornecedora de soluções, como a IBM, oferecendo serviços de instalação e vendedores treinados, que o Wal-Mart não oferecia. As receitas da Best Buy aumentaram 16%.

Phil Knight, proeminente empreendedor que criou a Nike em 1974 como importadora de tênis de corrida, posteriormente mudou o modelo da empresa para fabricante de vestuário e calçados atléticos. Hoje, a Nike é também uma empresa varejista de sucesso.

SINAIS DE SUCESSO NO INTRAEMPREENDEDORISMO

Uma empresa consegue desenvolver um espírito intraempreendedor e um programa intraempreendedor quando concorda explicitamente em conduzir os intraempreendedores de uma maneira distinta da que conduz os demais funcionários, estimulando e oferecendo espaço e liberdade para que inovem.

Outra evidência de intraempreendedorismo é quando a empresa aceita seus fracassos. A Google é um ótimo exemplo. Para reagir a uma inovação malsucedida que custou à empresa vários milhões de dólares, Larry Page, um de seus fundadores, disse ao funcionário responsável pela ideia: "Estou contente por você ter cometido esse erro, porque quero dirigir uma empresa que avance de modo extremamente rápido e faça muito, e não uma empresa extremamente cautelosa que realiza pouco. Se não tivermos nenhum desses erros, isso simplesmente significa que não estamos assumindo riscos suficientes".[3]

Um último sinal de sucesso no intraempreendedorismo é quando a empresa estimula proativamente os funcionários com ideias criativas a avançar. Um exemplo extraordinário é a Sealed Air Corporation, que tem 14.000 funcionários. Eles são estimulados a apresentar ideias empreendedoras diretamente ao diretor executivo.

PROCEDIMENTOS OPERACIONAIS CONVENCIONAIS

O sistema de intraempreendedorismo ideal deve ter as seguintes características:

1. *O sistema deve ser simples e fácil de utilizar*. O Serviço Florestal da Região Leste dos Estados Unidos (U.S. Forest Service Eastern Region) mudou seu processo de sugestão de inovações, antes um formulário de quatro páginas, dizendo: "Se você tiver uma ideia, converse ou envie um *e-mail* ao seu supervisor. Se não tiver uma resposta em duas semanas, desde que a ideia não seja ilegal, vá em frente e implante a ideia". Antes dessa mudança, os 2.500 funcionários da empresa submetiam, em média, 60 ideias anualmente. Um ano após a implantação desses novos, foram submetidas 6.000 novas ideias!
2. *Recompense os funcionários que oferecem ideias promissoras*. Compartilhe sua fortuna. A Universidade Northwestern utiliza um sistema de recompensa por resultados para todos aqueles que desenvolverem uma ideia que consiga ser comercializada. Em 2007, o professor de química Richard Silverman recebeu a porcentagem de *royalties* obtida pela universidade da empresa farmacêutica Pfizer, que comprou o Lyrica, medicamento para alívio de dores crônicas criado por Silverman. A universidade recebeu mais de US$ 700 milhões. A porcentagem de Silverman não foi divulgada ao público, mas deve ter sido de vários milhões de dólares, visto que ele e sua mulher são os principais doadores do novo prédio de US$ 100 milhões da Universidade, que "unirá as áreas de engenharia, biologia e química para a realização de pesquisas interdisciplinares" e será chamado de Richard and Barbara Silverman Hall for Molecular Therapeutics and Diagnostics.
3. *Todas as ideias devem ser analisadas* e os remetentes devem ser informados sobre a decisão o mais rápido possível.

4. *Todos os passos do processo de análise devem ser transparentes e bem divulgados*, bem como os critérios utilizados para aprová-las.
5. *O processo análise e aprovação devem ser gerenciado por mais de uma pessoa.*
6. *Todas as histórias de sucesso sobre intraempreendedorismo devem ser divulgadas em toda a empresa e a todos os funcionários.*
7. *As expectativas dos funcionários devem ser administradas proativamente.* É necessário informar os funcionários de que no mundo do empreendedorismo a maioria das empresas novas não tem êxito. E o mesmo se aplica no mundo do intraempreendedorismo corporativo, no qual as ideias são rejeitadas na maioria das vezes.

ERRO CRASSO NO INTRAEMPREENDEDORISMO

A implementação dos procedimentos que acabamos de relacionar certamente impedirá que uma empresa repita um dos piores erros da história cometidos no mundo do empreendedorismo. Em meados da década de 1970, Steve Wozniak, que abandonou a faculdade e aprendeu engenharia eletrônica sozinho, trabalhava na Hewlett-Packard (HP). Ele ofereceu a seu empregador a oportunidade de desenvolver uma ideia que ele havia tido para desenvolver um computador pessoal fácil de usar. A Hewlett-Packard disse não, obrigada. Diante disso, com US$ 1.300 conseguidos com a venda de sua *van* de outros bens, ele saiu da HP, aos 26 anos de idade, e com a ajuda de um amigo, Steven Jobs, desenvolveu o computador Apple I para um novo empreendimento *start-up*, a Apple Computer, Inc.

NOTAS

1. Gary Emmon, "Up from the Ashes: The Life and Thought of Joseph Schumpeter", *Harvard Business School Alumni Bulletin*, junho de 2007, p. 25.
2. Robert C. Wolcott e Michael J. Lippitz, "The Four Model of Corporate Entrepreneurship", *MIT Sloan Management Review*, outono de 2007, p. 77.
3. Adam Lashinsky, "Chaos by Design", *Fortune*, 2 de outubro de 2006, p. 88.

Conclusão

A Escola de Negócios de Harvard, minha *alma mater*, recentemente me convidou para participar de um painel sobre empreendedorismo. Todos os outros convidados estavam de alguma forma envolvidos com o empreendedorismo naquele momento, e as perguntas acabaram se concentrando no futuro do empreendedorismo: como o país estava atravessando uma conjuntura econômica difícil, esse era de fato o momento correto para alguém pensar em começar um negócio? Todos os participantes do painel balançaram a cabeça negativamente. Acho que agora você já pode adivinhar qual foi a minha resposta: claro, esse é o momento certo para abrir um negócio! Em todas as recessões, depressões e desaquecimentos econômicos que o país já atravessou, o empreendedorismo foi um propulsor de crescimento.

Após o ataque terrorista de 11 de Setembro de 2001, o setor aéreo sozinho despediu mais de 100.000 trabalhadores. Em sua opinião, qual empresa da 500 contratará todos esses trabalhadores demitidos? Se ninguém tem esperança de que as grandes empresas, com milhares de funcionários, façam o sol aparecer nesses dias nublados e deem uma virada nessa difícil conjuntura, pode se preparar para uma longa e desalentadora espera. Os empreendedores são a solução para a próxima geração de empresas da 500. É óbvio que há pouco capital, e os investidores estão mais céticos do que antes. Sob vários aspectos, isso é bom. Isso significa que somente as melhores empresas – aquelas que têm as melhores ideias e os melhores dirigentes – receberão apoio financeiro. Acredito piamente que os bons dirigentes tomam melhores decisões em tempos difíceis e que os tempos difíceis tornam esses dirigentes melhores. As despesas são examinadas mais cuidadosamente, o fluxo de caixa é acompanhado de perto, criam-se parcerias inovadoras e os dirigentes aprendem uma vez mais que implantar o que se planejou é tudo.

Este é o momento certo para você? Só você pode responder a essa pergunta. Uma campanha de *marketing* bastante sugestiva da Volkswagen diz aos consumidores: "Na estrada da vida, existem motoristas e passageiros. Procuram-se motoristas". Enquanto futuro empreendedor, a pior coisa que você pode fazer para si mesmo é passar a vida inspecionando as coisas superficialmente e se perguntando se deve assumir riscos, ultrapassar a linha de segurança e arriscar-se cegamente. Empreendedorismo tem a ver com paixão, visão, objetividade e suor, e as oscilações do mercado acionário sempre terão influência sobre isso. A próxima ideia, o próximo sonho e a próxima oportunidade de negócio estão logo ali. Desejo-lhe boa sorte nessa sua empreitada.

APÊNDICE A

Rentabilidade setorial

As tabelas a seguir apresentam as médias nacionais de lucro bruto, lucro líquido e retorno sobre o patrimônio de empresas de grande porte. Esses dados foram compilados pela BizStats.com usando informações de uma grande variedade de fontes, como Receita Federal, Departamento do Censo, Departamento de Comércio e Departamento de Trabalho dos Estados Unidos.

Tabela A.1 Rentabilidade setorial – sociedades anônimas

Construção	Custo da mercadoria vendida	Lucro bruto	Lucro líquido como % das vendas	Juros como % das vendas	Impostos como % das vendas	Depreciação e amortização como % das vendas
Construção civil	77,33%	22,6%	7,39%	0,69%	1,05%	0,47%
Construção pesada e loteamento	70,15%	29,85%	8,81%	1,01%	1,66%	2,29%
Empreiteiros comerciais especializados	65,99%	34,01%	5,96%	0,46%	2,26%	1,49%

Comércio varejista	Custo da mercadoria vendida	Lucro bruto	Lucro líquido como % das vendas	Juros como % das vendas	Impostos como % das vendas	Depreciação e amortização como % das vendas
Revendedores de veículos motorizados e peças	82,95%	17,05%	2,11%	0,70%	0,97%	0,53%
Lojas de móveis e decoração	57,22%	42,78%	2,11%	0,70%	0,97%	0,53%
Lojas de eletrônicos e eletrodomésticos	69,38%	30,62%	4,89%	0,49%	1,64%	0,83%
Distribuidor de materiais de construção e equipamento de jardinagem	67,70%	32,30%	8,32%	0,57%	1,95%	1,39%
Lojas de alimentos, bebidas e bebidas alcoólicas	71,82%	28,18%	3,14%	0,85%	1,61%	1,44%
Lojas de produtos de saúde e cuidados pessoais	70,72%	29,28%	3,87%	0,59%	1,26	1,13%
Postos de gasolina	88,40%	11,60%	1,58%	0,42%	1,04%	0,92%
Lojas de roupas e acessórios	51,64%	48,36%	8,37%	0,74%	2,23%	1,99%
Lojas de artigos esportivos, hobby, livros e discos	58,87%	40,13%	4,66%	0,77%	2,08%	1,93%
Lojas de mercadorias gerais	69,47%	30,53%	5,12%	1,00%	1,74%	1,41%

	Custo da mercadoria vendida	Lucro bruto	Lucro líquido como % das vendas	Juros como % das vendas	Impostos como % das vendas	Depreciação e amortização como % das vendas
Lojas de produtos variados	61,97%	38,03%	5,98%	0,88%	1,83%	1,31%
Varejistas não lojistas	67,03%	32,97%	5,66%	0,67%	1,14%	1,10%
Comércio atacadista						
Bens duráveis	77,45%	22,55%	4,28%	0,74%	0,91%	1,47%
Bens não duráveis	81,61%	18,39%	4,09%	0,78%	0,92%	0,79%
Representantes e comerciantes no mercado de eletrônicos	0,00%	100,00%	14,70%	1,60%	3,08%	2,03%

	Custo do serviço prestado	Lucro bruto	Lucro líquido como % das vendas	Juros como % das vendas	Impostos como % das vendas	Depreciação e amortização como % das vendas
Serviços						
Hospedagem	11,15%	88,85%	13,57%	7,52%	6,29%	4,48%
Restaurantes e bares	37,78%	62,22%	8,58%	1,55%	3,88%	2,46%
Serviços administrativos e de apoio	43,00%	57,00%	7,63%	1,33	4,16%	1,90%
Serviços de administração e remediação de resíduos	39,25%	60,75%	7,98%	4,48%	3,81	6,31%
Entretenimento, jogo e recreação	22,08%	77,92%	12,41%	2,95%	6,32%	4,86%
Outros tipos de arte, entretenimento e recreação	14,62%	85,38%	14,78%	1,04%	2,60%	2,60%
Serviços educacionais	13,74%	86,53%	12,48%	0,81%	3,25%	2,12%
Profissionais de saúde e serviços ambulatoriais de saúde	8,24%	91,76%	9,37%	0,63%	3,08%	1,34%
Serviços de saúde variados e assistência social	18,95%	81,05%	9,38%	1,53%	3,69%	2,61%
Hospitais, enfermagem e estabelecimentos residenciais de saúde	8,72%	91,28%	7,96%	2,78%	5,11%	2,99%
Serviços de reparos e manutenção	50,50%	49,50%	6,36%	0,85%	3,14%	1,71%
Serviços pessoais e de lavanderia	26,70%	73,30%	8,58%	1,48%	3,83%	3,46%

(Continua)

Tabela A.1 Rentabilidade setorial – sociedades anônimas (Continuação)

Serviços	Custo da mercadoria vendida	Lucro bruto	Lucro líquido como % das vendas	Juros como % das vendas	Impostos como % das vendas	Depreciação e amortização como % das vendas
Organizações religiosas, subsidiárias, cívicas e profissionais	13,50%	86,40%	4,72%	0,33%	1,92%	1,42%
Serviços jurídicos	6,79%	93,21%	12,74%	0,39%	3,12%	0,84%
Serviços contábeis, de escrituração, preparação de imposto de renda e folha de pagamento	12,39%	87,61%	9,91%	1,85%	4,24%	1,54%
Serviços de arquitetura, engenharia e relacionados	40,16%	59,84%	6,81%	0,61%	2,83%	1,29%
Serviços de projetos especializados	43,09%	56,91%	11,33%	0,57%	2,53%	1,29%
Serviços de projeto de sistema de computação e relacionados	28,15%	71,85%	9,21%	1,25%	3,75%	2,34%
Serviços de consultoria administrativa, científica e técnica	24,86%	75,14%	10,93%	0,74%	2,78%	1,24%
Serviços científicos de pesquisa e desenvolvimento	36,37%	63,63%	11,98%	1,70%	2,47%	2,80%
Serviços de publicidade e propaganda e relacionados	30,09%	69,91%	8,20%	2,73%	2,19%	2,06%
Outros serviços profissionais, científicos e técnicos	23,57%	76,43%	10,33%	1,63%	3,09%	2,32%

Finanças, seguros e imóveis	Custo do serviço prestado	Lucro bruto	Lucro líquido como % das vendas	Juros como % das vendas	Impostos como % das vendas	Depreciação e amortização como % das vendas
Intermediação de crédito	2,21%	97,79%	12,40%	48,27%	1,38%	1,59%
Intermediação de crédito não depositária	3,07%	96,93%	10,05%	50,33%	1,05%	1,33%

Títulos, contratos de commodity e outros investimentos financeiros	0,85%	99,15%	13,13%	41,95%	1,35%	1,44%
Companhias de seguros e atividades relacionadas	52,29%	47,71%	7,26%	2,21%	1,60%	1,35%
Fundos, *trusts* e outros instrumentos financeiros	0,00%	100,00%	70,62%	5,19%	0,74%	1,61%
Intermediação de crédito depositária	0,05%	99,95%	18,33%	43,10%	2,23%	2,24%
Conglomerados bancários	0,62%	99,38%	17,51%	33,32%	1,77%	3,61%
Serviços imobiliários	15,17%	84,83%	19,77%	2,87%	2,99%	2,09%
Serviços de aluguel e arrendamento	19,72%	80,28%	11,51%	8,81%	2,48%	19,33%
Arrendadores de ativos intangíveis não financeiros	7,70%	92,30%	37,97%	0,75%	2,12%	4,58%

Informação	Custo do serviço prestado	Lucro bruto	Lucro líquido como % das vendas	Juros como % das vendas	Impostos como % das vendas	Depreciação e amortização como % das vendas
Indústria editorial	23,01%	76,99%	17,78%	3,34%	2,56%	3,90%
Filmes cinematográficos e gravação de sons	24,80%	75,20%	11,12%	11,57%	1,55%	12,16%
Radioteledifusão (exceto *Internet*)	19,25%	80,75%	8,58%	5,10%	1,84%	13,48%
Publicação e radioteledifusão pela *Internet*	18,32%	81,68%	10,98%	6,00%	3,12%	7,15%
Telecomunicações	13,52%	86,48%	11,29%	7,31%	2,70%	9,27%
Provedores de serviços de *Internet*, portais de busca e processamento de dados	10,14%	89,86%	9,36%	3,02%	2,22%	7,72%
Outros serviços de informação	18,17%	81,83%	10,87%	3,71%	2,28	4,30%

(Continua)

Tabela A.1 Rentabilidade setorial – sociedades anônimas   (Continuação)

Indústria	Custo da mercadoria vendida	Lucro bruto	Lucro líquido como % das vendas	Juros como % das vendas	Impostos como % das vendas	Depreciação e amortização como % das vendas
Fabricação de alimentos	62,73%	37,27%	11,51%	2,43%	2,01%	2,03%
Fabricação de bebidas e produtos do tabaco	43,00%	57,00%	17,94%	3,50%	7,26%	3,08%
Fábrica de tecidos e fábrica de produtos têxteis	67,40%	32,60%	5,97%	1,31%	1,69%	1,93%
Fabricação de roupas	61,70%	38,30%	7,28%	1,26%	1,96%	1,25%
Fabricação de artigos de couro e relacionados	59,91%	40,09%	8,85%	1,27%	1,63%	1,42%
Fabricação de produtos de madeira	71,06%	28,94%	6,97%	2,32%	1,57%	2,08%
Fabricação de papel	64,36%	35,64%	11,31%	3,45%	1,34%	2,89%
Atividades de impressão e de apoio relacionadas	58,65%	41,35%	6,77%	1,72%	2,24%	3,60%
Fabricação de produtos derivados do petróleo e carvão	83,14%	16,86%	8,58%	1,17%	1,62%	1,18%
Fabricação de produtos químicos	45,21%	54,79%	23,11%	2,66%	1,06%	2,99%
Fabricação de produtos de plástico e borracha	68,70%	31,30%	6,00%	2,03%	1,52%	2,56%
Fabricação de produtos minerais não metálicos	61,66%	38,34%	9,97%	2,77%	2,02%	4,05%
Fabricação de metal primário	75,25%	24,76%	7,65%	1,78%	1,22%	2,51%
Fabricação de produtos de metal	63,76%	36,24%	9,26%	2,81%	1,88%	2,60%
Fabricação de máquinas	63,71%	36,29%	8,63%	2,65%	1,35%	2,59%
Fabricação de computadores e produtos eletrônicos	54,99%	45,01%	16,59%	1,09%	1,22%	3,22%

	Custo de serviço prestado / Custo da mercadoria vendida	Lucro bruto	Lucro líquido como % das vendas	Juros como % das vendas	Impostos como % das vendas	Depreciação e amortização como % das vendas
Fabricação de equipamentos, aparelhos e componentes elétricos	49,58%	50,42%	6,37%	14,75%	1,00%	5,50%
Fabricação de equipamentos de transporte	68,16%	31,84%	6,89%	3,33%	0,99%	4,16%
Fabricação de móveis produtos relacionados	64,15%	35,85%	6,66%	1,24%	2,01%	1,51%
Fabricação de produtos variados	48,91%	51,09%	15,11%	2,35%	1,65%	2,68%
Transporte e armazenagem						
Transporte aéreo, ferroviário e naval/fluvial	25,73%	74,27%	8,28%	3,98%	3,84%	7,10%
Transporte por caminhão	32,00%	68,00%	4,88%	0,95%	3,68%	4,02%
Transporte terrestre e de passageiros em trânsito	34,31%	65,69%	5,33%	1,52%	4,26%	4,79%
Transporte por dutos	32,39%	67,61%	21,35%	4,86%	3,91%	7,34%
Outras atividades de transporte e apoio	36,45%	63,55%	7,18%	0,68%	2,83%	2,69%
Armazenagem e conservação	29,55%	70,45%	8,44%	4,01%	3,53%	4,46%
Agricultura, florestal e pesca						
Produção agrícola	43,86%	56,14%	10,01%	1,97%	1,94%	4,42%
Administração florestal e corte de árvores	62,01%	37,99%	7,98%	2,26%	1,82%	3,91%
Pesca, caça e caça com armadilhas	56,83%	43,17%	7,97%	1,01%	1,86%	2,72%

(Continua)

Mineração	Custo da mercadoria vendida	Lucro bruto	Lucro líquido como % das vendas	Juros como % das vendas	Impostos como % das vendas	Depreciação e amortização como % das vendas
Extração de petróleo e gás	44,33%	55,67%	25,04%	3,00%	2,69%	5,41%
Mineração de carvão	56,45%	43,55%	5,42%	2,37%	5,31%	7,14%
Mineração de minério de metal	43,32%	56,68%	26,22%	2,03%	1,68%	13,35%
Mineração de minerais não metálicos e exploração de pedreiras	60,19%	39,81%	7,91%	3,25%	2,68%	7,31%
Atividades de suporte à mineração	35,46%	64,54%	16,31%	3,43%	2,20%	7,87%

Fonte: BizStats.com.

APÊNDICE B

Fundos Americanos Direcionados a Mercados Minoritários

A tabela a seguir cita inúmeros fundos americanos direcionados a mercados minoritários.

Tabela B.1 Empresas private equity direcionadas a mercados minoritários

Empresa	Local	Preferência geográfica	Preferência setorial	Tipo de investimento
21st Century Capital	Dallas, Texas	Nacional	Industrial, distribuição com valor agregado, serviços e comunicação de massa	Compras alavancadas, recapitalizações e crescimento patrimonial
Altos Ventures	Menlo Park, Califórnia	Oeste dos Estados Unidos	Tecnologia da informação	Primeira rodada institucional
Ascend Venture Group	Nova York, Nova York	Nacional; Meio-Atlântico; Califórnia	Tecnologia da informação, principalmente softwares empresariais, serviços comerciais terceirizados e dispositivos eletrônicos; setor educacional	Empresas prontas para experimentar um salto significativo em suas receitas
Black Enterprise/Greenwich Street Fund	Nova York, Nova York	Nacional	Telecomunicações, bens de consumo, meios de comunicação de massa, serviços financeiros, varejo, tecnologia da informação	Financiamento de expansão e aquisição; compras alavancadas e sucessões
CSW Capital	Nova York, Nova York	América do Norte	Indústria em geral e bens de consumo	Normalmente, não participa de investimentos em *start-ups*, empresas de tecnologia ou em imóveis
Fulcrum Capital Group	Culver City, Califórnia	Empresas localizadas nessa área e que atendam a comunidades urbanas malservidas do sul da Califórnia	Empresas de serviços comerciais e de consumo; indústria leve; comunicações; empresas que não passaram pelo processo de *turnaround*; financiamento de projetos imobiliários; reempréstimo ou tecnologia; financiamento de determinadas *start-ups*	Empresas que são importantes em comunidades minoritárias e urbanas

GenNx360 Capital Partners	Prospect, Kentucky	Normalmente, concentra-se nos Estados Unidos, mas leva em conta possibilidades de investimento em âmbito internacional	Tratamento de água industrial, especialidades químicas e materiais projetados. Máquinas industriais e componentes para equipamentos, serviços de segurança industrial	Empresas industriais business-to-business
Hispania Capital Partners	Chicago, Illinois	Mercado hispânico nos Estados Unidos	Diversificada	Empresas bem estabelecidas que forneçam produtos e serviços à comunidade hispânica ou que pertençam a hispânicos
ICV Capital Partners	Nova York, Nova York	Estados Unidos	Serviços de saúde, processamento de alimentos, serviços e produtos de consumo, meios de comunicação e telecomunicações, fabricação industrial	Empresas estabelecidas no país e que sejam contratadas por ou atendam a áreas pobres dos centros das cidades; empresas de propriedade e/ou administradas por minorias étnicas
Milestone Growth Fund	Mineápolis, Minnesota	Minnesota	Empresas pertencentes a minorias	Oferece financiamento por emissão de ações e assistência administrativa a empreendedores pertencentes a grupos minoritários
MMG Ventures	Baltimore, Maryland	Região do Meio-Atlântico Determinados investimentos fora dessa área principal	Telecomunicações, tecnologia da informação, serviços de saúde e setores de software e serviços de computação	Empresas pertencentes e administradas por grupos minoritários que estejam prontas para crescer

(Continua)

Tabela B.1 Empresas private equity direcionadas a mercados minoritários *(Continuação)*

Empresa	Local	Preferência geográfica	Preferência setorial	Tipo de investimento
Nogales Investors	Los Angeles, Califórnia	Nacional, Costa Oeste	Qualquer setor	Aquisição para expansão em estágio mais avançado
Opportunity Capital	Fremont, Califórnia	N/D	Comunicações, tecnologia aplicada, serviços de saúde, casas funerárias e cemitérios afro-americanos	Empresas em estágio mais avançado que estejam em busca de aquisição e capital para expansão, ações preferenciais ou instrumentos vinculados a ações
Oracle Capital Partners	Detroit, Michigan	Estabelecida no Estado de Michigan ou com presença significativa nesse estado	Serviços de saúde, setor industrial/fabricação, produtos de consumo, serviços comerciais, tecnologia	Ações preferenciais ou instrumentos vinculados a ações
Pacesetter Capital Group	Richardson, Texas	Sudoeste dos Estados Unidos: principalmente Texas, Oklahoma, Califórnia, Novo México, Colorado, Arizona, Arkansas e Louisiana	Transmissão (rádio, televisão e por cabo), telecomunicações, fabricação e serviços. Software empresarial, infraestrutura tecnológica envolvendo semicondutores em estágio avançado	Fundos de private equity diversificados
Palladium Equity Partners	Nova York, Nova York	A maioria dos investimentos nos Estados Unidos	Setor comercial e financeiro, alimentação, serviços de saúde, fabricação, meios de comunicação de massa e varejo, com foco particularmente nas oportunidades do mercado hispânico	Compras alavancadas, recapitalizações, cisões (quando uma companhia separa unidades de negócios em diferentes empresas – *spin-outs*), financiamento para crescimento e reestruturações
Pharos Capital Group	Dallas, Texas	Internacional	Serviços tecnológicos e comerciais no sistema de saúde	Capital de crescimento e expansão

Reliant Equity	Chicago, Illinois	Estados Unidos	Diversificada	Compras de empresas de mercado médio que estejam direcionadas ao crescimento e tenham uma estrutura saudável
RLJ Equity Partners	Bethesda, Maryland	N/D	N/D	N/D
Rustic Canyon/Fontis Partners	Pasadena, Califórnia	Sul da Califórnia e Sudoeste	Meios de comunicação, produtos de consumo e empresas de serviços	Expansão e empresas em estágio avançado
Smith Whiley Company	Evanston, Illinois	N/D	N/D	N/D
Stonehenge Capital	Columbus, Ohio	Nacional	Setor de mídia e comunicação	Participação acionária, financiamento com crédito tributário, financiamento estruturado
SYNCOM Venture	Silver Spring, Maryland	N/D	Setor de mídia e comunicação	Investimentos nos estágios inicial e intermediário em segmentos malservidos do setor de mídia e comunicação

Fonte: Associação Nacional de Empresas de Investimento (NAIC) e *site* das empresas.

Índice

A

Abominação, 307-308
Ações restritas, 129-130, 266-267, 293, 301-303
Active Capital, 247-248
Administração de Pequenas Empresas:
    elaboração do plano de negócios, 64-65, 80-82
    financiamento por emissão de ações, 260-262
    financiamento por meio de empréstimos, 220-227, 230-233, 279-280, 282
    impacto da economia sobre, 55
    levantando capital, 208-209
    negócios fracassados, 33-37, 208-209
AKAR, 324-290, 292, 294-300, 302-304
Allied Capital, 225-227
Allstate Insurance Company, 305-306
Altoids, 305-307
Amazon.com:
    avaliação, 165-178, 180-195, 197-203
    demonstrações financeiras, 114, 118, 120, 127, 133-136
    empreendedorismo, 21-25, 31, 37-49, 51-52, 58-61
    financiamentos, 207-212
    fluxo de caixa, 158-160
America Online (AOL), 133-134, 199-200, 261-262
American Express, 104-105, 238-239
Amex (Bolsa de Valores Americana), 264-265
Amortização, 78-79, 85-90, 97-99, 106-107, 133-134, 141-142, 174, 185-187, 219-220, 301-302
Análise da receita, 118, 120

Análise de índices, 106-108, 110, 118-119
Análise do ponto de equilíbrio, 112-114
Análise dos fatores contextuais, 172-173
Análise financeira, 106-107, 120-121, 166-167, 287
Anúncios permutados, 201-202
AOL (American Online), 44, 133-134, 199-201, 203-204
Apple Computer, 29-30, 38, 41, 55, 165-167, 222-223, 244-245, 261-262, 311-312
Aquisições, 24-30, 47, 65-66, 81-82, 174, 176-178, 189-190, 199-200, 207-208, 213-214, 220-221, 232, 234-235, 267-268, 308-309, 324-326
Arthur Andersen, LLP, 26-27, 91-92, 209-211
Associação Americana de Capital de Risco, 60, 182-183, 245-246, 256-261, 274
Associação Americana de Radiodifusores, 305-306
Ativos:
    avaliação, 182-187, 194
    demonstrações financeiras, 85-106, 110
    financiamento por meio de empréstimos, 233-235, 238-239
Ativos intangíveis, 85-86, 89-90, 172-173, 182-184, 319-320
Ativos tangíveis, 85-86, 88-90, 97-99, 182-184, 191-192, 194, 213, 228-229, 319-320
AutoNation, 28-29, 40
Auxílio financeiro a estudantes, 290, 292-293
Avaliação comparativa, 199-200
Avaliação de empresas, 168-169, 171-172, 174, 185-186, 244-247
Avaliações pós-investimento, 168-170
Avaliações pré-investimento, 168-169, 178

B

Bain, Bill, 165
Baixos *floats*, 202-204
Balanço patrimonial, 78-79, 85, 89-90, 94-101, 106-108, 187-188, 213-215
Banco Wells Fargo, 283
Bancos, 24, 98-99, 110, 115-116, 209-211, 213-215, 218-219, 221-223, 225-232, 238-239, 248, 250, 267-269, 278-280, 282-283
Bancos de investimento, 248, 250, 267-269
Banqueiros Comunitários Independentes dos Estados Unidos, 229-230
Benfeitores principais, 311-312
Bessemer Venture Partners, 267-268
Best Buy, 310-311
Bezos, Jeff, 30-31, 51, 79-80, 208-209, 216-217, 266-267, 270, 272
Blockbuster, 24-25, 28, 32, 40, 134-135, 309-311
Blockbuster Video, 28, 32, 40, 309-310
Bolsa de Valores de Nova York, 264
Burkhard, Alan, 149

C

C Corporations, 253-254
Cala a Boca e Canta, 295-296, 299
Capital, disponibilidade de, 172-173, 176-177, 181-182
Capital, levantando, 142-143, 170, 174-176, 184-185, 207 (*Consulte também* Financiamento por meio de empréstimos; Financiamento por emissão de ações)
Capital de giro, 79-80, 96-99, 103-104, 112-113, 147-148, 150, 158-159, 160-162, 194-198, 213-215, 222-225, 232, 234-239
Capital de giro líquido, 96-99, 160-162
Capital de risco:
   análise de índice, 106-108, 110, 118-119
   disponibilidade, 172-173, 176-178, 181-182, 204-205, 260-261, 268-269
   empreendedores, 35-37, 50-52, 209-211
   escolhendo, 69-70, 229-230, 270-271
   financiamento por emissão de ações, 251-261, 270, 272, 278-279
   planos de negócios, 49-50, 63-66, 81-82
Capital de risco corporativo, 42-43, 250-253, 274
Capital próprio, 213-214, 243-274, 278-281, 283
Capital suor, 215-216, 243-244
Captação com fundos, 170, 178, 207, 247-248, 250, 253-254, 256-257, 294
Captação de recursos, 63-64, 207

Cartões de crédito, 207-210, 215-216, 218-219, 226-229, 238-240
Chipotle Mexican Grill, 308-309
Cisco, 135-136, 219-220, 229-230, 251-252
Clientes, 123-126, 147-155, 250-252
Coca-Cola Corporation, 41, 43-44
Collins, Derrick, 257-258
Comissão de Valores Mobiliários dos Estados Unidos, 133-134, 175-176, 252-253, 261-262
Companhias abertas, 91, 175-176, 189-190
Companhias de investimento em pequenas empresas, 260-261
Compaq Computer, 126-127, 260-262
Comparações externas, 86-88
Comparações internas, 86-88, 107, 109
Compradores estratégicos, 94-97, 106-109
Concorrentes, 24, 28, 30-31, 37, 63, 72, 75-77, 79-80, 93-94, 112-114, 121-122, 125-128, 189, 201-202, 236-238, 255, 262-263
Conferência Springboard, 258-259
Conglomerado, 309-310
Contabilidade por regime de competência, 91-94, 118-119
Contabilização por regime de caixa, 91-92, 118-119
Contas a pagar, 94-97, 108-109, 146-147, 151-152, 155-158
Contas a receber, 94-96, 103-104, 108-109, 146-150, 152-156, 160-163, 228, 234-235, 282
Contratos de "Direito de opção de compra", 294
Controle de qualidade, 73-74, 131
Cook, Scott, 208-209
Crédito 504, 223-225
Credores garantidos, 213-214
Currículo, 74-75, 105-106, 289-291
Custo das mercadorias vendidas, xi, 86-88, 106-107, 118-119, 136-137, 150-151, 159-162
Custo de matéria-prima, 114-115, 128-131

D

Davis, Leslie, 211, 230-231
Defasagem de caixa ou ciclo de caixa, 157-161, 235-236
Dell, Michael, 30-32, 41-42, 121-122, 127-128, 138-139, 266-267
Dell Computers, 121-122, 127-128
Demissões, 44, 47
Demonstração de lucros e perdas, 85-86
Demonstração de resultado do exercício, 78-79, 85-101, 105-109, 118-119, 126, 132-136, 138, 141-142, 167-168, 185-186, 201-202
Demonstrações financeiras, 75-79, 85-136, 138

Depreciação, 85-90, 94-99, 106-107, 118-119, 133-134, 136-137, 141-142, 167-168, 185-188, 195-198
Desenvolvimento comunitário, 218-219, 224-225, 228, 230-231, 279-280
Despesas, 67-68, 85-91
Despesas operacionais, 86-90, 106-107, 118-119, 141-142
Dívida, saldando, 232-233
Dívida de curto prazo, 78, 94-96, 213-214
Dívida de longo prazo, 161-162, 188-189, 213-215, 232-234
Dívida mezanino, 213-214
Dívida principal, 213-214
Dívida subordinada, 213-214, 232
Dívidas:
    financiamentos estudantis, 290, 292, 301-302
    hipoteca, 24, 51, 94-99, 104-105, 118-119, 136-137, 177-178, 290, 292, 301-302
    inadimplência, 216-217, 222-223
Dividendos, 90, 97-99, 215-216, 243-244
Doerr, John, 38, 63-64, 81-82, 258
Dun & Bradstreet, 33-34, 59, 114, 148-149

E

EBay, 126, 199, 203-204, 208-209
EBITDA ou LAJIDA (lucro antes dos juros, impostos, depreciação e amortização), 85-87, 107, 109, 141-142, 176-177, 179, 185-188, 191-194, 213, 232
Economias pessoais, 51, 214-215, 225-226, 243-244, 277-278
Ecossistema interno, 307-308
Electronic Data Systems, 251-252
Empreendedores:
    investimentos com base nos, 75-76, 79-81, 209-211
    sobre, 21-31, 33-59, 283-284
Empreendedores de alto crescimento, 21-24, 40, 47, 72, 103, 207-209, 211-212, 231, 270, 272, 308
Empreendedores do tipo estilo de vida, 22-23, 277-278
Empreendedorismo corporativo, 305, 307-308, 312
Emprego no exterior, 57-58, 129-130
Empresa em fase inicial, 324-290
Empresa empreendedora, 30-31, 34-35, 55-56, 211, 255, 287-289
Empresas de capital fechado, 91-92, 133-134
Empresas de crescimento, 55
Empresas de *factoring*, 234-236

Empresas de *Internet*, 199-203, 263-264
Empresas de investimento em *equity* de nicho, 278-279
Empresas de *private equity*, 176-177, 179, 181-182, 245-247, 251-254, 258-261, 280-281, 283-284, 324
Empresas de tecnologia, 30-31, 172-173, 199, 202-203, 260-265, 325-326
Empresas pertencentes a minorias, 277, 279-281
Empresas pertencentes a mulheres, 57-58, 61, 229-230, 277-279, 282-285, 313
Empréstimo almejado, 229-230
Entrada de caixa, 99-101, 142-143, 146-149
Entrepreuneur-in-Residence Program (EIR), 294, 299-300
Entrevista prolongada, 295-296
Equipamento necessário, 195-196
Equipe executiva, 255, 326-327
Era da *Internet*, 305-306
Erro crasso no intraempreendedorismo, 312
Escola de Administração Kellogg, 64-65, 82-83, 204-205, 324, 289-290, 292-293
Escolas de negócios, 44-45, 81-82, 165-166, 199-200
Espectro do empreendedorismo, 24-25, 305
Espectro do intraempreendedorismo, 305-306
Especulação, 180, 198, 274
"Estilo de John", 295-296
Estoque:
    análise de índice, 106-108, 110, 118-119
    financiamento de ordem de compra, 214-215, 237-239
    fluxo de caixa, 157-163
    margem bruta, 126-127, 129-130
    métodos de contabilização, 93-95
Estrutura de capital da empresa, 108-109, 213-214
Estrutura jurídica da empresa, 66-67
Ética, 255
Exportações, 55-56

F

Família, tempo para a, 51-53
Fase embrionária, 287
Fastrak Loan Program, 221-223
Faturas, 101-102, 144-145, 150-152, 157-158
Federal Express, 37, 41-42, 49-50, 222-223, 261-262
Ferramentas administrativas, 103, 105-106, 111-112
Financiamento:
    despesas de, 86-91
    levantando capital, 168-171, 207-211

por emissão de ações, 209-211, 243-274, 280-284
por meio de empréstimos, 209-211, 213-242, 265-266, 278-280, 282-283
Financiamento com amigos, 215-218, 243-244
Financiamento com família, 215-218, 243-244
Financiamento de ordem de compra, 214-215, 238-239
Financiamento do fornecedor, 214-215, 236-238
Financiamento por meio de empréstimos, 209-211, 213-242, 279-280, 282
Fluxo de caixa:
  administração de, 21-22, 34-36, 141-163
  avaliação, 167-168, 172-174, 185-187, 194-200
  demonstrações financeiras, 85-90, 97-102, 106-109, 131-133
  financiamento por meio de empréstimos, 228-230
  gerado por IPOs, 264-266
  planos de negócios, 65-66, 81-82
Fluxo de caixa descontado, 165, 194
Fluxo de caixa livre, 141-142, 168-169, 186-188, 194-198
Ford Motor Company, 37-38, 217-218, 267-268
Fortune 500, 30-31, 42-43, 55, 179
Franquias, 25-27, 32, 128-129
Funcionários
  abertura de capital, 262-268, 271-272, 275
  criação de empregos, 55-56
  demissões, 44, 47
  empreendedorismo, 42-44
  mão de obra estrangeira, 57-58, 129-130
  planos de negócios, 72-75
  produtividade, 73-74, 121-122, 128-129
Fundações, financiamento pelas, 218-220, 233-234
Furto, 103-106, 127

G

Gates, Bill:
  empreendedorismo, 28-30, 40-42, 51-52
  financiamento, 209-211, 264, 266-268
General Electric, 41, 264-265
General Motors, 24-25
Gerstner, Louis, 24-25
Godin, Seth, 39-40, 139
Gohz, Jay, 155-156
Google, 23-25, 30-31, 34-35, 131-132, 181-182, 189, 191-194, 201-202, 207-208, 307-308, 311
Google Talk, 307-308
Gordy, Berry, 37, 40
Governo, 39-40, 70-71, 85-86, 90-92, 133-134, 150, 214-217, 220-222, 239, 260-261, 284-285

(*Consulte também* Comissão de Valores Mobiliários dos Estados Unidos; Administração de Pequenas Empresas (SBA); Impostos)

H

Hagberg, Richard, 47
Helmsley, Leona, 134-135
Hewlett-Packard, 29-30, 41, 121-122, 126-128, 312
Histórico de crédito, 150-151, 226-227
Huizenga, Wayne, 27-28, 32, 40, 173-174

I

IBM, 24-26, 28-31, 41-42, 54-55, 244-245, 310-311
Imposto sobre ganhos de capital, 246-247
Impostos, 85-95, 106-108, 118-119, 133-137, 141-142, 146-147, 150, 158-159, 185-188, 194-195, 215-216, 246-247, 264-265, 290, 292, 301-303, 316-322
Índice de alavancagem (estrutura de capital), 106-108
Índices de alavancagem, 108-109
Índices de avaliação, 106-109
Índices de liquidez, 97-98, 106-109
Índices de lucratividade ou rentabilidade, 106-108
Índices operacionais, 106-109
Inovador, 305-308
Instituições financeiras não bancárias, 209-211, 232
Instituto Americano de Imprensa, 305-306
Instituto do Empreendedorismo, 287, 307-308
Instituto Milken, 241-242
Intel Corporation, 47, 65-66, 132-133, 222-223, 244-245, 251-252, 260-261
Intraempreendedorismo, 24-25, 305-312
Intuit, 203-204
Investidores:
  avaliação, 168-172
  demonstrações financeiras, 97-99, 110-111, 134-135
  levantando capital, 207-212
  planos de negócios, 63-67, 78-83
Investidores autorizados, 247-248, 168-169
Investidores capitalistas, 176-177, 179
Investidores informados, 175-176, 216-218, 247-248
Investidores que agregam valor, 78-79, 208-209, 216-217, 219-220, 230-231, 243, 246-247, 251-252

Investidores-anjos, 211-212, 217-218, 230-231, 244-248, 281-285
Investimentos vinculados a um programa, 220-221
IPO (oferta pública inicial), 261-264

J

Jobs, Steven, 55, 311-312
Joseph Alois Schumpeter, 305
Juros:
  crescimento das receitas, 114-117, 120-122, 200-201, 324
  fluxo de caixa, 85-90, 141-142, 144-145, 158-159, 185-189

K

Kapor, Mitch, 81-82, 244-245
Kauffman, Ewing Marion, 23-24, 31, 241-242, 247-248, 258-259
Kleiner, Perkins, Caufield & Byers, 38, 63-66, 208-209, 251-252
Kraft Foods, 290, 292, 306-307
Kroc, Ray, 53-54

L

LAIR (lucro antes dos impostos), 88-89, 91-92, 264-265
LAJIR (lucro antes dos juros e impostos de renda), 88-89, 195-198
Lei comercial,82-83, 274
Levantando capital, 50-51, 63-64, 78, 30-31, 142-143, 170, 174-176, 184-185, 207-212, 248, 250
Livro-caixa, 98-99, 147-148
Lotus Development Corp., 81-82
Lucent Technologies, 103-104
Lucro líquido, 85-87, 89-90, 93-94, 97-99, 106-108, 120-122, 133-136, 167-168, 191-192, 199-200, 315-322
Lucro operacional, 88-89, 106-108, 133-134
Lucros retidos, 90, 94-97

M

Madison Square Garden 309-310
Margem bruta, 78, 106-107, 110-114, 120-121, 123-124, 126-129, 131-133, 136, 138, 190-193, 200-201, 235-236, 255-256
Margem de contribuição, 123-125
Margem de lucro, 106-109, 114-115, 121-122, 131-134, 191-193
Margem líquida, 123, 132-136

Margens operacionais, 112-113
Mario Tricoci's, 31
Marketing, 59, 70-73, 133-134, 138-139
Martinez, Jeffrey, 237-238
McDonald's Corp., 24-27, 53-54, 128-129, 264-265, 308-309
Mentzer, Josephine Esther, 41, 48
Métodos contábeis, 89-94, 132-133, 135-136
Michael Lippitz, 307-308
Microsoft:
  avaliação, 193-195, 197-204
  capital de risco corporativo, 42-43, 250-253, 274
  demonstrações financeiras, 110, 114, 118, 120, 127, 133-136
  empreendedorismo, 24-25, 31, 37-49
  financiamento por emissão de ações, 251-253, 265-266, 270, 272, 278-281, 283
  financiamento por meio de empréstimos, 213
Modelo de negócios, 72-73, 218-219
Modelo formal:
  o capacitador, 307-308
  o produtor, 244-245, 307-308
Morita, Akio, 41, 53-54, 60-61
Morse Industries, 123
Motorola, 288-290, 292
Multimilionário, 293
Múltiplo de vendas, 188-189
Múltiplos, utilização como método de avaliação, 185-194

N

Nasdaq (National Association of Securities Dealers Automated Quotations), 34-35, 46-47, 91-92, 131-132, 166-167, 175-176, 262-265, 273-274, 281-282
Netscape, 38, 199, 262-264
Nike Corp., 126-127, 129-130, 222-223, 305, 310-311

O

Oferta de colocação privada, 247-248, 250
Oferta de regulação A, 272-273
Oferta pública inicial (IPO), 207-208, 261-264, 293
Ofertas públicas diretas (DPO), 272-273
Oportunidade de emprego, 299-300
Oportunidades de saída, 255-256

P

Parceria estratégica, 310-311
Participação acionária, 170-171, 213-214

Passivos, 94-98, 108-109, 161-162, 213-215
Patentes, 54-56, 72, 85-86, 89-90, 94-95, 182-184
Patrimônio líquido dos acionistas, 94-97, 106-109
Pessoas que se arriscam cegamente, 49-50, 308
Pfizer, 91-92, 306-307, 311
Plano operacional, 72-73
Planos de compra, 73-74
Planos de negócios, 49-50, 63-66, 81-82, 209-211, 253-254, 262-263, 284-285
Planos de produção, 73-74
Possibilidade de bonificação, 290, 292
Prazo médio de recebimento, 108-109, 114-115, 153-154
Prejuízo financeiro, 291
Private equity internacional, 256-257, 258
Pro forma, 75-79, 106-107, 114, 228
Produtos de consumo:
    limpadores de vaso sanitário Scrubbing Bubbles, 306-307
    purificadores de ar Glade, 306-307
    purificadores de ar Oust, 306-307
    Windex, 306-307
Programa de capital de risco para novos mercados, 260-261
Programa de captação de recursos, 220-222
Programa de Crédito Expresso da SBA, 223-224
Programa de Garantia de Empréstimo 7(a), 223-224
Programa de MBA Executivo, 324
Programa de microcrédito, 224-225
Programa Intraestado, 273-274
Programa Regra 664, 249-250, 272-273
Propriedade exclusiva, 56-57
Proprietário da empresa, 55, 91-92
Protótipos, 180-181, 309-310
Puccini, Rae, 104-105

Q

Quaker Oats, 188-189, 305-306

R

Receita bruta, 76-77
Receita virtual, 201-202
Receitas, 23-24, 26-29, 85-95, 199, 200-203
Receitas recorrentes, 28-29
Recursos, 21-23, 42-43, 51, 69-70, 72-73, 75-76, 78-79, 81-82, 85-86, 112-114, 118-119, 133-134, 146, 155, 223, 228, 230-231, 235-236, 247, 258-259, 284-285
Reembolso, 69-70, 130, 222-223, 290, 292
Regulação D, 247-250, 272-273

Remuneração com base em ações, 302-303
Reputação, 26-28, 208-209, 222-223, 228, 231, 250-251, 254-255, 260-261
Richard Silverman, 311
Riscos, 25-26, 49-50, 63, 66-67, 75-76, 129-130, 138-139, 175-176, 207-208, 249-250, 255, 308
Robbins, Alan, 51-52
Robert Wolcott, 307-308
Rogers, Ollie Mae, x, 277-278

S

S Corporation, 179
Saída de caixa, 99-101, 142-143, 146-149, 156-157
Salário, 51-52, 60-61, 73-74, 185-187, 262-263, 290, 292, 295-296, 299-302
Schultz, Howard, 26-27, 122, 138-139, 207-209
Sears, 53-54, 180, 184-185, 199, 200-201, 264-265
Segmentos-alvo, 289-290
Separação de empréstimo, 292-293
Serviços de *backup*, 294-295
Setores, específicos:
    avaliação, 176-178, 184-185, 188-194, 199-205
    demonstrações financeiras, 110-114, 126-129
    fluxo de caixa, 150, 160-162
    planos de negócios, 69-71, 76-77
Sistema Eletrônico de Cotação da Associação Nacional de Intermediários de Valores (Nasdaq), 264
Small Corporate Affering Registration, 272-273
Smith, Fred, 37, 41-42, 49-50
Sociedade de responsabilidade limitada (*limited liability corporation*), 69-70
Sociedade limitada (*limited partnership*), 67-68, 253-254
Sociedades, 253-254
Solicitação de registro de IPOs, 268-269
Sony Corporation, 53-54
Staples, Inc. 38, 171-172
Starbucks Coffee, 26-27
Start-ups, 305
Stemberg, Thomas G., 38, 203-204
Subscritores de IPOs, 268-269, 271-273
Sumário executivo, 66-67, 79-80, 227
Sun Microsystems, 65-66, 207-208, 261-262, 289-291
Sutter, Bill, 65-66, 79-83, 167-168, 185-186, 198, 204-205

T

Taxa de crescimento anual composta, 114-115
Taxa de inflação, 70-71, 138-139
Tecnologia, 30-31, 46-47, 128-129, 131, 199-200, 202-203, 245-247, 260-265, 285, 291, 293, 295-296, 310-311, 324-327
Time Warner (AOL Time Warner), 200-201, 251-252
Traços de um empreendedor, 47
Turner, Ted, 41, 48-49

U

Unidades de ações restritas (RSUs), 293

V

Varejista, 28-29, 123, 127-128, 160, 180, 202, 310-311, 316
Vendas, 30-31, 72-73, 118-118, 120-123, 125-127
Vendas, gerais, e despesas administrativas, 88-89
Vestuário, 112-113, 122-123, 235-236, 310-311, 319-320

W

Wal-Mart, 110, 123-126, 136, 138, 160, 310-311
Walt Disney Company, 60
Wang, Gene, 207
Wildermuth, Bette, 103-104, 153
Wm. Wrigley Jr. Company, 306-307
Wozniak, Steve, 29-30, 41, 311-312

X

Xoom.com, 202

Y

Yahoo!, 38-39, 44-47, 126, 133-136, 141, 181-182, 199, 200-201, 203-204

Z

Zeloso, 305-306

IMPRESSÃO:

Pallotti
GRÁFICA EDITORA
IMAGEM DE QUALIDADE

Santa Maria - RS - Fone/Fax: (55) 3220.4500
www.pallotti.com.br